Kurzrock · Deutschlandreise

Sascha Kurzrock

Fußball – eine Deutschlandreise

100 Orte zum Entdecken, Erkunden und Erleben

Arete Verlag Hildesheim

Bibliografische Information der Deutschen Nationalbibliothek
Die Deutsche Bibliothek verzeichnet diese Publikation in der Deutschen Nationalbibliografie; detaillierte bibliografische Daten sind im Internet über http://dnb.ddb.de abrufbar.

Titelfoto wie auch alle anderen Fotos (wenn nicht anders angegeben): Sascha Kurzrock
Deutschlandkarte: © Holthoff – stock.adobe.com
Layout, Satz und Umschlaggestaltung: Composizione Katrin Rampp, Kempten
Druck und Verarbeitung: Balto Print, Vilnius
ISBN 978-3-96423-086-7

Vorwort

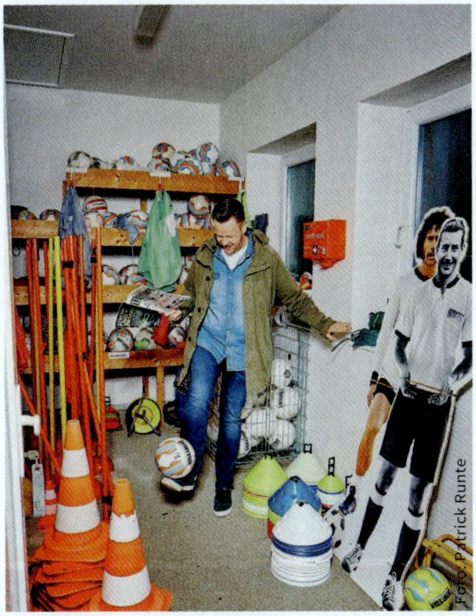

Wenn Sie dieses Buch aufgrund des Titelfotos gekauft haben und Sie es mit 41,5 Grad Reisefieber kaum erwarten können, den Wackeldackel auf ihrer Hutablage heftig schwingen zu sehen, dann muss ich Sie enttäuschen: Das Hermann-Löns in Solingen steht nicht mehr, es wurde im Herbst 2018 abgerissen.

Wie diesem Stadion geht es vielen Fußball-Kulturdenkmälern. Sie entsprechen nicht mehr dem Geist der Zeit, haben ihr Leben gelebt oder müssen einem Wohngebiet weichen. Man sprengt dabei nicht nur Beton in die Luft, sondern die Erinnerungen unzähliger Fußballfans.

Doch auch ohne das Hermann-Löns in Solingen bleiben Ihnen 100 weitere Fußballorte zum Entdecken, Erkunden und Erleben. Jeder hat dabei seine eigene Geschichte, schreibt seine eigene Geschichte und kennt Menschen, deren Geschichten untrennbar mit einem solchen Fußballort verbunden sind.

Nachdem die „11FREUNDE" im Mai 2012 „99 Orte, die Fußballfans gesehen haben müssen" veröffentlichten, setzten sich meine unfassbar geniale Frau und ich uns ins Auto und lernten den Fußball auf mehreren Deutschlandreisen kennen. Wir haben die Orte hier im Buch sowie zig weitere allesamt selbst besucht, krochen in Marl durch und in Offenbach über Zäune, sprachen mit Friedhofsgärtnern und Nationalspielern und möchten Sie mit diesem Buch zum Nachmachen animieren. Botox und Silikon können Ihre Haut straffen, aber nicht Ihre Jugend zurückholen. Diese Fußballreisen können es.

Ich wünsche Ihnen dabei den Spaß, den meine Frau und ich hatten und immer wieder aufs Neue haben werden. Seien Sie einfach mal wieder unvernünftig!

Sascha Kurzrock, Frühsommer 2022

Inhalt

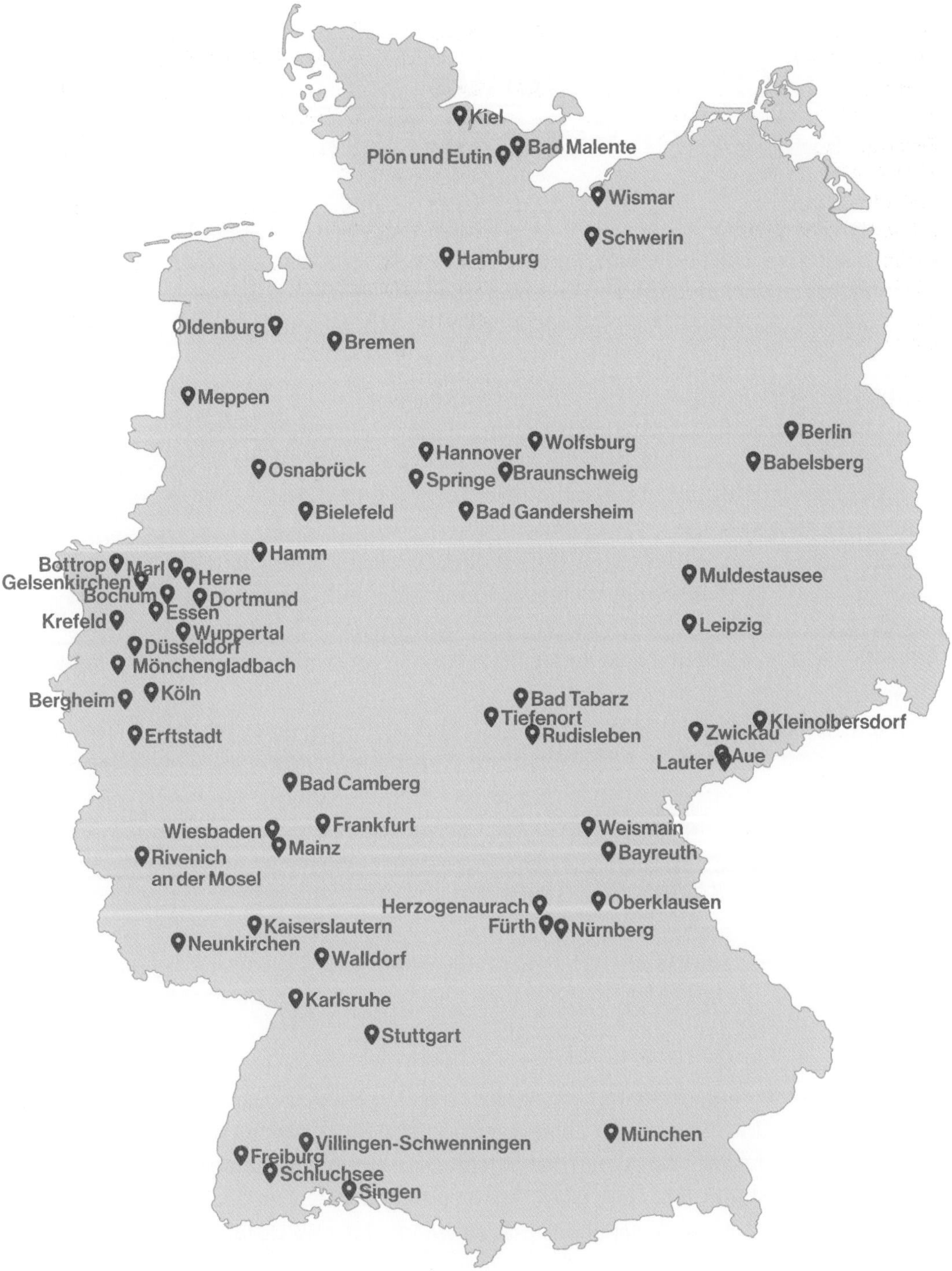
Kiel
Plön und Eutin
Bad Malente
Wismar
Schwerin
Hamburg
Oldenburg
Bremen
Meppen
Berlin
Wolfsburg
Hannover
Babelsberg
Osnabrück
Springe
Braunschweig
Bielefeld
Bad Gandersheim
Hamm
Bottrop
Marl
Herne
Gelsenkirchen
Muldestausee
Bochum
Dortmund
Essen
Krefeld
Leipzig
Wuppertal
Düsseldorf
Mönchengladbach
Bergheim
Köln
Bad Tabarz
Tiefenort
Rudisleben
Zwickau
Kleinolbersdorf
Erftstadt
Lauter
Aue
Bad Camberg
Wiesbaden
Frankfurt
Weismain
Mainz
Rivenich
an der Mosel
Bayreuth
Herzogenaurach
Oberklausen
Kaiserslautern
Fürth
Nürnberg
Neunkirchen
Walldorf
Karlsruhe
Stuttgart
München
Villingen-Schwenningen
Freiburg
Schluchsee
Singen

Bad Malente

Sportschule Malente (Uwe-Seeler-Fußball-Park)

In den letzten Minuten bin ich auf die Toilette gegangen. Ich musste gar nicht, aber oft genug fielen gerade dann die Tore, wenn ich auf dem Klo war. Und die Maßnahme zeigte Wirkung: Es gab noch zwei Treffer. Aber blöderweise für Südkorea. Und so habe ich die Tragik der letzten Minuten bei Deutschlands Aus bei der Weltmeisterschaft 2018 nicht gesehen. Weil der Aberglaube die Krücke der Schwachen ist.

Jogi Löw hatte einen anderen Sündenbock für das Ausscheiden ausgemacht. Vier Jahre zuvor entstand im Campo Bahia, dem „besten WM-Quartier aller Zeiten“ (Wolfgang Niersbach), ein fast schon mythischer Esprit, der die deutsche Elf bis zum Titel trug. Das Hotel in Watutinki dagegen hatte für Löw nur „den Charme einer guten, schönen Sportschule“.

Dabei war gerade die Sportschule früher die Geburtsstätte für einen gemeinsamen Geist, für eine „11Freunde-müsst-ihr-sein-Mentalität“ und sogar für manchen Weltmeister-Titel. Nicht umsonst gehört der „Geist von Malente“ zur deutschen Fußballgeschichte, nicht umsonst steht auf einem Stein vor den Toren der Sportschule Malente: „Hier werden Weltmeister gemacht“.

Bereits 1952 wurde die Verbandssportschule des Schleswig-Holsteinischen Fußballverbandes eröffnet und in den Folgejahren immer wieder erweitert: 1961 kam die Sporthalle hinzu, in den Siebzigerjahren folgten diverse Anbauten und Aufstockungen. Bevor die deutsche Nationalmannschaft 1990 nach Italien fuhr, wurde erst der Küchentrakt erneuert, dann die Sanitärräume und der Speiseraum modernisiert. Seit 2013 trägt die Sportschule Malente den Namen Uwe Seelers.

Die USP des Uwe-Seeler-Fußball-Parks ist aber nicht in der Infrastruktur zu suchen, sondern in seiner Weltmeister-Macher-Garantie. Sowohl 1974 als auch 1990 fand die Vorbereitung auf die WM in der ostholsteinischen Schweiz statt. Ob der Mythos vom „Geist von Malente“ nun daher kommt oder eher ein Zugeständnis an die Ödnis ist, ist schwer zu beantworten.

Der letzte Aufenthalt der Nationalmannschaft in Bad Malente liegt weit über zwanzig Jahre zurück. Die 32 Zimmer im Uwe-Seeler-Fußball-Park haben zwar mittlerweile Drei-Sterne-Niveau, aber das genügt dem Anspruch der heutigen Nationalspieler nicht.

Das Hotel in Watutinki ebenfalls nicht. „Wir sind nicht am Meer und haben nicht ständig Sonnenschein“, monierte der Bundestrainer während der WM 2018. Mehrere Medien

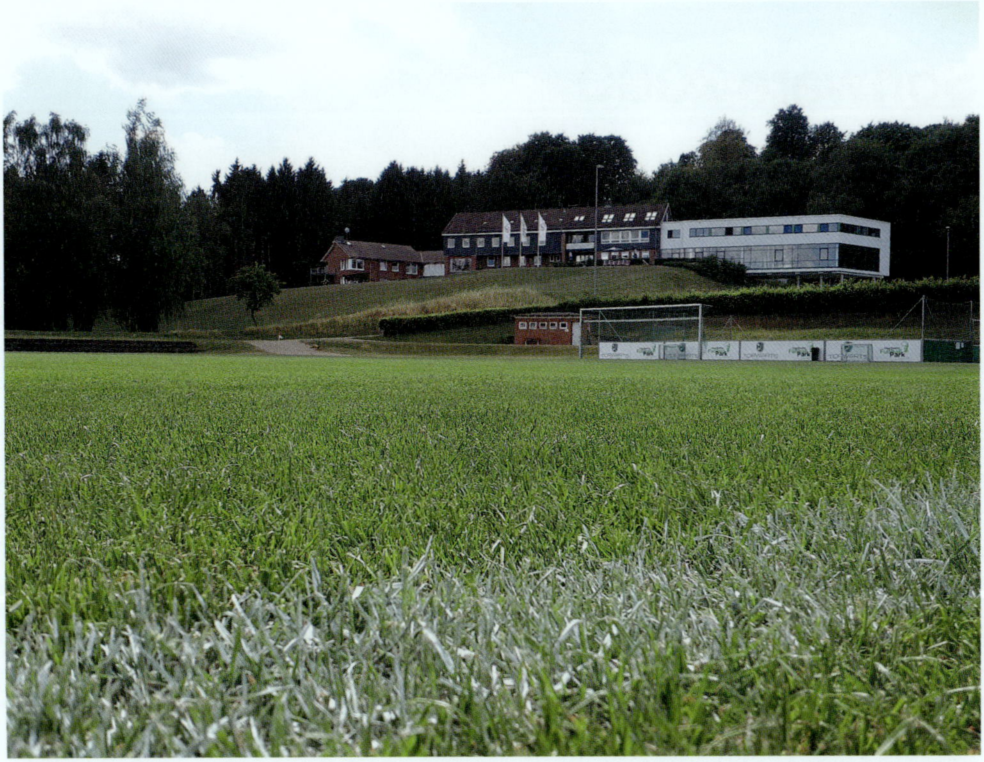

sprachen sogar vom „Ungeist von Watutinki". Und der „Geist von Malente"? Jugendbildungsreferent Klaus Jespersen sagt im Magazin „Unser Norden" dazu folgendes:

„Für mich persönlich ist er immer da. Ob die jungen Spieler, die zu uns kommen, diesen Geist noch kennen, weiß ich nicht. Aber wenn sie neben fußballerischen Grundlagen auch Elemente wie Bescheidenheit und Zusammenhalt aus Malente mitnehmen, haben wir viel erreicht."

Es sind genau die Werte, die „Der Mannschaft" inzwischen abgesprochen werden.

Uwe-Seeler-Fußball-Park (früher Sportschule Malente), Am Stadion 4, 23714 Bad Malente

Plön und Eutin

Software 2000

Das Intro sprach uns aus der Seele, oder besser, sang uns aus der Seele: Ein Männerchor schmetterte das Lied „Football forever, Football forever, Foo-oot-ball for-e-e-e-e-e-ever", während uns der Bildschirm wissen ließ, dass das Silikon Valley der Heimcomputerspiel-Industrie in Schleswig-Holstein liegt und Plön heißt. Darüber stand der Name des Spiels, das uns tage- und in den Ferien auch nächtelang in Atem hielt: Bundesliga Manager.

Nach zwei Strophen „Football forever" knatterte der Amiga weiter, bis wir die Anzahl der teilnehmenden Spieler eingeben und aus über 60 deutschen Mannschaften das eigene Wunschteam auswählen mussten. Erst dann ging's richtig los: Spieler kaufen, die Aufstellung bestimmen, das Stadion ausbauen, den durchschnittlichen Eintrittspreis festlegen und mit der Mannschaft ins Luxushotel La Preux fahren, um die Leistung der Spieler im Trainingslager zu verbessern. Viel mehr konnten wir mit dem Bundesliga Manager auf dem Amiga nicht machen, aber wenn man ehrlich ist: Viel mehr hatten die richtigen Manager der Bundesligisten in den Achtzigerjahren auch nicht zu tun. Der Spieltag selbst war im Bundesliga Manager grafisch anspruchslos umgesetzt und bestand aus einem Pixelball, der links oder rechts ins Tor hoppelte. Das war aber egal, denn spannend war das trotzdem.

Insbesondere im Mehrspielermodus gab es nichts Aufregenderes, als vor dem Bundesliga Manager zu sitzen und um den Aufstieg zu spielen. Dafür gab es sogar eine Garantie: Man konnte einen fiktiven Mitspieler anlegen, dem man einen Kredit gab – und dafür Wucherzinsen ansetzte. Mit Hilfe dieses Cheats hatte man mehr Geld, als man ausgeben konnte, was einem aber auch nicht weiterhalf, wenn man vor dem Aufstieg in die 1. Bundesliga stand. Dann benötigte man das Handbuch, um die Sicherheitsabfrage beantworten zu können. Da wir das nicht hatten, lag unsere Chance bei 25 %, um aus den vier Antworten die richtige auszuwählen. Bei der falschen Entscheidung stürzte das Spiel einfach ab.

Zwei Jahre nach der Veröffentlichung des Bundesliga Managers wurde 1991 dessen Nachfolger präsentiert, der Bundesliga Manager Professional. Die Zeitschrift „Amiga Joker" sah damals in dem Spiel „eine echte Perle seiner Zunft", das Spiel wurde grafisch anspruchsvoller und facettenreicher. So kamen Verhandlungen über Trikot- und Bandenwerbung oder auch die Differenzierung in Steh- und Sitzplätze hinzu. Nicht nur für meine Freunde wurde das Spiel dadurch in den Adelsstand erhoben, „der BMP war bahnbrechend", urteilt Andreas Bock in seinem „11FREUNDE"-Artikel, der wie ein Bericht aus der Entziehungsklinik klingt: „Es gab ein Leben davor (Frühstück, Schule,

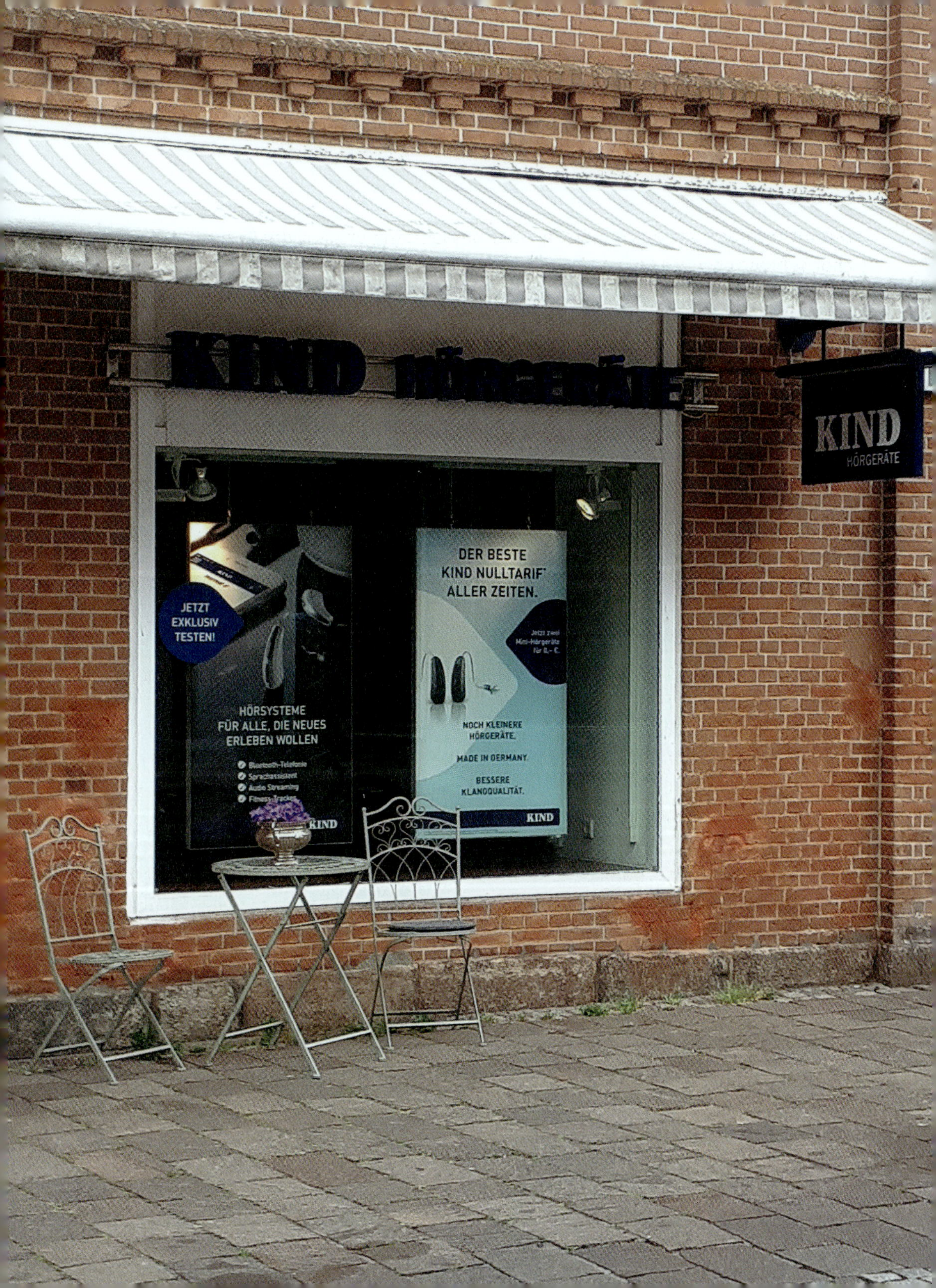
KIND HÖRGERÄTE
KIND
HÖRGERÄTE
JETZT
EXKLUSIV
TESTEN!
HÖRSYSTEME
FÜR ALLE, DIE NEUES
ERLEBEN WOLLEN
Bluetooth-Telefonie
Sprachassistent
Audio Streaming
KIND
DER BESTE
KIND NULLTARIF*
ALLER ZEITEN.
NOCH KLEINERE
HÖRGERÄTE.
MADE IN GERMANY.
BESSERE
KLANGQUALITÄT.
KIND

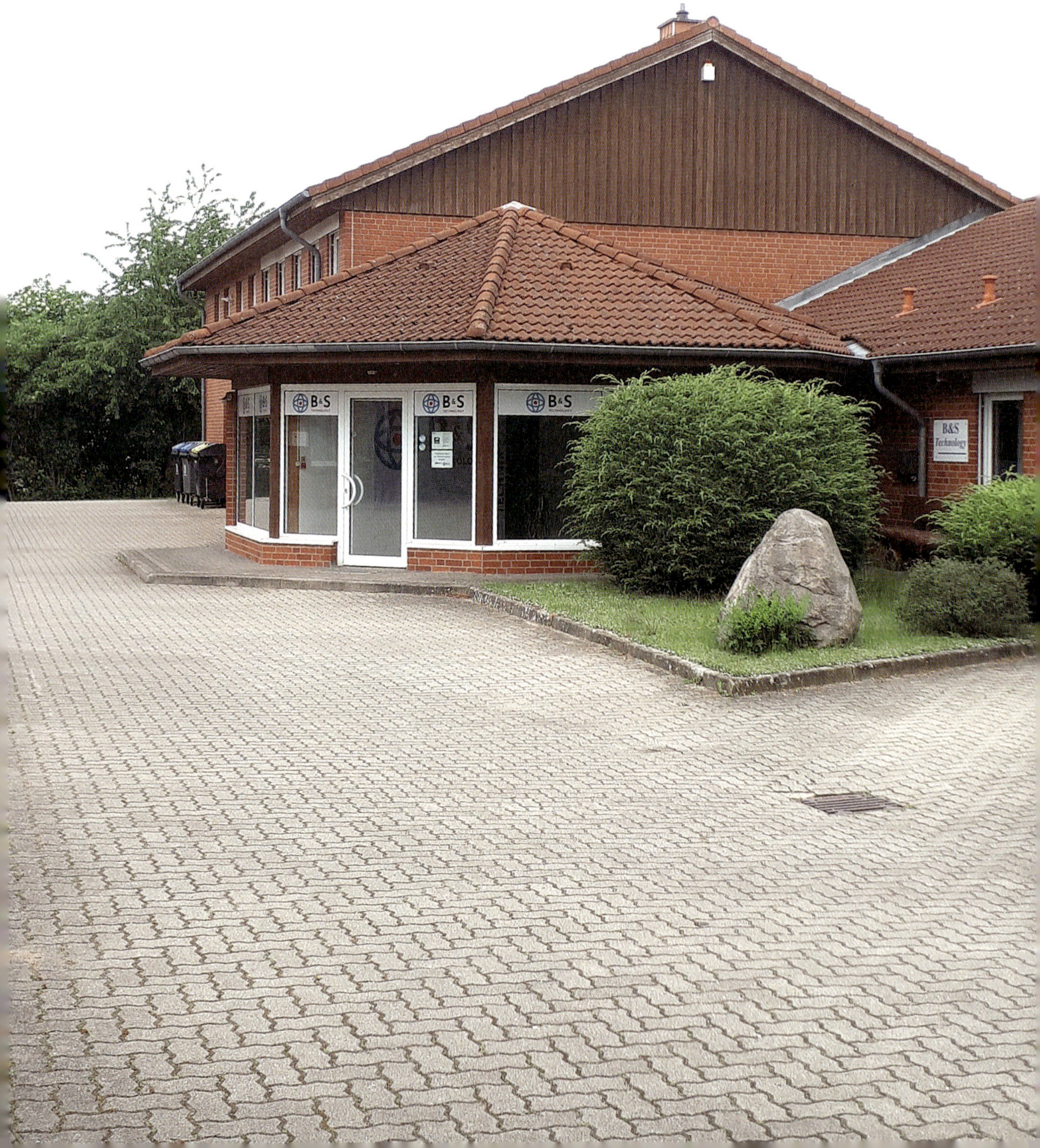
B&S
B&S
B&S
B&S
Technology

Mittagessen, Tennistraining, Hausaufgaben, Maumau spielen, Fußball im Park spielen, im Kino „Zurück in die Zukunft“ gucken, auf „Wetten, dass…?!“ am Samstag warten, schlafen) und danach (BMP, Schule, BMP, BMP, BMP, BMP, schlafen, BMP, Schule, BMP…).“ Zwischen dem Bundesliga Manager und dem BMP verlagerte die für den Vertrieb zuständige Firma Software 2000 ihren Sitz von der Langen Straße in Plön ins gut 30 Autominuten entfernte Eutin in die Max-Planck-Straße. Das Backsteingebäude war in den Neunzigerjahren „eines der modernsten Entwicklungszentren für Computerspiele“, wie die Seite Amigaland weiß, für Software 2000 arbeiteten an diesem Standort über 50 Menschen.

1994 folgte der dritte Teil, der Bundesliga Manager Hattrick, zwei Jahre später der Bundesliga Manager 97. Der wird zur „Abrissglocke“, wie die Zeitschrift „PC-Games“ 2002 schrieb: „Voll mit Programmfehlern verärgert es die Kunden; statt die falsche gegen die richtige Version zu tauschen, produziert Software 2000 reihenweise Patches.“ Als die Firma Software 2000 im Jahr 2002 Insolvenz anmelden muss, saß ich schon lang nicht mehr vor dem Bundesliga Manager. Mit dem immer größeren Umfang verschwanden für mich der Spielspaß und der Zauber. Vielleicht wurde ich aber auch einfach nur älter.

Software 2000, Lange Straße 19, 24306 Plön |
Max-Planck-Straße 9, 23701 Eutin (Standorte vor der Insolvenz)

Kiel

Kilia-Platz

Als die Spieler des FC Kilia Kiel auf den Platz am Hasseldieksdammer Weg auflaufen, um im Freundschaftsspiel gegen den Duisburger SV anzutreten, da tun sie das erstmals im Schatten ihrer neuen Tribüne. Es ist der 9. Juni 1919 und keiner wird daran denken, dass diese Tribüne einmal die älteste noch existierende Norddeutschlands sein wird.

Der Verein spielte damals bereits seit sechs Jahren im Osten der Stadt, im August 1913 wurde der Platz eingeweiht. „Der damalige Vorsitzende Emil Netlitz sorgte dafür, dass der am 23. Juli 1902 gegründete FC Kilia als einer der ersten Kieler Vereine einen für damals längst noch nicht selbstverständlichen eigenen Sportplatz bekam“, erklärt Reinhard Gusner auf sportbuzzer.de. In ihren Anfangsjahren spielten die Kilianer gelegentlich auf dem Wilhelmsplatz und regelmäßig auf dem Gutenbergplatz, dem heutigen Professor-Peters-Platz.

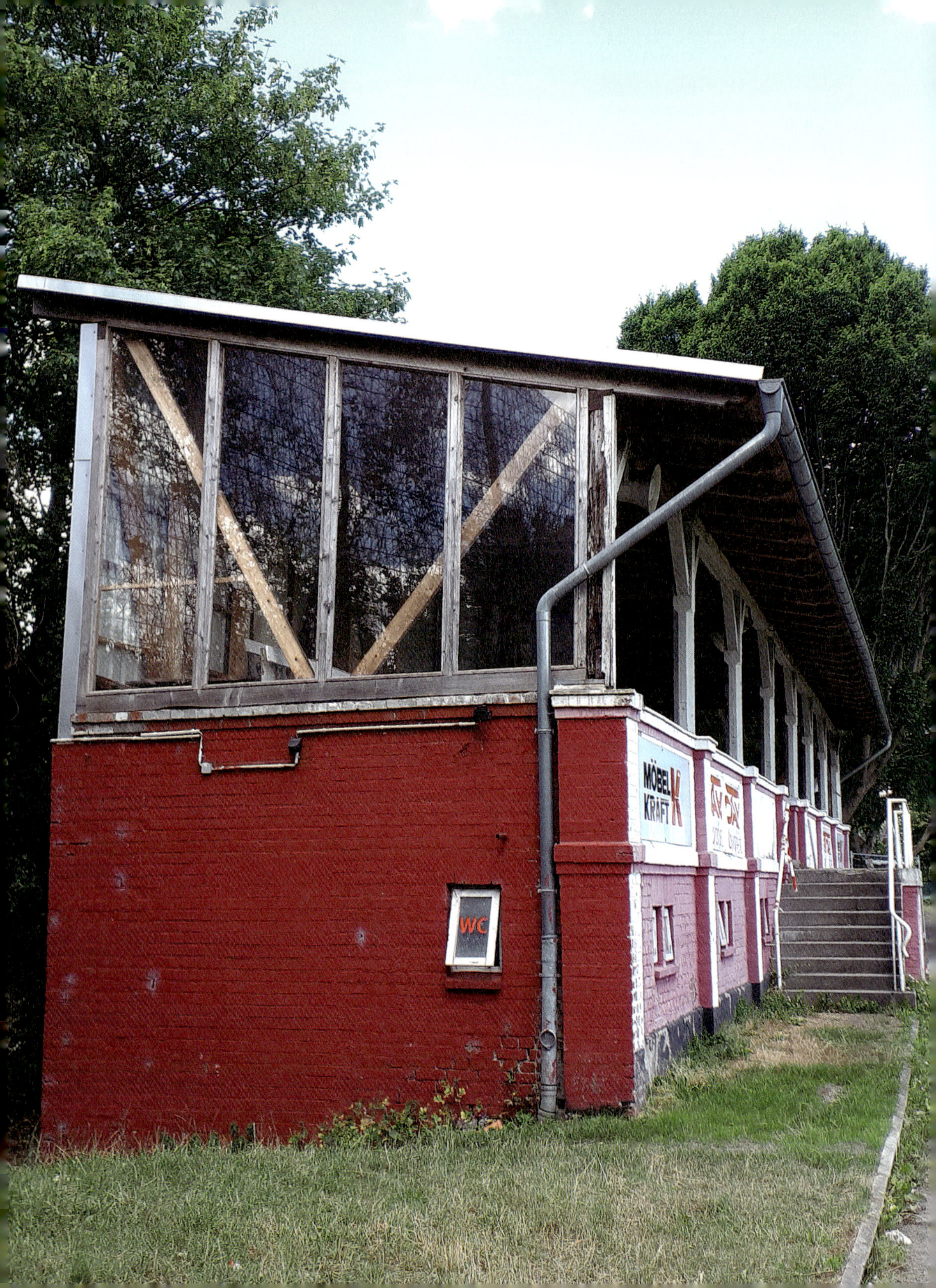
MÖBEL KRAFT K
WC

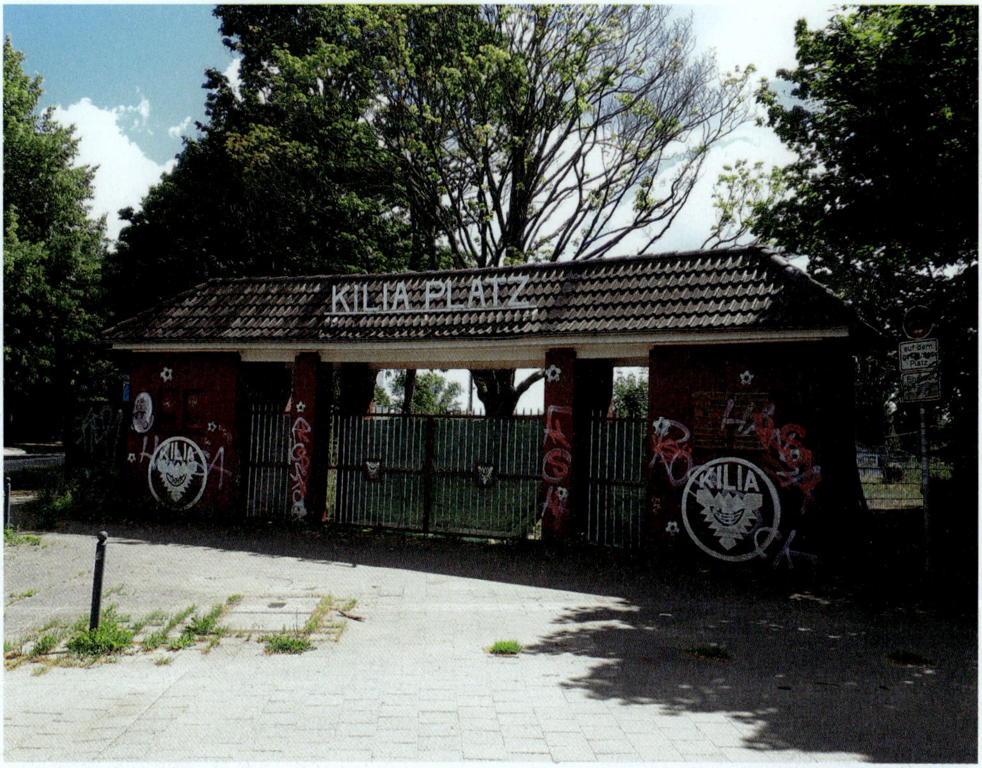

Emil Netlitz war es auch, der nach dem Ersten Weltkrieg den Bau der Tribüne forcierte und sich um deren Finanzierung – 25.000 Goldmark – kümmerte. Der Entwurf stammte aus der Feder von Netzlitz' Schwager Walter Müller, der Bau erfolgte von der Firma Müller aus der Brunswiker Straße.

Wer in den Zwanzigerjahren einen der 220 Plätze auf der Holztribüne ergattern konnte, erlebte die beste Zeit des Vereins: 1925, 1926 und 1927 nahmen die Kilianer an der Norddeutschen Meisterschaft teil. Als Jahrzehnte später namhafte Persönlichkeiten wie Ernst Happel oder Günter Netzer auf der Tribüne saßen, um Kilias Tobias Homp zum HSV zu transferieren, sahen sie viertklassigen Verbandsliga-Fußball. Teilweise fanden sich dafür über 4.000 Menschen im Kilia-Stadion ein, während Holstein in der Oberliga vor rund 700 Zuschauerinnen und Zuschauern kickte. Dass sich der FC Kilia seit über einhundert Jahren immer hinter dem Lokalrivalen einreihen muss, sollte insbesondere für die ersten Jahre richtig eingeordnet werden: Holstein gehörte in der ersten Hälfte des 20. Jahrhunderts zu den besten Mannschaften des Landes und hat sogar einen deutschen Meistertitel im Briefkopf stehen.

Den Zweiten Weltkrieg überstand die Holztribüne im Kilia-Stadion weitestgehend unbeschadet, obwohl Kiel in insgesamt 90 Luftangriffen bombardiert wurde. Der zeitbedingte Verschleiß der Tribüne stellte im neuen Jahrtausend die weitaus größere Herausforderung dar. „Der Zahn der Zeit hat besonders an den hölzernen Bauteilen genagt", schrieben die „Kieler Nachrichten", der „Holstein-Block" präzisierte: „Das Dach ist löchrig, Fenster sind entglast und selbst die alten Sitzbänke sind teilweise eher notdürftig repariert." Als die finanzielle Situation des FC Kilia keine Instandsetzungen zuließ und die Sperrung der Holztribüne drohte, kämpften selbst Fans vom Nachbarn und ewigen Rivalen Holstein für den Erhalt der Tribüne.

2009 wurde das Dach erneuert, fünf Jahre später folgte die Rückwand. Trotz der hohen Kosten gab es beim Kieler Traditionsverein nie den Gedanken an einen Abriss der Tribüne: „So ein Bauwerk kann man nicht einfach wegschieben, das ist Tradition, das gehört dazu", sagte Vereinsvorstand Sönke Spethmann 2014 den „Kieler Nachrichten".

Die Finanzierung konnte gestemmt werden, 2019 feierte der FC Kilia das hundertjährige Jubiläum der Tribüne, die auch von den Baltic Hurricanes genutzt wird (und die ein Grund für deren Zahlungsunfähigkeit war, wie die Footballer 2018 im Rahmen ihrer Insolvenz mitteilten). Der Einzug der Hurricanes sorgte für Veränderungen auf dem Kilia-Platz, so wurde eine provisorische Tribüne aufgestellt, ein VIP-Raum eingerichtet und jüngst das Rasenfeld in einen Kunstrasenplatz umgewandelt.

Ursprünglich ließ Holstein Kiel selbst beim Tribünenbau den FC Kilia hinter sich. Die „Störche" errichteten ihre Tribüne bereits 1911 und weihten sie im selben Jahr ein. Damit wollte man die VIPs jener Zeit abgreifen, die „Wohlhabenden und Einflussreichen der Stadt Kiel, die den Weg zum Fußball aus Furcht, sich die Schuhe dreckig zu machen, bis dato zumeist gemieden hatten", wie es in „100 Jahre Holstein Kiel" heißt. Zehn Jahre nach dem Bau der Tribüne wurde sie aber im Jahr 1921 zerstört, so wie auch die 1909 errichtete Tribüne des SV Victoria Hamburg. In Kiel war es ein Unwetter, in Hamburg ein Brand. Und so hat der Kilia-Platz im Rennen um die älteste noch existierende Tribüne Norddeutschlands die Nase vorn.

Kilia-Platz, Hasseldieksdammer Weg 165,
24114 Kiel

Hamburg

REWE Stanislawski

Eins muss man Holger Stanislawski lassen: Er hat ein Händchen für systemrelevante Berufe. Ob als Spieler, Trainer oder TV-Experte fürs ZDF, Stanislawski hat in Pandemie-Zeiten wenig zu befürchten. Das gilt auch für den Weg, den er vor acht Jahren einschlug: Stanislawski wurde Leiter eines REWE-Marktes in Hamburg-Winterhude.

Rund 120 Menschen arbeiten fest in dem Laden an der Dorotheenstraße, der in einem alten Straßenbahndepot beheimatet ist. Der Umsatz beträgt rund 30 Millionen Euro – Zahlen, mit denen Stanis REWE auch in der 2. Bundesliga antreten könnte.

Das ist nicht die einzige Verbindung zum Fußball: Mitten im Markt gibt es ein rund 140 Quadratmeter großes Fußballfeld, bei der Menschenführung geht es für Stanislawski analog zum Fußball „um Motivation, um Kritik, ums Mitnehmen der Leute“, wie er der „Süddeutschen Zeitung“ berichtet. Und auf der Internetseite wirbt der REWE damit, dass er „immer mehr Fans gewinnt und ganz vorn in der Supermarkt-Champions League spielt“.

Natürlich ist das Marketing Speech geradeso über der Grasnarbe, auf der anderen Seite gibt es eine meterlange Salatbar für die Veganer und über 50 Meter Frischfisch, Wurst und Käse für die eingefleischten Gegner. Dass grundsätzlich viel Wert auf regionale Ware und Transparenz gelegt wird, verdeutlicht eine Kooperation mit „Tierwohl TV“, die den Kundinnen und Kunden eine Live-Schalte vom Stall direkt zum Eierregal liefert. Für die nötige Expertise bei Wein und Wurst sorgen Sommeliers, der REWE ist in den gängigen Social-Media-Kanälen vertreten und bietet Events wie „Single Shopping Nights“ oder den „Weinabend für Anfänger mit Stani“.

Natürlich taucht Stanislawskis Name an allen Ecken und Enden auf, neben dem früheren Bundesliga-Trainer (St. Pauli, Hoffenheim, Köln) gehört aber auch der ehemalige HSV-Profi Alexander Laas zur GmbH.

Und Pathos, viel Pathos. „Viele haben durch uns die Liebe zum Fußball entdeckt und sich in einem Verein angemeldet“, berichtet Stanislawski dem „Hamburger Abendblatt“ und meint damit ernsthaft den Pausenkick auf dem Fußballfeld im Markt. In einem Artikel der „11FREUNDE“ wird aus dem Besuch einer Hühnerfarm ein Achtsamkeitsseminar im Gockelkloster: Als ein paar Hühner auf ihn zukamen und an seinen Schuhen pickten, „gab es um mich herum so ein ganz besonderes Geräusch, wie ich das noch nie gehört habe“. Selbstredend hielt er dabei „ehrfürchtig einen Moment inne“.

Kaufentscheidungen werden in erheblichem Maße von Emotionen beeinflusst. Und hier haben die Nudeln ihre Soße gefunden. Damit das Erlebnis echt bleibt, muss man die „kulinarische Weltreise“ („Hamburger Abendblatt“) selbst antreten. Denn einerseits

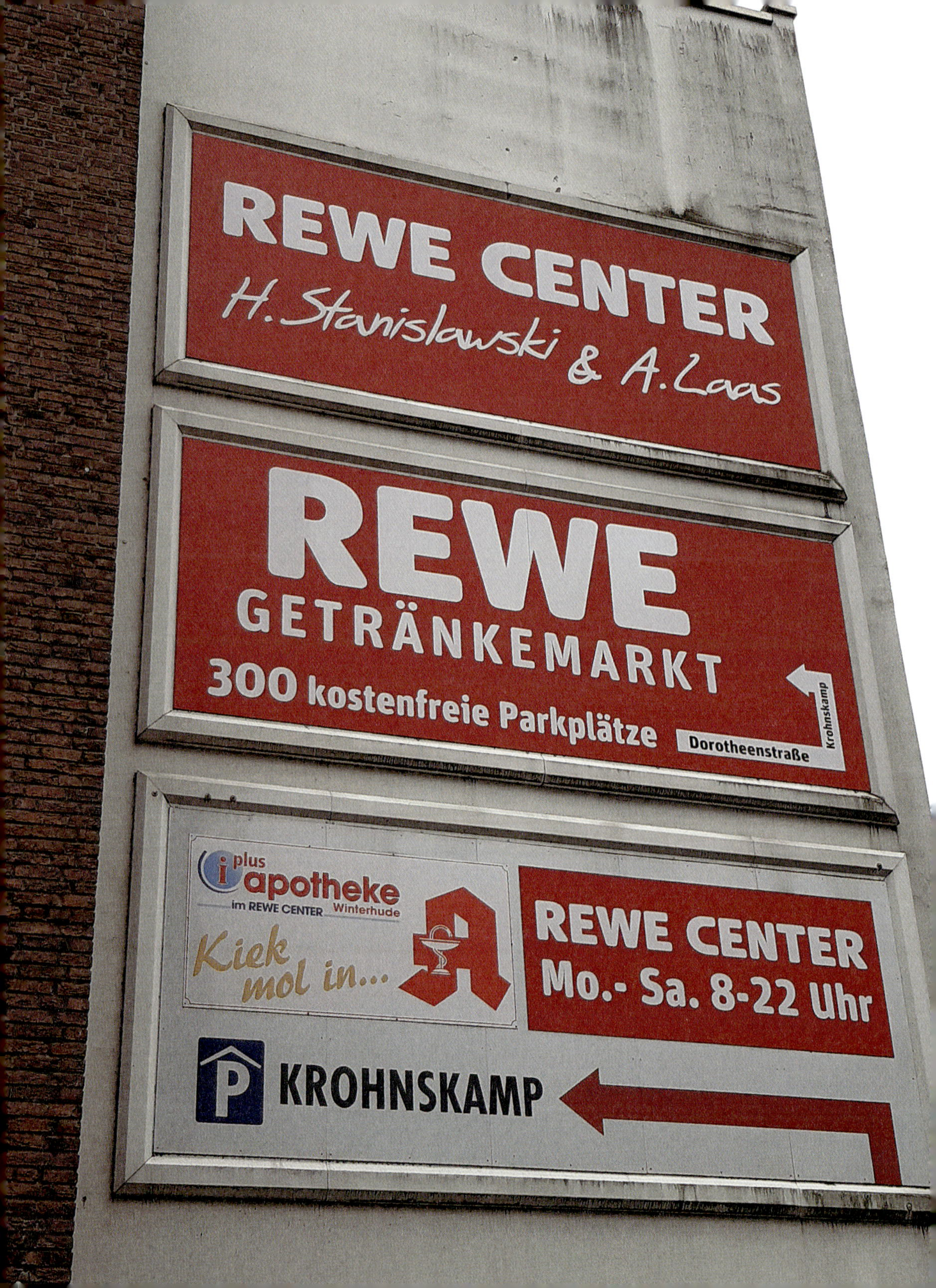
REWE CENTER
H. Stanislawski & A. Laas
REWE
GETRÄNKEMARKT
300 kostenfreie Parkplätze
Dorotheenstraße
Krohnskamp
plus apotheke
im REWE CENTER Winterhude
Kiek mol in...
REWE CENTER
Mo.- Sa. 8-22 Uhr
P
KROHNSKAMP

sind Fotos im Markt verboten. Und andererseits gibt es in Pandemiezeiten keinen systemrelevanteren Fußballort als diesen.

**REWE Stanislawski, Dorotheenstraße 116,
22301 Hamburg**

Hamburg

Uns Uwe sein Fuß (Uwe-Seeler-Denkmal)

„Als ich in der dritten Klasse war“, schreibt Alex Raack in seinem Buch „Alles aus Liebe“, „kam eines Tages eine Frau von der Stadtbibliothek und kippte einen Haufen Bücher auf unsere Tische“. Weil er selbst Fußball spielte, suchte sich Raack das aus, das „Alle meine Tore“ hieß und dessen Autor der Mann war, von dem Alex Raack „ein richtiger Fanboy“ werden sollte: Uwe Seeler. Als Uwe Seeler einige Jahre später mit seiner Traditionsmannschaft im Landkreis Celle und damit in Familie Raacks unmittelbarer Heimat spielte, wartete Vater Raack mit Sohn Alex nach dem Spiel eine Stunde im Nieselregen, damit Alex ein Autogramm seines Helden bekam. „Mein lieber Vater hat zwar mit Fußball nichts am Hut“, heißt es in „Alles aus Liebe“, „aber er kennt und schätzt Uwe Seeler. Für diese Bewunderung braucht es gar keine Begeisterung für das Spiel.“

Uwe Seeler ist ein Zen-Meister für die Fußball-Gemeinschaft. Er kann Leute wie Alex Raack für sich gewinnen, obwohl sie Anhänger des ärgsten HSV-Kontrahenten Werder Bremen sind. Er genießt Anerkennung bei Menschen, die sich nicht einmal für Fußball interessieren, wie bei Vater Raack. Uwe Seeler ist ein Mann, der ein Denkmal verdient. Und einer, der eins hat.

Direkt beim Eingang Nordost des Volksparkstadions steht die 3,50 Meter hohe, 2,30 Meter tiefe, 5,15 Meter breite und (je nach Quelle) zwischen 2,5 und 4 Tonnen schwere Nachbildung des Uwe Seeler-Fußes, die von der inzwischen verstorbenen Mönchengladbacher Künstlerin Brigitte Schmitges („Die Aufstellung dieser Skulptur ist für mich die Verwirklichung eines Lebenstraumes“) im Maßstab 20:1 in Bronze gegossen wurde. Der Name der Skulptur: „Uns Uwe sein Fuß“. Oder im Volksmund einfach „Uwe-Seeler-Denkmal“.

„Man kann sogar all meine Verletzungen erkennen“, zeigte sich Uwe Seeler bei der Einweihung im August 2005 begeistert. 700 Gäste waren geladen, um den 250.000 Euro teuren Fuß zu bewundern. „Die Menschen dieser Stadt schauen mit Respekt und Liebe zu Uwe Seeler“, sagte Hamburgs damaliger Bürgermeister Ole von Beust im Rahmen der Zeremonie, „und das gerade, weil er nicht auf großem Fuß lebt, sondern Vorbild für Bescheidenheit ist“.

Von Beust gab damit nicht nur für das Uwe-Seeler-Denkmal, sondern auch für zahlreiche Wortspiele den Startschuss. Der Hamburger Kultur-Stadtplan Kulturkarte findet das Denkmal „sehr passend“, schließlich „stehen sich doch viele ZuschauerInnen vor der Kasse die Füße breit – hoffentlich nicht bis zu einem vergleichbaren Umfang“. Und die „11FREUNDE“ wusste: „Die Fußstapfen von Uwe Seeler werden beim HSV nun noch ein wenig größer.“

Zusammen mit den Spielern und Funktionären des „Walk of Fame“ setzen Seelers Fußstapfen einen Maßstab, der für die aktuelle Mannschaft der Hamburger unerreichbar ist. Zu diesem Walk of Fame gehören rund 50 HSV-Legenden, die mit ihren Hand- oder Fußabdrücken den Uwe-Seeler-Fuß umringen, darunter Horst Hrubesch, Felix Magath, Manfred Kaltz oder Günter Netzer.

Diese Generation prägte die erfolgreichste Zeit des Hamburger SV, wurde zwischen 1979 und 1983 drei Mal Deutscher Meister und Europapokalsieger der Landesmeister 1983. Uwe Seeler ist die Symbolfigur einer anderen HSV-Ära und formte das Gesicht einer Mannschaft, die zwischen 1955 und 1963 neun Mal in Folge Meister der Oberliga Nord wurde.

Dass Seeler – wie bei Alex Raacks Vater – darüber hinaus mit seinem bodenständigen „Uns Uwe“-Auftreten in Erinnerung geblieben ist, liegt daran, dass er die skandalfreie Version von Franz Beckenbauer ist – oder zumindest als solche erhalten bleibt. Als ihm der „SPIEGEL“ im Mai 2020 die Beteiligung an einer Briefkastenfirma auf den Bahamas nachweisen konnte, nahm das die Medienlandschaft nur achselzuckend zur Kenntnis. Seeler war kurz zuvor in seinem Haus in Hamburg gestürzt und musste notoperiert werden, wen interessierte da ein bisschen Vogelkacke auf einem Denkmal? Dagegen ist die Geschichte um das unablehnbare Angebot von Inter Mailand seit fünfzig Jahren verpflichtender Abiturstoff in der Hansestadt. Seelers Biografie „Danke, Fußball! Mein Leben“ beginnt mit dieser Episode, „Alle meine Tore“ liest sich wie eine Heldensage: Seeler blieb „selbst dann fair, wenn man ihn rücksichtslos angriff, zu zweit, zu dritt“.

Es ist das Buch, das Alex Raack zum Uwe-Seeler-Fan machte. Wie ist es für einen selbsternannten „Uwe-Seeler-Fanboy“, wenn das Idol plötzlich Kratzer abbekommt? Raacks Antwort: „Ich bin immerhin froh, dass er nicht seit vier Jahrzehnten seine Frau verarscht.“

Uns Uwe sein Fuß (Uwe Seeler-Denkmal),
Eingang Nordost des Volksparkstadions, 22525 Hamburg

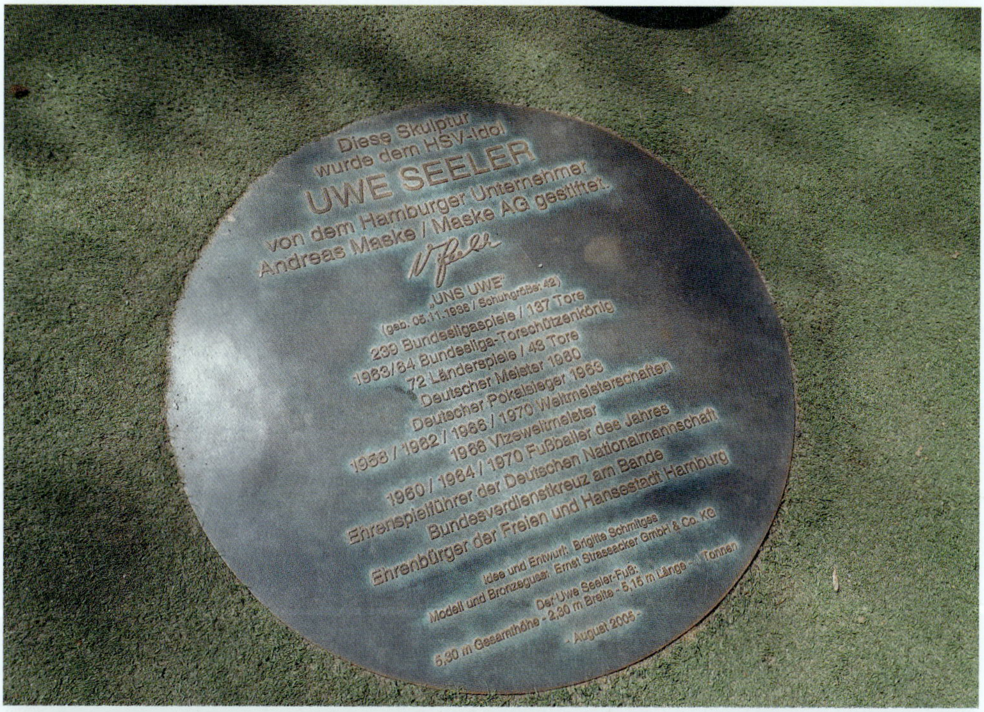
Diese Skulptur
wurde dem HSV-Idol
UWE SEELER
von dem Hamburger Unternehmer
Andreas Maske / Maske AG gestiftet.
„UNS UWE"
(geb. 05.11.1936 / Schuhgröße: 42)
239 Bundesligaspiele / 137 Tore
1963/64 Bundesliga-Torschützenkönig
72 Länderspiele / 43 Tore
Deutscher Meister 1960
Deutscher Pokalsieger 1963
1958 / 1962 / 1966 / 1970 Weltmeisterschaften
1966 Vizeweltmeister
1960 / 1964 / 1970 Fußballer des Jahres
Ehrenspielführer der Deutschen Nationalmannschaft
Bundesverdienstkreuz am Bande
Ehrenbürger der Freien und Hansestadt Hamburg
Idee und Entwurf: Brigitte Schmitges
Modell und Bronzeguss: Ernst Strassacker GmbH & Co. KG
Der Uwe Seeler-Fuß:
6,30 m Gesamthöhe - 2,30 m Breite - 5,15 m Länge - Tonnen
- August 2005 -

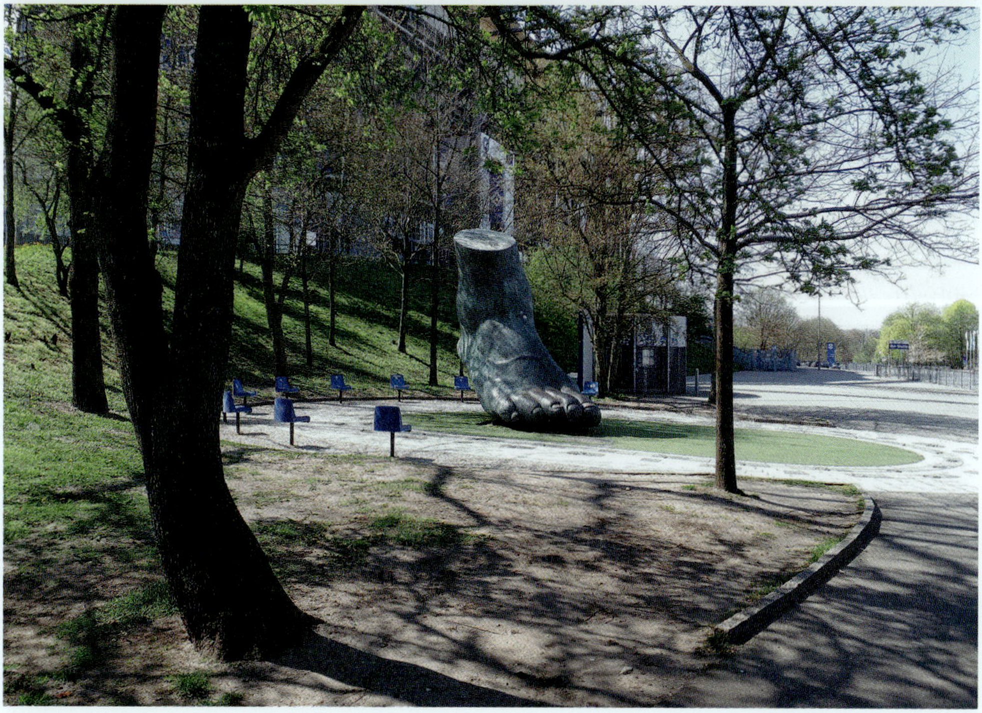

Hamburg

Victoria-Klause

Obwohl er nie der Größte seiner Zunft war, genießt Walter Frosch deutschlandweit erhöhten Kultstatus. Mit seinen markigen Sprüchen („Ein Walter Frosch spielt nur in der A-Mannschaft oder in der Weltauswahl"), seiner Eigenschaft als Kettenraucher und annähernd 20 Gelben Karten in einer Spielzeit, steht der ehemalige Verteidiger zumindest bei Freizeitfußballern und Thekenmannschaften hoch im Kurs. Wen überrascht es also, dass Walter Frosch selbst Pächter einer Kneipe war, diese aber nicht allein deshalb einen speziellen Bekanntheitsgrad genießt.

Die Victoria-Klause im Norden Hamburgs befindet sich direkt unter einer der ältesten Tribünen des Landes. 1909 erbaut, 1921 abgebrannt und 1922 wiedereröffnet, so stellt sich die Vita der traditionsreichen Holztribüne dar. Der Rest des Stadions soll viel von seinem Charme eingebüßt haben, als Altona 93 in der Saison 2008/2009 ins „Vicky" umzog und das Stadion für mehr als eine halbe Million in einen „kleinen Hochsicherheitstrakt" („Das große Buch der deutschen Fußballstadien") verwandelt wurde.

Fünf Länderspiele fanden im Victoria-Stadion statt, das erste 1911 gegen Schweden, das letzte 1940 gegen Dänemark. Der Zuschauerrekord wurde 1948 beim Derby zwischen dem HSV und St. Pauli mit 37.000 Besucherinnen und Besuchern erzielt. Holstein Kiel, einer der größten deutschen Fußballvereine vor dem Ersten Weltkrieg, feierte hier im Jahre 1912 seine einzige Deutsche Meisterschaft mit einem 1:0-Sieg gegen den Karlsruher FV.

Von solchen Zahlen und besseren Zeiten kann der heimische SC Victoria nur träumen. Bezahlten Fußball bekommt man im Vicky nur dann zu sehen, wenn man in das Herz der Tribüne geht und in der Victoria-Klause den Bundesligisten bei Sky oder DAZN zujubelt.

Bis vor wenigen Jahren konnte man das noch zwischen dem Mobiliar tun, das schon Walter Frosch kannte. Nach einer Renovierung in der zweiten Hälfte des Jahres 2019 ist die Victoria-Klause nun hell, freundlich und modern eingerichtet. „Viele Vereinsmitglieder haben sich tatkräftig eingebracht und den Umbau zu einem großen Erfolg gemacht", sagt Timm Kartheuser vom SC Victoria. Das Eichen-Interieur vergangener Tage war nicht mehr angesagt, „unser Ansatz war, die Tradition mit der Moderne zu verbinden", erklärt Kartheuser, „wir haben ein zeitgemäßes Angebot geschaffen." Unter einer der ältesten Tribünen der Republik.

**Victoria-Klause, Lokstedter Steindamm 87,
22529 Hamburg**

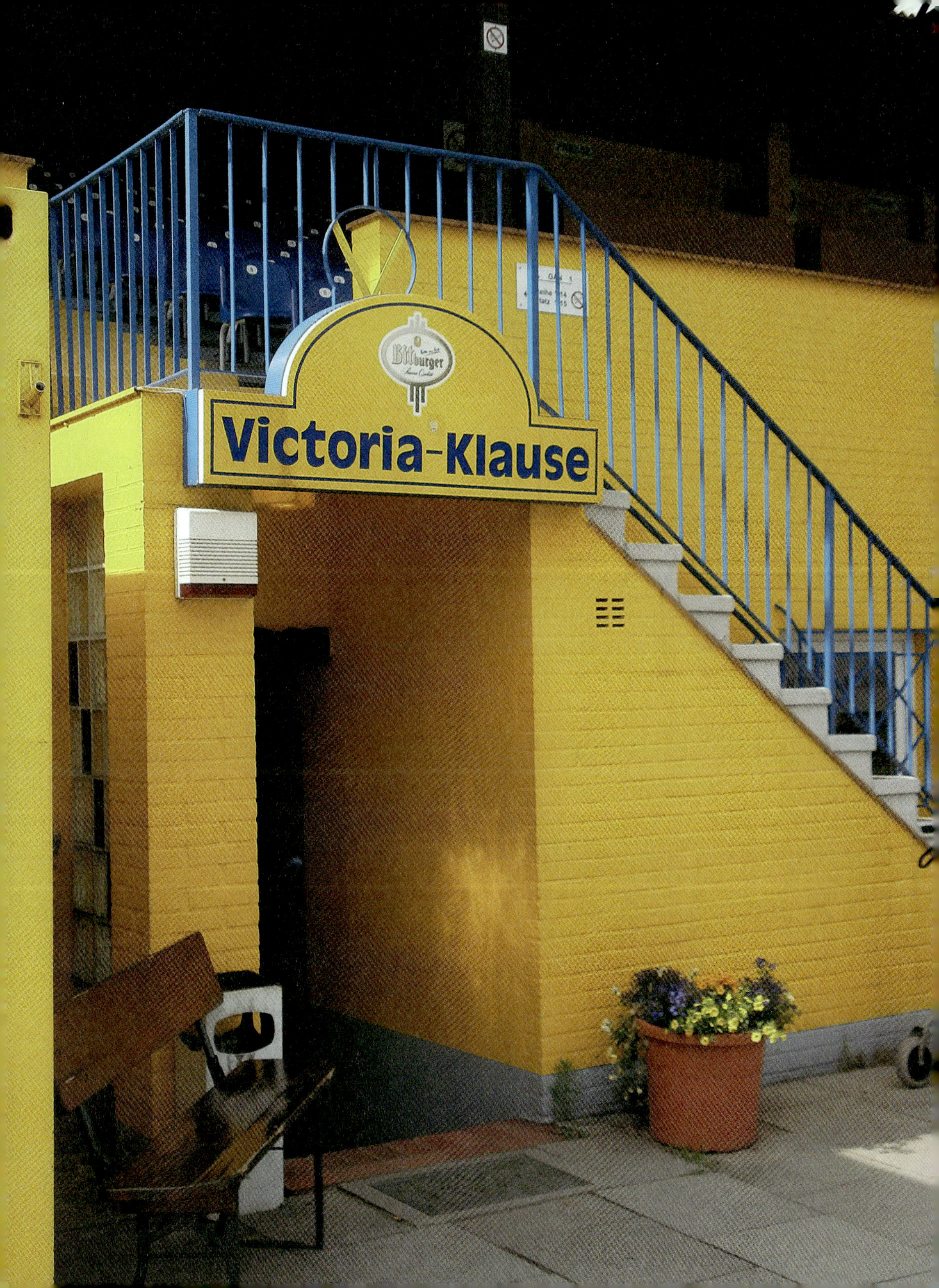
Bitburger
Victoria-Klause

Hamburg

HSV-Grabfeld

Ist es pietätlos, einen Friedhof zu besichtigen und ihn als Sehenswürdigkeit zu bezeichnen? Ist es nicht, schließlich listen wohl alle Prager Reiseführer den alten jüdischen Friedhof als Touristenattraktion auf. Während in Prag die Enge des Ghettos dafür sorgte, dass die Verstorbenen in Schichten beigesetzt wurden, herrscht auf dem HSV-Friedhof in Hamburg „tote Hose“, wie die „BILD“-Zeitung einst markig kommentierte.

Im September 2008 wurde die Ruhestätte eröffnet. Sie macht einen kleinen Teil des Altonaer Hauptfriedhofs aus und befindet sich nur eine Straßenbreite entfernt vom Eingang West/Südwest des Volksparkstadions. Auch eine weitere Besonderheit des Hamburger SV, der Fuß von Uwe Seeler, wartet direkt um die Ecke. Ideengeber und Initiator des HSV-Friedhofs war Gärtner und HSV-Fan Lars Rehder, dessen Schicksal förmlich vorbestimmt war: Bereits Rehders Vater war Gärtner – und zwar auf dem Altonaer Hauptfriedhof.

Von den 300 bis 500 Grabflächen, die analog zur Tribüne traversenartig in Rängen angeordnet sind, sind weit über zehn Jahre nach der Eröffnung keine 20 belegt. Da helfen auch die zwei Mustergräber wenig, mit den paar besetzten Ruhestätten sieht der Friedhof etwas verloren aus. Borussia Dortmund soll die Pläne für einen vereinseigenen Friedhof nach den Erfahrungen und Zahlen des HSV auf Eis gelegt haben.

Der HSV ist daran nicht ganz unschuldig. Rehders Ansprechpartner aus dem Aufsichtsrat ist nicht mehr da, auf der Vereinsseite war der Friedhof zwischenzeitlich gar nicht mehr zu finden. Von dem Plan, den Friedhof zum Teil der Stadionführung zu machen, weiß heute keiner mehr. Aus Enttäuschung kündigte Rehder vor ein paar Jahren seine Mitgliedschaft. „Seit der Bauphase kam vom Verein nichts mehr. Von so einem Traditionsklub hätte ich mir mehr gewünscht“, sagte er damals der „BILD“-Zeitung. Inzwischen stimmt die Richtung: „Der Verein ist wachgeworden, es tut sich etwas“, sagt Lars Rehder bei unserem Telefonat und ergänzt: „Ich denke, die Resonanz wäre größer, wenn man die Bekanntheit deutlich steigern würde.“

Verdient hätte es das Projekt, denn das HSV-Grabfeld ist wirklich schön. Ein großes Steintor empfängt die Besucher, der Rasen wurde aus dem Stadion hierher verpflanzt und durch die Bäume sieht man die riesige Westtribüne des Volksparkstadions. Bei der Beerdigungszeremonie kann man HSV-Lieder spielen lassen, Grabsteine, Särge und Urnen können in Vereinsfarben gewählt werden.

Die Menschen, die auf dem Grabfeld ruhen, haben das in den seltensten Fällen selbstbestimmt. „Die Angehörigen wussten, welchen Stellenwert der HSV für die Men-

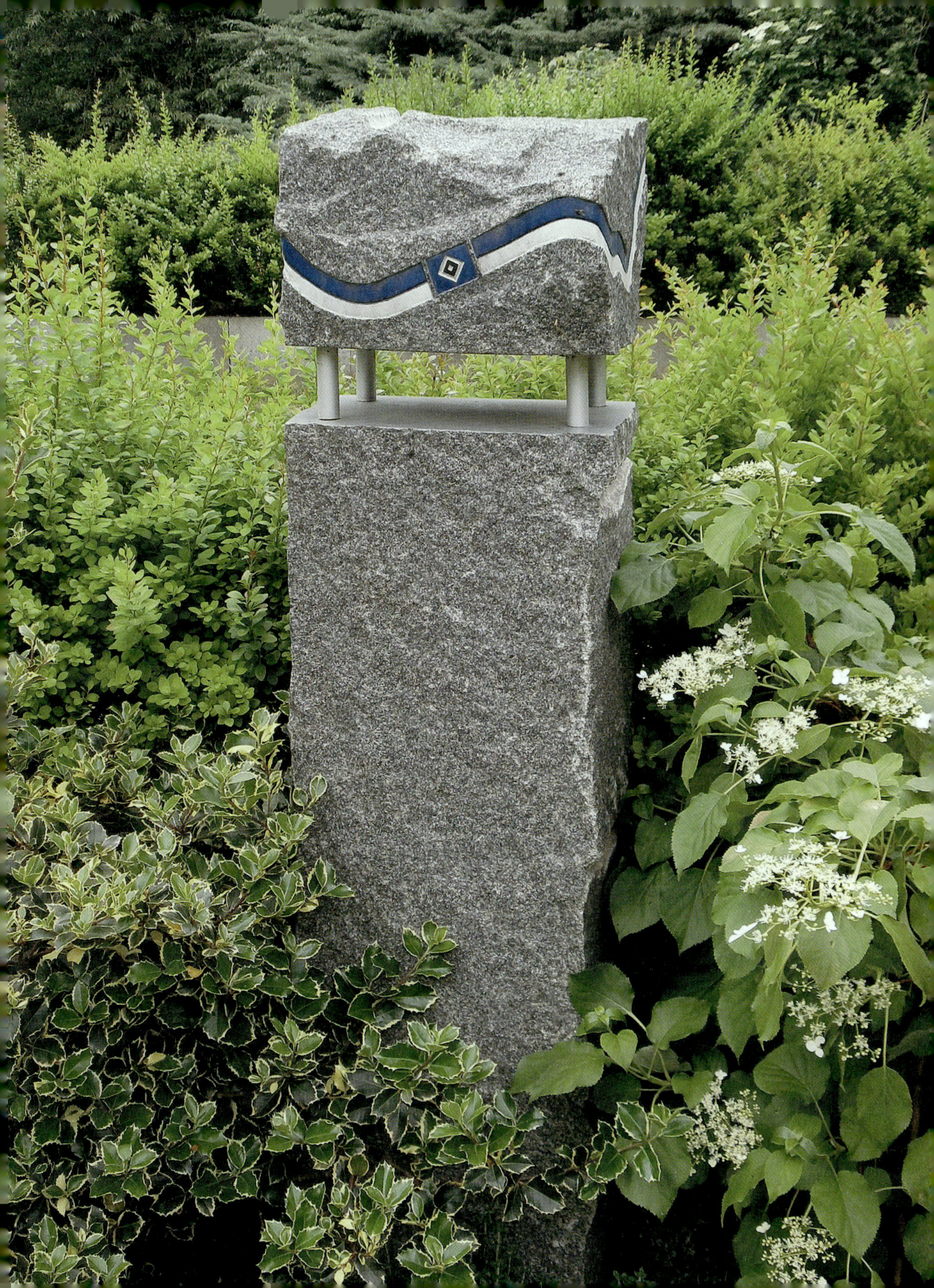

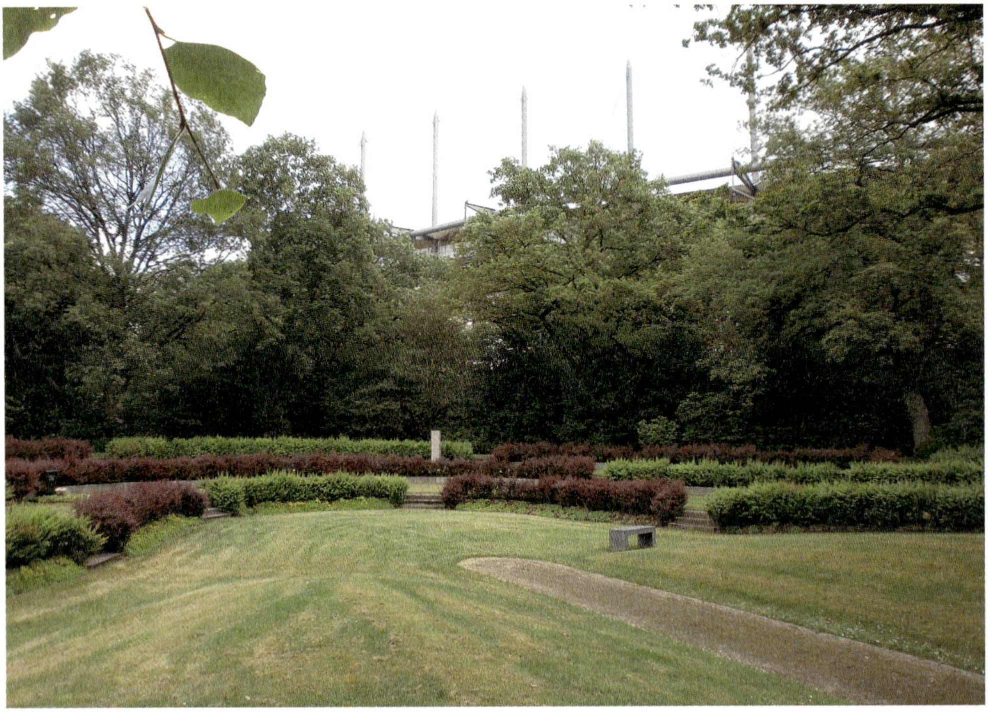

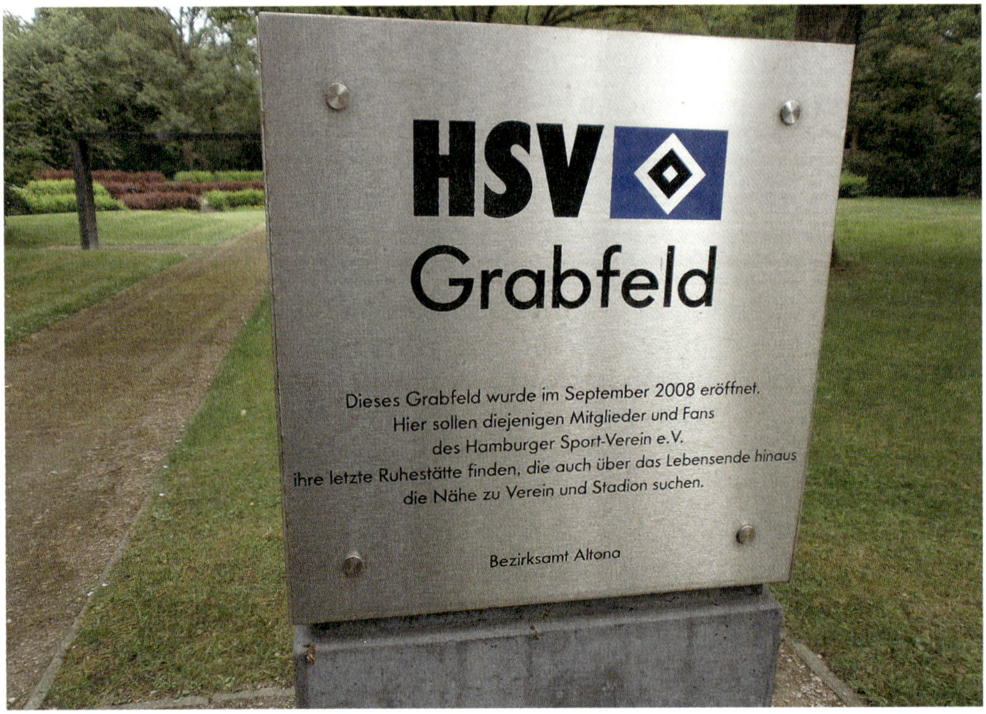
HSV
Grabfeld
Dieses Grabfeld wurde im September 2008 eröffnet.
Hier sollen diejenigen Mitglieder und Fans
des Hamburger Sport-Verein e.V.
ihre letzte Ruhestätte finden, die auch über das Lebensende hinaus
die Nähe zu Verein und Stadion suchen.
Bezirksamt Altona

schen hatte, die hier liegen", erklärt Rehder, „die wenigsten haben vor ihrem selbst Tod bestimmt, dass sie hierher wollen."

Zwischen 3.500 und 12.500 Euro kostet eine Beisetzung, entweder im Gruppengrab („Team"), allein („Einzelspieler") oder neben dem Partner („Doppelpass"). Die perfekte HSV-Bestattung soll über einen Fragebogen ermittelt und möglich gemacht werden, aber spätestens hier werden selbst die treuesten Anhänger ins Stocken geraten. Die Frage, ob der HSV-Sarg von Spielern signiert werden soll, ist wohl die rhetorischste der Welt.

HSV-Grabfeld, Stadionstraße 7, 22525 Hamburg
(Hier befinden sich die Parkplätze, der HSV-Friedhof befindet sich am Hellgrundweg, direkt gegenüber vom Eingang West/Südwest des Volksparkstadions, rund fünf Gehminuten entfernt.)

Hamburg, St. Pauli

Millerntor

Wer das Millerntor noch einmal atmen möchte, der sollte sich den gleichnamigen Bildband von Susanne Katzenberg und Olaf Tamm besorgen. Selten wurde der Charme des Maroden so treffend dokumentiert wie in diesem Kunstwerk, das die alte Bude einfach wieder aus dem Boden stampft. Stahlrohrtribünen, mit Aufklebern zugepflasterte Türen und Containerdörfer – das Buch liest sich wie ein Skript von der Fakultät der Sozialromantiker.

Unweit der Reeperbahn sind viele fußballkulturelle Facetten entstanden, die irgendwann von anderen Vereinen übernommen wurden und dem modernen Fußball eine Pseudokultur verpassten. Das Lied „You'll never walk alone" wurde in Deutschland zuerst auf St. Pauli gesungen. Fans und Spieler klatschten sich zuerst am Millerntor ab. Und der „Millerntor Roar" war (wohl) das erste Fanzine in deutschen Stadien.

Trotz all dieser tradierten Merkmale steht das Stadion erst seit 1961 an dieser Stelle, vorher war der FC St. Pauli rund fünf Gehminuten entfernt an der Ecke Glacischaussee/ Budapester Straße zuhause. Bundesliga-Fußball gab es am Millerntor erstmals in der Saison 1977/78 zu sehen, allerdings nur an fünf Spieltagen. Für die anderen Partien zog der FC St. Pauli ins Volksparkstadion um. Die Entwicklung zum Kult-Club fand aber erst beim zweiten Aufstieg im Jahr 1988 statt. Namen wie Volker Ippig, Klaus Thomforde, André Trulsen oder Dirk Zander sorgten für eine Stadionauslastung von 107% (da man

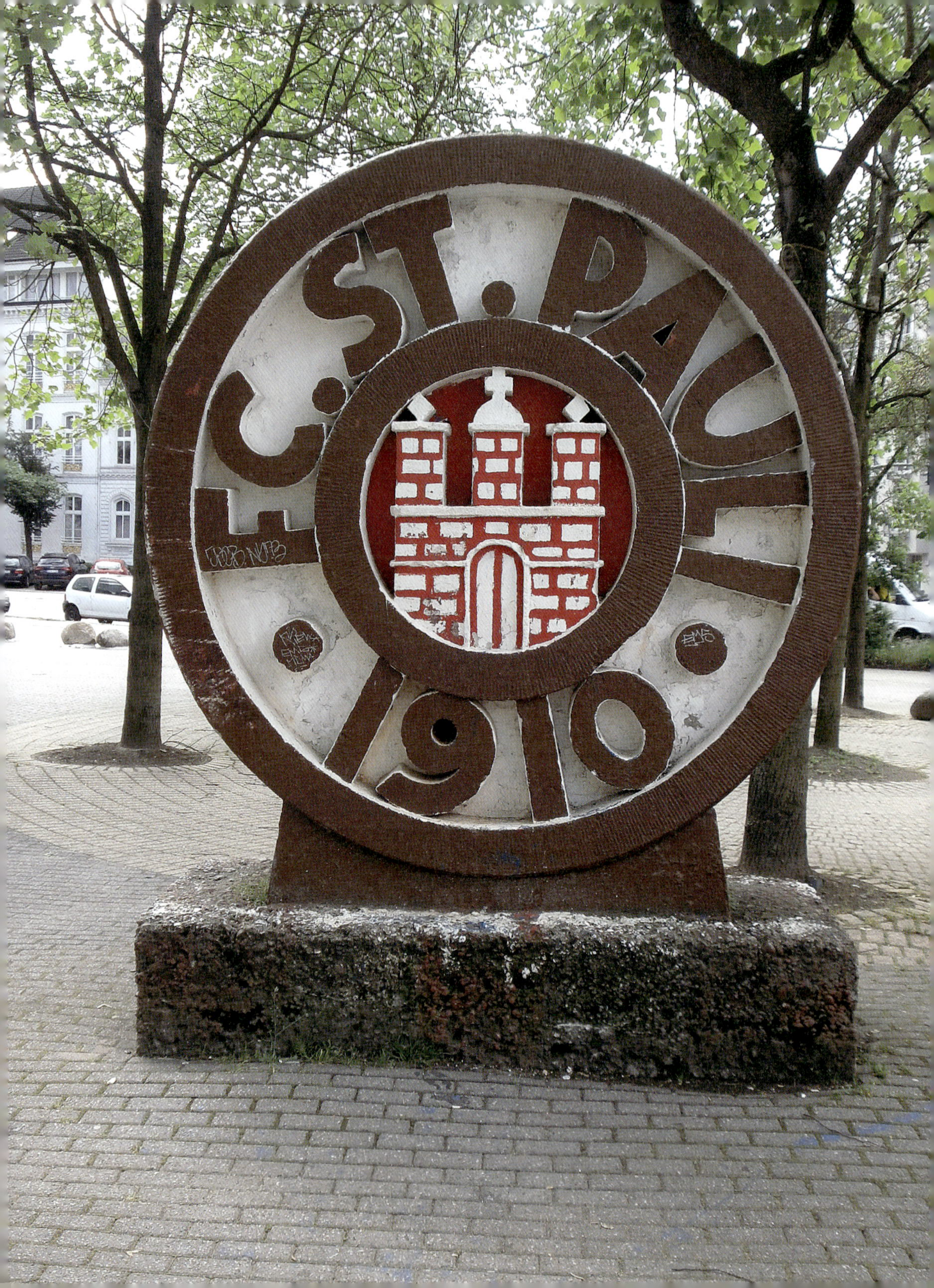
F.C. ST. PAULI
1910

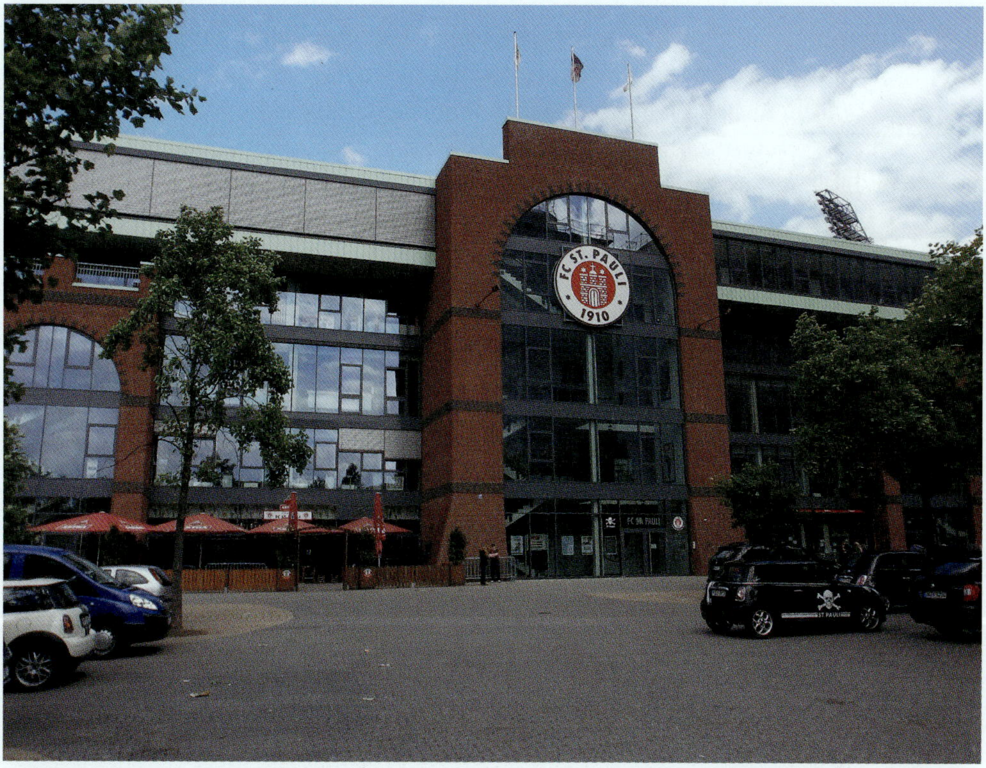

das Heimspiel gegen den HSV im Volkspark austrug), der amtierende DFB-Pokalsieger HSV hatte in dieser Saison weniger Zuschauer als der Kiezclub. Die Litanei großer Spiele am Millerntor ist endlos. Das 2:1 gegen Weltpokalsieger FC Bayern aus dem Jahr 2002 bleibt aber wohl das markanteste.

Da sich der Sankt Paulianer nicht von dieser Vergangenheit trennen kann, hebt er alles auf. So hat die alte Anzeigetafel einen Platz gefunden und hängt in unmittelbarer Nähe der Spielerkabinen. Eigene Highlights hat das neue Millerntor aber auch zu bieten. Die Außenfassade der Südtribüne symbolisiert in ihrem Stil die drei Türme des Hamburger Stadtwappens. Die Besonderheit, dass es mehr Steh- als Sitzplätze gibt, wurde beibehalten. Und die Logen heißen hier Separees.

Dennoch sind es eben Logen und aller Bemühungen zum Trotz ähnelt ein neuer Tempel irgendwie doch dem nächsten. Auch wenn es nicht das 1989 vom Architekten Heinz Weisener präferierte Hallenstadion „Sport-Dome“ wurde, Schweiß und Tränen wie die aus dem Bildband wird es am neuen Millerntor so nicht mehr geben, dafür suhlt sich St. Pauli zu sehr im Kommerz. Der Totenkopf taugt zum Merchandisingmagneten und braun trägt jeder, der anders sein will, es aber nicht (mehr) ist – die hippe breite

Masse macht den Klub einfach zu einem von vielen. Dass Altpunk „Doc Mabuse“, der den Totenkopf in den Achtzigern am Millerntor etablierte, mittlerweile Altona 93 supportet, spricht für sich. Ihr Alleinstellungsmerkmal haben die Hamburger mit der Zeit verloren – da passt dieses schöne Stadion gut ins Bild. Es ist eben wie alle anderen auch. Niemand wird einen Bildband darüber veröffentlichen.

Millerntor, Harald-Stender-Platz 1,
20359 Hamburg

Bremen

Fähre zum Weserstadion

Der beste Erdkundelehrer meiner Schulzeit war der Fußball. Auf internationaler Ebene wussten wir durch die Europapokal-Auftritte der Bayern, dass Tirana die Hauptstadt Albaniens und Nikosia die von Zypern ist. Wenn die weniger Fußballbegeisterten in unserer Klasse Amsterdam und Rotterdam als Städte der Niederlande aufzählten, konnten wir mit Eindhoven, Groningen und Arnheim punkten und mit Waalwijk, Sittard und Volendam noch einen drauflegen. Und wenn unser Lehrer dann nur seltsam guckte, wusste man: Der hat noch nie „Eurogoals“ auf Eurosport gesehen.

National halfen die Stadien: Düsseldorf spielte im Rheinstadion, Stuttgart im Neckarstadion, Bochum im Ruhrstadion, Duisburg im Wedaustadion und Bremen im Weserstadion. Erst als der HSV seinen Stadionnamen verkloppte und in der AOL-Arena auflief, fingen die Erdkundelehrer an zu fluchen, so wie es die Mathelehrer bereits taten, weil die Vermittlung der Bruchrechnung durch den Einzug der Digitaluhren vor die Hunde ging.

Der SV Werder Bremen spielt bis heute im Weserstadion, sieht man mal von seinem neuen Zusatz „Wohninvest“ ab. Die Weser fließt unmittelbar vor dem Stadion, was zu einer Besonderheit führt: Der Weg zum Stadion kann nicht nur per Pedes, mit dem Auto oder mit der Bahn zurückgelegt werden, sondern zusätzlich übers Wasser. Mit der Fähre zum Weserstadion, „ein in ganz Deutschland einzigartiges Erlebnis“, schreibt der SV Werder auf werder.de.

Seit November 2009 bietet der Verein in Kooperation mit der Reederei „Hal över“ diesen Service an, fünf Schiffe pendeln zu jedem Heimspiel und wieder zurück. „Bis zu 4.000 Werder-Fans können die Arena so auf dem Wasserweg erreichen“, heißt es weiter, an insgesamt fünf Anlegestellen hält die Fähre, bevor sie beim Weserstadion anlegt.

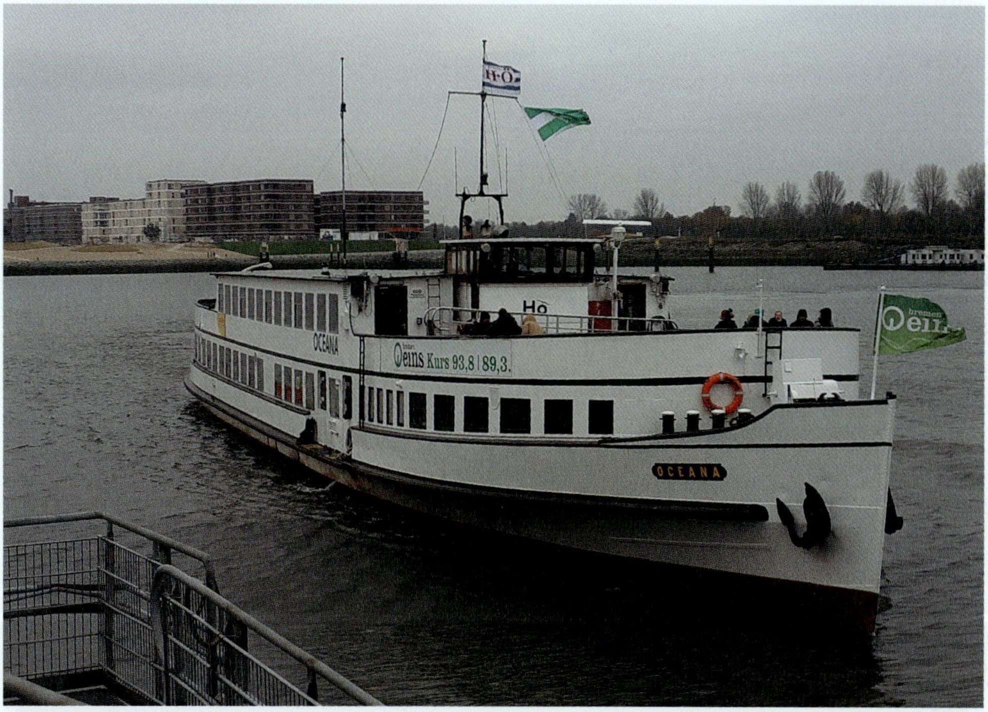
OCEANA
Kurs 93,8 | 89,3.
OCEANA

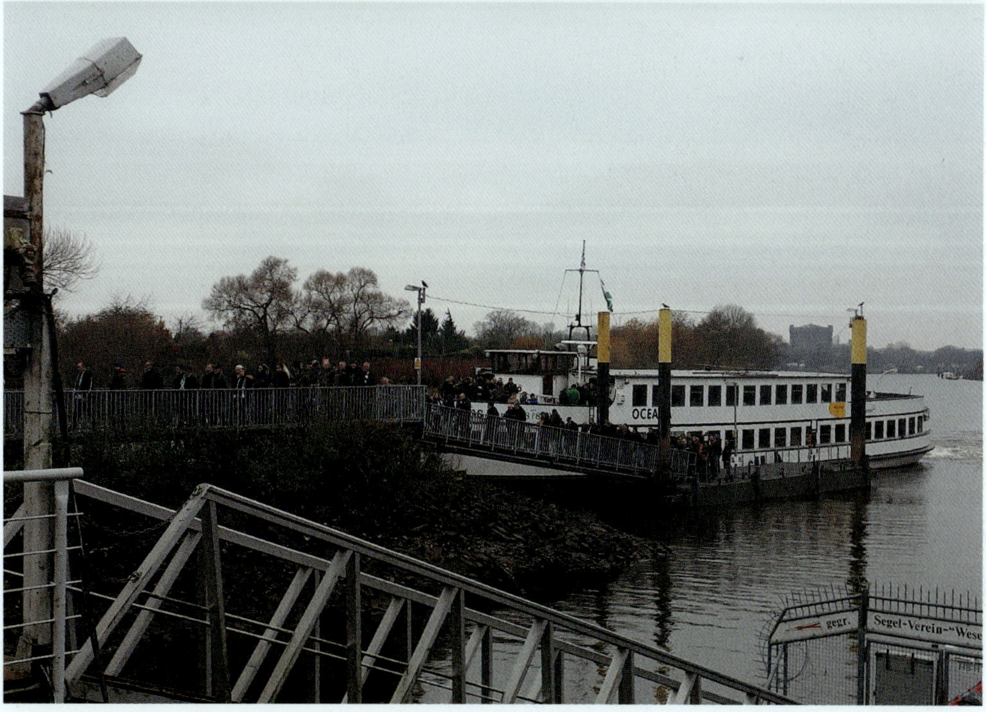
Segel-Verein

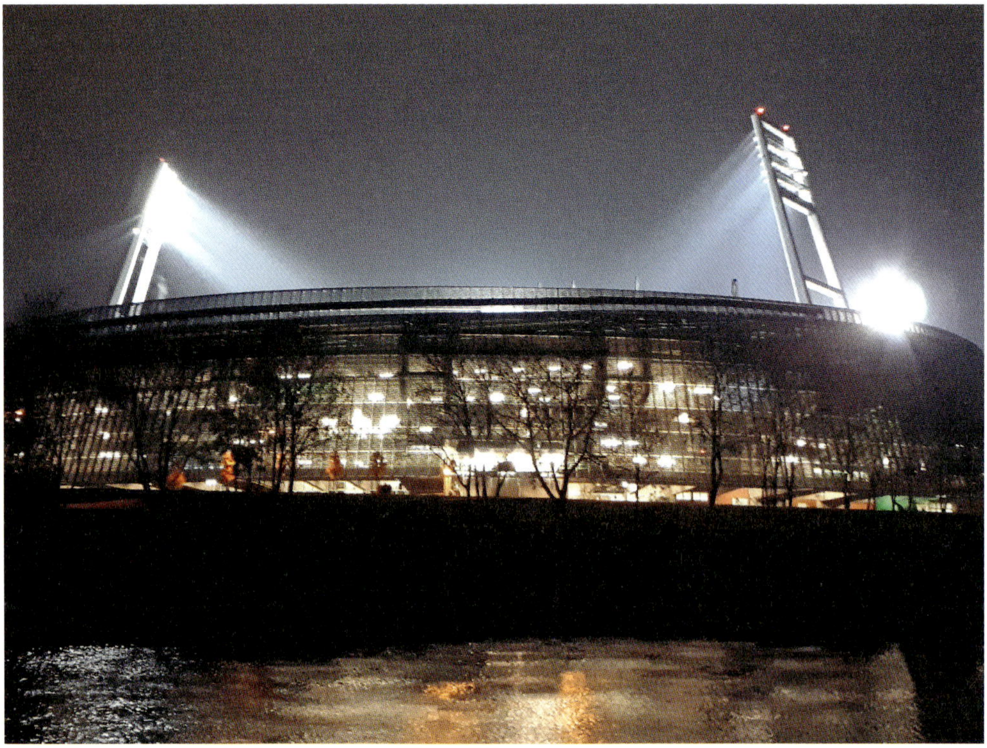

Unsere Wahl fällt auf den Anleger Waterfront/Pier 2. Der Name setzt sich durch das Einkaufszentrum einerseits und das Veranstaltungszentrum andererseits zusammen, die sich in unmittelbarer Nähe zur Anlegestelle befinden. Dadurch stehen mehrere tausend(!) Parkplätze zur Verfügung, die man kostenlos nutzen kann. Allerdings ist das Erlebnis ab hier auch reservierungspflichtig, d. h. ein Anruf bei der Reederei oder die Ticketbuchung auf der Webseite von Hal över sind notwendig. An den drei Haltepunkten vorher (Farge, Blumenthal und Vegesack) ist das nicht der Fall.

Die Fahrt selbst dauert von unserem Anleger gut 50 Minuten. Der Kapitän begrüßt die zugestiegenen Gäste und spart nicht mit Kalauern, links und rechts gibt es viel zu gucken, denn wir schippern direkt durch die Stadt. Wir kommen an dem großen Kellogg's-Hahn vorbei, den ich seit meiner Kindheit nicht mehr gesehen habe und der bei dem Junggesellenabschied auf der Fähre nicht annähernd so viel Begeisterung hervorruft wie die Becks-Brauerei, die wenig später kommt. Am Martinianleger steigen die letzten Fahrgäste zu, dann ist es nur noch eine Viertelstunde. Der Wind ist kalt und bläst uns um die Ohren, aber es wäre nur halb so schön, jetzt im Warmen zu sitzen. Das denken sich auch zwei ältere Männer, die neben uns Platz nehmen. „Wir bekommen heute alles bezahlt. Hat die Sparkasse geregelt", erklären sie uns und jetzt verstehen wir auch, warum sie bei einem Spiel zwischen Bremen und Schalke einen roten Schal tragen. Am Stadion angekommen dauert der Fußweg vom Anleger bis zum Stadion keine zwei Minuten, dann sind wir an der Westseite des Stadions.

Ganz abgesehen davon, dass durch die Fähre der Verkehr entlastet und im Sinne der Umwelt gehandelt wird, ist die Schiffsfahrt zum Stadion ein Highlight in dieser Liste. Alles ist puristisch ohne großes Gedöns, genau so, wie der Fußball immer seltener ist. „Die Idee kam von der damaligen Geschäftsführung", schreibt der SV Werder auf Anfrage. Sie hätte kaum besser sein können.

Reederei „Hal över", Anleger Farge, Berner Fährweg 2, 28777 Bremen | Anleger Blumenthal, Bürgermeister-Dehnkamp-Str. 1, 28777 Bremen | Anleger Vegesack, Rohrstrasse 11, 28757 Bremen | Anleger Pier 2/Waterfront, Gröpelinger Fährweg 6, 28237 Bremen | Martinianleger, Schlachte 1, 28195 Bremen | Weserstadion, Franz-Böhmert-Straße 1, 28205 Bremen

Oldenburg

Stadion Donnerschwee

Wie klangvoll er ist, der Name „Donnerschwee". Er könnte von einer mächtigen griechischen Göttin stammen oder einer Kiez-Hausherrin einen würdigen Titel verleihen. Dass das Stadion Donnerschwee als „Klein St. Pauli" geadelt wurde, hat mit dominanten Herrschaftspraktiken jedoch nichts zu tun. Es war ein ehrenvoller Vergleich mit dem alten Millerntor.

„Waren Sie schon mal in Oldenburg, am Donnerschwee?", entgegnete Rainer Zobel, damals Trainer der Stuttgarter Kickers, einem Sat 1-Reporter, der die Stimmung beim FC St. Pauli lobte. Als „Hölle des Nordens" ging der enge Platz in Oldenburg in die Geschichte ein, war das, was man typischerweise als einen „Hexenkessel" bezeichnet. „Der Platz [lag] einige Meter unter dem Niveau der umliegenden Straßen, da hier 1915 Sand für den Bau des Hauptbahnhofs entnommen worden war. Dieser Umstand verstärkte noch die kesselartige Atmosphäre, der Jubel der Zuschauer trieb die VfB-Mannschaft an", schreibt das Stadtmuseum Oldenburg.

Die Anfänge im Donnerschwee (das wie der gleichnamige Stadtteil hieß) machten die Radrennfahrer 1884, erst 15 Jahre später spielte man erstmals Fußball im Innenraum der Radsportbahn. 1908 verschwanden die Radrennfahrer, die Fußballer bauten das Stadion ab 1919 aus und erwarben es ein Jahr später komplett.

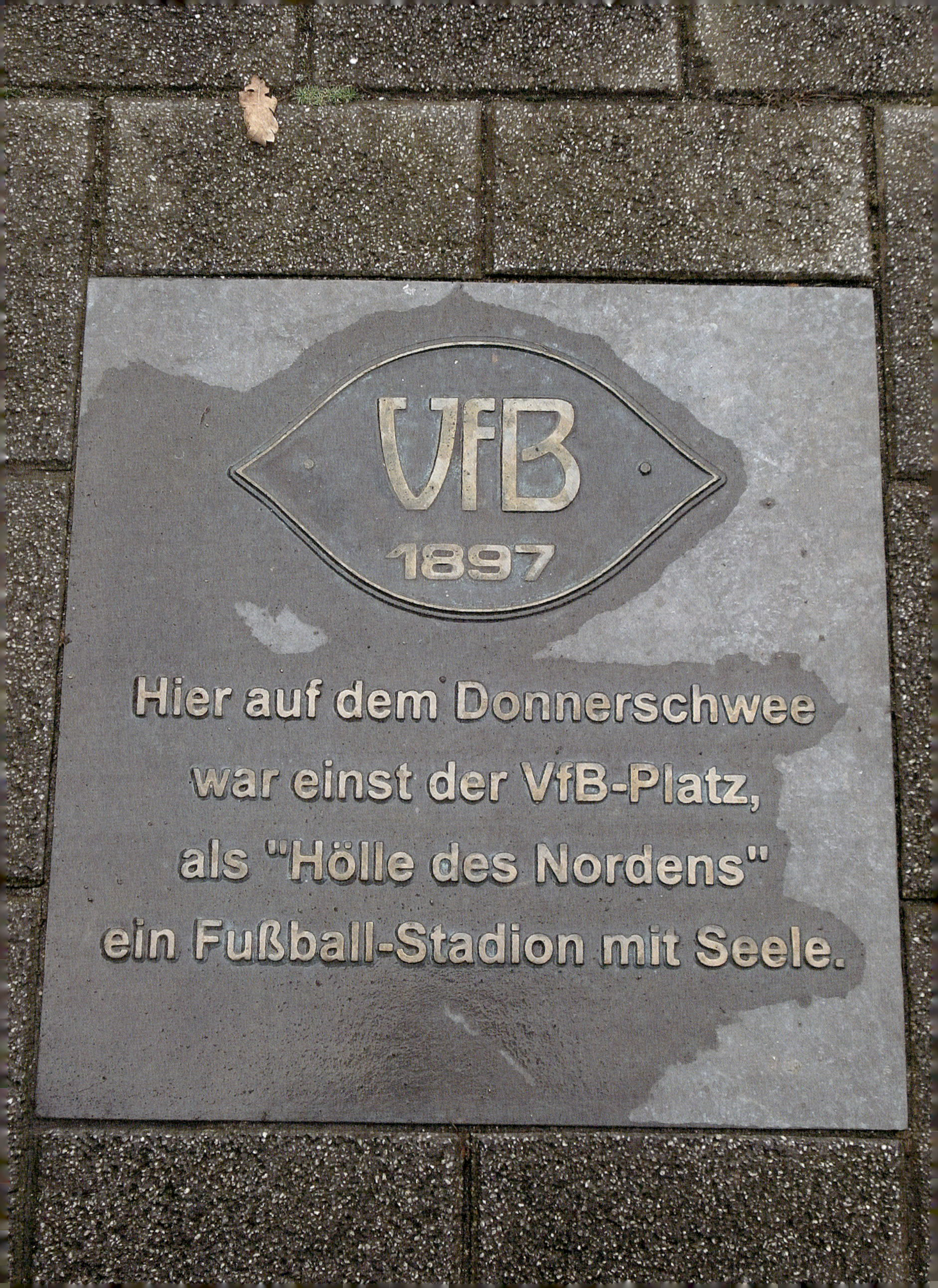
VfB
1897
Hier auf dem Donnerschwee
war einst der VfB-Platz,
als "Hölle des Nordens"
ein Fußball-Stadion mit Seele.

Nach dem Kriegsende glich das Stadion „einem Schlachtfeld" (VfB-Chronist Matthias Schachtschneider) und wurde erst im August 1949 wiedereröffnet. Wenige Monate später erreichte man Zuschauerzahlen zwischen 18.000 und 25.000 in Spielen gegen den Hamburger SV und den FC St. Pauli. In den folgenden Jahren gab es große DFB-Pokal-Partien vor stattlicher Kulisse, unter anderem gegen Dortmund, Schalke und Frankfurt.

Bereits 1982 scheiterte der erste Plan, das Stadion zu veräußern. Im Februar 1990 war die Schuldenlast der VfB-Fußballer dann aber zu erdrückend, der Verein musste verkaufen und zog innerhalb der Stadt an den Marschweg um. Das letzte Spiel am Donnerschwee fand im Juni 1991 vor 10.000 Besuchern gegen den SC Freiburg statt.

Das einst so laute Stadion schlief danach ein, erst Mitte der Nullerjahre gelang es, dem Gelände eine „sinnvolle" Zukunft aufzuzeigen. Seit 2007 stehen dort, wo sich früher Uwe Seeler und Fiffi Gerritzen duellierten, unter dem Pseudonym „Stadtteilzentrum" ein Rewe und ein Lidl samt Parkplatz. An das Stadion erinnert nur noch eine Gedenkplatte im Boden vor dem Zentrum. Die einst so legendäre Stimmung an diesem Ort ist verloren gegangen, als der Kochschinken in die Kühlregale wanderte.

Stadion Donnerschwee (heute Stadtteilzentrum Donnerschwee), Donnerschweer Straße 212, 26123 Oldenburg

Osnabrück

Affenfelsen im Stadion an der Bremer Brücke

Als Kind ging's immer runter zu Oma und Opa, wenn meine Eltern ihren gesellschaftlichen Pflichten nachkamen und zu Geburtstagsfeiern, Festen oder zum Kegelabend abwanderten. Zu bestellen hatte ich nichts. Im Fernsehen musste rücksichtslos jede Volksmusiksendung durchgejuckelt werden, auch wenn Bud Spencer auf dem Nachbarkanal kam. Immerhin sorgten meine Großeltern mit der Nuss-Schokolade aus dem Aldi dafür, dass ich mich bereits frühkindlich den Gewichtssphären meines Schläger-Helden annäherte. Nicht mehr zu halten war meine Oma, wenn Stefanie Hertel bei Karl Moik auftauchte. Den Gassenhauer „Über jedes Bacherl geht a Brückerl" interpretierte meine Oma nicht nur lautstark, sondern auch gestenreich. Bis heute habe ich den Gesichtsausdruck meines Opas zu dieser Performance vor Augen, kann ihn aber nach wie vor nicht richtig deuten.

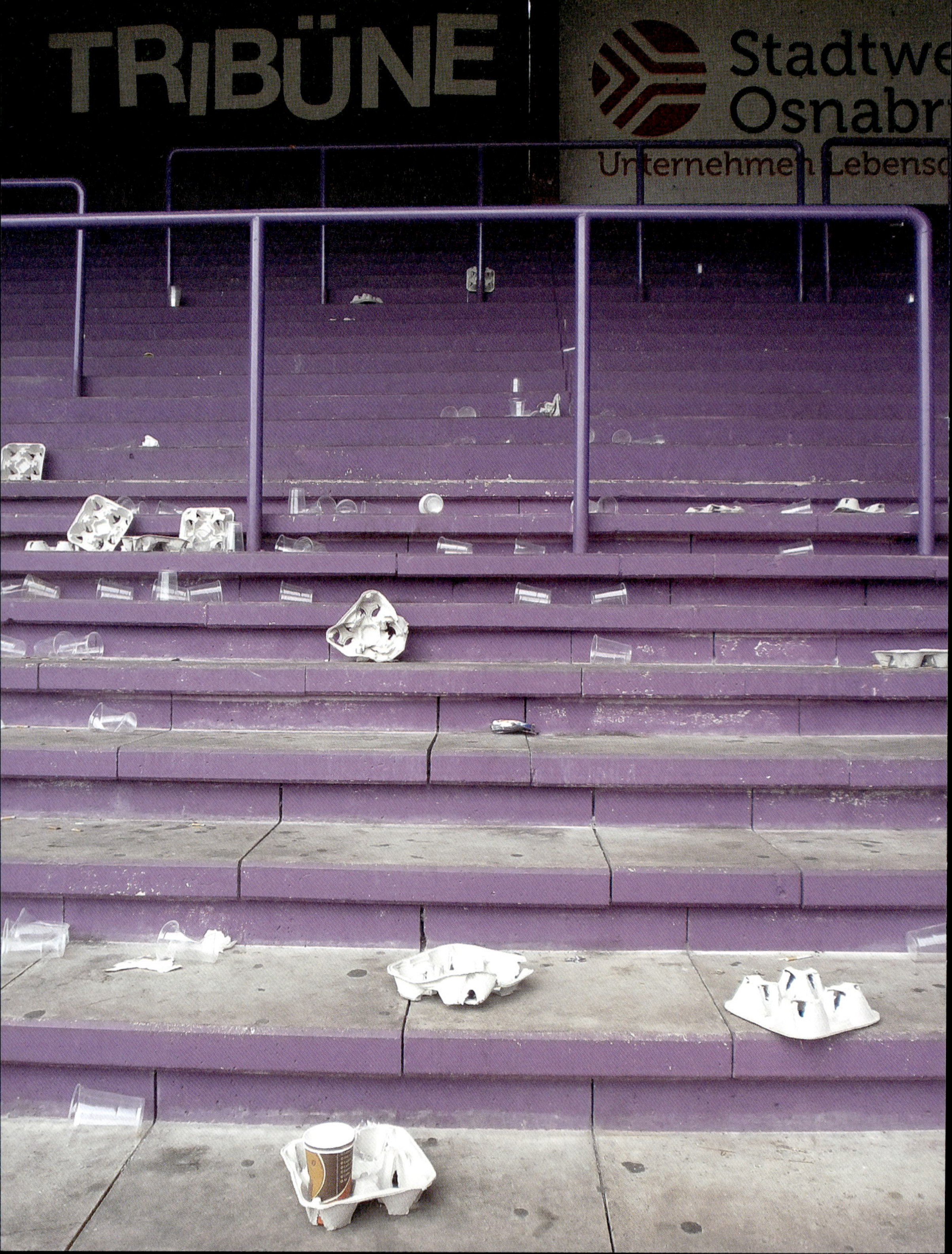
TRIBÜNE
Stadtwe
Osnabr
Unternehmen Lebens

Die Brücke am Stadion in Osnabrück geht nicht über ein Bacherl, sondern über die Bremer Straße. Daher trägt das Stadion nach einigen fremdgängerischen Jahren als Piepenbrock-Stadion an der Bremer Brücke (1995 bis 2004) bzw. Osnatel-Arena (2004 bis 2016) wieder den Namen „Stadion an der Bremer Brücke". Die Bremer Brücke heißt so, weil sie eine Eisenbahnbrücke ist und ihre Gleise in die Stadt des SV Werder führen. Bereits seit 1933 wird hier Fußball gespielt, anfangs noch als SC Rapid, ab 1938 wieder als VfL Osnabrück. Namen und Spielfarben übernahm man von den beiden großen Wiener Vereinen, das Lila von Austria ist bis heute geblieben.

Durch die Nähe zur Großindustrie fiel der Bombenhagel im Zweiten Weltkrieg an der Bremer Brücke heftig aus. Das Stadion wurde schwer getroffen, durch Vereinsmitglieder aber schnell wieder aufgebaut, sodass bereits Ende Juli 1946 wieder an der Bremer Brücke gespielt werden konnte. In den Folgejahren wurde man dem enormen Zuschauerandrang gerecht und feierte 1952 beim 0:0 gegen den späteren Deutschen Meister, den VfB Stuttgart, mit 40.000 Besucherinnen und Besuchern den heute noch gültigen Zuschauerinnen- und Zuschauerrekord.

Im Rahmen der Bewerbung für die neugegründete 2. Bundesliga übernahm die Stadt in den Siebzigerjahren das Stadion, stattete es zuerst mit einer neuen Haupttribüne, dann mit einer besseren Flutlichtanlage aus. 1980 folgten frische Stehränge, bis 1993 wurden 12 Millionen DM in den Platz investiert. In dieser Zeit feierte die U21-Nationalmannschaft große Erfolge in Osnabrück und auch die Frauen-Nationalmannschaft wurde hier Europameister.

Nach der Jahrtausendwende wurde das Stadion vom VIP-Logen-Bau bis zur Rasenheizung sukzessive modernisiert. Als „Prunkstück des Aufbruchs in das neue Zeitalter" („Das große Buch der deutschen Fußballstadien") gilt die neue Nordtribüne. Ein Kunststück, „für 5 Millionen etwas Neues gut zu integrieren" (Architekt Dr. Stefan Nixdorf), 8,90 Meter hoch, 22 Sitzreihen stark und sehr steil. Zwischen ihr und der Ostkurve liegt der „Affenfelsen", eine Stehplatzecke mit nur rund 800 Plätzen. Hier kommt man nur mit einer der 758 Dauerkarten rein, „was den Felsen zum wohl kleinsten und damit elitärsten Fanblock des deutschen Fußballs macht" („11FREUNDE").

Eine nette Anekdote hat das Stadion noch zu bieten: Bis 2010 klaffte zwischen Nordtribüne und Westkurve eine Lücke. Der Bereich konnte nicht ausgebaut werden, „weil sich die Eigentümerin eines dahinter befindlichen Grundstückes seit Jahrzehnten weigerte, aufgrund einer weit zurückliegenden Fehde zwischen ihrem inzwischen verstorbenen Ehemann und dem damaligen VfL-Präsidenten Friedel Schwarze das Grundstück an den VfL zu verkaufen" (Wikipedia). Erst im Oktober 2010 konnten sich beide Parteien einigen – nach 35 Jahren.

Insgesamt flossen 5,2 Millionen Euro in das Stadion an der Bremer Brücke, das nach der Rückkehr zum alten Namen genau das bietet, was es verspricht: Ein modernisiertes Stadion, das seinen Charakter behalten hat, wunderschön (und) eng ist und besonders unter Flutlicht und/oder bei den Derbys gegen Bielefeld und Münster abgehen soll.

Mindestens so wie meine Oma bei Stefanie Hertel.

Stadion an der Bremer Brücke, Scharnhorststraße 50, 49084 Osnabrück

Meppen

Schreckgespenst Fußballstadt Meppen

Manche Städte würde man vermutlich gar nicht kennen, wenn sie nicht durch den Fußball auf die Landkarte gerückt wären. Hoffenheim ist als Stadtteil Sinsheims mit gerade knapp über 3.000 Einwohnern das Paradebeispiel. In Aue im Erzgebirge wohnen zwar noch mal 15.000 Menschen plus, aber auch 18.000 Einwohner sind nicht gerade viel für eine etablierte Stadt im Profifußball. Auch Unterhaching (21.000) wäre vermutlich weniger bekannt, wenn Michael Ballack dort nicht mit einem Eigentor für Tränen bei Christoph Daum gesorgt hätte.

Wie Unterhaching als Synonym für Leverkusens Vizemeisterschaft steht, stand das 33.000-Einwohner-Metropölchen Meppen jahrelang für klassischen Zweitligafußball. Von 1987 an hielt sich eine überwiegend regionale Auswahl aus dem Emsland (19 von 22 Spielern der Aufstiegsmannschaft kamen aus der Umgebung) elf Jahre im Unterhaus. Das beschert ihr als einziger Stadt ohne konkrete Anlaufstelle wie Stadion oder Rathausbalkon einen Platz in der „11FREUNDE“-Liste der „99 Orte, die Fußballfans gesehen haben müssen“.

Bevor man die Bühne Profifußball betrat, machte der Oberligist allein durch spektakuläre Freundschaftsspiele auf sich aufmerksam. Die besten europäischen Mannschaften holte man an die holländische Grenze, 1972 war es Ajax Amsterdam, 1982 war der FC Barcelona zu Gast. Diego Maradona bestritt in Meppen sein erstes Vereinsspiel auf europäischem Boden, ein Foto davon hängt heute noch im Sportgeschäft des damaligen Außenverteidigers Peter Höfer.

Um Berufsfußballer zu sehen, musste man sich in der 2. Bundesliga auf Gegner wie Schalke, Hannover oder Düsseldorf freuen. Beim SV Meppen spielte man für 1.100 Mark Grundgehalt im Monat, die „Gummistiefelfußballer“ gingen weiter ihren geregelten

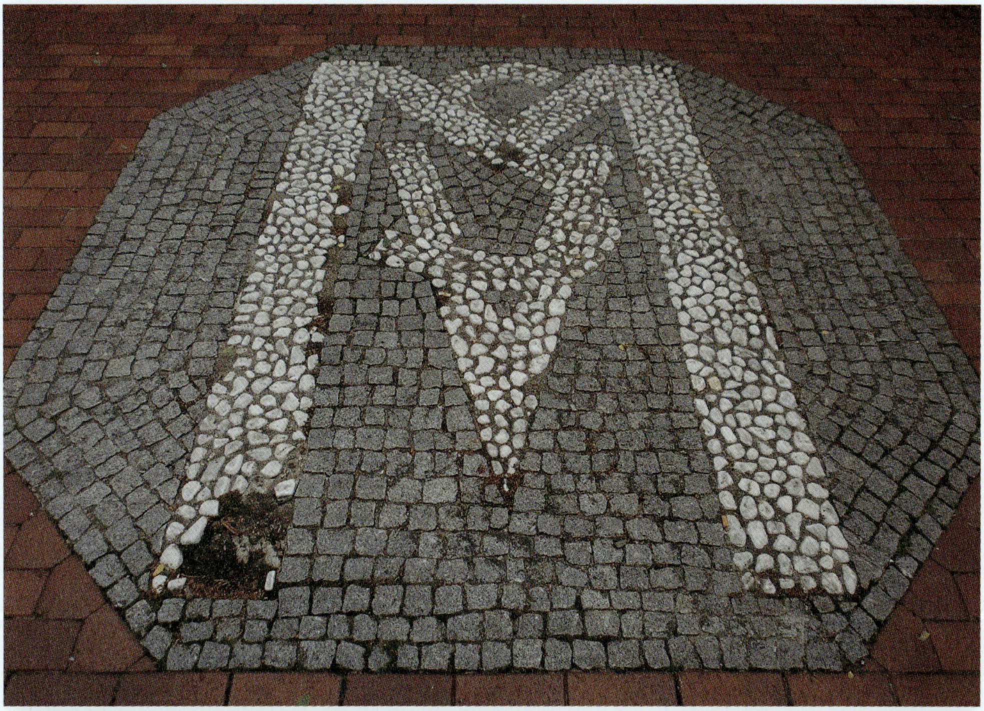

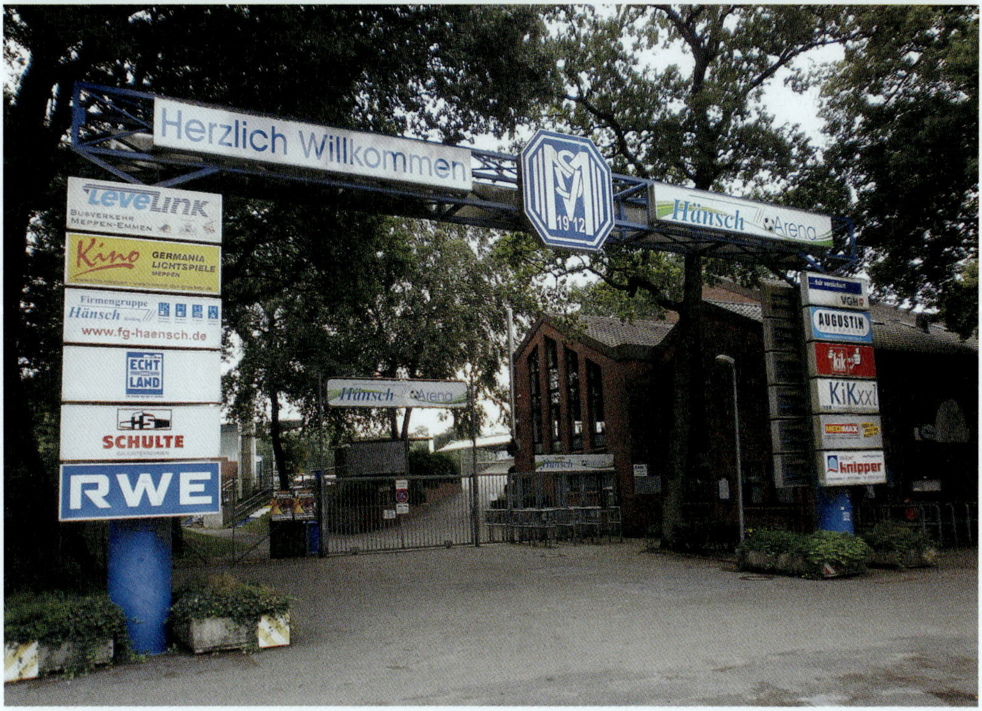
Herzlich Willkommen
1912
Hänsch Arena
Levelink
BUSVERKEHR MEPPEN-EMMEN
Kino
GERMANIA LICHTSPIELE MEPPEN
Firmengruppe
Hänsch
www.fg-haensch.de
ECHT LAND
SCHULTE
RWE
AUGUSTIN
KiKxxl
knipper

Berufen nach. Trainiert wurde immer erst nachmittags ab vier. Der „Kicker“ sprach von „Feierabendprofis aus dem Emsland“, Exoten wie der finnische Nationalspieler Marko Myyry oder der in Hamburg ausgemusterte Paul Caliguri waren die Ausnahme, so wie die gesamte Meppener Zeit in der Zweiten Liga irgendwie eine Besonderheit war. „Elf Jahre Ausnahmezustand“ hat auch SV-Legende Josef Menke verbucht, wenn er über Meppens fußballerische Prunkzeit spricht, „die schönsten Jahre meines Lebens“, wie der inzwischen verstorbene Ehrenvorsitzende Wolfgang Gersmann einst zu Protokoll gab. Eine Zeit, die man mit bunten Torwart-Trikots und proppevollen Stadien bei Aufstiegsspielen verbindet. Sicherheitsbedenken und übertriebene Polizeieinsätze gab es noch nicht, als Menschen in Bäume kletterten, um regionalen Jahrhundertspielen beizuwohnen.

In Meppen blieben zahlreiche Anekdoten haften. Zum Beispiel die, dass man im Testspiel gegen Barcelona mit den ausgewaschenen Vorjahrestrikots auflief, damit die Spieler nicht den neuen Satz tauschten. Oder die Vertragsunterzeichnungen auf der Hochzeit von Angreifer Dietmar Sulmann, weil man vom Aufstieg in die Zweite Liga überrumpelt wurde. Und die Aktion vom Meppener Spediteur Többe, der einen Sattelschlepper mit der Aufschrift „Das Fußballerlebnis SV Meppen 2. Bundesliga“ vor Toni Schumachers Haus parkte. Schumacher hatte sich zu dem Ausspruch „Ich spiel doch nicht in Meppen!“ hinreißen lassen, als sein Arbeitgeber Schalke 04 um den Klassenerhalt in der Ersten Liga bangte.

Toni Schumacher ging, denn Schalke erwischte es tatsächlich – und Meppen irgendwann auch. Man lebte stets sparsam, an Bernd Schneider war man dran, der war aber mit 600.000 Mark Ablöse zu teuer. Auch Michael Ballack stand auf der Liste, man setzte stattdessen aber lieber auf die eigene Jugend. Mancher Leverkusener wird sich wünschen, man hätte damals in Meppen anders gedacht.

Hänsch-Arena, Lathener Straße 15a,
49716 Meppen

Wolfsburg

Mount Magath

Es gab eine Zeit im deutschen Fußball, da war Kondition alles. Ottmar Hitzfeld hatte sich gerade beim FC Bayern nach einer sechsjährigen Ära verbraucht und seinen Spielern „ging es am Ende zu gut", wie Uli Hoeneß befand. Niemand konnte seinerzeit die fehlende Härte und die abhandengekommene Disziplin so gut vermitteln wie Felix Magath, das personifizierte Synonym für Kondition. Er hatte gerade den VfB Stuttgart von einem Abstiegs- zu einem Meisterschaftskandidaten geformt und ihm eilte ein Ruf voraus, der härter als Stahl war. Befeuert wurde sein Image durch entsprechende Sprüche wie den von seinem Ex-Spielersklaven Jan Aage Fjörtof, der nicht wusste, „ob Magath die Titanic gerettet hätte", sich aber sicher war, dass „die Überlebenden auf jeden Fall topfit gewesen wären". Knapp zweieinhalb Jahre später, nach seiner Amtszeit in München, hatte Magath als Andenken zwei Double-Siege in der bayrischen Landeshauptstadt hinterlassen. Seine Methoden führten zwar zu raschem Erfolg, nutzten sich aber ebenso schnell wieder ab.

Bei seiner nächsten Station, dem VfL Wolfsburg, sollten sie aber wieder zünden. Während die Bayern unter Fußball-Che Guevara Jürgen Klinsmann mit Powerpointpräsentationen und Gummiband-Trainingsmethoden um die Champions-League bangen mussten, platzierte Magath als Trainer und Manager die Meisterschale in die Vitrine der tristen VW-Stadt. Und das mit konservativen Medizinbällen und rudimentärsten Methoden. Es war ein Sieg von Gut über Böse, von „Retro über Reformen" („Süddeutsche Zeitung") und der Beweis, dass man in Deutschland eigentlich nur rennen (können) muss, um der perfekte Kicker zu sein. Und Magath fragte sich in Bezug auf Klinsmann sowieso „schon lange, wie jemand, der keine Erfolge vorzuweisen hat, so einen gewaltigen Einfluss auf die gesamte Szene haben konnte".

Nicht nur die Meisterschale, auch ein kleiner Berg erinnert heute noch an diese grandiose Saison. Er hat das Wolfsburger Fußballwunder erst möglich gemacht, mit ihm wurden Fitness und Disziplin nach Süd-Ost-Niedersachsen importiert und unnötige Innovationen aus den USA entsorgt. Was die weiße Taube für den Frieden ist, ist der „Hügel der Leiden", der „Mount Magath" für die Wolfsburger Meisterschaft. Eine dreieinhalb Meter hohe Anhöhe, deren Gipfel nur mit schwerer körperlicher Arbeit zu erreichen ist, erbaut unter Magath im Jahr 2009.

Zwei Rampen und drei Treppen mit unterschiedlichen Stufenhöhen (20, 30 und 50 Zentimeter) führen zum Mount Magath hinauf. Dabei sind es eigentlich „fiese" Rampen und „noch fiesere" Treppen, wie die „Süddeutsche" nach dem Titelgewinn zu berichten wusste. Die Sprintrampen sind mit Kunstrasen beschichtet, die größere ist

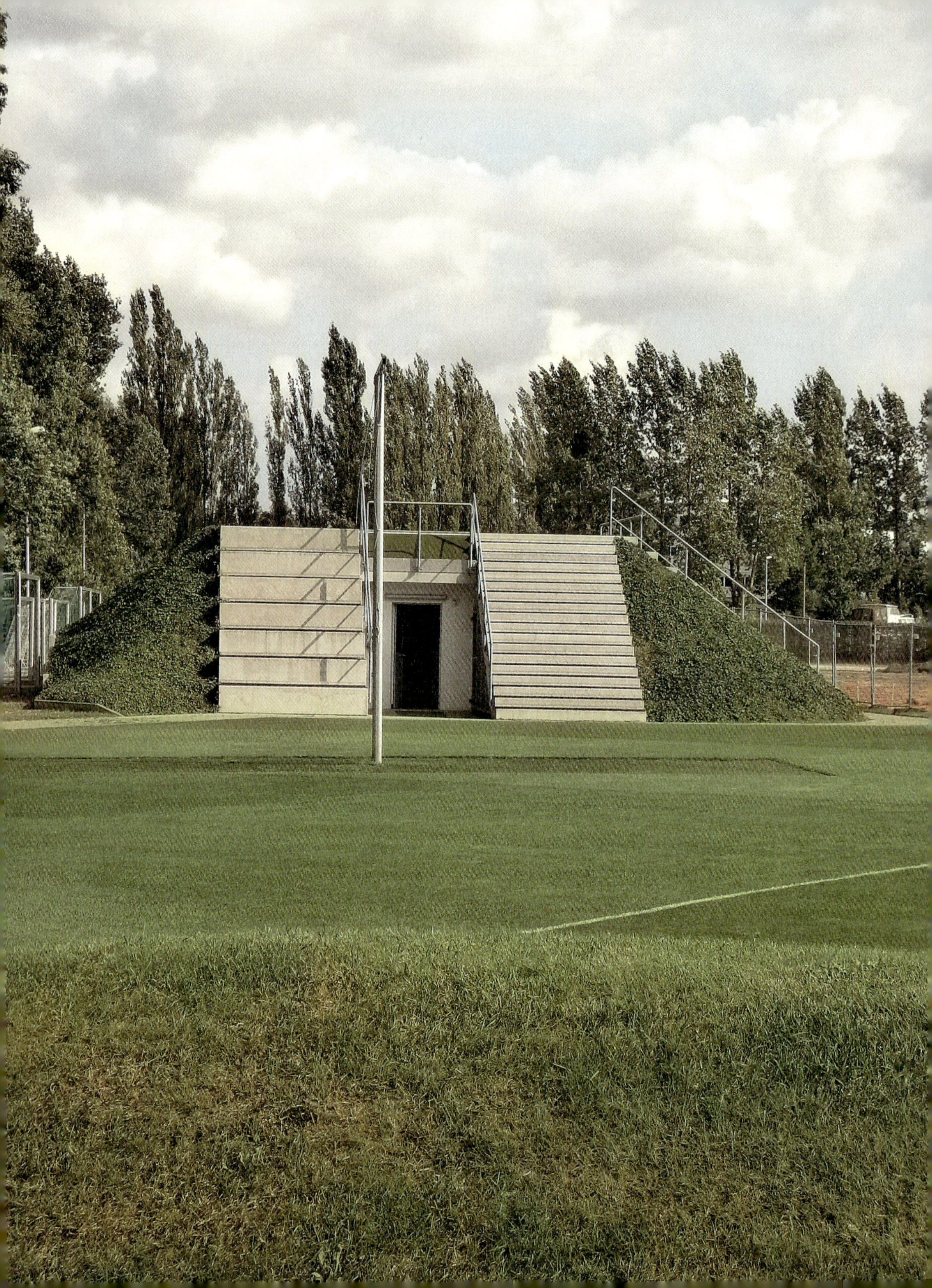

65 Meter lang und hat eine zunehmende Steigung von drei Prozent bis auf neun Prozent, die andere misst 18 Meter bei einer Steigung von 20 Prozent. Im Inneren des Hügels befinden sich Büros für die Platzwarte sowie Lagerräume für diverse Trainingsutensilien.

Doch was wäre die schwarz-weiße Presselandschaft, wenn der Hügel der Leiden nicht auch für die andere Seite des Geschäfts hätte herhalten müssen? Denn als Magaths zweites Engagement in Wolfsburg beendet wurde, „weinte am Ende nur der Medizinball", war der „letzte Diktator abgesetzt" und sogar der „Mount Magath eingestürzt".

Dabei steht er auch heute noch gut sichtbar am Rande des Trainingsplatzes – und wurde bei dem ein oder anderen Magath-Nachfolger auch noch genutzt. Selbst wenn er mal einzig und allein zum Lagerraum verkommen sollte, wird man sich beim Anblick des Mount Magaths immer daran erinnern, wie die Bayern 5:1 zerlegt wurden.

Mount Magath, In den Allerwiesen 4, 38446 Wolfsburg

Braunschweig

Der Unfallort von Lutz Eigendorf

Lutz Eigendorf, DDR-Nationalspieler, der „ostdeutsche Beckenbauer", setzt sich im Frühjahr 1979 bei einem Freundschaftsspiel seines BFC Dynamo Berlin beim 1. FC Kaiserslautern in den Westen ab. Nach einjähriger Sperre spielt er von 1980 bis 1982 für die roten Teufel, ehe ein Wechsel zu Eintracht Braunschweig folgt.

Nach einem verlorenen Heimspiel im März 1983 gegen Bochum landet Eigendorf nach einem Abstecher in seinem Stammlokal „Bei Conny" und einer Stippvisite zuhause in der Kneipe „Zum Cockpit". Dort trifft er sich mit seinem Fluglehrer Manfred Müller und trinkt, wie auch schon nach dem Spiel, zwei kleine Gläser Bier. Mehr sind auch nicht drin, morgen wird er seinen ersten Alleinflug bestreiten. Um ca. 22:00 Uhr verabschieden sich Eigendorf und Müller voneinander.

Knapp eine Stunde später erhält die Polizei Braunschweig einen Anruf. Ein schwarzer Alfa Romeo ist im Braunschweiger Stadtteil Querum von der Fahrbahn abgekommen und gegen einen Baum geprallt. Dem Fahrer, Lutz Eigendorf, werden 2,2 Promille nachgewiesen. Zwei Tage später stirbt der 26-jährige Lutz Eigendorf infolge seiner schweren Kopfverletzungen.

Für die Polizei Braunschweig ist der Fall klar: Lutz Eigendorf war nicht angeschnallt. Lutz Eigendorf hatte 2,2 Promille im Blut. Lutz Eigendorf fuhr mit überhöhter Geschwindigkeit auf einer regennassen Fahrbahn. „Ein tragischer Unfall, wie er in Deutschland jeden Tag passiert", bilanziert der Podcast „Verbrechen von nebenan" diese Theorie. Es gibt aber auch noch eine andere.

Nur wenige Wochen vor dem Unfall gab Eigendorf ein Interview vor der Berliner Mauer, in dem er wagt, die DDR „zu kritisieren und provozieren", wie es die Fernsehsendung „Sport Inside" nennt. Es ging unter anderem um die bessere Qualität der Bundesliga im Vergleich zur DDR-Oberliga, aber auch um tiefergehende Themen: „Wenn man im privaten Bereich nicht die Möglichkeit hat, sich individuell irgendwie zu vervollkommenen [sic!] oder weiterzuentwickeln, dann kann man das auch nicht auf dem Fußballplatz", lästerte Eigendorf im „Sender Freies Berlin".

Dabei stand nicht allein die Aussage eines abgehauenen Fußballers im Raum, sondern die eines ganz besonderen Republikflüchtlings. Einerseits war Lutz Eigendorf der DDR-Vorzeigefußballer, kam mit 14 Jahren ins Internat des BFC Dynamo Berlin und debütierte vier Jahre später in der ersten Mannschaft des DDR-Serienmeisters und wurde mit 22 Jahren Nationalspieler. Andererseits war der BFC Dynamo Berlin der Lieblingsklub von Stasi-Chef Erich Mielke, womit Eigendorfs Flucht für Mielke zu einer persönlichen Angelegenheit wurde. „Wenn ich will, spielt Eigendorf kein Fußball mehr", soll Mielke bereits 1981 in einem Gespräch mit dem Kugelstoß-Weltmeister Wolfgang Schmidt gesagt haben, weiß das „Forum zur Aufklärung und Erneuerung".

„Es spricht zumindest sehr, sehr viel dafür, dass der Geheimdienst beschließt, dass der Verräter Lutz Eigendorf sterben muss", schlussfolgert der obengenannte True-Crime-Podcast. Eine Theorie, die auch der Historiker Andreas Holy teilt, der sich im Rahmen seiner Examensarbeit mit dem Fall befasste. Auch er sagt: „Vielleicht war das [Interview] der Tropfen (…), der das Fass zum Überlaufen brachte."

„Eigendorf war (…) keinesfalls betrunken, als er gegen zehn Uhr abends die Fliegerkneipe verließ. Trotzdem wurde bei seiner Einlieferung ins Krankenhaus der Alkoholwert von 2,2 Promille festgestellt", erklärt Holy in einem „11FREUNDE"-Interview und ergänzt: „Um so einen hohen Alkoholwert zu erreichen, hätte er innerhalb kürzester Zeit viereinhalb Liter Bier oder zwei Liter Wein trinken müssen. Das kann ich mir beim besten Willen nicht vorstellen."

Holy nennt in dem Interview weitere Belege, die für einen Mord sprechen: Da wäre die Strecke, die nicht auf Eigendorfs üblichem Heimweg lag. Die Aussage von „IM Klaus Schlosser", der für einen Mordauftrag an Eigendorf 5.000 Mark bekommen haben soll. (Eine Aussage, die aufgrund der mangelnden Glaubwürdigkeit Schlossers mit Vorsicht zu genießen ist.) Und der offensichtlichste Beleg, ein handschriftliches Blatt in Eigendorfs Stasi-Akte, auf dem der Vermerk „Unfallstatistiken? Von außen ohnmächtig? Ver-

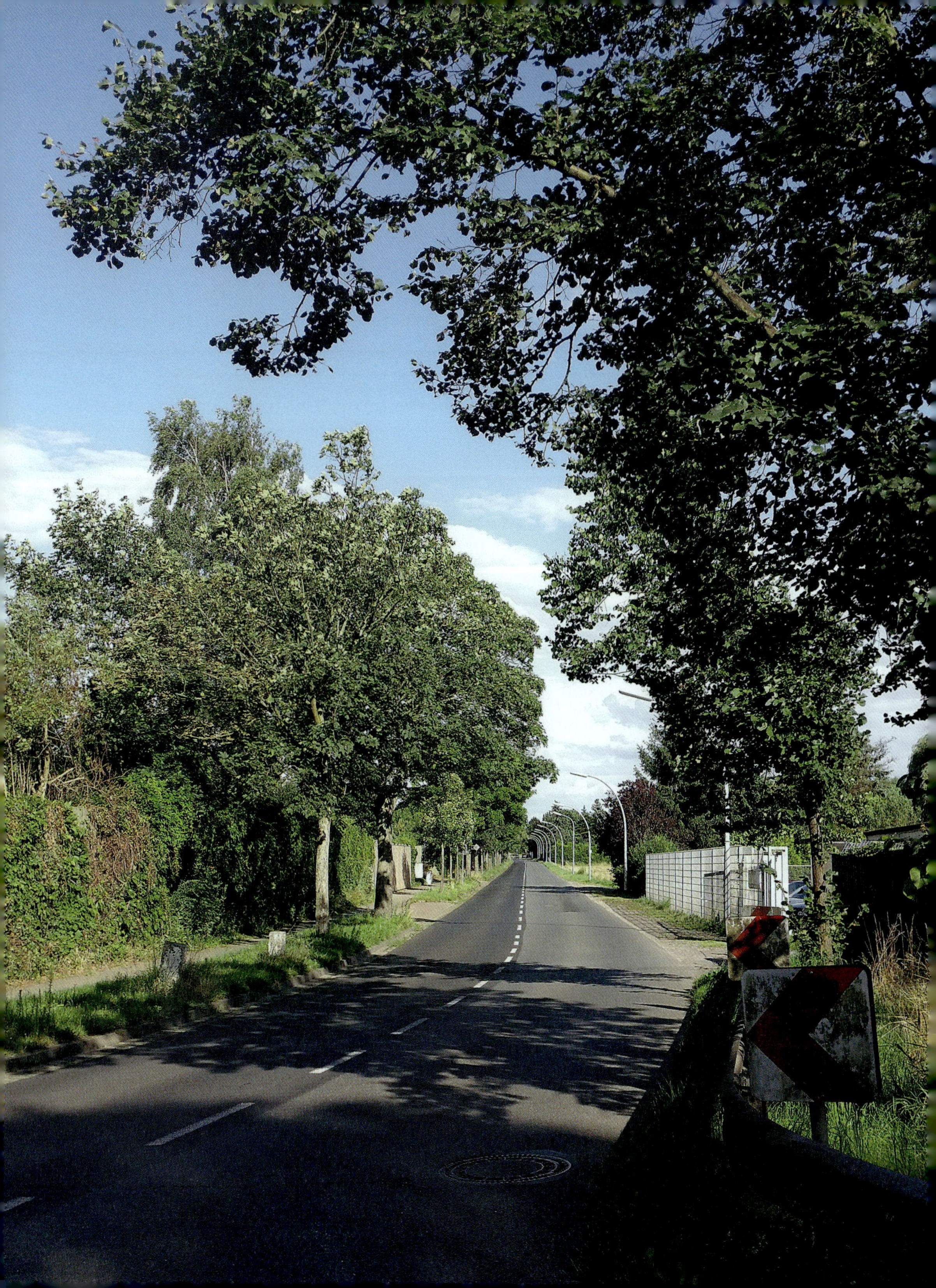

blitzen, Eigendorf, Narkosemittel“ steht. „Verbrechen von nebenan“ bringt zusätzlich das Zeitfenster rund um den Unfall ins Spiel, das die Vermutung aufkommen lässt, dass die Stasi Eigendorf aufgelauert und ihn vergiftet habe; und bereits im August 1990 verfügte der Generalbundesanwalt Alexander von Stahl über vielsagende Informationen des BND, die ihn dazu veranlassten, den Kolleginnen und Kollegen im Osten einen Brief zu schreiben.

Auch der Jurist Stefan Laskowski sichtete die Akten zum Fall. Er kommt zu einem anderen Ergebnis: „Die Mordtheorie an Eigendorf gibt meiner Meinung nach nicht viel her“, sagt er der „Thüringer Allgemeinen“: „Denn was wäre passiert, wenn Eigendorf überlebt hätte? Wenn er sich zwar in den Wagen gesetzt hätte, aber nach hundert Metern an einer Ampel eingeschlafen wäre? Wenn er sich während der Fahrt angeschnallt hätte? Was wäre passiert, wenn er einen anderen Weg genommen hätte, als seine Mörder dachten? Oder? Oder? Oder?“

Ähnlich denkt Hans-Jürgen Grasemann, damals der ermittelnde Oberstaatsanwalt. Er schließt einen Mord aus: „Es reicht nicht aus zu sagen: es war ein Mord der Stasi, wir müssen ja Beweise haben und die sind nicht da“, sagt er auf dem Zeitzeugenportal.

Beide Seiten müssen sich damit abfinden, dass die Theorie vom Mord an Eigendorf niemals aufgeklärt werden wird. Eigendorfs Wagen wurde zwar von einem Sachverständigen untersucht, aber eben nicht kriminaltechnisch. Auch Eigendorf selbst wurde nie obduziert. Die Stasi-Akten, die zur Aufklärung des Falls notwendig wären, sind nicht mehr aufzufinden. Und Heinz Heß, Stasi-Oberstleutnant und zuständig für die Bekämpfung von Republikfluchten, erhielt zwar am Tag des Unfalls eine Prämie von 1.000 Mark und wurde später als Beschuldigter vorgeladen, erschien aber nicht und starb 2004. Im selben Jahr werden die Ermittlungen zum Fall eingestellt.

Fast 40 Jahre nach dem Unfall und dem Tod Eigendorfs deutet in Braunschweig-Querum nichts mehr auf die Geschehnisse hin. Hier an der Forststraße in der Kurve zwischen Habichtweg und Dierckestraße gibt es kein Kreuz, keine Gedenktafel – nur ein Hinweisschild auf die hier ansässige Autolackiererei. Die Straße, die zur Kurve führt, könnte auch eine Landebahn für Flugzeuge sein, so lang und gerade, wie sie ist. Sie lädt zur Raserei ein. Tote hatte es an diesem Unfallschwerpunkt schon immer gegeben.

Der Unfallort von Lutz Eigendorf, Forststraße 27, 38108 Braunschweig

Hannover

Robert-Enke-Straße

Vielleicht hätte es ein Abschiedsspiel gegeben. Es hätte die letzte Fahrt zum Stadion gegeben. Der Gang in die Kabine, die Fußballschuhe schnüren, ins Stadion einlaufen, in die Menge grüßen, den Abpfiff hören. Alles zum letzten Mal. Für ein vom DFB organisiertes Abschiedsspiel hätte es nicht gereicht, die gab es zuletzt für Lothar Matthäus und Oliver Kahn und irgendwann danach erst wieder für Weltmeister wie Poldi und Schweini. Dafür hätte Robert Enke einfach zu wenig Länderspiele gehabt. Aber der letzte Auftritt wäre auch nicht für den großen Bahnhof gewesen, sondern für den guten Zweck. Wie wäre es, das Abschiedsspiel nachher, heute Abend um Viertel nach acht?

Die HDI-Arena in Hannover wird nicht ganz ausverkauft sein. Dass Robert Enke die Karriere in Hannover beendet, war nach seiner Rückkehr aus dem Ausland obligatorisch. 2004 kam er mit Teresa hierher, sie wohnen mit den vielen Tieren zusammen auf dem Bauernhof in Himmelreich, einem Stadtteil von Neustadt am Rübenberge, rund 30 Autominuten vom Stadion entfernt. Um die Tiere soll es heute eigentlich gehen. Den ersten Hund haben Teresa und Robert Enke in Lissabon aufgenommen, als sie die Atlantikküste verließen, waren es neun.

Aber natürlich geht es auch darum, Abschied zu nehmen. Vom Fußball und von den ganzen Menschen, die von den ganzen Stationen geblieben sind: Borussia Mönchengladbach, Benfica Lissabon, FC Barcelona, Fenerbahce und Teneriffa. Richtige Freunde zu finden, das ist schwierig. Insbesondere im Fußball. Aber es gibt immer die, mit denen man mehr zu tun hat als mit anderen. Marco Villa zum Beispiel, der zusammen mit Robert Enke die ersten Schritte im Profifußball ging, damals noch auf dem Bökelberg. Der anders war als er, unbeschwerter, mit dem er aber auch die gemeinsame Zeit bei der Bundeswehr hatte. José Moreira aus Lissabon, Eike Immel, der in Istanbul sein Torwarttrainer war. Vielleicht versteht er Robert Enke am besten, sobald es zwischen die Pfosten geht. Oder Jupp Heynckes, der nachher auf der Bank sitzen wird. Sie kennen sich aus Teneriffa.

Auch Sven Ulreich wird kommen. Als Ulreich 19 Jahre alt war, unterliefen ihm gegen Leverkusen zwei Fehler. Ulreichs Trainer Armin Veh nahm vor den Kameras kein Blatt vor den Mund und redete offen von „Torwartfehlern". Robert Enke rief Sven Ulreich daraufhin an und sprach ihm gut zu. So ist zwischen den beiden in den vergangenen Jahren eine Freundschaft entstanden, ganz ohne Nationalmannschaftslehrgänge oder gemeinsames Training. Ganz anders ist es natürlich mit den Freunden aus Jugendtagen in Jena, mit denen Robert Enke tief verbunden ist. Fast so tief wie mit Jörg Neblung, seinem Berater.

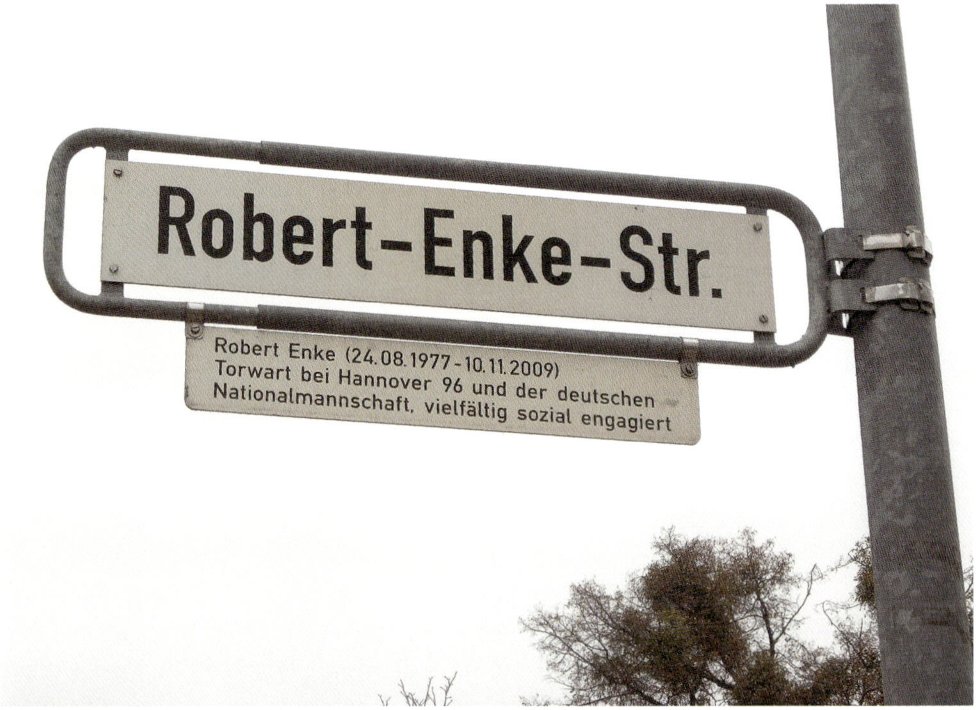
Robert-Enke-Str.
Robert Enke (24.08.1977-10.11.2009)
Torwart bei Hannover 96 und der deutschen
Nationalmannschaft, vielfältig sozial engagiert

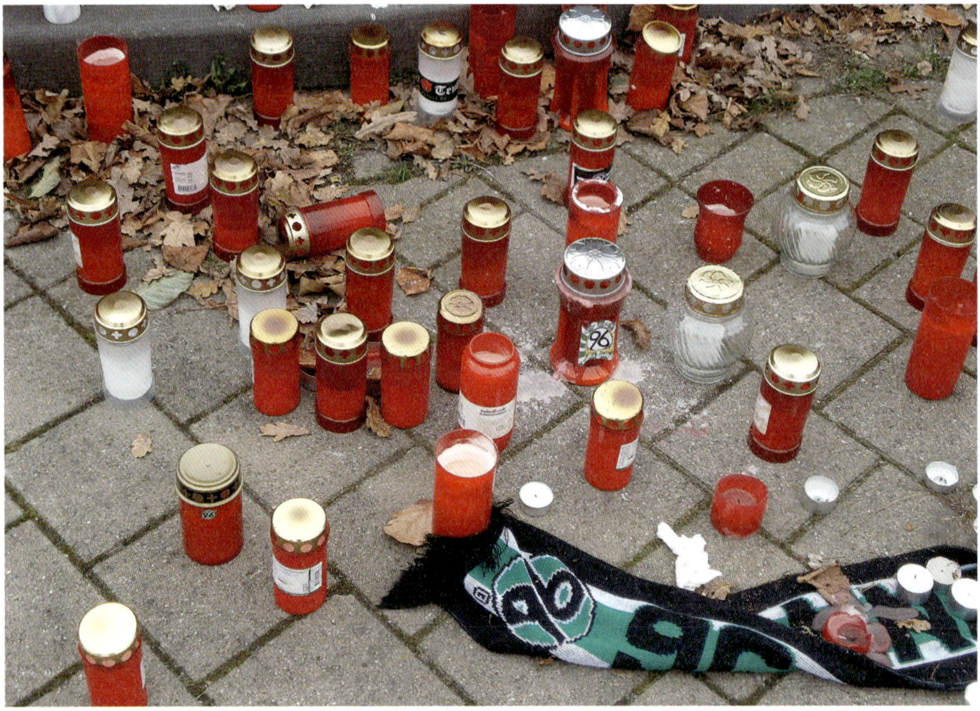

Wenn Robert Enke nachher zum Stadion fährt, dann blickt er auf eine gute Zeit zurück. Auf wichtige Erfahrungen im Ausland, auf seine zweite Heimat in Hannover. Auf zig Einsätze für das Nationalteam im U-Bereich und für die A-Mannschaft, auf mehrere Auszeichnungen als „Kicker“-Torhüter des Jahres. Auf goldene Jahre bei Hannover 96, nachdem der Verein zuvor in der Bedeutungslosigkeit verschwunden war. Es war mehr als die Karriere eines durchschnittlichen Bundesligaspielers und ganz objektiv weniger als das, was Oliver Kahn vorweisen kann. Für Robert Enke wäre es genau richtig gewesen.

Robert-Enke-Straße, Robert-Enke-Straße 1, 30169 Hannover

Hannover

Rudolf-Kalweit-Stadion

Das Rudolf-Kalweit-Stadion bietet alles „für einen raren Ausflug in die gute, alte Zeit“ („Fußballheimat Niedersachsen & Bremen“). Es ist die Heimat eines Vereins, der einst zu „den bekanntesten und durchaus auch glamourösesten“ („Hannoversche Geschichtsblätter“) des Landes zählte. Es beherbergt eine Tribüne aus Holz, deren Grundmauern im Zweiten Weltkrieg mehrere Bombeneinschläge überlebten. Es huldigt seinem alten Platzobmann, indem er eine Hintertortribüne nach ihm benannte. Und es bietet eine Reliquie aus Dortmund: ein Dach.

Als der Arminia 1976 der Aufstieg in die 2. Bundesliga Nord gelang, wurde das Tribünendach der Kampfbahn Rote Erde per Sattelschlepper nach Hannover verfrachtet (andere Quellen berichten von 1975). Eine Idee, die die Arminia nicht exklusiv hatte. Bereits drei Jahre zuvor bediente sich auch der OSV Hannover in Dortmund und holte die Zusatztribüne der Roten Erde nach Niedersachsen, nachdem sie dort durch den Bau des Westfalenstadions zur Weltmeisterschaft im eigenen Land überflüssig wurde. Die Tribüne prägt heute noch das Oststadtstadion – und ist dafür ausschlaggebend, dass das Stadion zu den von der „11FREUNDE“ auserkorenen 150 Orten der Fußballrepublik gehört.

Als sich die 1910 gegründete Arminia im Oktober 1918 mit dem SV Merkur 1898 zusammenschloss, übernahm man die Spielstätte des Rugby-Vereins. Der SV Merkur war dort seit 1910 zuhause, der Platz zählte zu den besten der Stadt. Es folgten die beiden erfolgreichsten Dekaden der Vereinsgeschichte. 1920, 1930 und 1933 nahm Arminia Hannover an der Endrunde zur Deutschen Meisterschaft teil, scheiterte dabei jeweils spätestens im Viertelfinale. Während dieser Zeit wurde am Bischofsholer Damm eine Tribüne für 800 Menschen gebaut und im August 1924 mit einem Spiel gegen die SpVgg Fürth eingeweiht. Von dort aus sah die Anhängerschaft in den kommenden Jahren internationale Mannschaften wie den FCT Budapest oder Vienna Wien, die zu Freundschaftsspielen in Bischofshol gastierten. „Vor Heimspielen wurde großzügig plakatiert und inseriert, die Anhänger konnten bereits Fahnen und Trikots kaufen“, berichtet Christian Wolter in den „Hannoverschen Geschichtsblättern“ von den damals revolutionären Marketingideen des Vereins.

Nach dem Zweiten Weltkrieg, in dem der Platz schwer beschädigt wurde und zwei Jahre unbespielbar war, liefen die Arminen in der Oberliga Nord auf und landeten meist in der zweiten Tabellenhälfte der damals höchsten Spielklasse. Durch die vom Platzobmann Karl Lahmann angeordnete Aufschüttung von Kriegsschutt wurde die Zuschauerkapazität der Anlage auf 18.000 angehoben. Die Hintertortribüne trägt bis heute seinen Namen: Lahmann-Hügel. Auf dem Spielfeld war der bekannteste Armine dieser Zeit der spätere Weltmeister Jupp Posipal, der von 1946 bis 1949 in Bischofshol spielte.

1957 folgte der Abstieg. Nach Arminias Rückkehr in die Oberliga im Jahr 1962 kamen 62.000 Menschen gegen den Hamburger SV, 35.000 gegen Werder Bremen und 30.000

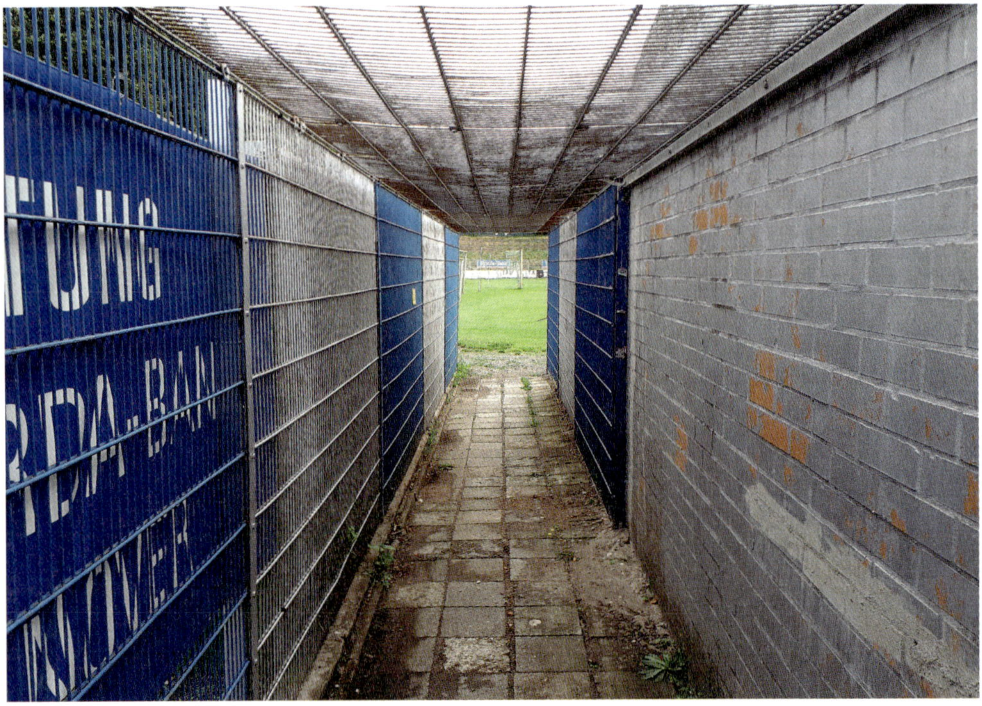

zum Derby gegen 96 – ins Niedersachsenstadion, das Stadion am Bischofsholer Damm war nur für rund 20.000 Zuschauerinnen und Zuschauer ausgelegt. „Als es 1967 und 1968 unter Trainer Hans Hipp um den Aufstieg in die Bundesliga ging, verließ man für Topspiele Bischofshol ebenfalls", ergänzt „Das große Buch der deutschen Fußballstadien".

Die letzten baulichen Veränderungen erlebte das Stadion Mitte der Siebzigerjahre: Die Tribüne von 1924 wurde „mit Ausnahme der Grundmauern beseitigt" („Das große Buch der deutschen Fußballstadien") und erhielt das recycelte Tribünendach. Darüber hinaus wurden die Stehtribünen renoviert, nachdem zu Beginn der Sechzigerjahre noch ein Abriss der Anlage zur Diskussion stand. Die Arminia spielte zwischen 1976 und 1980 letztmals zweitklassig und erlebte Höhen und Tiefen: In der Spielzeit 1978/79 landete man in der Abschlusstabelle vor den „Roten", dafür kassierte man in der Abstiegssaison eine 0:11-Pleite beim Namensvetter aus Bielefeld und hält damit bis heute den traurigen Negativrekord der höchsten Zweitliganiederlage aller Zeiten – das Spiel hat sogar einen eigenen Wikipedia-Eintrag. Danach verabschiedete man sich vom Profifußball. Der bekannteste Armine der Gegenwart war nicht Weltmeister auf dem Platz, sondern im Verteilen von Rosen: Der Bachelor Paul Janke lief von 2009 bis 2011 im Rudolf-Kalweit-Stadion auf.

Diesen Namen trägt das Stadion seit Mitte der Nullerjahre. Er erinnert an den 2002 verstorbenen Gastronom Rudolf Kalweit, der dem Verein drei Millionen Euro vererbte.

Rudolf-Kalweit-Stadion (früher Stadion am Bischofsholer Damm), Bischofsholer Damm 119, 30173 Hannover

Springe

Fußballmuseum Springe

Das Museum des FC Barcelona ist Geschmackssache. Großflächig ist es, modern und mit viel Multimedia ausgestattet. Vielleicht müssen zeitgemäße Ausstellungen heute so sein, etwas abgedunkelt, steril, irgendwie herzlos. Genau das kann man dem Fußballmuseum Springe nicht vorwerfen, denn hier sind Leute am Werk, die man in die Kategorie Großkreutz, Wilmots oder Lameck stecken würde. Spieler, die alles geben und mit viel Herzblut bei der Sache sind, dafür aber nicht die ganz große Technik versprechen.

Einer von ihnen war der 2018 verstorbene Peter Saloga. Auf seinem gesammelten Grundstock basiert das Museum in der Deisterstadt. Als es ihm gesundheitlich nicht mehr so gut ging, übertrug er seine Sammlung auf den Verein Sportsammlung Saloga e. V., der 2003 aus der Taufe gehoben wurde. Am 17. Mai 2004 feierte das Fußballmuseum Springe seine Eröffnung im Dachgeschoss der örtlichen Roten Schule.

Inzwischen werden 1.300 Wimpel, 450 Trikots, 350 Schals und 600 Leitz-Ordner mit Zeitungsartikeln, Tickets und Autogrammkarten auf rund 250 Quadratmetern Gesamtfläche ausgestellt. Der Rundgang beginnt in der Nachbildung von Peter Salogas Fußballkeller, geht über Themenräume wie „Umkleidekabine“ und „Deutsch-deutscher Raum“, bietet aber auch „Heimatsport“ oder „Frauenfußball“. Hannover 96 spielt natürlich eine gewichtige Rolle, zum einen war Saloga treuer Anhänger der „Roten“, zum anderen ist die Landeshauptstadt nur 25 Kilometer vom Standort entfernt. Aktuelle Themen wie Fankultur werden in gesonderten Ausstellungen behandelt.

Trotz dieser Kategorisierungen stehen in Springe die Maskottchen der EM 2008 neben einer Glasflasche des FC Barcelona, manchmal fehlt der rote Faden. Überfrachtete Informationstafeln gibt es nicht, in Springe lässt man die Exponate für sich sprechen oder wird mit einer Führung versorgt, die wie der Besuch selbst kostenlos ist. Diese Führung sei dringend ans Herz gelegt, denn einerseits erzählen die Ausstellungsstücke tolle Geschichten, andererseits haben sich die Vereinsmitglieder aufgrund ihrer ausgezeichneten Vorbereitung ihre kleine freitägliche Bühne redlich verdient.

Der Verein lebt von Spenden, wer dies nicht in monetärer Form tun möchte, kann seinen Fußball-Schätzchen in Springe eine neue Heimat bieten. Vieles, was nicht von Saloga selbst kommt, hatte irgendwer noch „auf dem Dachboden rumfliegen“, Matchworn-Handschuhe von Robert Enke zum Beispiel. Die lokalen Vereine wie Hannover 96 und der VfL Wolfsburg zeigen sich spendierfreudig, verhalten sei dagegen der FC Bayern: Ein Trikot für die „Meisterecke“ wird nicht mal eben so gratis aus München geliefert.

**Fußballmuseum Springe, Hinter der Burg 1,
31832 Springe**

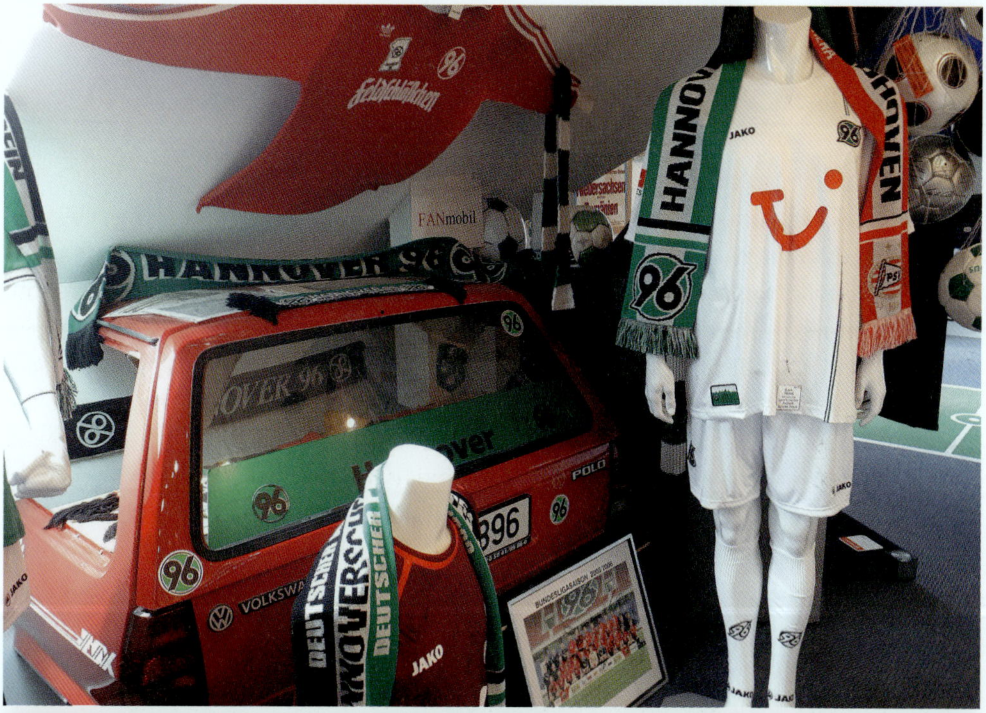
HANNOVER 96
FANmobil
HANNOVER
JAKO
POLO

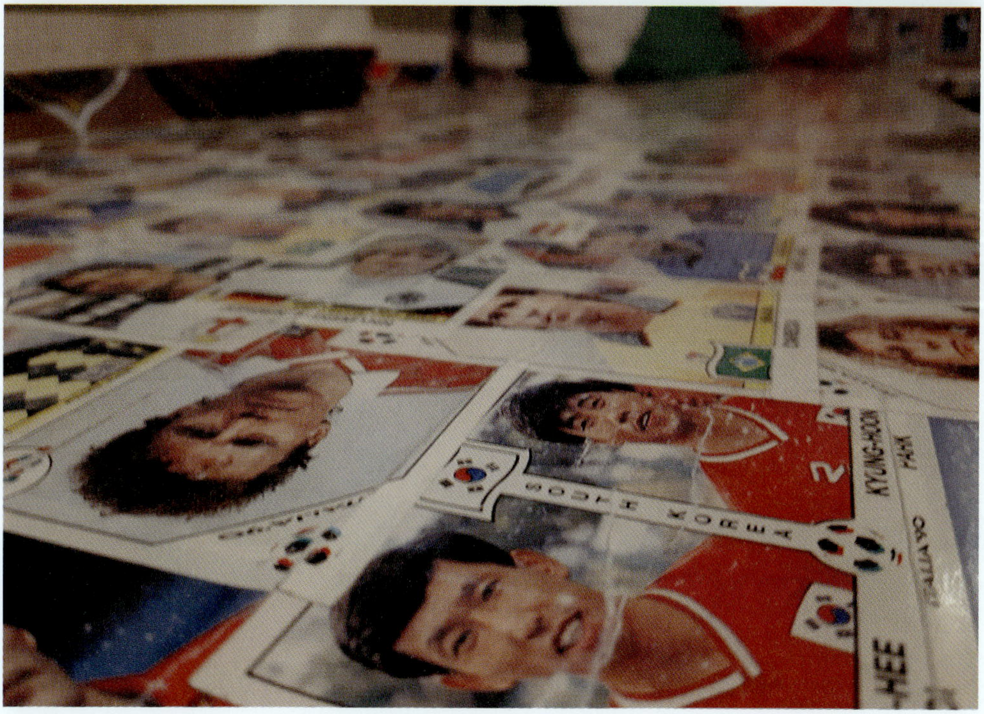

Bad Gandersheim

Rudolf-Cahn-von-Seelen-Stadion

„Vielleicht sollte man die Arena fix mal besuchen", schreibt Hardy Grüne im Fußball-Reiseführer „Fußballheimat Niedersachsen & Bremen", „denn wer weiß, wie lange sie noch steht." Diese Aussage ist alles andere als Kulturpessimismus, denn das nach dem früheren Bad Gandersheimer Bürgermeister Rudolf Cahn von Seelen benannte Cahn-von-Seelen-Stadion pfeift aus dem letzten Loch – genauso wie die Stadt, in der es steht.

Sie liegt an der A7, ziemlich genau auf halber Strecke zwischen Göttingen und Hildesheim. „Bad Gandersheim ist wie die meisten Gemeinden in Südniedersachsen von starkem Bevölkerungsrückgang und sinkenden Einnahmen betroffen", berichtet der SPD-Ortsverein auf seiner Seite, „unübersehbar ist der Leerstand von zahlreichen Wohngebäuden und Geschäften in der Innenstadt." Der Kurbetrieb war jahrzehntelang der wichtigste Wirtschaftsfaktor in der Roswithastadt, bis eine Gesundheitsreform nach der nächsten die Stadt erkranken ließ. Im Jahr 2021 liegt Bad Gandersheim auf dem Sterbebett mit einem Mäc Geiz als lebenserhaltende Maßnahme. Die Bloggerin Susanne Peyronnet findet dafür deutliche Worte: „Wenn ich in meine Heimatstadt komme, fühle ich mich wie auf einem anderen Planeten."

Dass eine Stadt wie Bad Gandersheim kein Stadion unterhalten kann, das Platz für 40.000 Menschen bietet – dem Vierfachen seiner Einwohnerzahl inklusive der 15 Ortsteile –, ist so überraschend wie eine Meisterschaft des FC Bayern. Seit 2008 muss sich die Stadt damit nur noch indirekt beschäftigen, das Problem plagt nun den örtlichen SV Grün-Weiß. Die Stadt stellte damals ein Ultimatum: Entweder der Verein übernimmt die Anlage – oder sie wird geschlossen. Eine Maßnahme, zu der sich Bad Gandersheim im Rahmen der Haushaltskonsolidierung in einem Zukunftsvertrag mit dem Land Niedersachsen verpflichtet hatte.

Dass es in dieser Konstellation ein Ungleichgewicht gibt, ist offensichtlich. Der Verein führt zwar regelmäßig „Arbeitseinsätze" durch und hält die Anlage mit Motorsägen, Laubbläsern und Heckenscheren in Schuss, aber bei der Instandsetzung einer fast 30 Jahre alten Laufbahn oder der Reparatur der Heizung im Vereinsheim werden dem Ehrenamt unüberwindbare Grenzen gesetzt. Erst ein Entgegenkommen der Stadt sicherte die mittelfristige Zukunft des Rudolf-Cahn-von-Seelen-Stadions, nachdem der „Beobachter Online" Ende 2017 von genau der „Verkaufsabsicht" sprach, die Hardy Grüne Sorgen bereitet.

Auch wenn sich der Text bis hierhin wie ein Nachruf liest, bei Groundhoppern ist das Stadion beliebt, da es sich „als sehr schön anzusehendes Naturstadion präsentiert", wie „groundhopping.de" schreibt. Und auch die „11FREUNDE" führen in der Ausgabe 223

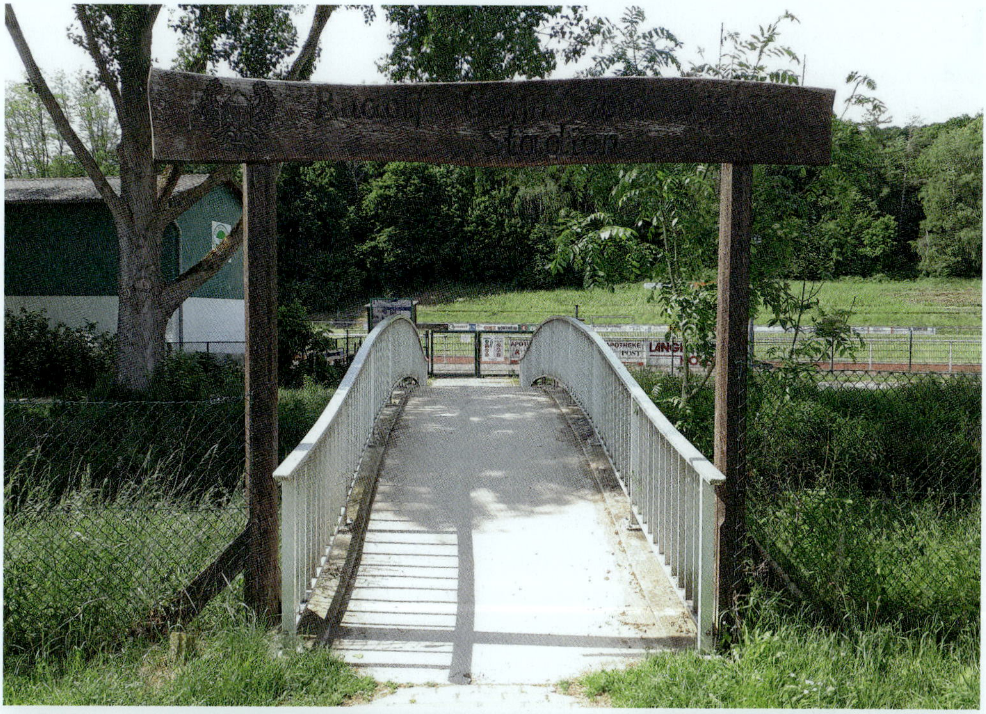
Stadion

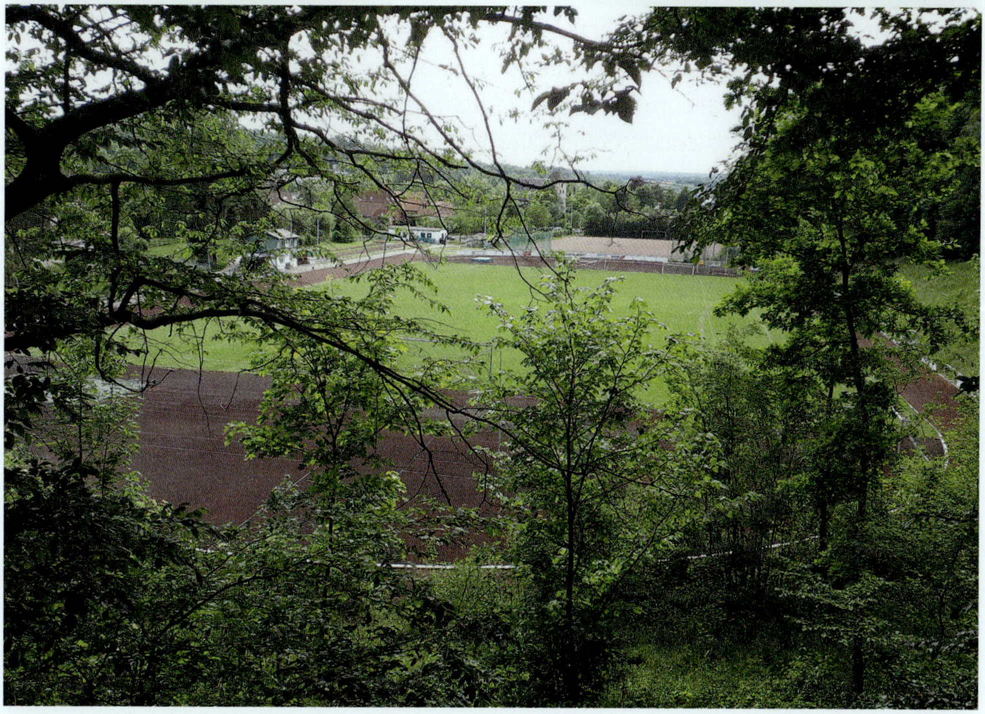

die „wunderschönen" Naturtraversen an, die dem Cahn-von-Seelen-Stadion einen Platz in der neuen Hitliste bescheren.

Zur Eröffnung am 1. Mai 1950 kamen 20.000 Menschen, um sich den 1. FC Nürnberg und Borussia Dortmund anzusehen, genau ein Jahr später duellierten sich an gleicher Stelle der 1. FC Köln und Frankfurts damalige Nummer eins, der FSV Frankfurt, vor „unter 10.000 Besuchern". Zu vierstelligen Kulissen soll es gekommen sein, als Bad Gandersheim zu seiner besten Zeit zwischen 1959 und 1961 drittklassig spielte. Der Grund für den riesigen Kessel lag aber viel mehr im Einwohnerboom der Nachkriegszeit als in den sportlichen Ambitionen. Die sind heute in der Kreisliga angesiedelt, der Größe der Stadt entsprechend. Im Gegensatz zum Stadion.

Cahn-von-Seelen-Stadion, An der Wiek,
37581 Bad Gandersheim

Bielefeld

MAFA

Mit den deutschen Vereinsmuseen ist es so eine Sache. Einerseits sind die Ausstellungen per se Sehenswürdigkeiten, andererseits wirken manche Museen so, als hätte man sie nach einer mehr oder weniger intensiven Woche Ebay zusammengestellt. Aber selbst die weniger guten Museen haben für die Vereinsanhänger eine besondere Bedeutung, da die Liebe zum Herzensklub – im Gegensatz zu der zur Ehefrau – bekanntlich ewig hält.

Dass es kaum noch einen Bundesligisten gibt, der auf ein Vereinsarchiv verzichtet, zeigt eine Serie in der „11FREUNDE". Von Ausgabe 184 bis 212 wurden in der vielsagenden Kategorie „Fußballmuseum" die besten Exponate vorgestellt, die deutsche Vereine zu bieten haben.

In Heft 190 war das MAFA Bielefeld an der Reihe. MAFA steht dabei für Museum/Archiv/Forum Arminia, die Ausstellung ist in der Westtribüne der Bielefelder Schüco-Arena zuhause. Damit bietet das MAFA eine gute Möglichkeit, die Zeit vor dem Anpfiff sinnvoll zu nutzen – denn das Museum öffnet bei Heimspielen 90 Minuten vor Spielbeginn (und schließt eine Stunde nach dem Schlusspfiff). Wer das MAFA nicht am Spieltag besuchen möchte, hat jeden Donnerstag von 14 bis 18 Uhr die Chance, in die Geschichte Arminias einzutauchen.

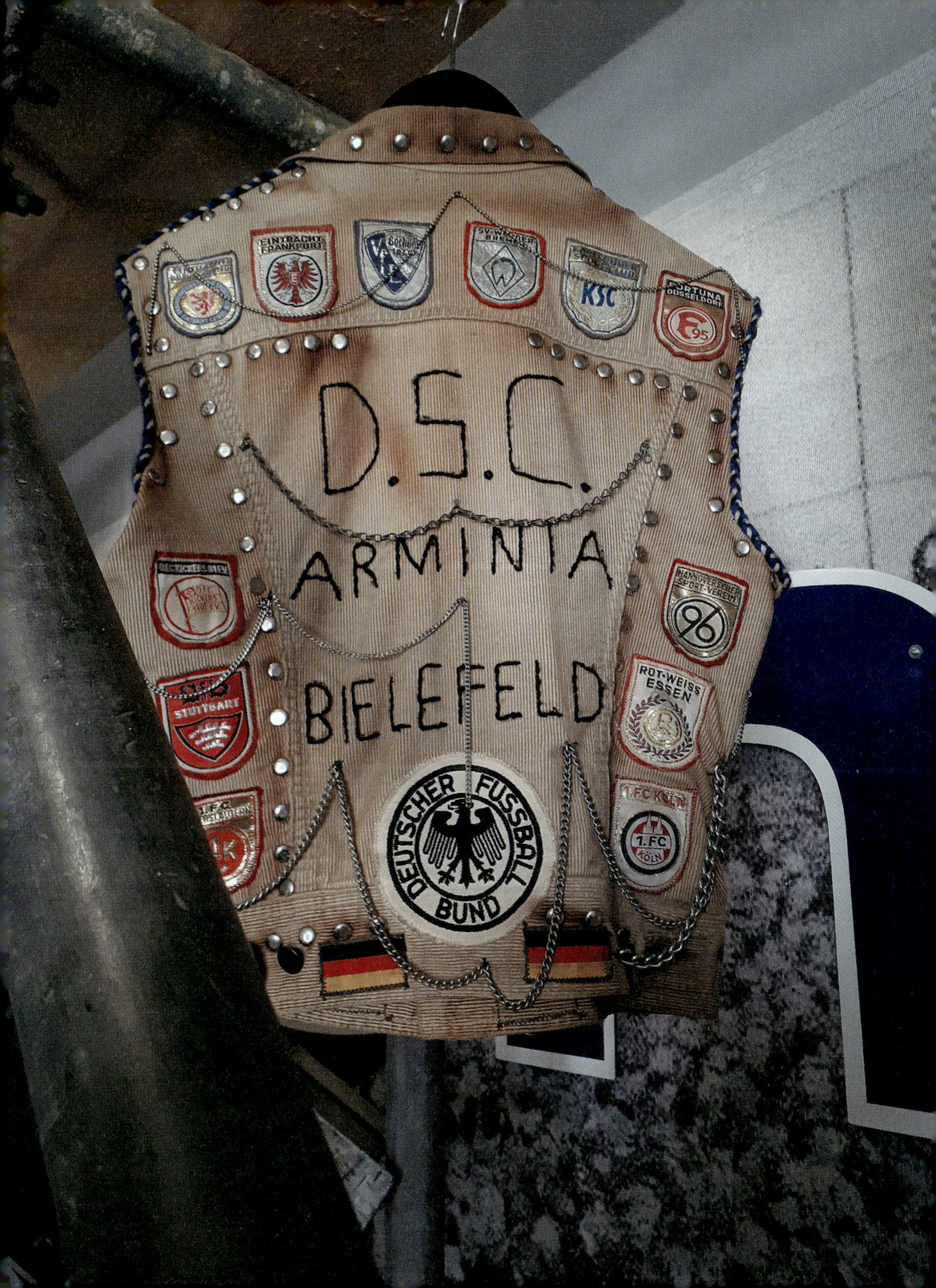

EINTRACHT FRANKFURT
KSC
FORTUNA DÜSSELDORF
D.S.C.
ARMINIA
BIELEFELD
HANNOVERSCHER SPORT-VEREIN
96
STUTTGART
ROT-WEISS ESSEN
1.FC KÖLN
DEUTSCHER FUSSBALL BUND

Ob die Macher nur einen begrenzten Platz zur Verfügung hatten (das MAFA ist 220 Quadratmeter groß, die Erlebniswelt des FC Bayern 3.000 Quadratmeter) oder getreu dem Motto „weniger ist mehr“ handelten, ist für den Besucher unerheblich. Denn der Grund für die gelungene Ausstellung liegt gerade darin, dass sich die „Welt zwischen Stolz, Verzweiflung und Galgenhumor“ („11FREUNDE“) an den Stellen zurückhält, an denen andere Vereine den Hermann machen. Die große Technik spielt bei den Arminen nicht nur auf dem Feld eine untergeordnete Rolle, sondern auch im Museum. Stattdessen strukturieren acht große Säulen den Ausstellungsraum und thematisieren Bereiche wie Fans, Medien oder die Mannschaften bestimmter Dekaden, die volle Ladung Devotionalien wird auf einer alten Stahlrohrtribüne aus den Siebzigerjahren dargestellt. Highlights sind verschiedene Kutten, legendäre Trikots oder die monströse Flutlichtlampe.

Vielsagend ist, dass der Eintritt ins 2013 eröffnete MAFA frei ist. (Sieht man von der Möglichkeit einer nächtlichen Führung ab, die pro Person 10 Euro kostet.) Wo andernorts mit dem Vereinsmuseum eine weitere Einnahmemöglichkeit geschaffen wurde, verfolgt das MAFA einen anderen Ansatz. Vielleicht fällt es daher nicht schwer, den Arminen einen Platz in diesem Buch zu gewähren – wie auch immer wir jetzt mit den anderen Vereinsmuseen vorgehen.

MAFA Bielefeld, Melanchthonstraße 31a, 33615 Bielefeld (Westtribüne Mitte in der Schüco-Arena, Eingang Block G-H)

Marl
Jahnstadion

„Für uns als Kinder war das immer ein Highlight“, sagt Jupp, wenn er sich an die goldenen Zeiten des TSV Marl-Hüls zurückerinnert. „Sonntags ging es zuerst aufn Platz, mit der Tröte, mit der Rassel. Die Straßen waren voll und alle pilgerten ins Jahnstadion. Und wenn man nach dem Spiel noch Geld über hatte, kaufte man sich ein Eis.“ Jupp ist Jahrgang 1958 und spricht in bestem Ruhrpottdeutsch von den Sechzigerjahren, seinem Heimatverein und einem Stadion, das nach seiner Wiedereröffnung 1964 zu den modernsten Deutschlands zählte.

Als dem TSV einige Jahre zuvor der Aufstieg in die Oberliga West gelang und er sich zwischen 1960 und 1963 mit Mannschaften wie Schalke 04, Borussia Dortmund oder dem 1. FC Köln messen konnte, bot das Stadion noch ein trauriges Bild. „Die hohen, aus Schutt und Asche aufgeschütteten Erdwälle waren teilweise zerfallen und versperr-

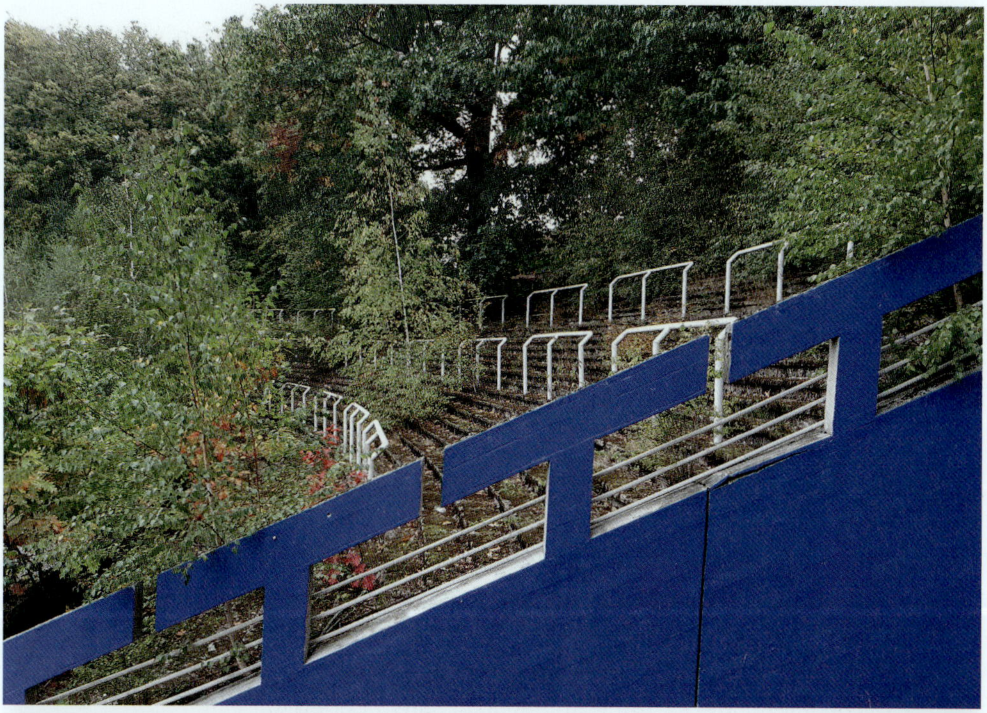

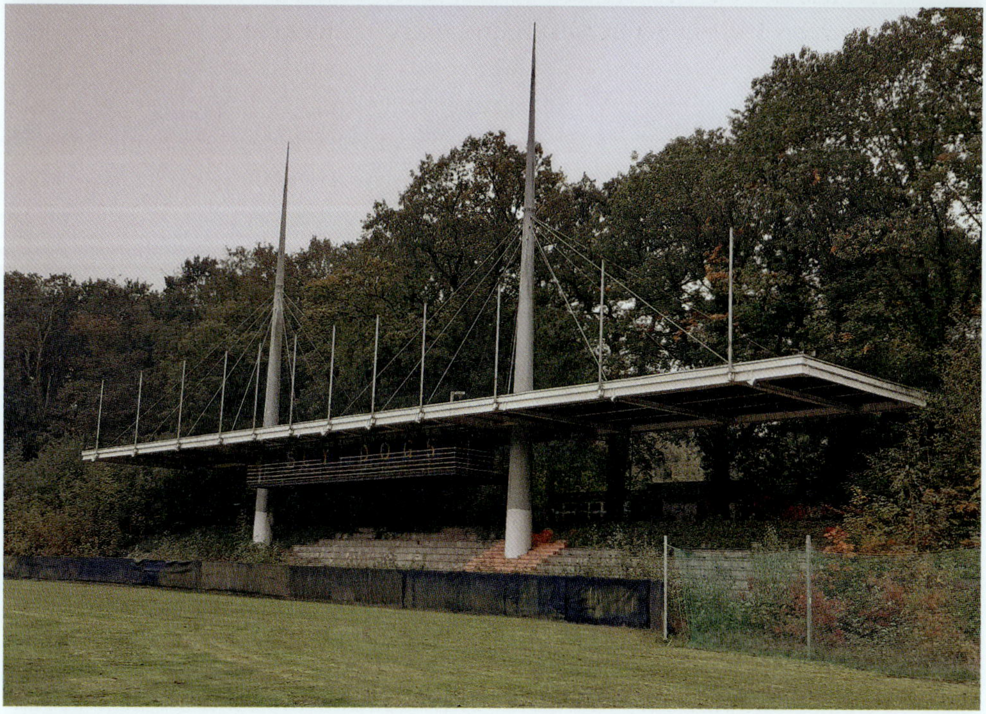

ten die Sicht nach außen", heißt es in dem Buch „Es war einmal ein Stadion". Die Stadtväter beschlossen 1962 die Neugestaltung des Jahnstadions, dessen Einweihung im August 1964 mit einem Freundschaftsspiel gegen den deutschen Vizemeister aus Duisburg gefeiert wurde.

Der TSV Marl-Hüls entschied sich bewusst gegen die neugegründete Bundesliga und empfing in seinem rund 2.500.000 DM teuren Schmuckkästchen fortan die Gegner der Regionalliga West. Die bewunderten eine Tribüne mit einem außergewöhnlichen Dach, „eine leicht schwebende Konstruktion, die damals in Abwandlung nur noch aus dem Brückenbau bekannt war", wie „Das große Buch der deutschen Fußballstadien" erklärt. Eine weitere Besonderheit waren die 48(!) Ausgänge, die für einen schnellen Abgang der maximal 36.000 Zuschauerinnen und Zuschauer sorgten.

Dazu kam es allerdings nie. 18.000 Menschen besuchten 1964 ein hochkarätig besetztes Jugendturnier mit Real Madrid und Inter Mailand, so viele Besucherinnen und Besucher sah das Jahnstadion danach nie wieder. Es war für eine Stadt wie Marl einfach vollkommen überdimensioniert.

Trotzdem ist es für Jupp eine Reminiszenz an eine „tolle Zeit". „Man hat die Mannschaft vor Auswärtsspielen in der Kneipe getroffen, dann ist man im Bus mitgefahren, das hatte eine andere Nähe." Besonders ein Spieler hatte ein offenes Ohr für die Anhänger: Herbert Lütkebohmert. „Ein Kampfspieler, laufstark und mit einem guten Schuss", erinnert sich Jupp. Lütkebohmert wechselte später zu Schalke 04 und wäre 1974 Weltmeister geworden, wenn er nicht Teil des Bundesliga-Skandals gewesen wäre. Lütkebohmert steht sinnbildlich für eine ganze Reihe von Leistungsträgern, die den „Blauen Funken" irgendwann den Rücken kehrten. Die Fans von Alemannia Aachen machten ein Lied daraus: „Wir brauchen keinen Seeler, wir brauchen keinen Brülls, wir kaufen unsere Spieler bei Marl-Hüls!"

Der Erfolg und dessen Ausbleiben hingen beim TSV eng mit der örtlichen Zeche zusammen – wie in so vielen Bergbaustädten. „Die Führungskräfte des Bergwerks füllten zu einem großen Teil auch Ämter beim Fußballclub aus", schreibt Klaus-Hendrik Mester in „Fußball leben im Ruhrgebiet" und ergänzt: „Anfang der 1960er-Jahre waren fast alle Spieler bei der ‚Auguste Victoria' beschäftigt." Dass Manfred Karjan zu Beginn der Siebzigerjahre das letzte Vorstandsmitglied des Vereins war, der auch in der Zeche arbeitete, war alles andere als ein Zufall. Für den TSV Marl-Hüls ging es immer weiter bergab, langsam, aber stetig, bis in die achte Spielklasse. Das letzte Spiel im Jahnstadion bestritten die Blau-Weißen bereits im Juli 2004. Knapp über 1.000 Menschen feierten den Abschied bei einem 0:12 gegen Alemannia Aachen – nach 77 Jahren an diesem Ort.

Der einst so moderne Platz litt zu dieser Zeit an einigen Kinderkrankheiten, für die weder die Stadt Marl noch der TSV aufkommen wollten. Selbst der Abriss stand zur

Diskussion, war aber ebenfalls zu kostspielig. Inzwischen ist die Tribüne baufällig. Das einst so revolutionäre Dach wurde als einsturzgefährdet eingestuft, eine Einschätzung, die inzwischen widerlegt werden konnte. Da helfen auch die Maßnahmen der örtlichen Baseball-Mannschaft wenig. Die Sly Dogs zogen 2008 ins Jahnstadion ein und befreiten u. a. die Stehplatzgerade von Büschen und Sträuchern. Das Ende ihrer Zeit im Jahnstadion ist absehbar. Das Gelände soll in ein luxuriöses Wohnbaugebiet umgewandelt werden, die Bürgerinitiative Marl-Hüls kämpft dagegen an.

„Natürlich kommt da Wehmut auf, wenn ich heute am Stadion vorbeifahre", sagt Jupp. Nicht nur das Jahnstadion gibt ein trauriges Bild ab, auch der Marler Fußball. Für die Rückkehr in die Oberliga Westfalen (2015 bis 2018) bezahlte der TSV einen hohen Preis. Dem Insolvenzantrag folgte Anfang 2019 die Auflösung des Vereins, inzwischen wurde er wiedergegründet. Der einstige Oberligist SpVg Marl, der in den Neunzigerjahren zu Spitzenspielen ins Jahnstadion auswich, fusionierte mit zwei weiteren Klubs zum FC Marl. Die beiden einstigen Aushängeschilder des Marler Fußballs spielen inzwischen jenseits aller Ambitionen auf anderen Plätzen.

Jahnstadion, Hülsstraße 69,
45772 Marl-Hüls

Hamm

Hanke & Hrubesch

Es gibt eine urbane Legende, die geht so: Vier Kumpels hängen spätabends zusammen ab, ihnen ist langweilig. Da kommt ihnen eine Idee: Rückwärts mit dem Auto durch den Kreisel fahren. Die vier Jungs schnappen sich ein Auto, fahren rückwärts in den Kreisverkehr und bums: Sie rammen das Fahrzeug, das sich hinter ihnen befindet. Der Fahrer des gerammten Autos verständigt sofort die Polizei, die verhört ihn zuerst. Der Polizist geht daraufhin zu den vier Kumpels und sagt: „Macht euch keine Sorgen, der Typ hat zwei Promille intus und behauptet, ihr wärt rückwärts durch den Kreisel gefahren."

Urbane Legenden zeichnen sich unter anderem dadurch aus, dass sich die Quelle der Geschichte nicht nachweisen lässt, denn erzählt wurde sie vom Freund des Bruders, der wiederum einen Bekannten kennt, der sie vom Onkel – und so weiter. Aber auch dadurch, dass die Story noch gerade so der Wahrheit entsprechen könnte. Dass es im Osten des Ruhrgebiets einen Verkehrskreisel gibt, der zwei Söhnen der Stadt gewidmet wurde, könnte genauso gut eine urbane Legende sein. Doch so absurd das auch klin-

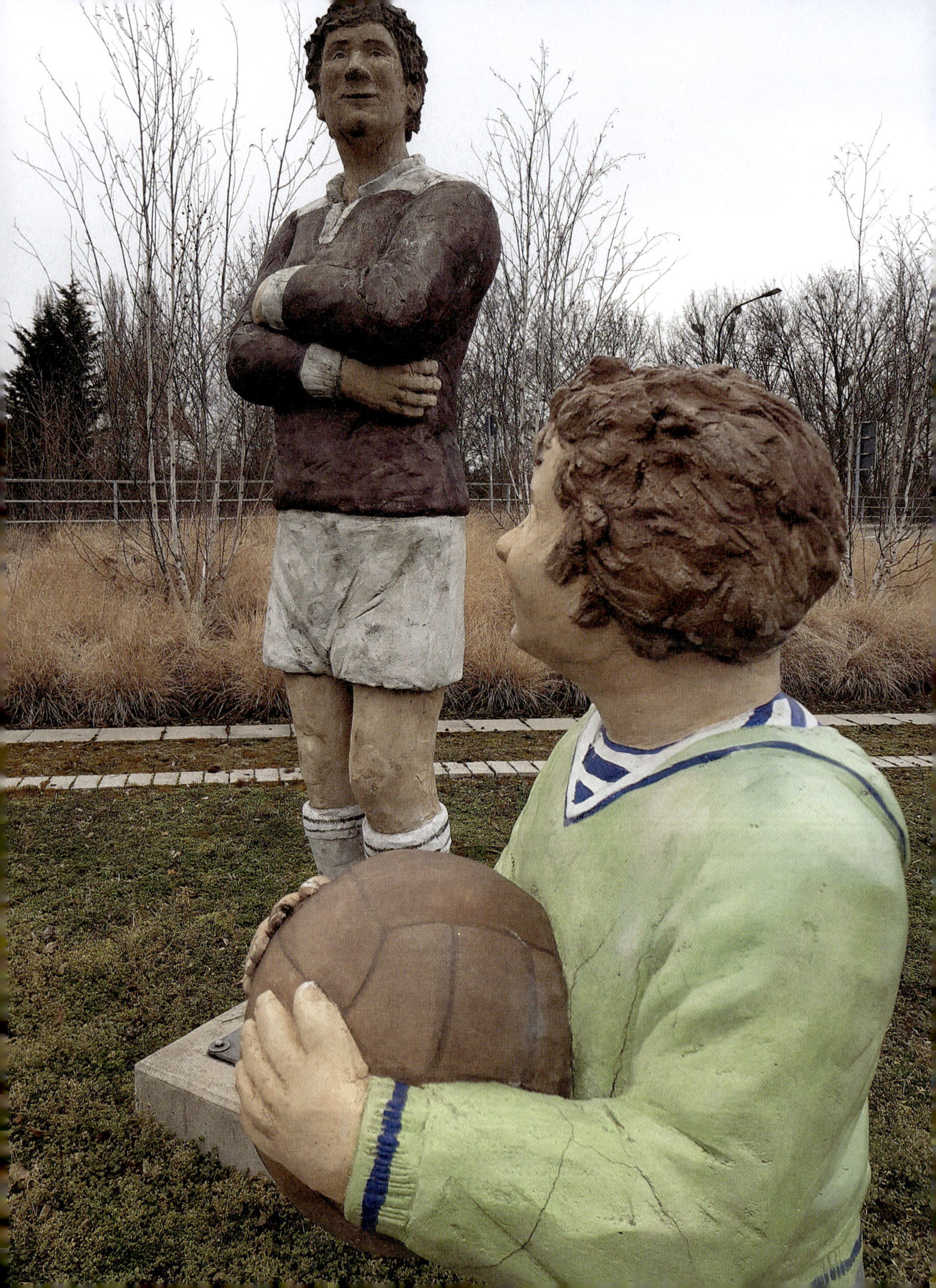

gen mag, das Denkmal der zwei Fußballer, die zusammen gerade mal auf knapp über 30 Länderspiele kommen, ist tatsächlich in Hamm zu finden.

Im Rahmen der Dauerausstellung „Alltagsmenschen“ sind Hanke & Hrubesch zwei von insgesamt fünf Betonfiguren, die seit 2013 im Stadtteil Pelkum platziert wurden. Diese Alltagsmenschen „sollen Menschen abbilden, denen man (so ähnlich) oftmals im Alltag begegnet“, wie das „Hammwiki“ erklärt. Optisch haben die beiden Figuren auf dem Kreisel, der die Kleine Werlstraße und die Kamener Straße verbindet, nichts mit ihren Namensgebern gemein. Die Hanke-Figur ist ein kleiner Junge mit welligem Haar, Hrubesch sieht einfach noch weniger aus wie Hrubesch.

„Das soll zum Glück ja auch kein Denkmal für mich sein“, sagte Horst Hrubesch der „BILD“-Zeitung während der feierlichen Einweihung im Jahr 2017, Mike Hanke fand die Figuren „künstlerisch gelungen“. Geschaffen hat sie die Bildhauerin Christel Lechner, von der auch der „11Freunde-Kreisel“ sowie das Denkmal „Fußball ohne Grenzen“ in Kaiserslautern sind.

Zum Teil sorgen die Figuren aber auch für Verwirrung. Dem kleinen Mike Hanke wurde 2018 von Unbekannten der Kopf abgeschlagen, der Alltagsmensch „Gerda“ wurde von Passanten für eine im Verkehr gestrandete Seniorin gehalten. Auch das ist so absurd, dass es eine urbane Legende sein könnte.

Hanke & Hrubesch, Kreisel Kleine Werlstraße und die Kamener Straße, 59077 Hamm

Bochum

Wellness-Lounge

Onkel Kalli ist für mich ein Nennonkel und eigentlich der Cousin meines verstorbenen Großvaters. In unserer eher auf Gleichstrom laufenden Familie ist Onkel Kalli der Entertainer. Der „Man of the match“ bei jedem Geburtstag. Mit Geschichten, die immer nah an der Grenze zur Glaubwürdigkeit wandeln. Von Eckbällen, die er an der Mittellinie volley nahm und die von dort direkt im Winkel des Tores landeten. In Spielen, in denen es selten um weniger ging als um Leben und Tod.

Durch Onkel Kalli durfte ich im Kindesalter Bochum als erste Stadt mit mehr als 300.000 Einwohnern erleben. Teile unserer Familie hatte es nach dem Zweiten Weltkrieg ins Ruhrgebiet verschlagen und Onkel Kalli ist aus dieser Generation der einzige Pottler, der noch am Leben ist. Dass man im Ruhrgebiet von einer Stadt direkt in die nächste

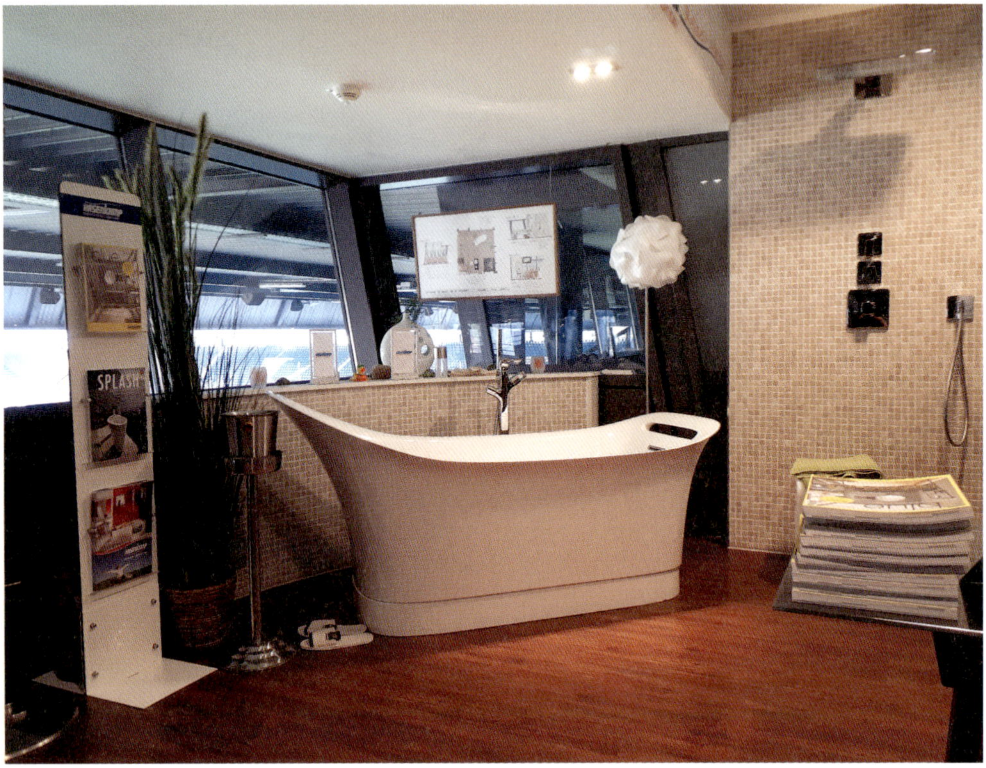

fahren konnte, fand ich großartig. Ich kannte nur Dörfer, die durch Felder und Wälder getrennt waren, immer und immer wieder, wie in einem Algorithmus, 50 Kilometer lang, bis mit Kassel endlich eine Stadt kam.

Mit dem Stadion an der Castroper Straße verbindet mich daher viel mehr als mit den meisten anderen Stadien. Ich mag die Enge, das Reine eines Fußballstadions, das nie eine Laufbahn wollte. Die gute Bratwurst, die keine Alternativen kennt, weil es keine Alternativen gibt. So ist es verwunderlich, dass das 1979 fertiggestellte Stadion überhaupt einen VIP-Raum besitzt. Der wurde erst 2011 eingerichtet, als die Frauen-Weltmeisterschaft in Deutschland zum zweiten Sommermärchen werden sollte und der VIP-Bereich zur Bedingung der FIFA wurde.

Das erklärt man auf der Stadionführung, die sich deutlich von der Konkurrenz abhebt. Man muss dafür lediglich einen Bruchteil des Preises bezahlen, den andere Vereine verlangen – dafür wird sich in Bochum ausgiebig Zeit genommen.

Auch dem VIP-Raum kommt entsprechende Aufmerksamkeit zu. In der „11FREUNDE"-Liste rangiert er auf Platz 18, weil ihm eine Besonderheit zukommt: Er ist wie eine Wellness-Lounge ausgestattet und verfügt über eine freistehende Badewanne, eine Wasserfalldusche und einen Waschtisch. „Der Kontrast zwischen Fußball und Entspannung wird so zu einer körperlichen Erfahrung", wird Heinz Hasenkamp in dem Buch „Die besten Fußball-Logen Deutschlands" zitiert. Der Logen-Inhaber arbeitet im Bereich Heizung und Sanitär, er übernahm 1991 den über 80 Jahre alten und in Bochum ansässigen Familienbetrieb.

Hasenkamps Vorstellungen sind entsprechend traditionell und bodenständig geprägt, wie das obengenannte Buch erklärt: „70 Prozent der geladenen Gäste sind Menschen, die sich ehrenamtlich in der Region engagieren. Es ist dem Inhaber besonders wichtig zu betonen, dass es sich bei seiner Loge nicht um ein Akquise-Tool handelt."

Das mittelständische Unternehmen ist der älteste Partner des VfL Bochum, Hasenkamp stellt in den Vordergrund, dass es ihm „um die weichen Faktoren und das familiäre Miteinander" geht. Legendär sind inzwischen auch die Hasenkamp-Badewannenrennen, die in der Halbzeitpause stattfinden.

Würde ich Onkel Kalli nach Heinz Hasenkamp fragen, so würde er sicherlich sagen: „Der Onkel Kalli ist mit dem Heinz per Du." Jahrelang hat mir Onkel Kalli auch erzählt, dass er das Silberne Lorbeerblatt besäße. Ich hab's nicht geglaubt. Als ich dann bei ihm war, holte er das Ding aus der Schublade. Er ist einfach doch der Größte.

Wellness-Lounge im Vonovia-Ruhrstadion, Castroper Straße 145, 44791 Bochum

Herne

Stadion am Schloss Strünkede

Im Dokumentarfilm „Warum halb vier?" erzählt der Schauspieler Joachim Krol von den Leiden, die sein Vater beim Untergang des SC Westfalia Herne ertragen musste. Der Niedergang des Vereins hatte ihm zugesetzt, allem voran aber, „dass das Stadion nicht mehr so voll war".

Wer sich im Westfaliastadion auf die alte Haupttribüne setzt, der wird verstehen, warum Krols Vater eine enge Bindung zu dem Platz hatte: Das Stadion am Schloss Strünkede ist eine Anlage, die „Das große Buch der deutschen Fußballstadien" als „Feld der Träume" bezeichnet und die diesem Titel mehr als gerecht wird. Nicht umsonst ist sie bis heute aufgrund des historischen Ambientes – der Schlosspark befindet sich gleich nebenan – bei vielen Groundhoppern sehr beliebt. Auch ohne Massen und ohne Bewegung auf dem Rasen wird man gepackt. Wie wird es hier gewesen sein, als die Ränge voll waren?

Im September 1934 wurde das Stadion nach sechs Jahren Bauzeit mit einem Derby gegen Schalke 04 eingeweiht. Nach dem Krieg beschlagnahmten die Briten die Kampfbahn, sämtliche Sitzgelegenheiten fielen der Bevölkerung zum Opfer, die Heizmaterial benötigte.

In den Fünfzigerjahren entstand eine neue Tribüne, die Kurven wurden nach und nach aufgeschüttet. Im Gruppenspiel um die Deutsche Meisterschaft fanden 35.000 Zuschauer Platz am Schloss Strünkede und sahen ein 3:4 gegen den HSV. Die Westfalia erlebte damals ihre beste Zeit, Tilkowski stand im Tor, Leute wie Helmut Benthaus wurden zu Nationalspielern. Bis heute bedeuten die 35.000 den Zuschauerrekord des Stadions, das inzwischen mehrfach umgetauft wurde (Abisol-Stadion, German Flavours Park, real-Arena) und heute EDI-Arena heißt.

Mitte der Siebzigerjahre wurde das Stadion saniert, weil der VfL Bochum ein Ausweichquartier benötigte. Westfalia Herne schrieb in dieser Zeit aber auch an seiner eigenen Vereinsgeschichte, die eng mit dem Namen Erhard Goldbach in Verbindung stand.

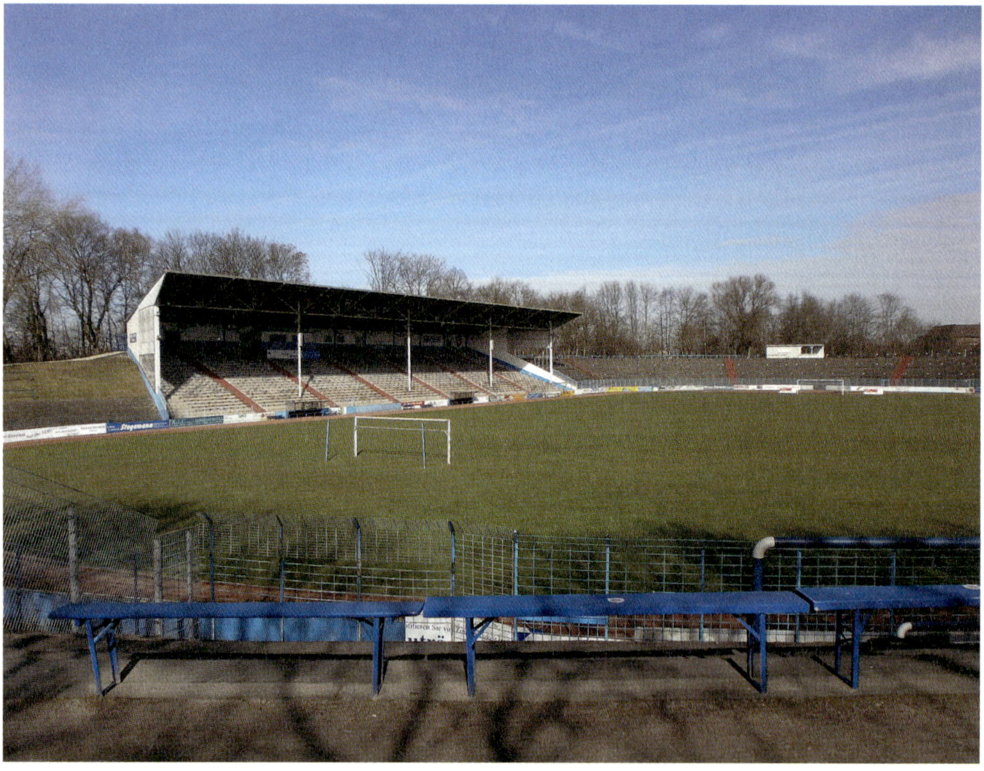

Die größenwahnsinnige Vereinspolitik des Mäzens hatte zur Folge, dass der Westfalia 1979 die Lizenz für die 2. Bundesliga entzogen wurde: Goldbach, der sogar bei Aktenzeichen XY gesucht wurde, hatte Steuerschulden in Höhe von 175 Millionen DM angehäuft. Herne wanderte in die Oberliga Westfalen und spielte dort bis 1990, ehe es bis in die sechste Liga herunter ging. Mittlerweile ist man in der Oberliga Westfalen zuhause.

Stadion am Schloss Strünkede, Westring 260,
44629 Herne

Dortmund

Gelbe Wand

Im Oktober 2011 bin ich fremdgegangen, und meine Frau sah tatenlos dabei zu. Nur über allerbeste Kontakte sind wir noch an Karten für den Auftritt meines 1. FC Köln in Dortmund gekommen. Dafür nehmen wir auch eine Einschränkung in Kauf: Stehplätze auf der Süd, inmitten tausender schwarz-gelber Borussen.

Und die dürfen jubeln. Wieder und wieder und wieder. Bereits zur Halbzeit steht es 3:0 für den BVB, in der 50. Minute erhöht Robert Lewandowski auf 4:0. Ausgelassene Atmosphäre um uns herum, zwanghaft freudig auch meine Stimmung, um meine Tarnung aufrecht zu erhalten. Trotzdem mache ich offenbar einen gehemmten Eindruck: „Ey Alter, was issen los?", will der Borusse vor mir wissen, mit dem ich mir schon bei den ersten drei Toren in den Armen liege. Ich sage ihm: „Ich traue dem Braten noch nicht. Ich glaube, die Kölner kommen noch!" Dann nickt mein neuer Freund anerkennend ob meiner Analysekompetenz und rüffelt seine Kumpels: „Ey, das Ding ist noch lange nicht durch!" Kollektive Zustimmung in der Gruppe. Die Spannung ist wieder auf dem Siedepunkt.

Bis zu dieser 50. Minute hatte der 1. FC Köln nicht einmal auf das Tor des BVB geschossen – und sollte es auch nicht in der nächsten halben Stunde tun. „Eines der einseitigsten Bundesligaspiele geht in seine letzten fünf Minuten", sagte Steffen Simon damals während seines Sportschau-Berichts, um einen geblockten Podolski-Schuss als Torschuss zu werten – in der 85. Spielminute. Meine neuen Freunde in schwarz-gelbem Gewand zitterten umsonst: Am Ende gewann Borussia Dortmund 5:0.

Ein Besuch auf der Süd, schon gibt's eine Anekdote. Wie mag es bei den Menschen sein, die hier jeden zweiten Samstag hinkommen – und das seit zig Jahren? Die „11FREUNDE" hat im Oktober 2015 solche Erzählungen protokolliert und die Südtri-

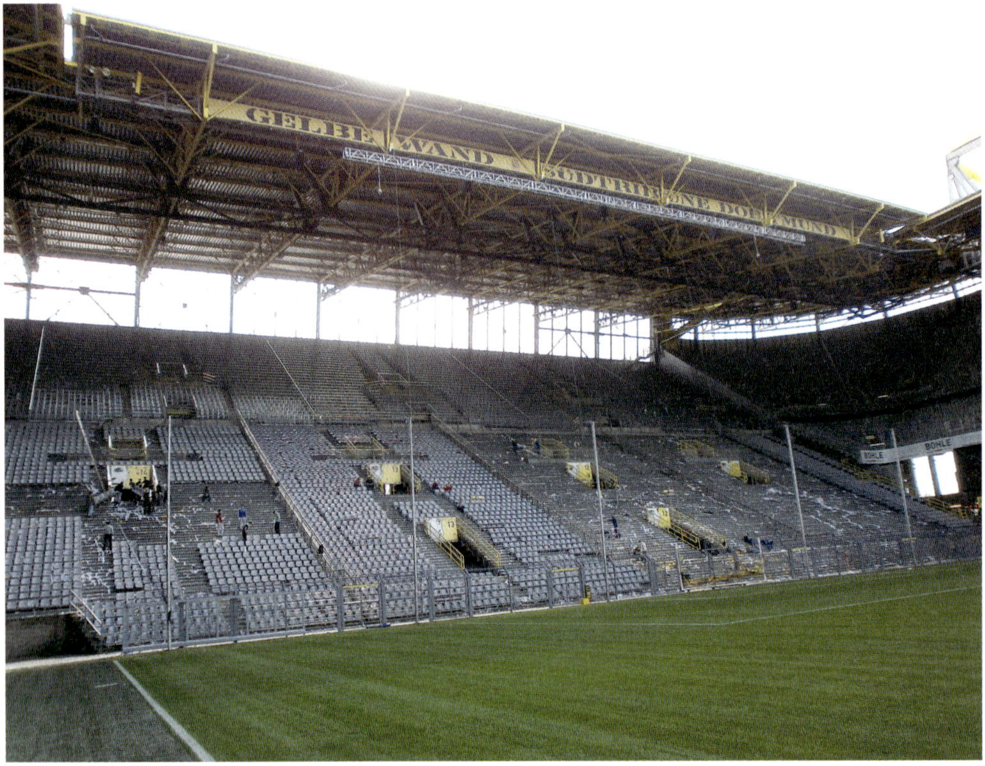

büne zum Titelthema gemacht. „Es gibt nicht eine Südtribüne, sondern zwei. Die alte und die neue. Oder oben und unten“, schreibt Uli Hesse in dieser Ausgabe. Bevor er über seine Verbindung zur Süd erzählt, erläutert er: „Unten, das sind die Blöcke 10 bis 15“, um wenig später fortzusetzen: „Oben, das sind die Blöcke 80 bis 84, die 1998 auf den alten Teil der Tribüne draufgesetzt wurden“. Ergänzt man diese Zahlen um die Maße von Europas größter Stehplatztribüne, sind wir bei 100 Metern Breite, 32 Metern Tiefe, 40 Metern Höhe und einem Neigungswinkel von 37 Grad. Aber will man das eigentlich wissen? Es geht bei der Gelben Wand nicht um die kolossalen Daten, es geht um die Menschen, die sie bilden und um ihre Geschichten. Um „uns“, wie Uli Hesse das Kollektiv in der „11FREUNDE“ nennt.

Auch der WDR-Dokumentarfilm „Wir die Wand“ aus dem Jahr 2013, mehr „eine beeindruckende Gesellschaftsstudie“ („Der Westen“) als ein Fußball-Film, thematisiert solche Geschichten. Vor allem zeigt er aber, wie vielschichtig die Zusammensetzung der Menschen ist, die regelmäßig ihre Borussia anfeuern: Heinz, der ehemalige Bergmann, der die Kameradschaft auf der Südtribüne mit der unter Tage vergleicht: „Wir sind alle gleich. Das ist das Schöne daran“. Oder Mathias, der Mathematiker, der sich freut, dass auf der Süd so viele Menschen zu ihrem Verein stehen, „über alle Klassenschranken hinweg“. Auch Sachbearbeiterin Ute betont das breite Spektrum: „Man trifft auf der Südtribüne wirklich jede Gesellschaftsschicht.“

Das muss nicht immer gut sein. Denn die Süd hat Probleme mit dem rechten Lager der BVB-Fans. Das liegt einerseits daran, dass die Stadt Dortmund generell mit Rechtsextremismus zu kämpfen hat. Der Dortmunder Stadtteil Dorstfeld gilt als Hochburg der rechtsextremen Szene in Deutschland. „Es wäre einfach zu sagen, das ist ein Problem der Stadt Dortmund. Aber der BVB ist Teil der Stadt, von daher gibt es logischerweise auch Fans, die rechts sind“, erklärt Daniel Lörcher, der das Fan- und Jugendhaus des BVB betreut. Andererseits sah der Verein zu lange weg und änderte zu spät seine Medienstrategie. Inzwischen betreibt die Borussia Aufklärungsarbeit und organisiert beispielsweise Fahrten ins Konzentrationslager Auschwitz.

Die Unterwanderung vom rechten Lager ist nicht das einzige Problem, mit der die größte Stehplatztribüne Europas zu kämpfen hat – und damit meine ich nicht die Tatsache, dass vor jedem Spiel ein Lied geschmettert wird, das eindeutig einem anderen Verein, nämlich dem FC Liverpool, zugeordnet wird. Auch wenn die Bundesliga-Profis gemäß einer „Kicker“-Umfrage noch immer am liebsten in Dortmund auflaufen: Die Stimmung hat sich verschlechtert. „Die Atmosphäre im Stadion von Borussia Dortmund, so hört man immer wieder, ist nicht mehr die gleiche wie noch vor einigen Jahren“, schreibt „Der Westen“. Wo einst Fans standen, stehen jetzt immer mehr Kunden, auch ein Riss zwischen Verein und Fans wurde diskutiert.

Die Debatte um schwindende Stimmung gab es allerdings schon einmal, nämlich 1998, unmittelbar nachdem die neue auf die alte Tribüne gesetzt wurde. Es dauerte eine Weile, dann kam ein Mann, der am Spielfeldrand exaltierte und die Süd explodieren ließ: Jürgen Klopp. Zum Beispiel an einem Tag im Oktober 2011, an dem ich fremdgegangen bin. Und meine Frau tatenlos dabei zusah.

Südtribüne im Signal-Iduna-Park, Strobelallee 50,
44139 Dortmund

Dortmund

Stadion Rote Erde

1937 kickte der BVB das erste Mal im Stadion Rote Erde, das im Schatten des Signal Iduna Parks liegt und im Vergleich zu der 80.700 Menschen fassenden Arena winzig klein wirkt. 28.150 Zuschauerinnen und Zuschauer finden heute noch Platz, wenn hier Leichtathletikveranstaltungen stattfinden, für 9.999 Besucherinnen und Besucher ist die Kampfbahn zugelassen, wenn die zweite Garde der Borussia in der 3. Liga aufläuft.

Ausgerechnet der heutige Erzrivale aus Gelsenkirchen füllte die am 1. Juni 1926 eröffnete und von Hans Strobel (dem Namensgeber der Strobelallee vor dem Stadion) erdachte Rote Erde mehrfach, als man hier zwischen 1927 und 1936 fünfmal die Endrundenspiele zur Deutschen Meisterschaft austrug. „Das große Buch der deutschen Fußballstadien" spricht in diesem Zusammenhang von „Schalkes zweite[r] Heimat", was auch daran lag, dass die Rote Erde damals zu den schönsten Spielstätten der Republik zählte.

Auch der Besucherrekord in einem Bundesligaspiel wurde in der ursprünglich für 35.000 Zuschauer konzipierten Kampfbahn im Revierderby gegen Schalke aufgestellt: Offiziell sollen es 39.000 Menschen gewesen sein, die im September 1969 ein 1:1-Unentschieden sahen; es war das Spiel, in dem Friedel Rausch von einem Schäferhund in den Hintern gebissen wurde. Dass es die Rivalität zwischen dem BVB und Schalke damals noch nicht in dem heutigen Ausmaß gab – sie entzündete sich erst Mitte der Siebzigerjahre –, ist dabei alles andere als unerheblich.

Im ersten Bundesligajahr war die Rote Erde nicht ein einziges Mal ausverkauft. Erst die Erfolge im Europapokal machten verschiedene Maßnahmen notwendig, um dem Menschenansturm Stand zu halten: Die Gegengerade wurde aufgestockt, die Südkurve um eine Stahlrohrtribüne ergänzt und die Laufbahn verschwand. Das neue Fassungsvermögen von 42.000 genügte aber auch nicht den Ansprüchen und sorgte in Zeiten, in denen die Zuschauereinnahmen noch eine entscheidende Rolle im Etat spielten, für einen Wettbewerbsnachteil. Folgerichtig stieg die Borussia 1972 aus der Bundesliga ab und blieb bis 1976 zweitklassig. Bei der Rückkehr lief man bereits im Westfalenstadion (dem heutigen Signal-Iduna-Park) auf, das für die WM 1974 errichtet wurde.

Die Rote Erde wurde wieder zurückgebaut und erhielt den Charakter eines Leichtathletikstadions. Noch heute erkennt man die Merkmale einer typisch deutschen Kampfbahn jener Zeit, „eine mit Sitzbänken ausgestattete überdachte Haupttribüne wurde von unüberdachten Stehrängen eingeschlossen, wobei Stehplätze die eindeutige Mehrheit der Plätze bildeten", wie „Das große Buch der deutschen Fußballstadien" erklärt. Die Ähnlichkeit zu anderen Kampfbahnen jener Zeit, zum Beispiel zu den benachbarten Anlagen in Horst und Schalke, ist augenscheinlich.

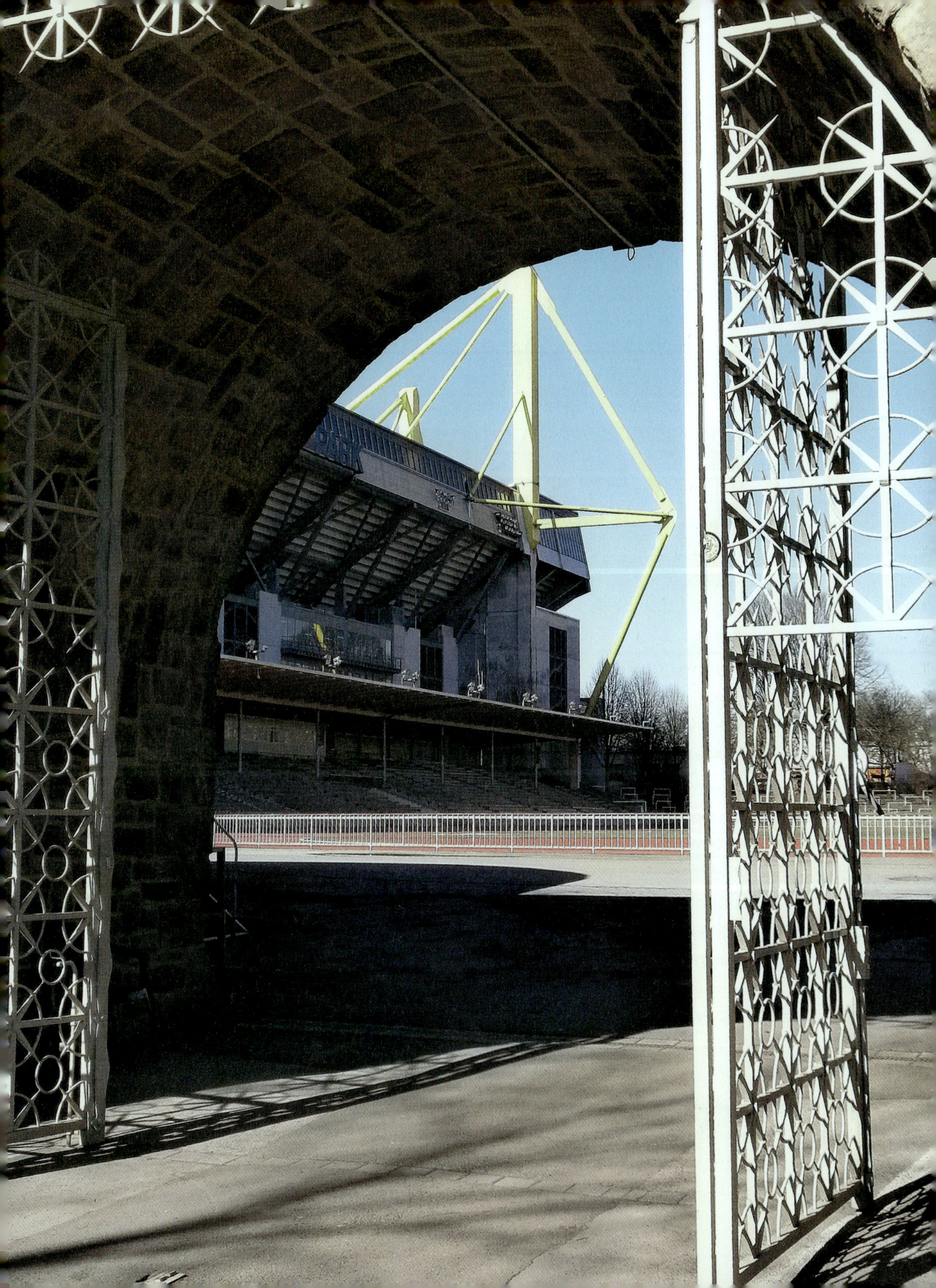

Ursprünglich gehörte die Rote Erde zum Dortmunder Volkspark, von dem heute allerdings nicht mehr allzu viel erhalten ist. Einen großen Teil der Fläche nimmt das Stadion ein, das den großen Schatten wirft.

Stadion Rote Erde, Strobelallee 50, 44139 Dortmund

Dortmund

Deutsches Fußballmuseum

Der Zeitpunkt der Eröffnung könnte nicht schlechter sein. Fast zehn Jahre hatte man am Deutschen Fußballmuseum getüftelt, drei Jahre daran gebaut, rund 40 Millionen investiert und über 1.600 Exponate angeschafft. Wenn im Oktober 2015 über den DFB gesprochen wird, dann geht es aber nicht um das Deutsche Fußballmuseum; es geht um 6,7 Millionen Euro, die im Zuge der WM 2006 verschollen sind. Es geht um Wolfgang Niersbach, der in ein paar Tagen zurücktreten wird. Um Franz Beckenbauer, der Blanko-Unterschriften verteilt hat. Und um derbe Erinnerungslücken bei allen Beteiligten, die in ihrer Häufigkeit die Zahl der Exponate übersteigen dürfte.

Die alles entscheidende Frage: Hat man sich die Weltmeisterschaft 2006 im eigenen Land erkauft? Eine Frage, die für das Fußballmuseum nicht ganz unwesentlich ist – immerhin wurde es aus den Gewinnen der WM 2006 finanziert.

Kurz nachdem die Welt zu Gast bei Freunden war, entschloss man sich beim DFB zum Bau eines Fußballmuseums. 14 Städte schmissen ihren Hut in den Ring, in die engere Wahl schafften es Oberhausen, Köln, Gelsenkirchen und der spätere Sieger Dortmund. Die Entscheidung fiel nicht umsonst auf ein Quartett aus Nordrhein-Westfallen, in der Aufstellung „Zahlen zum Fußballmuseum" betont man, dass 10 Millionen Menschen innerhalb einer Auto-Stunde das Fußballmuseum erreichen können.

In der unmittelbaren Nähe des Dortmunder Hauptbahnhofs begann man im September 2012 mit den Bauarbeiten, die Grundsteinlegung fand Ende April 2013 statt. Zuvor entschied ein internationaler Architekturwettbewerb über die Optik des Gebäudes, das zur Dortmunder Kunst- und Kulturmeile gehört und dessen Fläche vorher als Busbahnhof genutzt wurde.

Das Problem bei den modernen Fußballmuseen ist, dass der Kommerz die Aorta zum Herzen verkalkt. Der FC Bayern ist mit seiner sterilen Erlebniswelt der Prototyp des seelenlosen und profitorientierten Museumskonzepts. Mit den gleichen Bedenken – und

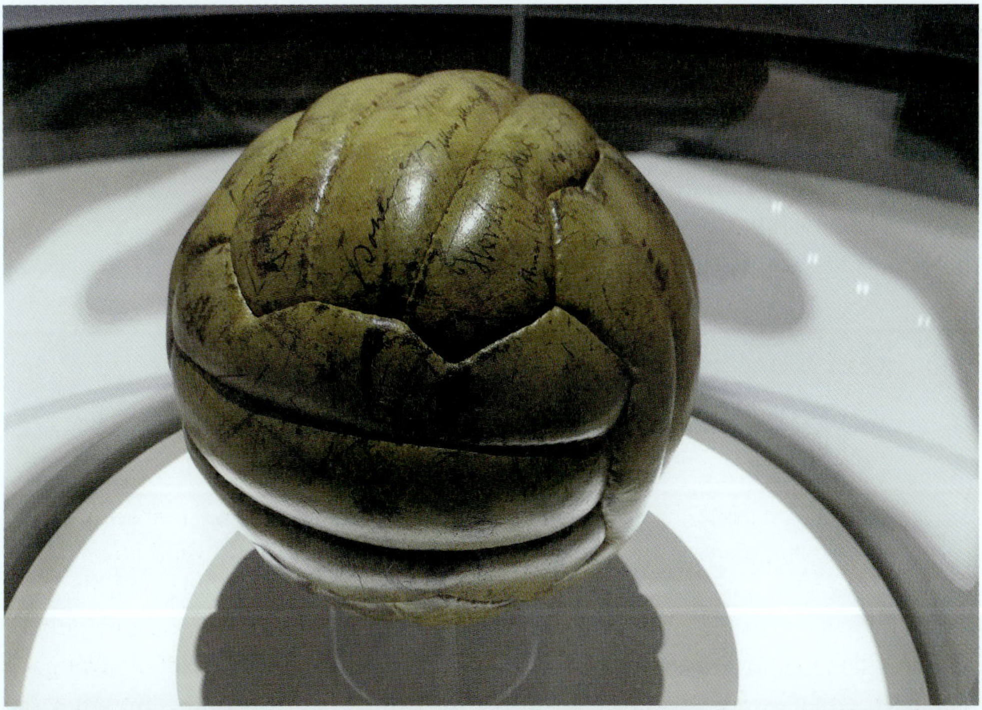

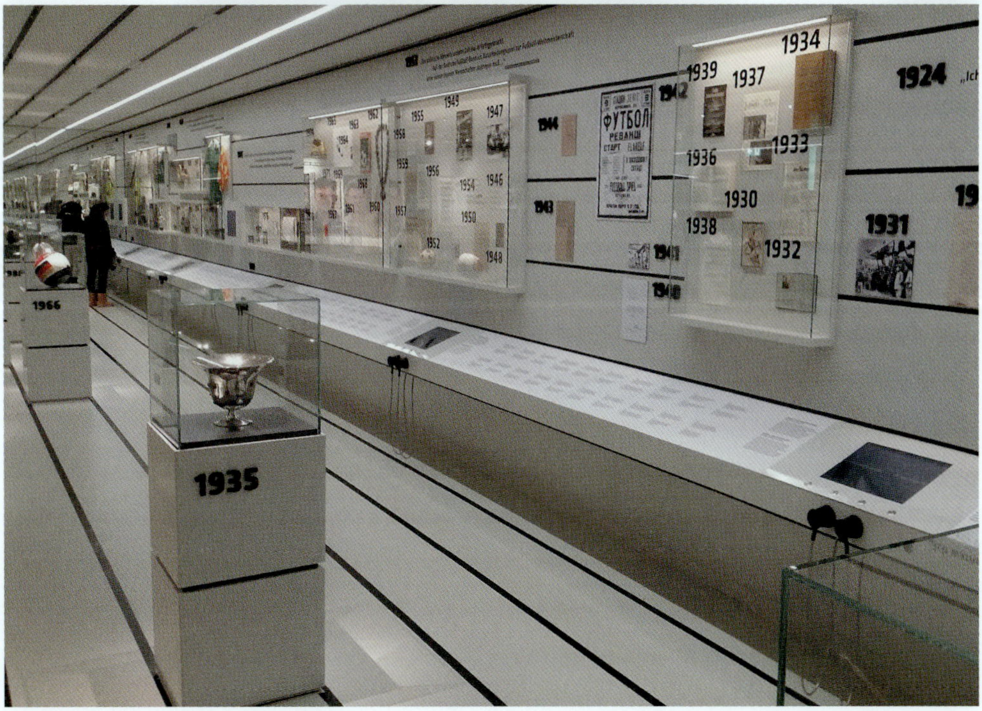
1934
1939
1937
1924
ФУТБОЛ
РЕВАНШ
1933
1936
1930
1938
1932
1931
1944
1943
1955
1949
1947
1956
1946
1954
1950
1952
1948
1966
1935

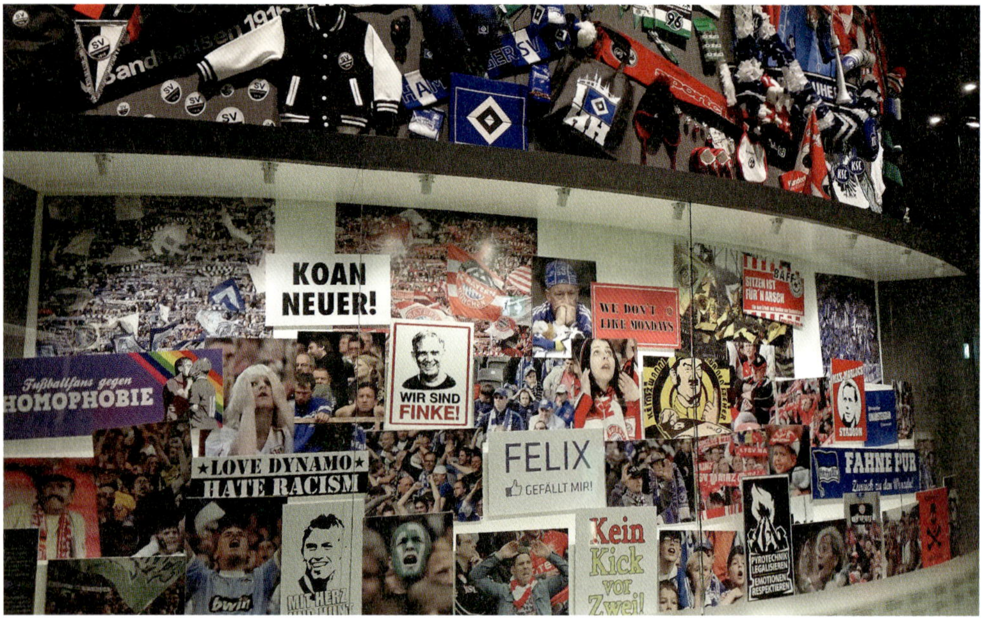

zugegebenermaßen auch Vorurteilen – ging es nach Dortmund ins Fußballmuseum. Die Befangenheiten wurden dort allerdings auf eindrucksvolle Art und Weise entkräftet.

Bereits auf der Rolltreppe, die in den ersten Bereich der Ausstellung führt, wird deutlich, warum in Dortmund der Spagat gelingt. Man fährt durch ein 30 Meter langes Wimmelbild, das Fußballfans auf dem Weg ins Stadion zeigt. Die Grafikerin und Illustratorin Diana Köhne hat sich dabei eine Menge gedacht. Sie lässt die Anhängerscharen von Süden nach Norden und von Westen gen Osten pilgern. Dabei sind sämtliche Vereine bildlich vertreten, die jemals in der Bundesliga spielten.

Es ist genau diese Detailverliebtheit, die den Unterschied zur Konkurrenz ausmacht. Mit dem „Anstoß", dem ersten deutschen Weltmeistertitel 1954, beginnt der museale Rundgang. Zu jedem Helden von Bern gibt es ausgewählte Details der Karriere, darunter Original-Schriftwechsel mit Sepp Herberger. Im „Zeit-Raum" begleitet jeweils ein Memorabile zu jedem Jahr die Geschichte des DFB. Und im Bereich des DDR-Fußballs wird unter anderem die Stasi-Akte von Lutz Eigendorf ausgestellt. Dazwischen gibt es viel Multimedia, bewegte und bewegende Bilder sowie die ein oder andere liebevolle Schnapsidee. Der Bereich ist in der obersten Etage zuhause und trägt den Namen „1. Halbzeit", er thematisiert den nationalen Fußball.

Über die „Halbzeitpause" mit Technik, Taktik und Pokalen erreicht man den Bereich Vereinsfußball und die „2. Halbzeit". Dem Devotionalien-Fan geht auch hier ein Herz auf, für die jüngere Generation ist der Multimedia-Bereich nicht zu knapp gehalten. Am Ende der Ausstellung kann man noch selbst kicken und den Bus der Nationalmannschaft besuchen. Dass der DFB damit seinem Generalsponsor eine herausragende Werbeplattform bietet, ist ebenso kritisch zu bewerten wie die Tatsache, dass man zwangsläufig durch den „adidas Brand Store“ muss, um das Museum zu verlassen – mit dem Product Placement wurde es insgesamt zu gut gemeint. „Die Zeit“ kritisierte in einem Artikel aus dem Jahr 2015, dass die meisten Objekte private Leihgaben mit zeitlich befristeten Leihverträgen seien und titulierte das Deutsche Fußballmuseum als ein „Provinzmuseum aus den Achtzigern“.

Mein Eindruck ist ein anderer: In Worte kann man die Vielfalt der Ausstellung nicht fassen – und daher wird das hier auch gar nicht erst versucht. Aus diesem Grund ist auch der Eintrittspreis, der im Extremfall bei 19 Euro (Erwachsener ohne Ermäßigung zur Prime-Time) liegt, irgendwo gerechtfertigt. Das Fußballmuseum unterhält locker den ganzen Tag und spricht sowohl junge als auch alte Fans an. Dabei wurde eine Liebe zum Details an den Tag gelegt, wie man sie von der „Fußballzeitreise“ in Bad Tabarz oder dem „Altstadt-Kult-Museum“ kennt; gleichzeitig ist das deutsche Fußballmuseum multimedial und modern und bietet damit Facetten, die man in Thüringen oder Bayreuth nicht leisten kann.

Deutsches Fußballmuseum, Platz der deutschen Einheit 1,
44137 Dortmund

Dortmund

Pommes Rot-Weiss

Es ist wohl eine Unsitte des modernen Fußballs, dass Vereine heutzutage in der Führungsetage eines flügelverleihenden Brausekonzerns ihre Bestimmung finden. Denn: Richtige Fußballvereine kennen nur einen Gründungsort, nämlich die gute, alte Kneipe. Der FC Bayern hat im „Bäckerhöferl“ seinen Geburtsort, der 1. FC Köln in der Gaststätte „Roggendorf“ und Borussia Dortmund wurde in der ersten Etage der Gaststätte „Zum Wildschütz“ gegründet. Wo einst eine junge Abordnung der katholischen Dreifaltigkeitsgemeinde den BVB zum Leben erwecken sollte, befindet sich jetzt eine Wohnung. Aber im Erdgeschoss ist die Tradition noch zuhause.

Heute sind die Wände in schwarz-gelber Hand, auch wenn die ersten Leibchen der Dortmunder Borussia blau-weiß waren. Allen voran Fahnen, Schals und Wimpelketten schmücken das Pommes Rot-Weiss, die Weitläufigkeit erinnert zusammen mit dem Flie-

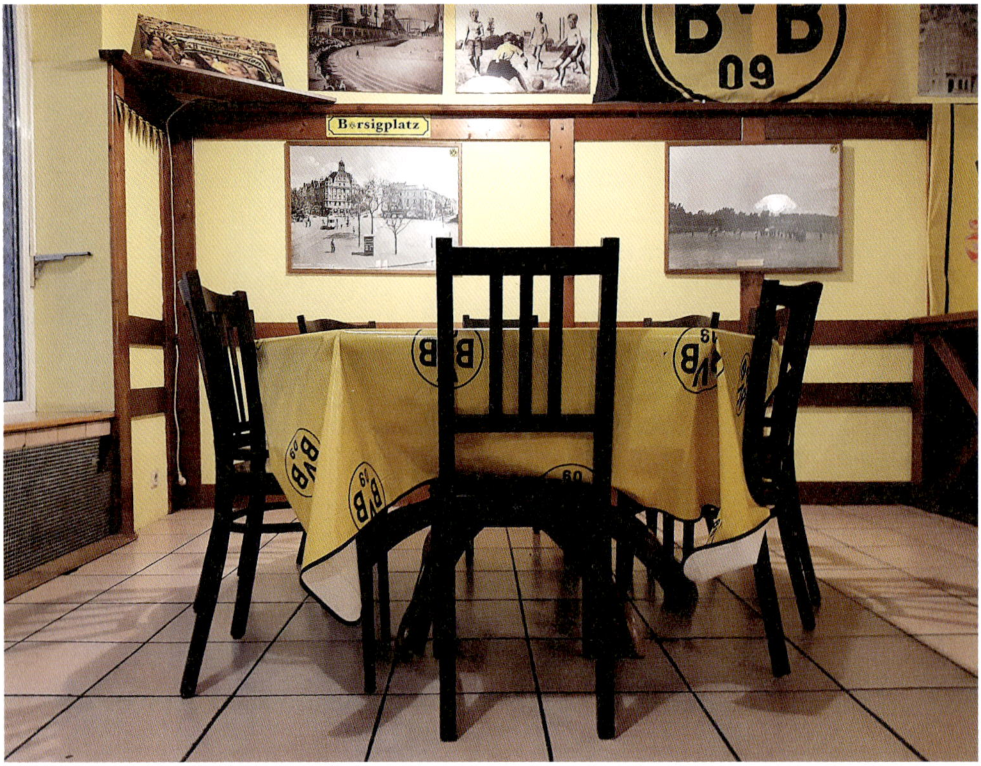

senboden und der hohen Decke „ein wenig an den Wartesaal eines Kleinstadt-Bahnhofs" („Ruhrnachrichten").

Es geht hier pragmatisch zu, die Priorität liegt auf den günstigen Köstlichkeiten: Pommes, Zigeunerschnitzel, Currywurst. Das Glockenspiel über der Tür bimmelt, wenn einer der Gäste den Laden betritt. Im seltensten Fall sind das schwarz-gelb-bemalte BVB-Anhänger, die Kunden rekrutieren sich eher aus den Stadtbezirken Scharnhorst und Eving oder wohnen am nur wenige Meter entfernten Borsigplatz.

An der Außenfassade erinnert eine Gedenktafel an die Gründung von Borussia Dortmund. Den Namen „Borussia" trägt der Verein, weil während der Gründungszeremonie ein Borussia-Bier auf dem Tisch stand. Ob man bei rosafarbener Brause auch auf die Idee gekommen wäre?

Pommes Rot-Weiss, Oesterholzstraße 60, 44141 Dortmund

Dortmund-Hacheney

Sportplatz des SSV Hacheney

Die Weltmeisterschaft im eigenen Land bescherte uns 2006 eine TV-Produktion, die es ohne den allgemeinen Fußballhype wohl nicht gegeben hätte. Im Fokus standen nicht Michael Ballack, Miroslav Klose oder Jürgen Klinsmann, den Status der Helden nahmen Kicker wie Keeper Oliver Bartl oder Stürmer Holger Wiegerich ein: Spieler von nebenan, Amateurkicker. „Helden der Kreisklasse“ eben.

Unter diesem Titel wurden insgesamt 45 Folgen auf dem bis dahin wenig fußballaffinen Sender Kabel 1 ausgestrahlt, die das Schaffen des Kreisligisten SSV Hacheney von 2004 bis 2006 in zwei Staffeln begleiteten. Zwei Spiele gab es sogar via TV-Übertragung direkt ins Wohnzimmer, was ganze Scharen von Fanbussen nicht daran hinderte, in den Dortmunder Süden zu reisen, um die Partien gegen die dritte Garde von Eichlinghofen oder die Reserve vom TuS Kruckel live in Hacheney zu sehen. Auf einem Ascheplatz, wie es ihn in Deutschland tausendfach gibt.

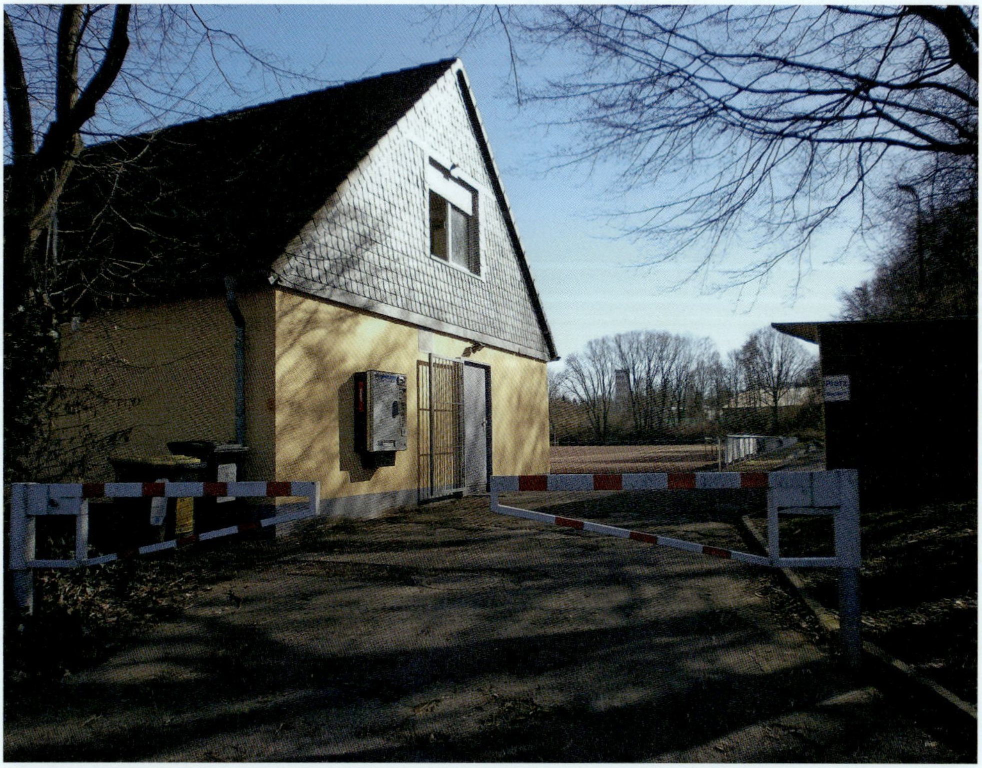

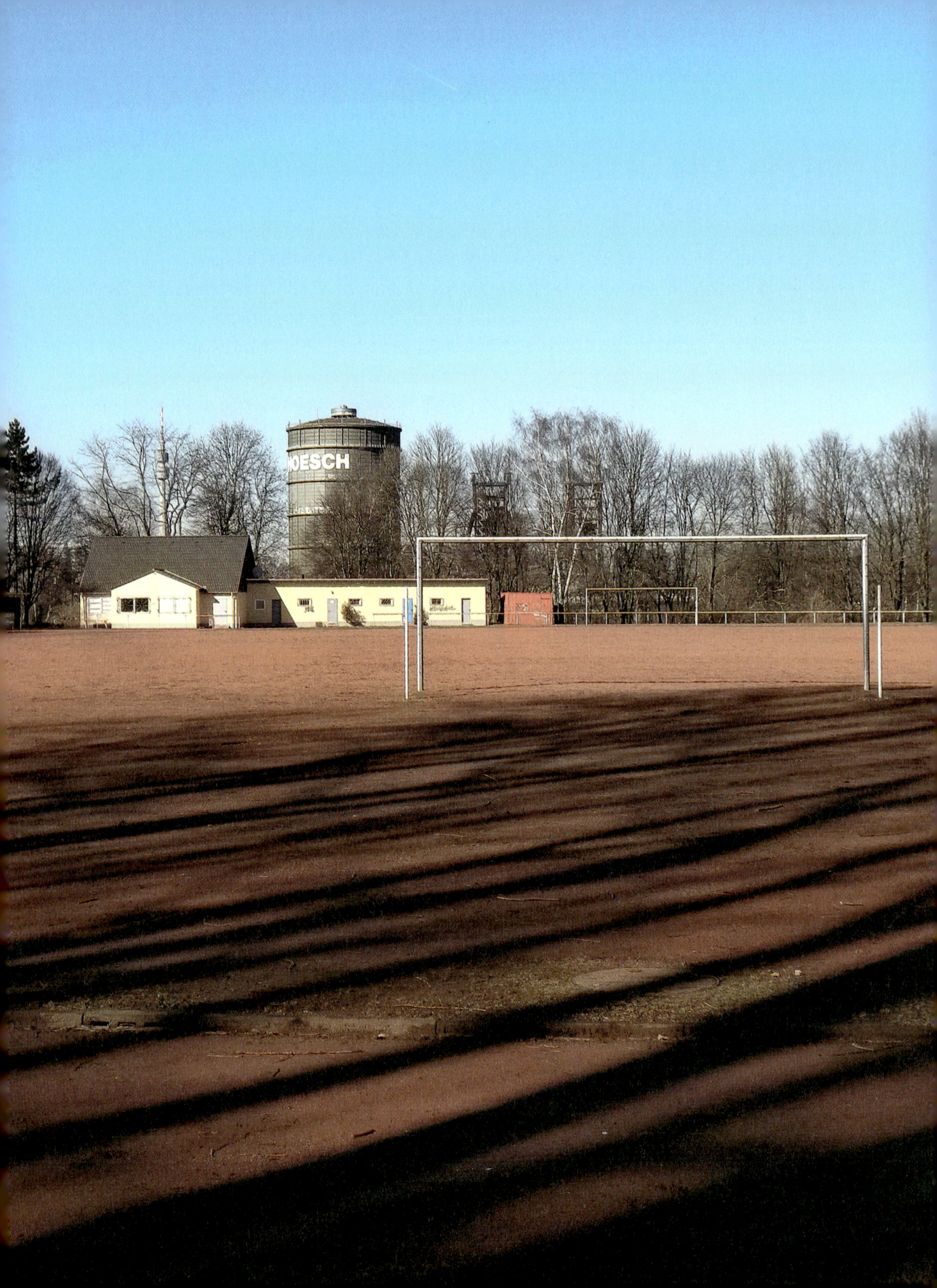
OESCH

Wer regelmäßig vor dem Fernseher saß, wenn Lars Kukereit die Fäden im Mittelfeld zog, erinnert sich auch noch an den schmalen Durchgang zwischen Grillhütte und Klubhaus zu den Umkleidekabinen. Hier gingen Nationalspieler wie Sebastian Kehl oder Christoph Metzelder ein und aus und bereicherten mit Tipps und Tricks den Trainingsbetrieb des SSV. Da das für den sportlichen Erfolg nicht genügte, änderte sich das Gesicht der Mannschaft, Neuzugänge wurden gecastet oder boten sich an.

Einige Merkmale deuten noch auf die großen Zeiten hin. Das Flutlicht, das „Manager" Manni Burgsmüller wieder auf Vordermann brachte, oder auch eine kleine Inschrift am renovierten Vereinsheim, auf der sich der Klub bei den Sponsoren bedankt.

Mit der letzten Folge gingen auch die Spieler: „Wir waren eine Söldnertruppe, die Spieler kamen wegen des Fernsehens", sagte Torhüter Bartl der „Westfälischen Rundschau". Auch die Zuschauerzahlen pendelten sich wieder auf kreisklassenkompatible 30 Besucher ein, Freundschaftsspiele gegen Tibet oder Oberhausen, eine von Allrounder Marcus Kuno gesungene Vereinshymne – das ist alles nur noch in der Vereinschronik zu finden. Und die ist fertig geschrieben: 2016 musste der SSV Hacheney aus finanziellen Gründen aufgelöst werden und ging in den SFC Dortmund-Süd über.

Sportplatz Hacheney, Hacheneyer Straße 88,
44263 Dortmund

Gelsenkirchen

Kirchenfenster mit dem heiligen Aloisius

Die zweite Hälfte war schon in vollem Gange, als Reporter-Legende Manni Breuckmann an jenem denkwürdigen Tag im Mai 2001 den religiösen Beistand ins Spiel brachte: „Hat wahrscheinlich doch was geholfen", sagte Breuckmann in der Radiokonferenz, „dass Charly Neumann eine Kerze in der St. Urbanus-Kirche in Gelsenkirchen-Buer angesteckt hat". Schalke hatte gerade einen 0:2-Rückstand gegen Unterhaching in ein 3:2 verwandelt und durfte wieder hoffen. Auf die erste Deutsche Meisterschaft in der Bundesliga. Auf den achten Meistertitel überhaupt.

Das Ende der Geschichte ist bekannt. Das Anzünden der Kerze hat in der Tat geholfen, allerdings nur für vier Minuten. Und der FC Schalke 04 wartet bis heute. Auf die erste Deutsche Meisterschaft in der Bundesliga. Auf den achten Meistertitel überhaupt.

„Wenn es einen Fußballgott gibt, ist er ungerecht", schluchzte Rudi Assauer damals in die Fernsehkameras und kreuzigte den Herrn persönlich: „Der ist für mich gestorben!"

Für viele andere Schalker nicht. Vor jedem Heimspiel besuchen sie die St. Joseph-Kirche an der Kurt-Schumacher-Straße, direkt in Schalke, und beten für drei Punkte. Was die Frage aufwirft: Wenn Charly Neumann vor dem Meisterschaftsfinale 2001 tatsächlich eine Kerze anzündete, warum tat er dies in der St. Urbanus-Kirche im Stadtteil Buer, wenn es doch unweit des Schalker Markts die St. Joseph-Kirche gibt?

Seit 1953 steht die St. Joseph-Kirche wieder hier, nachdem sie 1888 eingeweiht und am 6. November 1944 zerbombt wurde. Es war (nach einer Notkirche auf einem Grundstück der Zeche Consol) der erste katholische Kirchenbau in Schalke. Die Arbeiter, die mit der Industrialisierung ins Ruhrgebiet kamen, brauchten einen Ort für ihre Messfeiern. Friedrich Grillo, der Begründer der Schalker Industrie, stellte sowohl das Baugrundstück als auch 60.000 Reichsmark zur Verfügung.

Im Zuge des Wiederaufbaus in den Fünfzigerjahren erhielt die St. Joseph-Kirche neue, vom Kunstmalermeister Franz Klocke entworfene Fenster, die sich mit den Themen auseinandersetzen, die für das Schalke der Nachkriegszeit Relevanz besaßen: Maloche – und eben Fußball. So ziert der heilige Aloisius ein 1959 gestaltetes und 1960 eingesetztes Kirchenfenster, also unmittelbar nach der letzten Schalker Meisterschaft im Jahr 1958. Aloisius trägt Fußballschuhe und dazu blau-weiße Stutzen, vor ihm liegt ein Fußball.

Das Motiv ist so imposant, dass es Olivier Kruschinski auf seiner Wade trägt. Wenn es um die Schalker Meile und die Kampfbahn Glückauf geht, taucht sein Name immer auf. Ob er beantworten kann, warum Charly Neumann im Mai 2001 in der St. Urbanus-Kirche und nicht in der St. Joseph-Kirche zündelte: „Ohne mir und meinem Engagement »FÜR Schalke – IN Schalke« allzu viel Honig um den Mund zu schmieren, aber die Kirche St. Joseph sowie letztlich Schalke selbst hat seit dem Auszug aus der Kampfbahn Glückauf jahrzehntelang niemanden interessiert. Aufmerksamkeit erlangte das Fenster erst wieder durch die Einbindung in meine Touren und das damit verbundene mediale Aufkommen, gleichzeitig das damit verbundene Spieltagsprojekt Offene Kirche – aber Familie Neumann wird ganz sicherlich eine andere Erklärung dafür haben."

Zumindest hat die Manni Breuckmann: „Das hab ich damals wirklich gesagt? Ich kann mich nicht erinnern, das Wort St. Urbanus jemals in den Mund genommen zu haben", ist er etwas verdattert. Dann schickt er eine schlüssige Erklärung hinterher: „Der Charly hat in Buer gewohnt. Das ist vermutlich die Lösung, auch wenn die letztendlich viel zu profan ist."

Kirchenfenster mit dem heiligen Aloisius, St. Joseph-Kirche, Grillostraße 62, 45881 Gelsenkirchen

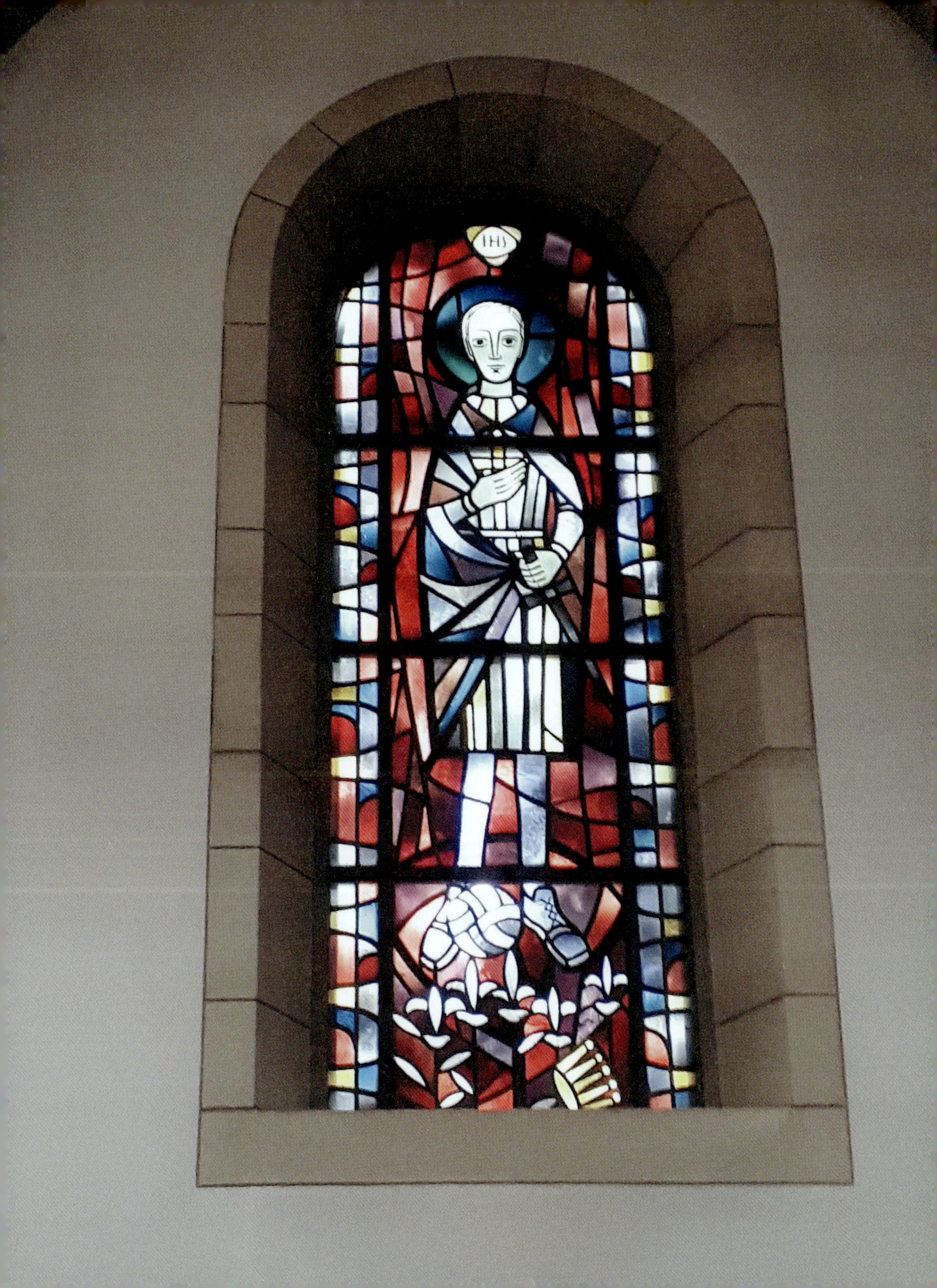
IHS

Gelsenkirchen

Fürstenbergstadion

Mitte des letzten Jahrhunderts wurden im Fürstenbergstadion noch Spiele der höchsten Spielklasse, der Oberliga West, angepfiffen. Der STV Horst-Emscher war ein ernstzunehmender Konkurrent des FC Schalke 04, drei Mal vor den „Knappen“ platziert und erreichte 1950 sogar die Endrunde um die Deutsche Meisterschaft. Den Verein gibt es nicht mehr, 2007 wurde er aufgrund von Zahlungsrückständen aufgelöst. Das Stadion aber ist geblieben und erinnert wie kein zweiter Ort an die goldene Zeit der Oberliga West.

In ihrer ersten Saison (1947/48) spielten die „Emscherhusaren“ auf dem Ascheplatz des in den Zwanzigerjahren erbauten Stadions. „Wehte der Wind über den Platz, sahen die Spieler wie Kohlenhauer aus, die Zuschauer mussten, wenn sie heimgekehrt waren, erst in die Badewanne steigen“, berichtete der „Westfälische Kurier“ 1949 über die Zustände im Gelsenkirchener Stadtteil Horst. Mittlerweile hatte man in Eigenleistung einen Rasenplatz geschaffen, der für die Teilnahme an der Oberliga West von Verbandsseite zur Bedingung gemacht und am 26. September 1948 eingeweiht wurde.

Nachdem 1950 der Haupt- und Finanzausschuss der Stadt Gelsenkirchen zustimmte, wurde das Stadion für 125.000 DM ausgebaut und erhielt unter anderem eine Laufbahn. 25.000 Zuschauer konnten die Spiele des STV Horst-Emscher nun verfolgen, beim Zuschauerrekord 1957 gegen Schalke sollen es sogar 30.000 gewesen sein.

Mit dem Wechsel von Nationalspieler Berni Klodt zu Schalke 04 und dem Abgang von vier weiteren Leistungsträgern nach Dortmund ging die große Zeit der Emscherhusaren zu Ende. Zwar gelang nach dem Abstieg aus der Oberliga West 1954 der Wiederaufstieg 1958, es sollte aber eine Saison später gleich wieder nach unten gehen. 1967 feierte man mit der deutschen Amateurmeisterschaft den letzten großen Erfolg der Vereinsgeschichte, auch eine kurzzeitige Fusion mit Regionalligist Eintracht Gelsenkirchen zur STV Eintracht Gelsenkirchen-Horst brachte nicht den gewünschten Erfolg.

1989 konnte man sich noch einmal für die erste Runde im DFB-Pokal qualifizieren, nach drei Abstiegen in Folge fand sich der Verein Mitte der Nullerjahre in der Kreisliga A wieder und wurde 2007 aufgelöst. Der Kreisligist BV Horst Süd 1962 spielt heute auf der Anlage, auf der Weltmeister Olaf Thon und sein Vater Günther groß geworden sind.

**Fürstenbergstadion, Fischerstraße 35,
45899 Gelsenkirchen**

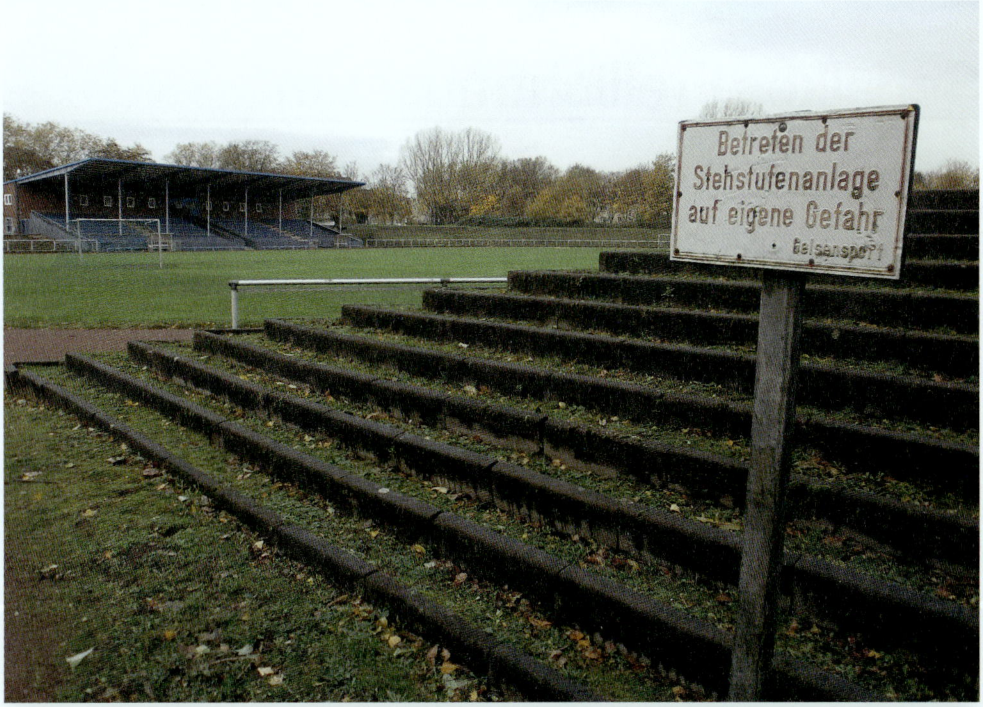
Betreten der
Stehstufenanlage
auf eigene Gefahr
Gelsensport

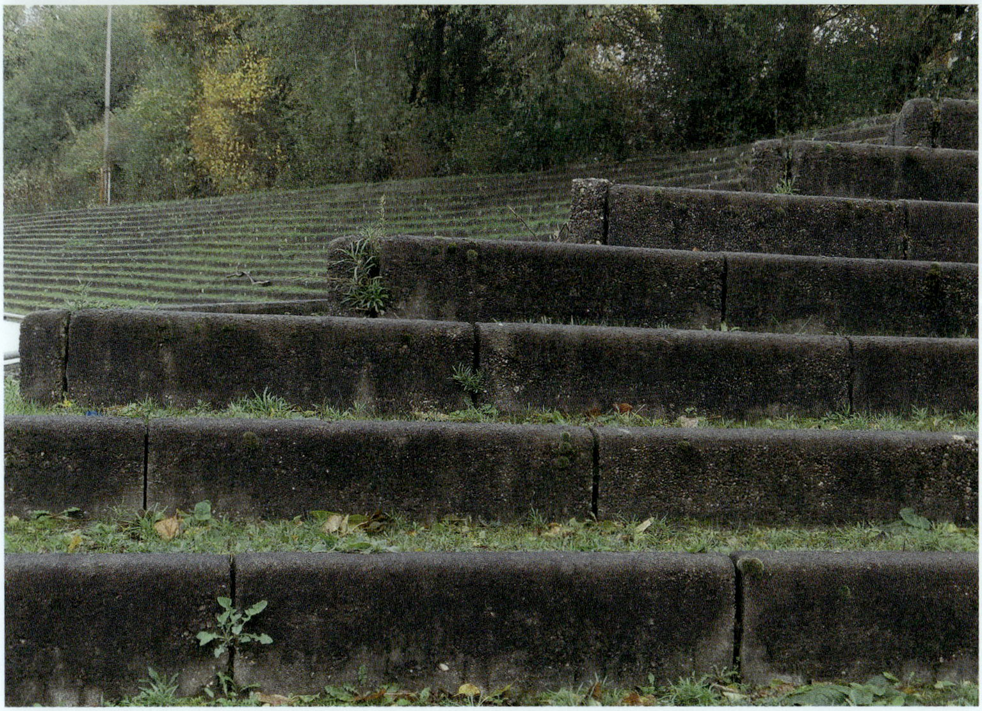

Gelsenkirchen

Schalkes Freilichtmuseum

Die Arena des FC Schalke 04 steht in Gelsenkirchen-Erle, die Identität des Vereins liegt rund vier Kilometer entfernt im Stadtteil Schalke: Am Schalker Markt, an der St. Joseph-Kirche, in der Glückauf-Kampfbahn, eben „in einem riesigen Freiluftmuseum", wie Olivier Kruschinski die „Ressource Schalke" nennt. Olivier Kruschinski ist „Schalker von Geburt an" und Veranstalter von Städtetouren seines Vereins. Das kann eine Erinnerungstour sein, die zu den Ruhestätten der Legenden führt, die Zechentour mit dem Schwerpunkt Bergbau, eine Fahrradtour, eine Fototour und viele andere mehr. Oder eben die „Mythos-Tour", die fußläufig durch den Stadtteil führt und rund drei Stunden dauert.

Die Tour startet vor der St. Joseph-Kirche. An Spieltagen ist die Kirche geöffnet, Fans zünden Kerzen an, Olivier Kruschinski beginnt hier mit der Geschichte des Malocherklubs.

Wenn dem denn so wäre. Denn Kruschinski spricht auf der Mythos-Tour nicht nur über den Mythos S04, sondern auch über Mythen rund um den Verein. Dass Schalke kein Malocherklub war, dessen Spieler fürs Kämpfen und Beißen standen, sondern mit Ernst Kuzorra und Fritz Szepan einen Fußball spielte, der alles andere als langer Hafer und offene Sohle war. Schönen Fußball, der heute dem One-Touch-Fußball oder Tiki-Taka gleichkäme, bekannt unter dem Namen „Schalker Kreisel".

An dieser Stelle muss der Hinweis erlaubt sein, dass Schalke „der erste von Arbeitern gegründete und aus Arbeitersportlern bestehende Fußballverein (war), der sich innerhalb des bürgerlichen Sportbetriebs (…) durchsetzen und nationalen Ruhm erreichen konnte", wie es in „Sind doch nicht alles Beckenbauers" heißt; die Bezeichnung als Malocherklub im Sinne eines Arbeitervereins ist also legitim. Das sieht auch Kruschinski so, er möchte mit diesen Thesen aber bewusst provozieren.

Kruschinski geht auch auf die heutige Glorifizierung des Bergbaus ein, der so gut wie gar keine Fläche zur Verherrlichung bietet. Auf die gute, alte Zeit im Parkstadion, die eigentlich gar nicht so gut war, weil man dort viel zu weit weg vom Spielgeschehen saß, es wie Hechtsuppe zog und man den Regen nicht selten ins Gesicht gepeitscht bekam – bei Gegnern wie Meppen oder Blau-Weiß 90 Berlin. Oder auf die ewige Rivalität zu den Schwarz-Gelben aus Dortmund, die gar nicht so ewig alt ist und erst in den Achtzigerjahren entflammte.

Bei der Frage nach der blau-weißen DNA wird hier klar, dass sämtliche Marketingkampagnen und identitätsstiftende Maßnahmen zweifelhaft sind, vom Malocherklub bis zur angeblich größten Rivalität im deutschen Fußball.

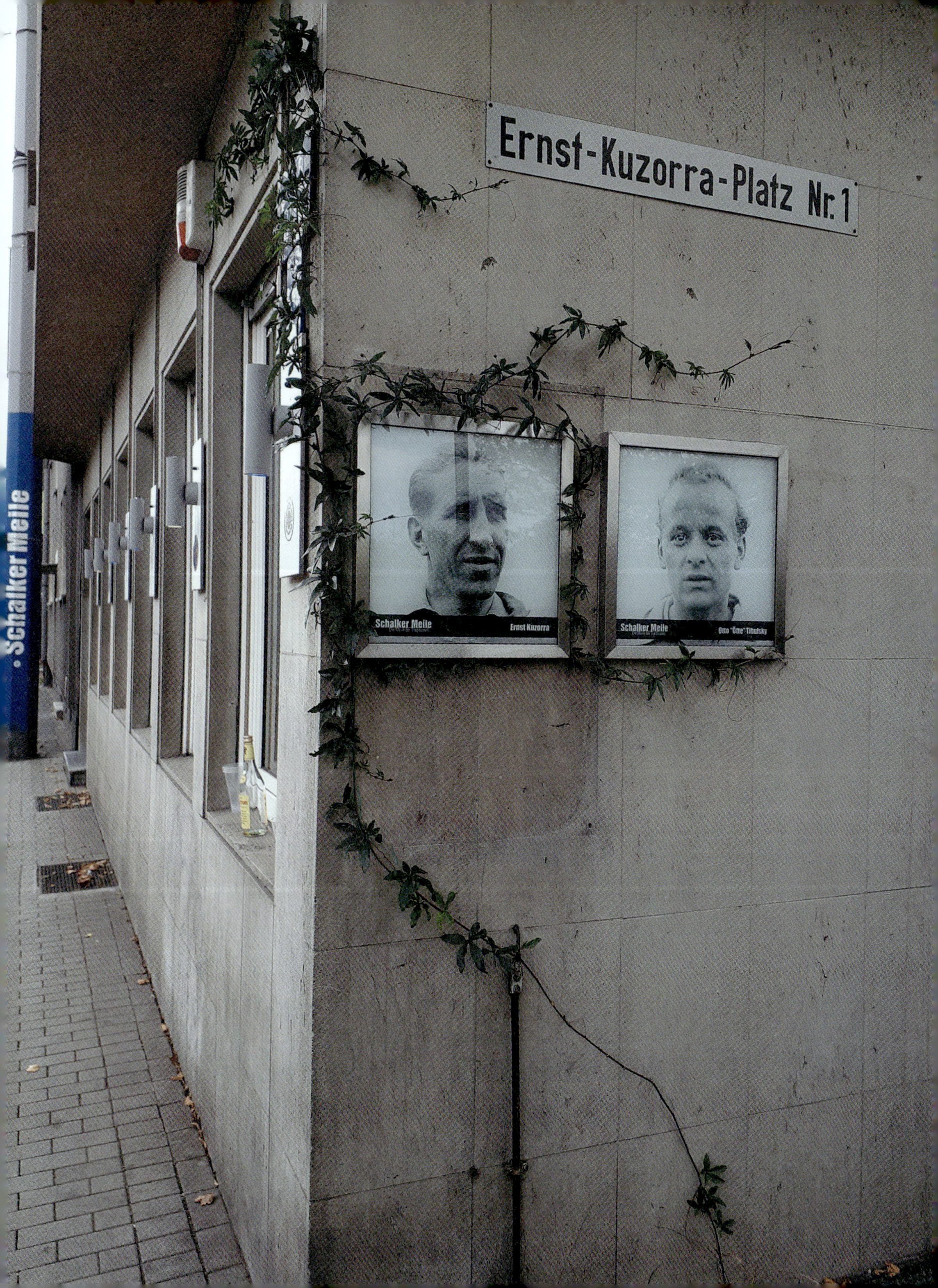
Ernst-Kuzorra-Platz Nr. 1
Schalker Meile
Schalker Meile
Ernst Kuzorra
Schalker Meile
Otto "Otte" Tibulsky

Vielleicht hat mancher Schalke-Fan auch an dieser Stelle schon keine Lust mehr, aber gerade hier lohnt es sich, dranzubleiben. Denn die Identität besteht nicht aus Reklamephrasen und hochstilisierten Erzfeindschaften, sie ist ja noch da. Nicht in Gestalt einer Turnhalle mit Fußballfeld, sondern in der St. Joseph-Kirche mit ihrem weltweit einmaligen Aloisius im Kirchenfenster. Mit dem Schalker Markt, einst Heimat der Geschäftsstelle, Schaltzentrale des Vereins und „pulsierende Nahtstelle zwischen der Schalker Wohn- und Arbeitswelt und Zentrum des täglichen Lebens", wie es Kruschinski in seinem Buch „Schalke erleben" nennt. Der „Schalker Meile", die die „Schalke Supporters" immer wieder aufwerten. Oder mit der Glückauf-Kampfbahn, einer Spielstätte, die 1931 in einem Testspiel 70.000 Menschen anzog, obwohl sie nur 35.000 fasste.

„Woher sollen die Leute wissen, dass hier unsere DNA liegt, wenn sie mit ihren Autos vorbeidonnern und direkt zur Arena fahren", fragt Kruschinski. Gleichzeitig hat er es sich zum Auftrag gemacht, die blau-weiße Fangemeinde aufzuklären. Er selbst hat einen Leitsatz dafür: „Nur wer die Vergangenheit kennt, kann die Gegenwart verstehen und die Zukunft gestalten."

Für 15 Euro kann man gerade im Fanshop den Glockenwecker Retro erwerben, das Grillbesteck „Glück Auf" oder die Eieruhr mit Sound. Man kann zum gleichen Preis aber auch eine der vielen Touren buchen oder mit Kruschinskis Reiseführer selbst auf Entdeckungstour gehen. Wer einen Tipp möchte: Die Identität ist nicht in der Eieruhr versteckt.

Mythos Schalke, Olivier Kruschinski, Sperlingsgasse 7,
45886 Gelsenkirchen (zur Kontaktaufnahme)

Bottrop

Ente Lippens' Ranch

Rein gar nichts deutet darauf hin, dass man hier richtig ist. Vielmehr liegt der Verdacht nahe, dass man sich verfahren hat. Schließlich soll sie „idyllisch" liegen, die Ranch von Willi „Ente" Lippens. Doch hier gibt's nur eine Bundesstraße und Industrie, irgendwo zwischen Essen und Bottrop. Und tatsächlich. Einmal rechts abgebogen und dann noch mal rechts, schon geht's durch das Eingangstor, das eine Ente ziert. Zwei Schilder weisen den Weg, dann steht es noch mal ganz groß da: Lippens' Ranch 198. In diesen Fachwerkbauten aus dem 16. Jahrhundert residiert der Mann, der einst im Sportstudio behauptete, dass die Löcher in der Torwand früher kleiner waren.

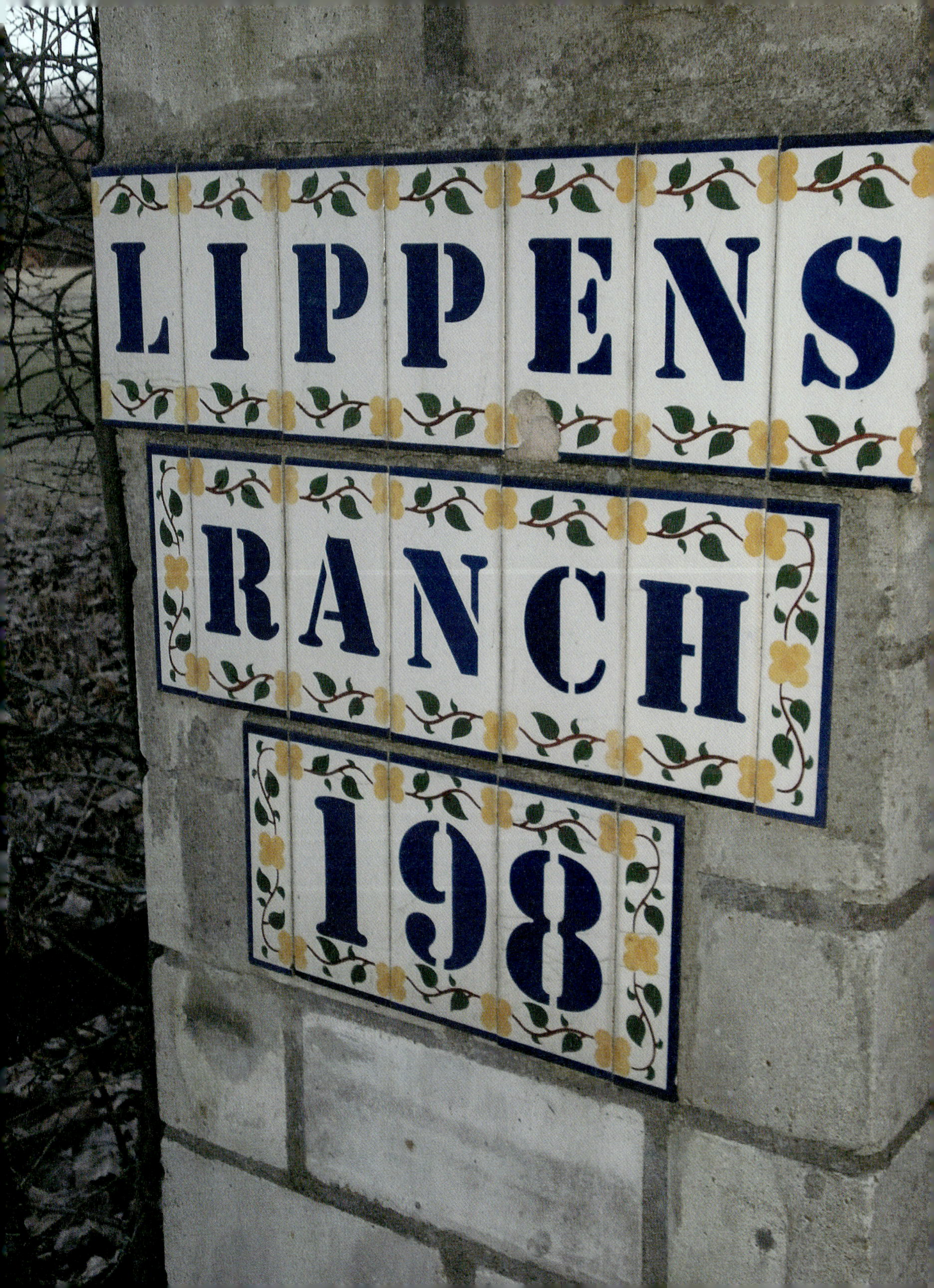
LIPPENS
RANCH
198

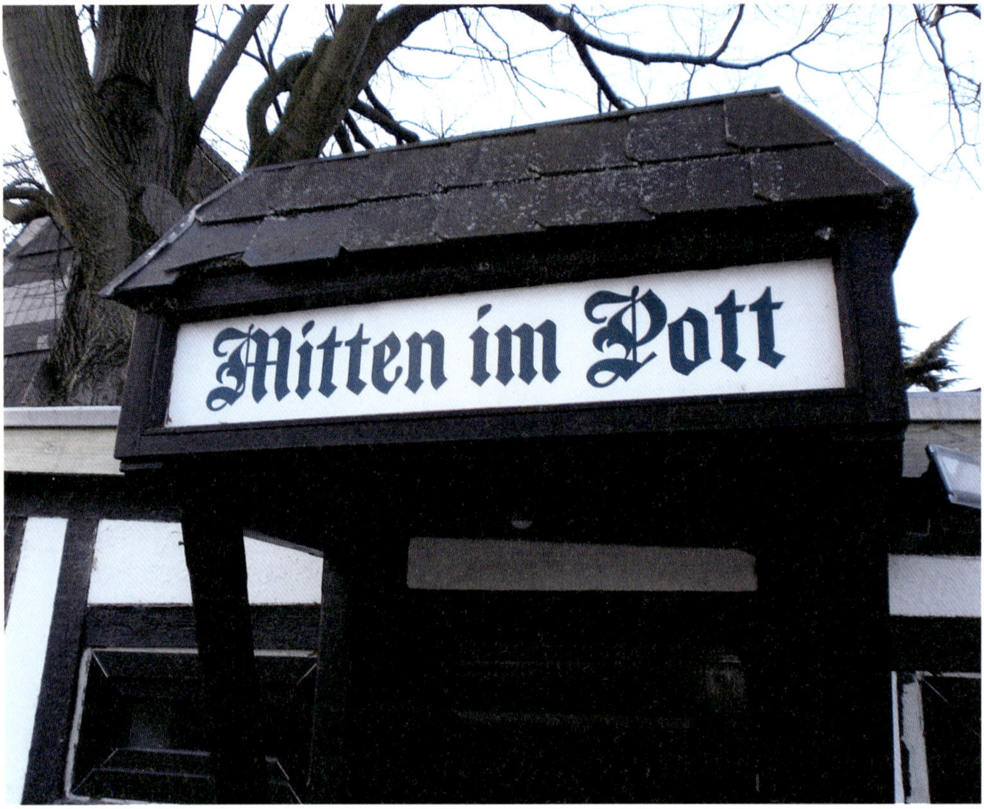

Seinen Spitznamen verdankt „Ente“ Lippens seinen Plattfüßen und seinem watschelnden Gang. Der Sohn einer deutschen Mutter und eines niederländischen Vaters spielte für Rot-Weiss Essen, Borussia Dortmund und die Dallas Tornados. In 242 Bundesliga-Spielen erzielte er 92 Tore, in 204 Zweitliga-Begegnungen 158 Treffer. Für die Niederlande bestritt Lippens 1971 ein Länderspiel, wurde in der Elftal aber als Deutscher betrachtet und gemieden. Einen Einsatz in der deutschen Nationalmannschaft schloss sein Vater aus: „Er hat mir gesagt, dann bräuchte ich nicht mehr nach Hause kommen“, so Willi Lippens, „mit mir wäre Holland und damit nur ein Deutscher Weltmeister geworden“, antwortete er auf seine Nichtnominierung zur WM 1974. Es sind diese Sprüche und Anekdoten, die aus Lippens eine Bundesliga-Legende machen.

In Anlehnung an eine dieser Begebenheiten bekam die Lippens-Ranch, auf der man übernachten, vor allem aber gut essen kann, ihren Namen. Die Geschichte ist wohl so bekannt wie das Wembley-Tor: Bei einem Regionalliga-Spiel 1965 in Herne konterte Lippens die Aussage des Schiedsrichters „Ich verwarne Ihnen“ mit den Worten „Herr Schiedsrichter, ich danke Sie“. Lippens sah daraufhin die Rote Karte, geblieben sind eines der bekanntesten Fußball-Zitate aller Zeiten und ein Name für das Restaurant. „Ich danke Sie" heißt es kurz und knapp, „Mitten im Pott" heißt die Pension.

Das Restaurant gehört Lippens' Sohn Michael und ist urgemütlich, rund 100 Leute finden hier Platz. Nur wenig erinnert ans runde Leder, ein paar alte Fußballschuhe an der Wand, die „Ich verwarne Ihnen"-Anekdote in der Speisekarte. Nur wer aufs Örtchen muss, wird aufgrund einer Reihe von Bildern an bessere (Essener) Fußballtage denken. Sky und DAZN laufen nicht auf der Lippens-Ranch, wer hier eine Fußball-Kneipe vermutet, der liegt falsch.

Der Meister der Zoten ist bei unserem Besuch nicht da, „er guckt ab und an vorbei", erzählt man uns. Für viele seiner Gäste gehört der Plausch mit „Ente" Lippens ebenso zum Besuch wie das leckere Essen. So können wir uns auf das Schnitzel, das mit Champignons und Zwiebeln serviert wird, konzentrieren. Jetzt wissen wir, dass wir hier richtig sind.

Ente Lippens' Ranch, Gungstraße 198,
46238 Bottrop

Essen

Die kleine Gruga

Auf meinem Fußball-Blog gibt es eine Kategorie, die den Namen „Lieblingsorte" trägt. Diese Lieblingsorte zeichnet allesamt aus, dass Fußballenthusiasten mit hohem Impetus an einer Sache arbeiten, die nicht selten zu einem Hobby mit dem Charakter eines Hauptberufs wird. Das ist im Osten der Fußballrepublik so, wenn man nach Bad Tabarz oder in die Gemeinde Muldestausee blickt, das gilt im Süden für Bayreuth und im Norden für Springe. An diesen Orten findet man Fußballausstellungen, bei denen man froh darüber sein kann, dass man hinsichtlich der Digitalisierung hinterherhinkt. An diesen Orten zählt noch das Exponat als solches.

Der Westen zieht mit einem Museum nach, das in Pandemiezeiten einen weiteren Vorteil bietet: Es ist jederzeit zugänglich. „Die kleine Gruga" an der Hafenstraße in Essen ist „Deutschlands wohl einziges Freilichtfußballmuseum", wie Vereinshistoriker Georg Schrepper berichtet, eine „RWE-Erinnerungslandschaft" (Rot-Weiss-Essen.de).

„Die kleine Gruga, das war der Name einer kleinen Gartenanlage, die RWE-Gründer Georg Melches in den Fünfzigerjahren hinter Haupttribüne und Westkurve anlegen ließ

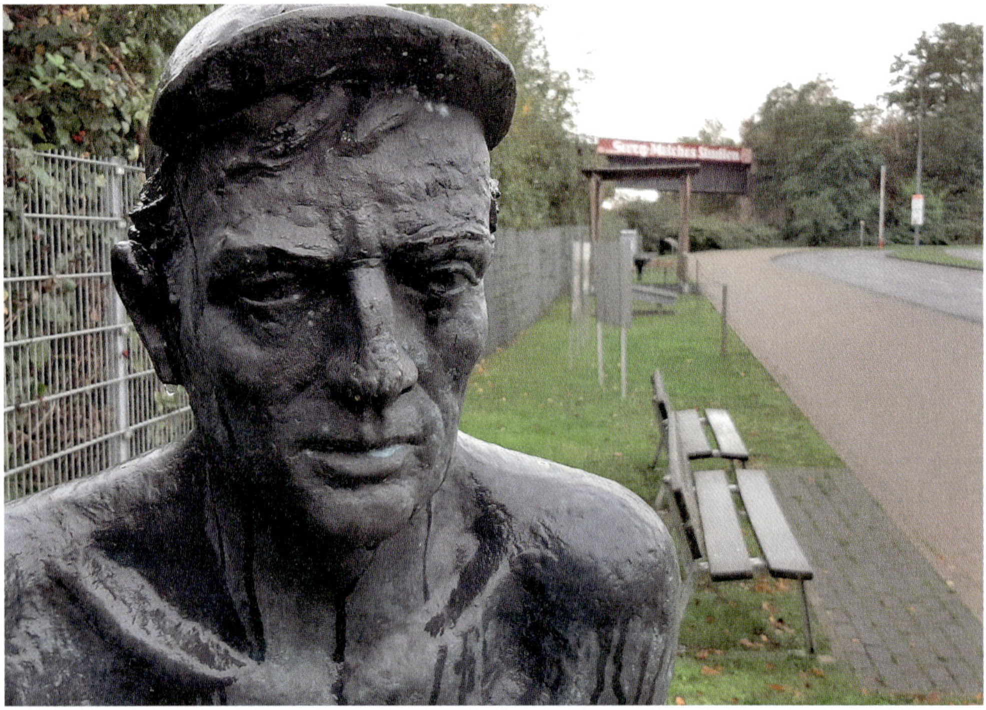

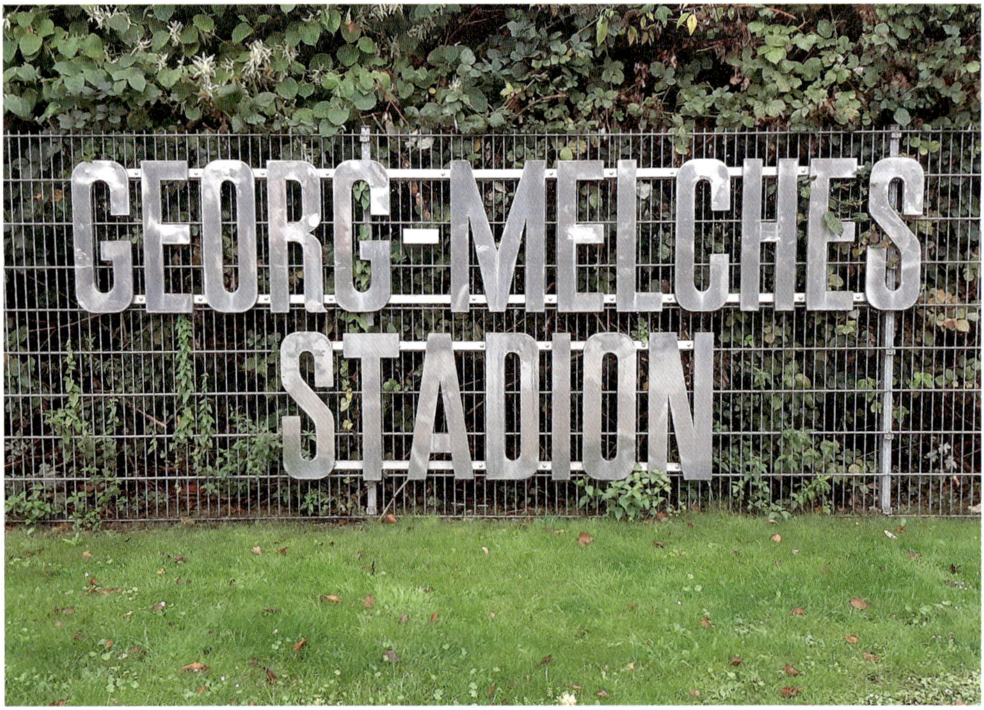
GEORG-MELCHES
STADION

und die als Ort der Erholung in einem von Industrie geprägten Stadtteil dienen sollte“, erklärt Schrepper. Initiator der kleinen Gruga ist neben dem Fanprojekt Essen sowie der Fan- und Förderabteilung (FFA) insbesondere die „Initiative GMS“, die 2011 mit dem Ziel gegründet wurde, die Haupttribüne des Georg-Melches-Stadion zu erhalten.

Was nicht gelang. Dafür konnten Erinnerungsstücke aus dem einst modernsten Stadion Europas gerettet werden, die sich seit Mai 2015 (neben anderen Exponaten der RWE-Geschichte) auf dem 120 Meter langen Grünstreifen südlich des Stadions wiederfinden.

Den Anfang machten ein Förderwagen und eine Skulptur. „Der Wagen stammt von der letzten Schicht der Verbundsteinkohlenzeche Emil-Fritz“, heißt es in einem Bericht des Essener Stadionmagazins „Kurze Fuffzehn“. Denselben Namen trägt die Skulptur, die 1951 vom Bochumer Bildhauer Fritz Pesch gefertigt wurde. „Aufgestellt wurde sie ursprünglich in einem Blumenbeet der kleinen Gruga zur Blütezeit von RWE“, so der obengenannte Bericht. Die Skulptur ist eine Replik, das Original steht gute 30 Autominuten entfernt im Deutschen Fußballmuseum in Dortmund. Der Name „Kurze Fuffzehn“ geht auf die viertelstündige Ruhepause im Bergbau zurück.

Sieben Jahre nach dem Startschuss findet man heute in Essen-Bergeborbeck unter anderem den Schriftzug des alten Stadions, verschiedene Fototafeln (u. a. mit dem Pokalsieg 1953), einen Flutlichttisch und den Nachbau einer Pergola, die in den Fünfzigerjahren rechts neben der alten Tribüne lag. „Ziel des von den Fans selbst finanzierten Projekts ist es, einen Zeitstrahl der Historie des Traditionsvereins zu schaffen, der Stück für Stück erweitert wird“, heißt es auf der Vereinsseite.

Als die „11FREUNDE“ vor zehn Jahren die „99 Orte, die Fußballfans gesehen haben müssen“ veröffentlichten, war die Essener Stadionbaustelle Teil der Aufzählung. Die Liste aus der Ausgabe 223 führt das Helmut-Rahn-Denkmal auf, eine Statue, wie sie in Deutschland inzwischen vor fast jedem Stadion zu finden ist, nachdem der Trend irgendwann aus England rüberschwappte. Die bessere Wahl wäre eine Open-Air-Ausstellung gewesen, die in dieser Form einmalig ist.

Die kleine Gruga, Hafenstraße, 45356 Essen
(Die kleine Gruga befindet sich zwischen dem Flutlichtmast und den Bahnschienen im Süden des Stadions.)

Essen

Mathias-Stinnes-Stadion

Als wir zum ersten Mal das Stadion Mathias Stinnes besuchten, schrieb der Platz gerade an einem neuen Kapitel seiner langen Geschichte. Hunderttausende Migranten suchten zu dieser Zeit Zuflucht in Deutschland, 700 von ihnen in dem Stadion im Essener Stadtteil Karnap, das zu einem Zeltdorf umfunktioniert wurde. Es war eins von insgesamt zehn Zeltdörfern, das in Essen errichtet wurde.

Ein Jahr später, im November 2016, zogen die letzten Flüchtlinge aus dem Mathias-Stinnes-Stadion aus. Der asphaltierte Belag, der die frühere Spielfläche bedeckt, erinnert heute noch an die letzte sinnvolle Bestimmung des Stadions. Gleichzeitig vernichtete die Zweckentfremdung das allerletzte bisschen Glanz, das überhaupt noch übriggeblieben war.

„Das gemauerte Marathontor, bis zu 15 Stehstufen auf den Rängen, großzügige Treppenaufgänge“ – mit diesen Merkmalen konnte das „Prestigeobjekt“ nach seiner Eröffnung im Jahr 1950 protzen, wie das Buch „Es war einmal ein Stadion“ schreibt. Damals kaufte die Mathias Stinnes AG das Gelände (auf dem schon seit 1925 gespielt wurde) und ließ darauf ein Stadion für 20.000 Zuschauerinnen und Zuschauer errichten. („DerWesten.de“ spricht in seiner Berichterstattung immer von einer Kapazität von 30.000.)

So viele Menschen bekam es allerdings nie zu Gesicht. Der örtliche Zechenverein TSG Karnap lockte zu seinen besten Zeiten maximal 10.000 Zuschauerinnen und Zuschauer ins Mathias-Stinnes-Stadion. Rot-Weiss Essen, in den Fünfzigerjahren Pokalsieger (1952) und Deutscher Meister (1955), spielte an der Hafenstraße selbst in einem Vorzeigeobjekt. Die Heimat von Schwarz-Weiß Essen, dem Pokalsieger von 1959 und langjährigem Mitglied der Oberliga West, ist bis heute das Uhlenkrugstadion. Und so wird der ewige Zuschauerrekord bis heute von der Frauen-Nationalmannschaft gehalten, die ihr erstes inoffizielles Länderspiel am 23. September 1956 vor über 17.000 Fans bestritt.

Als in den Neunzigern die TSG Karnap mit Schwarz-Gelb Karnap zum FC Essen-Karnap fusionierten, zog der neugegründete Verein an die Sportanlage Lohwiese um. Fortan spielten unter anderem die A-Jugend sowie die Zweite von Rot-Weiss Essen im Mathias-Stinnes-Stadion. „Nachdem die RWE-Teams das Stadion nicht mehr nutzten, lag der Rasenplatz brach und die Ränge wurden nicht mehr gepflegt“, schreibt der Blog „groundfever.com“. Im Juni 2012 wurde der Spielbetrieb endgültig eingestellt.

„Der jährliche Unterhalt kostete zuletzt gut 115.000 Euro“, erklärt „DerWesten.de“. Für die Verwendung des Platzes gab es viele Ideen, darunter ein türkisches Zentrum oder einen Reiterhof – alle scheiterten. Das Gelände gehört dem Energiekonzern RWE,

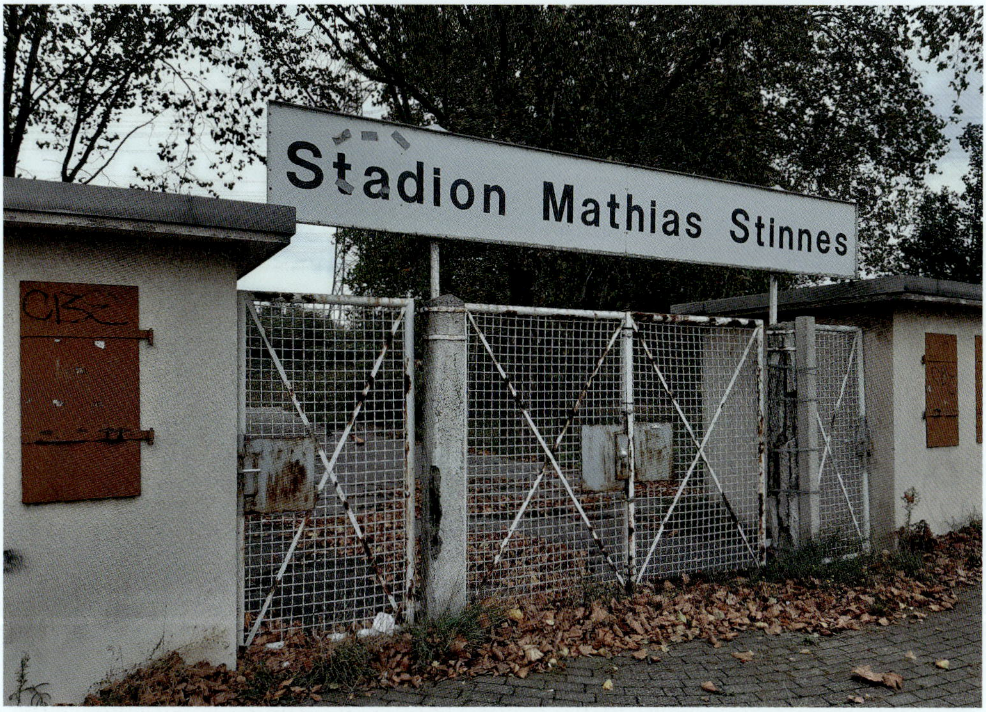

der aktuell keine akuten Pläne für das Stadion Mathias Sinnes verfolgt. „Grundsätzlich ermöglicht der Standort jedoch eine gewerbliche Nutzung“, heißt es auf Nachfrage.

Dem Geschichtsverein Carnap ist der aktuelle Zustand ein Dorn im Auge, wie Bettina von der Höh erklärt: „Es ist eine Schande, dass der Ort, wo einst Geschichte geschrieben wurde, so vor sich hin verwaist.“ Der Verein würde die letzten übriggebliebenen Bauten erhalten, RWE sieht dafür wenig Chancen: „Die wenigen Gebäude am Standort sind in keinem guten Zustand und für eine wirtschaftliche Nutzung kaum geeignet“, erklärt Michael Hennemann von RWE. Das Sportheim mit Turnhalle wurde bereits 2011 abgerissen. Um den Zugang zum Zeltdorf zu erleichtern, folgten 2015 die Beseitigung eines Tribünenteils und des Tunnels.

Das letzte Kapitel der Stadiongeschichte läutete ausgerechnet die „11FREUNDE“ ein. In der Ausgabe 223 ist der Platz zwar Bestandteil der 150-Orte-Liste und damit einer der Orte, die Fußballfans gesehen haben müssen – er wird aber unter dem Namen „Stadion Martin Stinnes“ geführt. Es scheint, als wäre die Geschichte des Stadions erzählt.

Stadion Mathias Stinnes, Beisekampsfurth,
45329 Essen

Essen

Textbrücken

„Ob die Schlagzeilen alle der Wahrheit entsprechen, weiß nur der Helmut Rahn, wenn er sie gelesen hat", gab der „Boss" einst in einem Interview zum Besten. Der WM-Held war nach dem Triumph von 1954 aufgrund von Eskapaden regelmäßig Stammspieler in der Presse. Das hatte zur Folge, dass sich Rahn mehr und mehr zurückzog und bis zu seinem Tod ein Leben jenseits der Öffentlichkeit führte. Was der 2003 verstorbene Helmut Rahn nicht las, waren die kurzen Zeilen auf den Textbrücken der A40 im Bereich Essen-Frohnhausen. Aber er dürfte sie tausendfach gehört haben: „Rahn müsste schießen…", „Rahn schießt", „Tor! Tor! Tor!".

Zum Projekt „Ruhr 2010 – Kulturhauptstadt Europas" wurde dem „wohl berühmtesten Anwohner der Autobahn 40" (nrw.de) ein Denkmal in einer Länge von 1,4 Kilometern, verteilt auf drei Brücken, gesetzt. Erlaubt haben das entsprechende Reparaturarbeiten, zusammen mit „veränderten Einsichten der Verkehrswissenschaften" („111 Fußballorte im Ruhrgebiet, die man gesehen haben muss"). Demnach ist nicht Ablenkung, sondern Monotonie die viel häufigere Unfallursache.

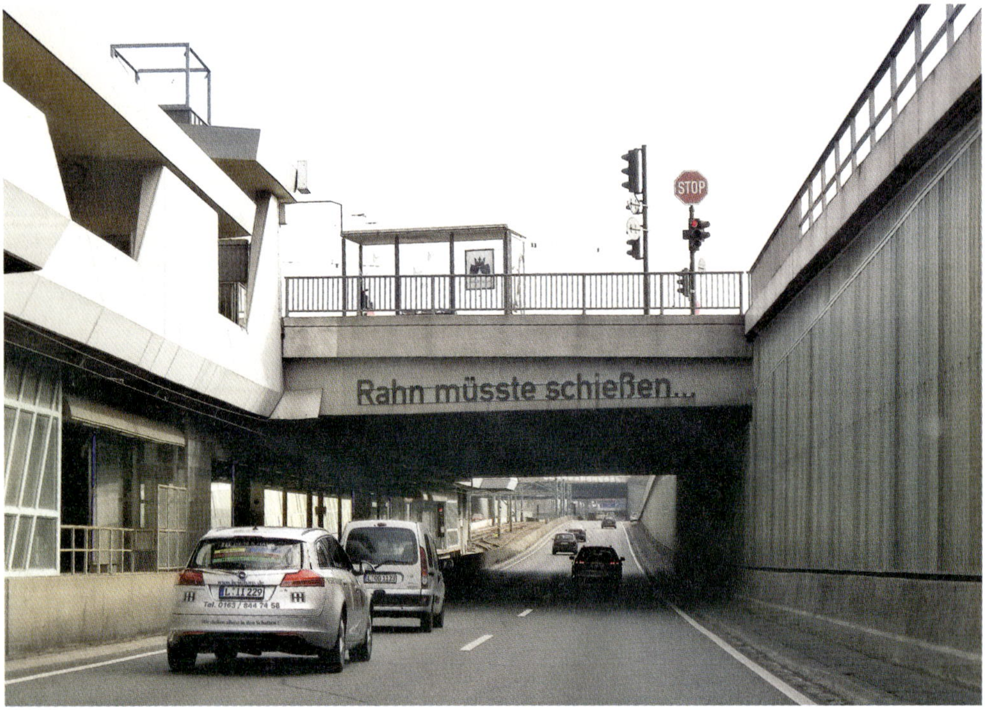

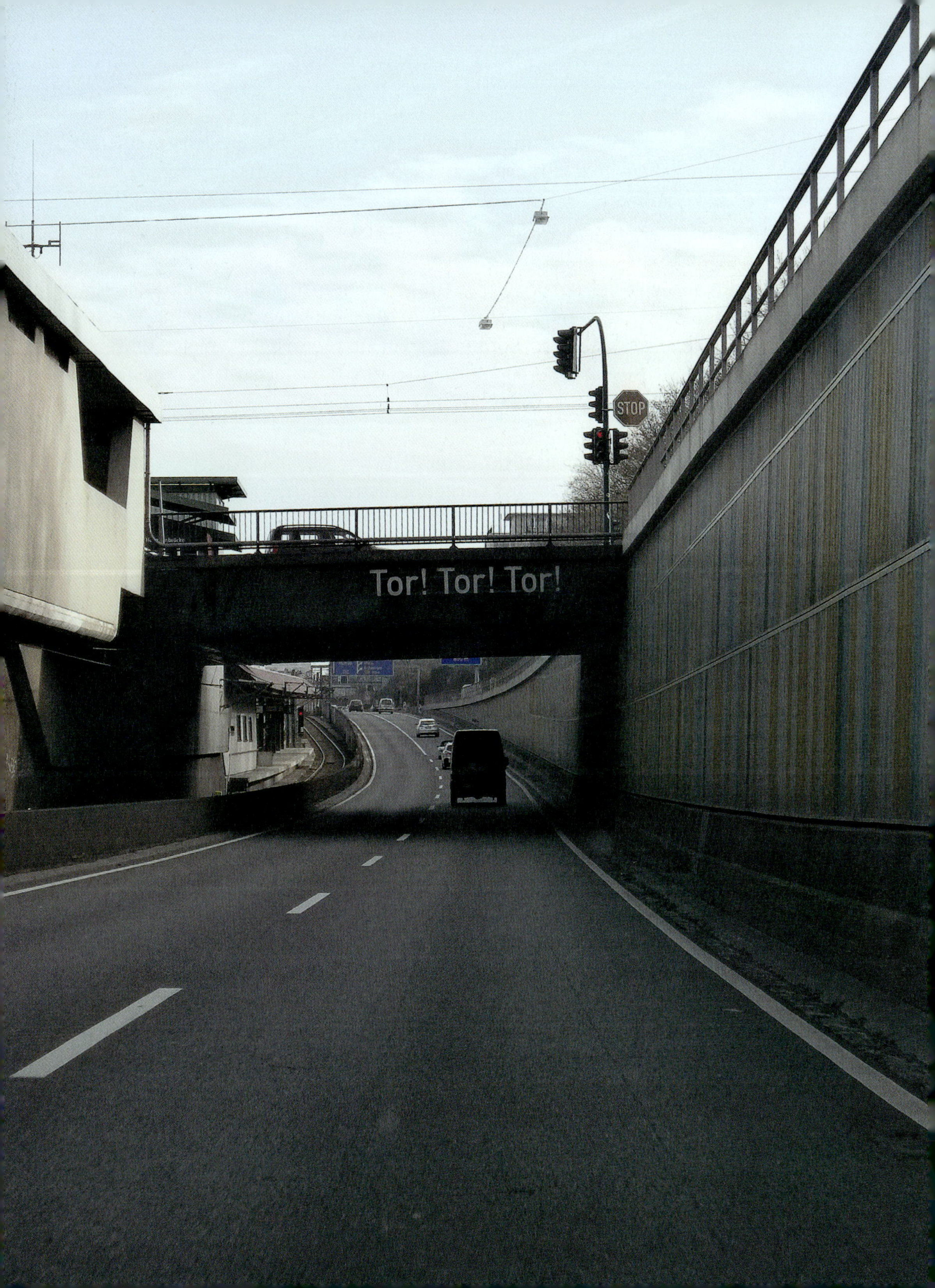
Tor! Tor! Tor!
STOP

Circa 100.000 Autos passieren tagtäglich die Hobeisenbrücke, die Brücke Breslauer Straße und die Brücke Wickenburgstraße, wenn sie über den Ruhrschnellweg donnern. Was man aus dem Fahrzeug heraus nicht lesen kann, sind die Textfragmente, die zwischen den Brücken stehen. Sie gehören ebenfalls zur legendären Radio-Reportage Herbert Zimmermanns aus dem Jahre 1954 und sind am besten von den Bahnhaltestellen in der Fahrbahnmitte zu bewundern.

Hier hat man, wie auch bei den Brücken, den armen Zimmermann beschnitten: „Aus dem Hintergrund müsste Rahn schießen“ wurde zu „Rahn müsste schießen“, die „Sechs Minuten noch im Wankdorfstadion“ wurden um den Zusatz „in Bern“ gekürzt, es fehlt zudem ein Tor-Ausruf. Platzgründe. Hier hätte auch der Boss gewusst, dass nicht alle Zeilen der Wahrheit entsprechen.

Die Brücken befinden sich in 45147 Essen im Abschnitt Hobeisenbrücke und Wickenburgstraße

Essen

11Freunde-Bar

Die Königin der Fußballkneipen war über Dekaden hinweg das „Holst am Zoo“ in Berlin, das später durch die Übernahme von Ex-Bundesliga-Profi Hans Weiner „Hanne am Zoo“ hieß. Nach der Schließung Ende 2010 bewarben sich allen voran zwei Kneipen um die Nachfolge an der Seite von König Fußball: Das Stadion an der Schleisheimer Straße in München und die 11Freunde-Bar in Essen.

Bekannt wurden die beiden Kneipen durch zwei Sendungsformate, die sich so sehr ähnelten, dass die Leute vor dem Fernsehen in ihrem Kopf einfach eine daraus machten: „Das ist so geil, das verwechseln immer noch extrem viele“, erklärte Holger Britzius dem Podcast „Rasenfunk“ im Jahr 2017. Während in München donnerstags auf Sky die Sendung „Mein Stadion“ lief, wurde auf Sport 1 der „Fantalk“ aus der 11Freunde-Bar ausgestrahlt, während die Regie an der Schleisheimer Straße im Keller saß, wurde sie in Essen aus der Kegelbahn geführt. Alles hatte einen implizierten Wahnsinn, oder wie unser Onkel Hans mal zu sagen pflegte: „Wer sich sowas anguckt, dem ist auch nicht mehr zu helfen“.

Das mag man auch über die Gründerväter der beiden Kneipen denken, „Holle“ im Stadion an der Schleisheimer Straße, Thomas Siepmann in der 11Freunde-Bar. Denn aufgrund der Fülle von Fußball-Devotionalien ähnelten sich nicht nur die TV-Formate,

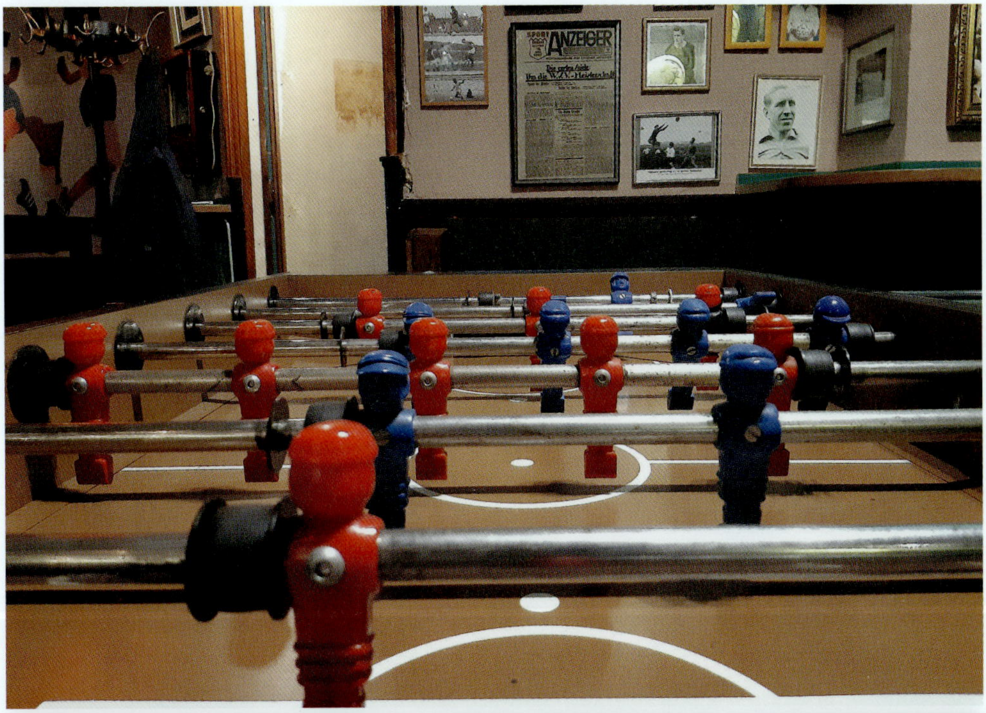
ANZEIGER

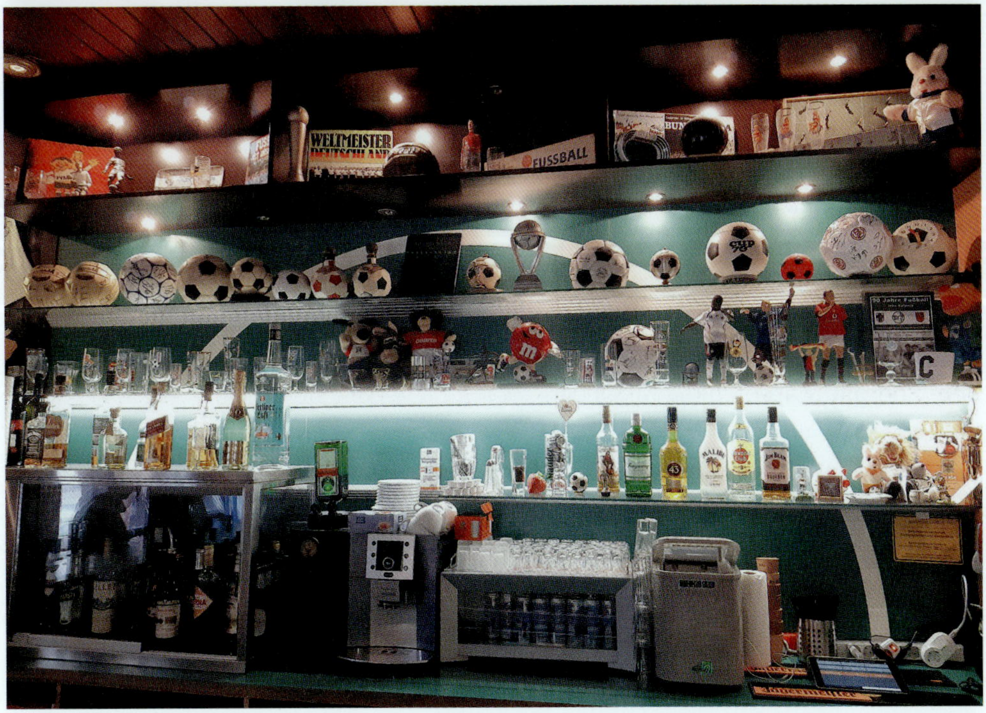
WELTMEISTER
DEUTSCHLAND
FUSSBALL
MALIBU
JIM BEAM

sondern auch die Kneipen, in denen sie ausgestrahlt wurden. Bei Thomas Siepmann in der 11Freunde-Bar war die Kneipe dabei ein Mittel zum Zweck. Seine Frau, Kyung-Ae Siepmann, wollte die über Jahre hinweg auf Flohmärkten und Haushaltsauflösungen ergatterten Fußball-Sammlerstücke aus ihrer Wohnung heraus haben, die „ein kleines Museum für sich war“, wie Thomas Siepmann in einem Interview erzählte. Ein neuer Platz fand sich in der ehemaligen Kegelkneipe der Siepmanns, die nach über 80 Jahren geschlossen werden sollte und die mit den Siepmanns fortan neue Eigentümer hatte.

Über 2.000 Maskottchen, Tipp-Kick-Spiele und Wimpel, dazu Fotos und Autogramme aus den letzten Jahrzehnten fanden so den Weg in den Stadtteil Rüttenscheid und zieren neben zwei Großbildleinwänden und drei Flatscreens die Wände.

Viel mehr Devotionalien hätten es auch nicht sein dürfen, denn der Platz ist begrenzt. Das ist aber auch so gewollt: Sich „wie zuhause“ fühlen, so, als würde man im Wohnzimmer mit Freunden seiner Fußball-Leidenschaft nachgehen, so lautet seit der Eröffnung 2005 das wiederholte Saisonziel der knapp 70 Quadratmeter großen Eckkneipe, die inzwischen ihren dritten Betreiber hat. Thomas Siepmann gab die 11Freunde-Bar Anfang 2017 an Nico Duys ab, seit September 2019 ist Alexander Mausfeld Hausherr in der ehemaligen Kunigunda-Schenke. Allein für seine Burger-Kreationen sollten selbst Nicht-Fußballfans den Weg nach Rüttenscheid auf sich nehmen, insgesamt hat Mausfeld die Kneipe kulinarisch breiter aufgestellt.

Dennoch muss er auf die Kundschaft verzichten, die früher regelmäßig jeden Dienstag im Rahmen des „Fantalks“ in die 11Freunde-Bar pilgerte: Unmittelbar vor dem Start der Bundesliga-Saison 2018/2019 teilte Sport 1 mit, dass die Sendung zukünftig aus der Champions-Bar in München ausgestrahlt wird, seit August 2020 ist das Format im Deutschen Fußballmuseum in Dortmund zuhause.

Aus der Schleisheimer Straße wird schon lange nicht mehr gesendet, 2013 hatte es sich mit der TV-Präsenz erledigt, wie Holger Britzius im Rasenfunk-Gespräch aufklärte: „Es war schon cool, aber das hat dann nach anderthalb Jahren auch gereicht“. Mausfeld dagegen vermisst die Fantalk-Zeiten: „Es wäre schon cool, wenn das wieder da wäre.“

11Freunde-Bar, Kunigundastraße 27,
45131 Essen

Krefeld

Grotenburg-Kampfbahn

„Eine Aufholjagd der Extraklasse." „Ein Bruderduell mit einem tragischen Verlierer." „Ein Abend für die europäische Fußballgeschichte." Drei Sätze, die das „größte Spiel aller Zeiten" beschreiben. Ein Spiel, das noch vor dem Mailänder Fiasko beim Champions League-Finale gegen Liverpool und Deutschlands legendärer 3:4-Niederlage bei der Weltmeisterschaft 1970 eingeordnet wird, wenn man der „11FREUNDE"-Ausgabe 63 aus dem Februar 2007 folgt. Das deutsche 7:1 gegen Brasilien war noch nicht gespielt, es hätte aber auch keine Chance gehabt gegen den spektakulärsten Abend der Europapokalgeschichte, das „Wunder von der Grotenburg".

Bayer Uerdingen hatte 1985 den FC Bayern im DFB-Pokalfinale überraschend mit 2:1 geschlagen und zog im Europapokal der Pokalsieger ins Viertelfinale ein. Dort traf man im März 1986 auf Dynamo Dresden, den Verein, der nach einem 2:0 im Hinspiel und einer 3:1-Pausenführung in Krefeld schon so gut wie sicher im Halbfinale war.

Wolfgang Funkel leitete Uerdingens Aufholjagd mit einem Foulelfmeter zum 2:3 in der 58. Minute ein. Gudmundsson Ausgleich (63.) hätte man auch Ralf Minge als Eigentor zuschreiben können, beim 4:3 durch Wolfgang Schäfer (65.) war fraglich, ob der Ball überhaupt die Linie überquerte. Es kam alles zusammen für Dresden, die mit der Bürde eines ähnlichen Erlebnisses klar kommen mussten: „Spätestens nach diesen drei Toren machte den Dresdnern sicher auch die Erinnerung an das Europapokal-Aus im Vorjahr zu schaffen. Da nämlich hatte Dynamo schon einmal tüchtig den Hintern versohlt bekommen. Nach einem 3:0 daheim gegen Rapid Wien, hatten die Sachsen auswärts noch 0:5 verloren", schreibt die „11FREUNDE" in ihrer Würdigung. Dietmar Klinger erzielte in der 78. Minute das 5:3, Wolfgang Funkel schmiss Dynamo mit dem 6:3 (79., Handelfmeter) aus dem Wettbewerb und wiederum Wolfgang Schäfer machte mit einem Sololauf über 80 Meter den Deckel drauf.

„Der Schiedsrichter hat uns verpfiffen, und wir mussten den Torwart tauschen", erklärte Klaus Sammer 20 Jahre später. Der damalige Dynamo-Trainer wurde nach dem Spiel entlassen, sein Gegenüber, Karl-Heinz Feldkamp, ließ sich als Held feiern, der in der Halbzeit die richtigen Worte gefunden hätte. Erst sein Kapitän Matthias Herget stellte Jahre später klar, dass Feldkamp in der Pause „ziemlich ruhig" gewesen sei und der Impuls aus der Mannschaft gekommen wäre.

Dass Fernsehbilder vom „Wunder von der Grotenburg" existieren, ist keine Selbstverständlichkeit. Das 7:3 war die Livespiel-Premiere aus der Grotenburg-Kampfbahn. Ein berechtigter Einwand also, wenn „Der Uerdinger" im „11FREUNDE"-Forum anmerkt,

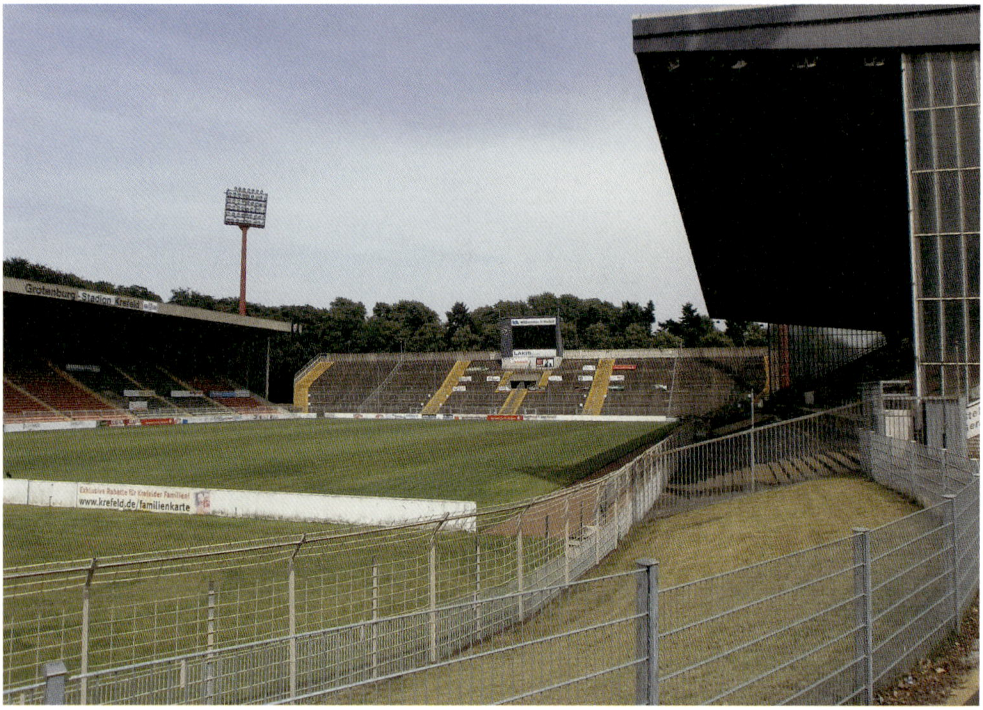
Grotenburg-Stadion Krefeld
Exklusive Rabatte für Krefelder Familien!
www.krefeld.de/familienkarte

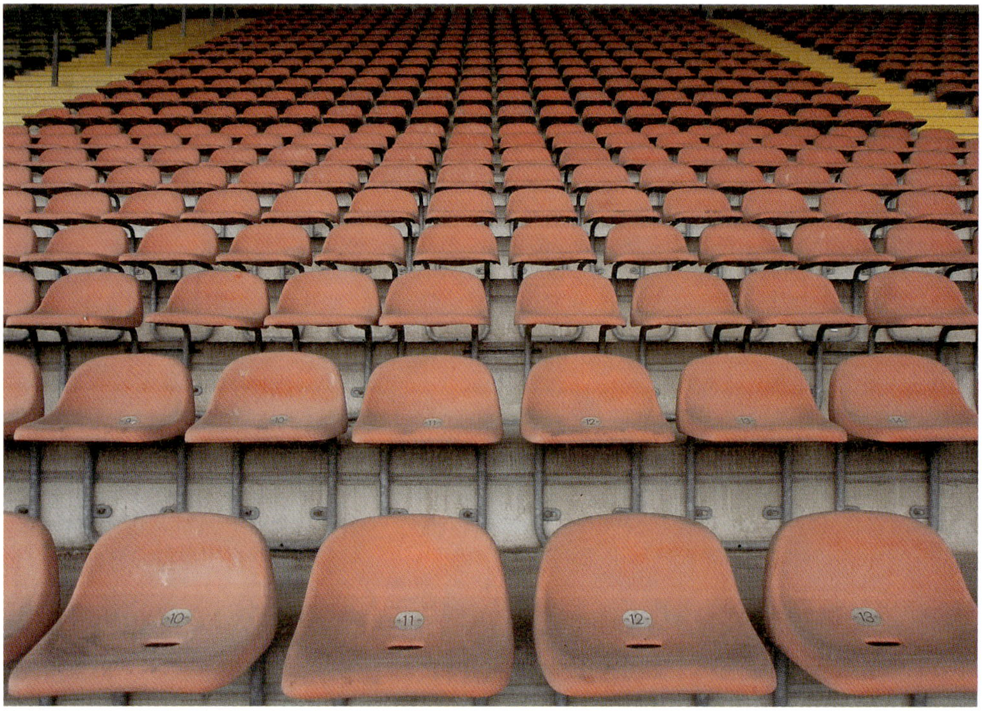
10
11
12
13

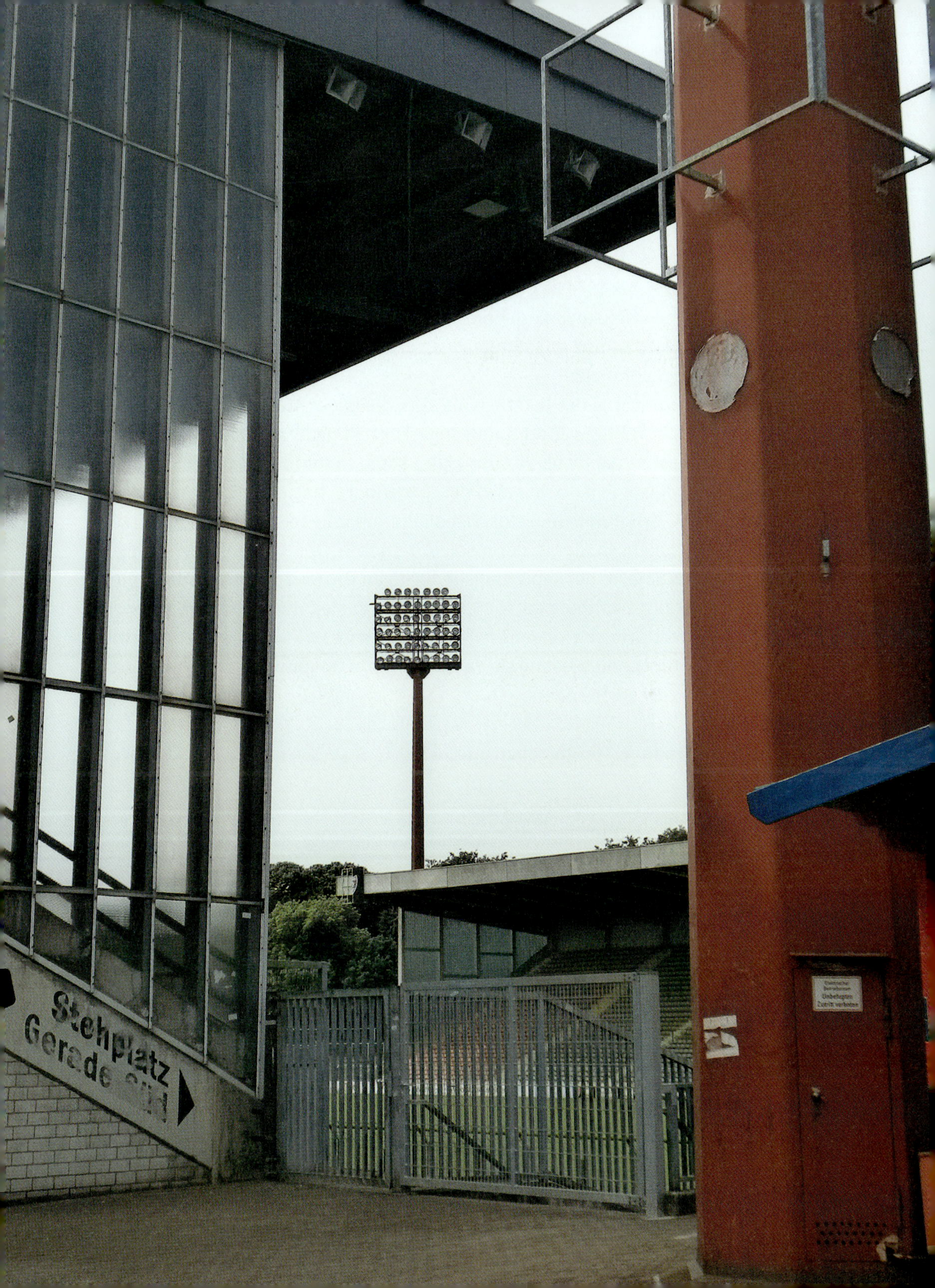
Stehplatz
Gerade

dass die Grotenburg „ja wohl ganz eindeutig fehlen“ würde in der Liste der „99 Orte, die Fußballfans gesehen haben müssen“.

Man verzichtet damit auf ein reines Fußballstadion mit einem Fassungsvermögen von 34.500 Plätzen, das seinen Namen von einem Gut und Bauernhaus im benachbarten Zoo erhalten hat. 1927 als Leichtathletik-Stadion eröffnet, wurde es erst in den Siebzigern mit dem Beginn der Bayer 05-Glanzzeit für den Fußball interessant. Manni Burgsmüller erzielte von 1971 bis 1974 80 Tore in 101 Spielen für die Werkself, die knapp zehn Jahre später ihre erfolgreichste Ära erleben durfte. Bis 1991 blieb man erstklassig, holte 1985 den DFB-Pokal und schied im Rahmen des Europapokal-Abenteuers erst im Halbfinale gegen Atletico Madrid aus.

Zwar gelang noch zweimal der Aufstieg. Als aber die Bayer AG 1995 ihr Engagement auf Leverkusen beschränkte, war an Bundesliga-Fußball nicht mehr zu denken. Kontinuierlich ging es erst in die Insolvenz und dann sogar hinunter bis in die 6. Liga. Ailton kickte während dieser Zeit noch mal in der Grotenburg, hatte den Zenit aber schon längst überschritten. Unter dem Investor Michail Ponomarew folgte der Versuch in den Profifußball zurückzukehren, der in der Insolvenz endete. Der KFC Uerdingen trug im Mai 2018 sein letztes Spiel in der sanierungsbedürftigen Grotenburg aus. Große Spieler wie Matthias Herget (Vizeweltmeister 1986, 39 Länderspiele), Rudi Bommer (6 Länderspiele) oder die Funkel-Brüder Wolfgang (Olympia-Dritter 1988) und Friedhelm verirren sich nur noch in die Grotenburg, wenn sie im Rahmen von Dokumentationen vom größten Spiel aller Zeiten erzählen sollen.

Grotenburg-Stadion, Tiergartenstraße 165, 47800 Krefeld

Mönchengladbach

Fohlen-Kicker

Mit ein bisschen Selbstironie geht man am Niederrhein inzwischen mit dem legendären Skandalspiel um, sonst hätte man einen Raum in der Sportsbar am Stadion nicht auf den Namen „Büchsenwurf“ getauft. Im Achtelfinale des Europapokals der Landesmeister hatte Borussia Mönchengladbach den italienischen Meister Inter Mailand zu Gast, fegte die Nerazzurri mit 7:1 vom Platz und zeigte ein Spiel, „das bis heute als das beste gilt, das eine deutsche Mannschaft im Europapokal abgeliefert hat“ (Martin Kaluza in „Fußballwunder“).

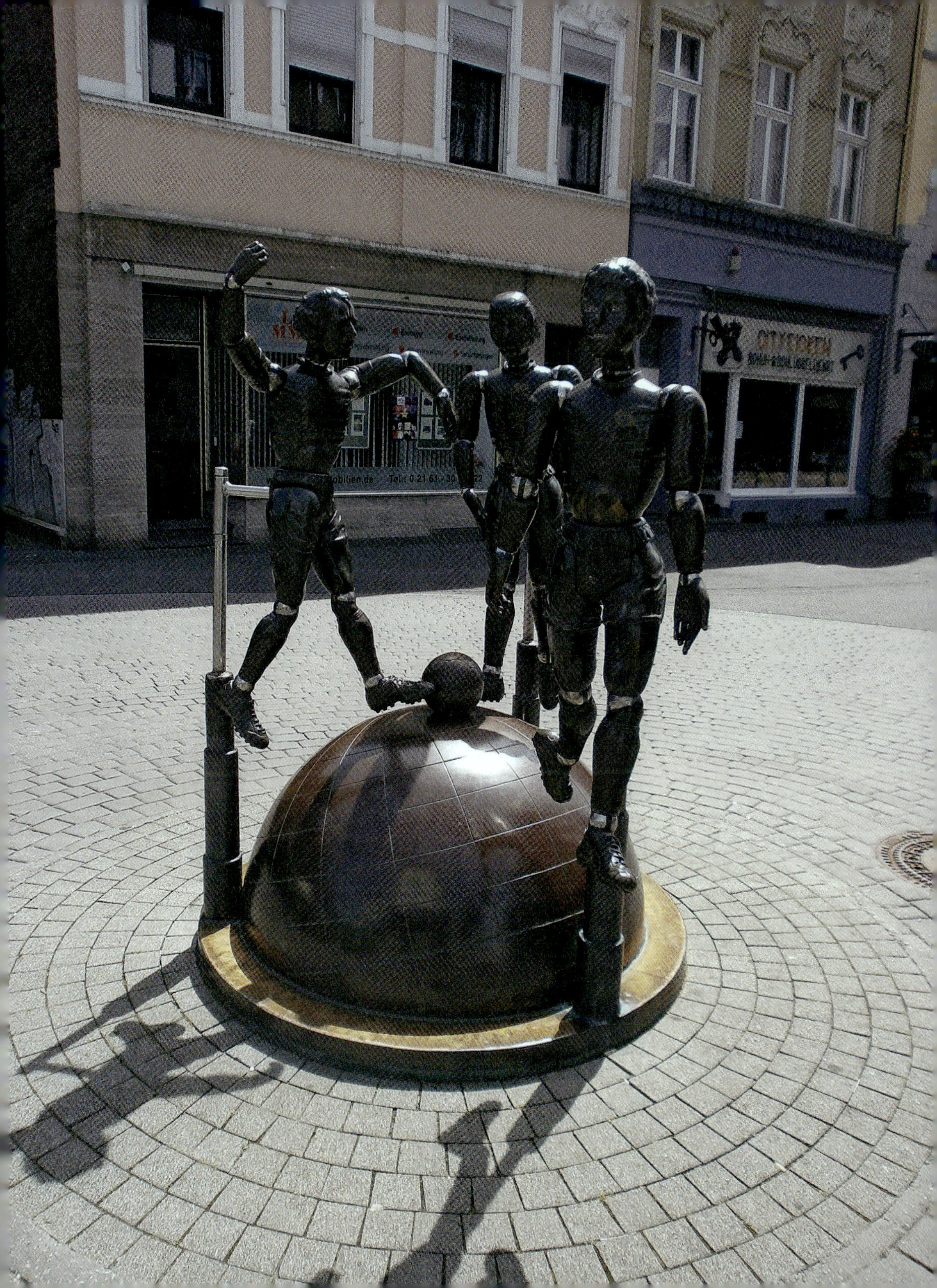

Der Ausgang der Partie ist so bekannt wie das Ende bei Frau Holle. Mailands Roberto Boninsegna wurde angeblich von einer Cola-Dose getroffen, musste ausgewechselt werden und das 7:1 wurde annulliert. Beim Wiederholungsspiel in Berlin kam Gladbach über ein 0:0 nicht hinaus und da man in Italien 2:4 verloren hatte, war die Borussia die Pechmarie des europäischen Fußballs.

Wie immer gibt es bei solchen Spielen eine Armada von Legenden, Mythen und Verschwörungstheorien: War die Büchse voll, wie die Italiener behaupten? War sie „beim Aufprall halb leer", wie der Schiedsrichter der Partie, Jef Dorpmans, 40 Jahre später zu Protokoll gab? Oder war sie leer, wie ein Tribünengast an der „runden Flugbahn" erkannt haben will? Wurde Boninsegna überhaupt getroffen? Wenn ja, an der Schulter? Am Kopf? Am Rücken? Warum konnte das Rote Kreuz keine Beule entdecken – im Gegensatz zum französischen UEFA-Delegierten? Und welche Rolle spielte die Tatsache, dass „in den UEFA-Gremien viele Italiener saßen", wie Jupp Heynckes zu bedenken gab? Und ist es Zufall, dass Roberto Boninsegna tatsächlich Schauspieler wurde? Er spielte 1983 im Terence Hill-Klassiker „Keiner haut wie Don Camillo" mit – zusammen mit Carlo Ancelotti.

Genug Stoff für einen Eklat, genug Gründe für die deutschen Fußballfans, das Spiel auf Platz vier der „Kuriosesten Fußball-Momente" zu wählen. Dort wird der Spannungsbogen künstlich in die Höhe gemauschelt, indem man Boninsegnas Faller in die Schlussphase lügt. „Kurz vor dem Abpfiff", heißt es dort im O-Ton, sei die „große schauspielerische Leistung erbracht worden", wie Rainer Bonhof den Vorfall nennt. Dabei ereignete sich der Dosenwurf bereits in der 28. Minute – beim Spielstand von 2:1. Dass Inter Mailand zu diesem Zeitpunkt bereits ein wichtiges Auswärtstor erzielt hatte, wird in Gladbachs ganz eigener „Loose change" gerne unterschlagen.

Auch das Schicksal von Manfred Kirstein, der als mutmaßlicher Werfer identifiziert, aber später freigesprochen wurde, findet wenig Interesse. Kirsteins Familie wurde belästigt und bedroht, wie Uli Hesse in „Wie Österreich Weltmeister wurde" berichtet. Auch sei Kirstein nie wieder in ein Stadion gegangen. Als „Büchsenwurfspiel" ging dieser legendäre Europapokalabend von 1971 in die Geschichtsbücher ein, auch der „Pfostenbruch vom Bökelberg" oder Netzers Selbsteinwechslung im Pokal gegen den 1. FC Köln stehen für die goldenen Jahre der Borussia.

Pilgerstätten bietet der Verein zur Genüge. Die spärlichen Reste des Bökelbergs (in die ein Wohngebiet gepflanzt wurde) zum Beispiel. Die Fohlenwelt. Oder die Bronze-Plastik „Fohlen-Kicker", die in der Fußgängerzone des Mönchengladbacher Stadtteils Eicken steht und nur einen Katzensprung vom alten Stadion entfernt liegt.

Der Bildhauer Bonifatius Stirnberg hat das rund 50 Kilo schwere Denkmal im Jahr 1975 geschaffen. Es zeigt die drei Gladbacher Legenden Berti Vogts, „Hacki" Wimmer und Günter Netzer. 1981 wurde es aufgestellt und befindet sich an der Einmündung von der Schwogen- in die Eickener Straße, unmittelbar vor dem grün-schwarz-affinen Speiselokal „Alt Eicken“ und nur wenige Gehminuten vom „Monte Graniti“ entfernt, einem 8,5 Tonnen schweren und 180 Zentimeter Durchmesser umfassenden Granit-Fußball.

Der Fohlen-Kicker wurden von der örtlichen Stadtsparkasse gestiftet und gehört zur Skulpturenmeile, einer 50 Skulpturen umfassenden und 5,7 km langen Kunstmeile. Nachdem das Denkmal 2011 Opfer von Vandalismus wurde, erstrahlt es seit seiner Restaurierung wieder in neuem Glanz.

Fohlen-Kicker, Eickener Str. 149,
41061 Mönchengladbach

Mönchengladbach
Fohlenwelt

Es gibt in der Fohlenwelt einen Ausstellungsbereich, der den Fans die Möglichkeit bietet, ihre ganz persönliche Geschichte mit der Borussia zu erzählen. Bei unserem Besuch hing in diesem Bereich ein Wimpel, der auf den ersten Blick recht normal aussah, wie aus dem Fanshop eben. Wer an diesem Wimpel vorbeigeht, der wird keine Notiz von ihm nehmen. Es ist nicht der Wimpel aus dem legendären DFB-Pokal-Endspiel 1973 gegen Köln (den findet man weiter vorne in der Ausstellung) und auch kein anderes Erinnerungsstück aus einem der großen Endspiele der Borussia.

Und trotzdem hat dieser Wimpel einen besonderen Hintergrund. Er erzählt die Geschichte eines Fans aus Magdeburg, der 1981 beim Spiel der Gladbacher in Magdeburg ein Fohlen-Echo aus der Hand von Frank Mill bekam – „gegen den Willen der rigorosen Volkspolizisten, denen die Begeisterung der DDR-Bürger für den Fußballverein aus dem Land des Klassenfeindes nicht recht ist“, wie es auf der Tafel neben dem Wimpel heißt. Der Anhänger bringt das Fohlen-Echo heil nach Hause, zerschnippelt es und erstellt auf der Grundlage eines Fotos den besagten Wimpel mit Schere, Kleber und Butterbrotfolie. „Wer nicht an die Artikel aus dem Fanshop kommt, der bastelt sich welche“, steht auf der Tafel.

Einige Jahre später lässt sich der Fan aus Sachsen-Anhalt zum Pokal-Endspiel 1984 eine Fahne von seiner Nachbarin nähen, ein befreundeter Glasmaler erstellt ihm einen Borussia-Teller. Und da die Liebe grenzenlos ist, bringt der Briefkontakt zur Geschäftsstelle einen Eintrag in die Stasi-Akte ein.

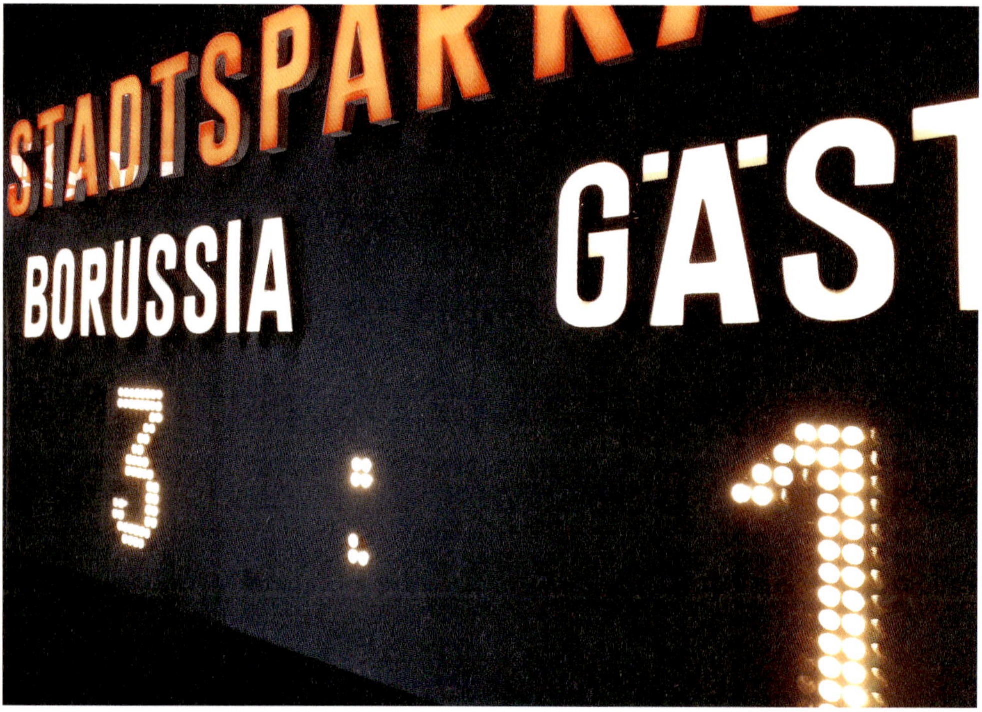
STADTSPARK
GÄST
BORUSSIA
3 : 1

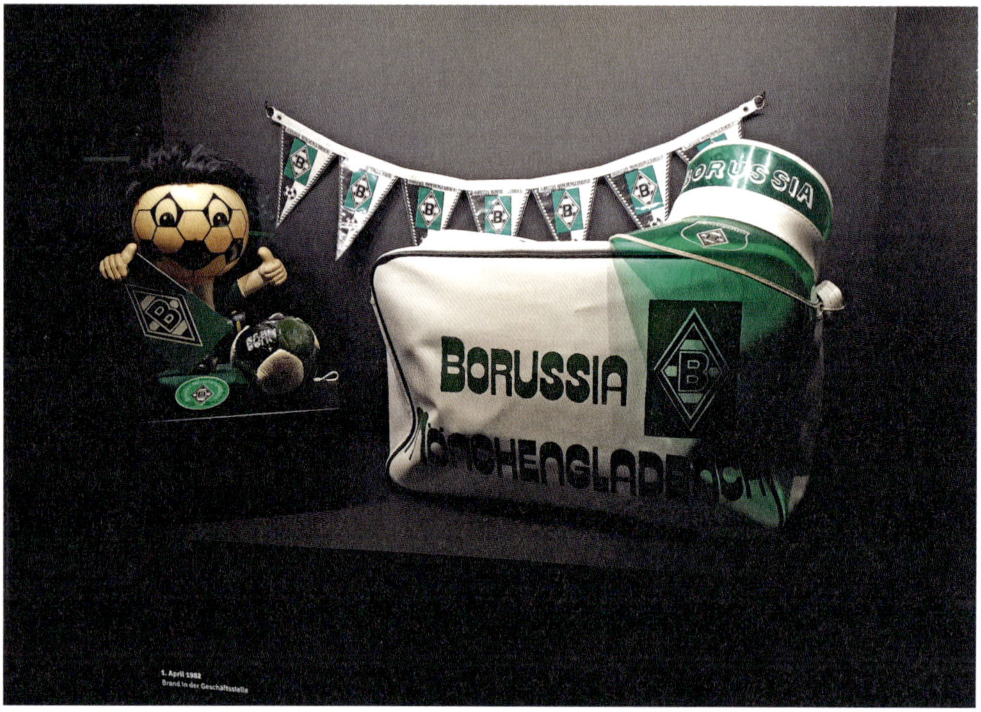
BORUSSIA
BORUSSIA
1. April 1982
Brand in der Geschäftsstelle

Die Vereinshistorie der Borussia erzählt viele bekannte Geschichten. Die vom Pfostenbruch aus dem April 1971. Die vom Büchsenwurf ein knappes halbes Jahr später. Oder die von Netzers Selbsteinwechslung im Pokal-Endspiel 1973. Und eben jene unbekannte Geschichten wie die vom Wimpel-Bastler aus Magdeburg. Es liegt in der Natur der Sache, dass den großen Endspielen und den nicht minder bitteren Tragödien entsprechende Räume geboten werden, aber dass ein Verein noch viel mehr ist, zeigt diese eine Vitrine mit dem Wimpel.

Darüber hinaus ist das Vereinsmuseum respektive die Erlebniswelt (wie das Stadion) der heilige Ort der Sehnsüchte, Träume und Erinnerungen für alle treuen Anhänger. Wer auf die Frage nach der einzig wahren Borussia mit „Mönchengladbach" antwortet, der kann in der Fohlenwelt nichts verkehrt machen, auch Dortmunder und alle anderen Fans werden in der über 1.000 Quadratmeter großen Ausstellung nicht enttäuscht. Allerdings ist der Besuch in der Fohlenwelt nicht ganz günstig, während die Borussia den Bayern auf sportlicher Ebene erst langsam wieder gefährlich wird, bezahlt man in beiden Museen stolze 12 Euro Eintritt – und damit mehr als doppelt so viel wie in Hamburg, Schalke oder Bremen.

Dafür gibt es aber auch einen kostenlosen Audioguide, der durch die Ausstellung führt. Das ergänzende Angebot ist mehr als gelungen, so erzählt beispielsweise Joko Winterscheidt von seinen Kindheitserlebnissen mit Uwe Rahn. Es ist eine der unbekannten Geschichten der Borussia. Genauso wie die vom Wimpel-Bastler aus Magdeburg.

Fohlenwelt, Hennes-Weisweiler-Allee 1,
41179 Mönchengladbach

Mönchengladbach

Bökelberg

Noch einmal die großen Augenblicke erleben. Das Hinspiel des UEFA-Cup-Endspiels von 1975 gegen Twente Enschede. Oder den Triumpf vier Jahre später gegen Roter Stern Belgrad. Momente, für die treue Anhänger vom VfL Borussia Mönchengladbach eine halbe Stunde ins benachbarte Düsseldorf reisen müssen. Denn im Europapokal zog die Borussia regelmäßig ins größere Rheinstadion um.

Doch auch dort lässt sich nur mit viel Fantasie in Erinnerungen an Vogts, Simonsen oder Heynckes schwelgen. Das Rheinstadion wurde 2002 abgerissen und durch eine „Mehrzweckhalle" („Wikipedia") ersetzt. In Mönchengladbach hat man dagegen den

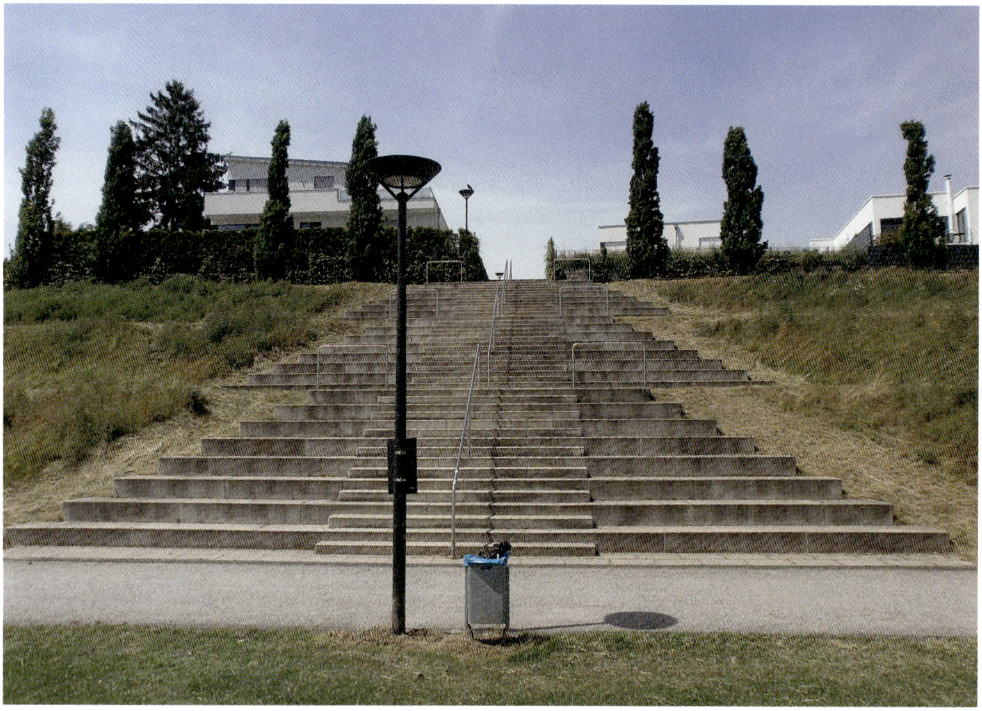

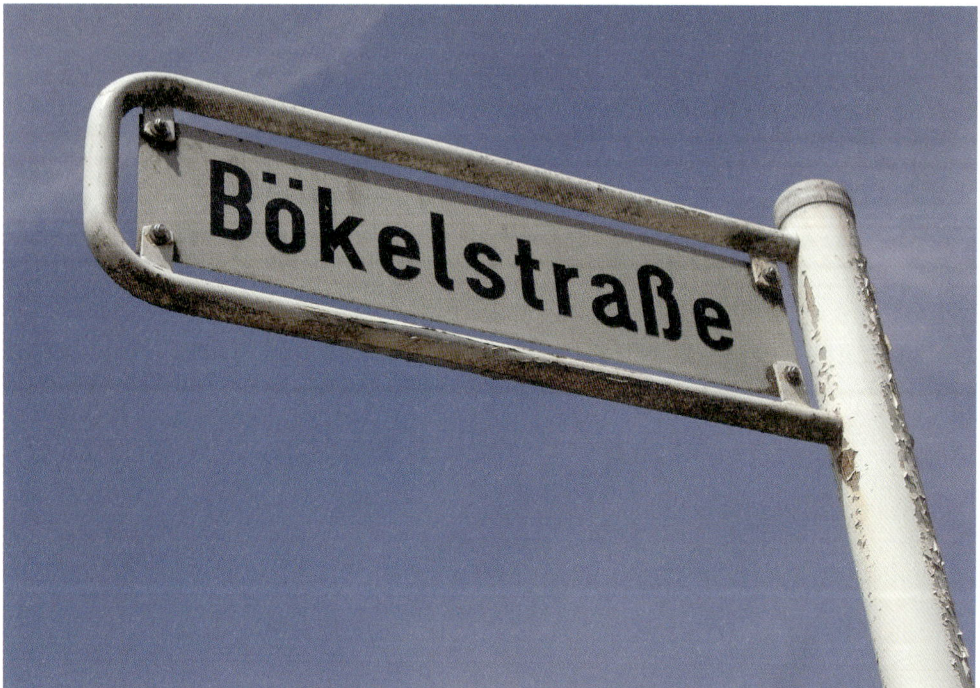
Bökelstraße

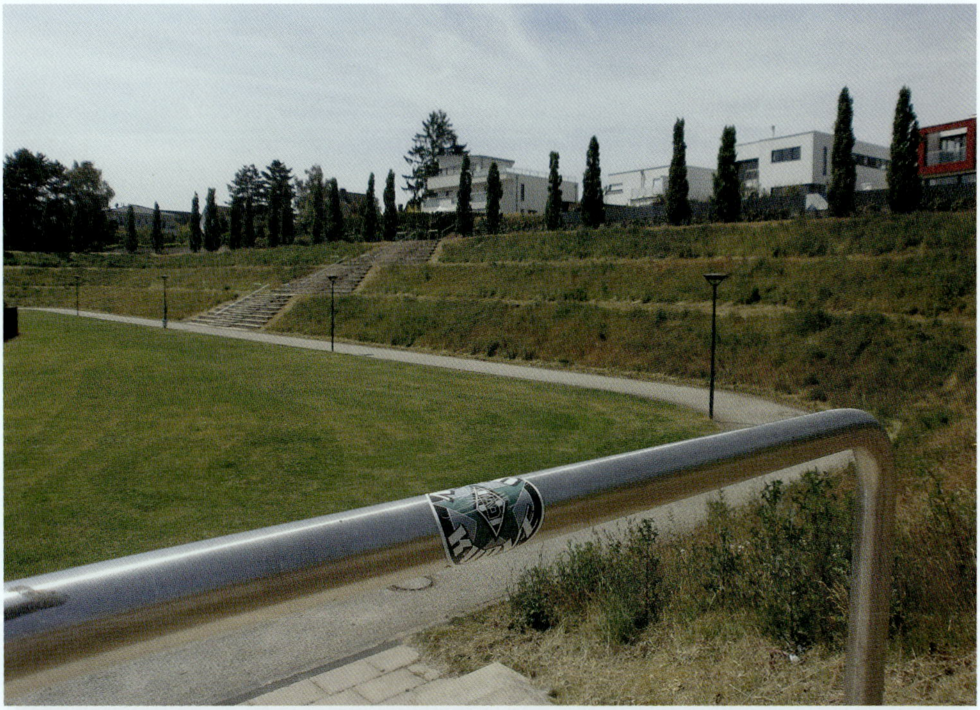

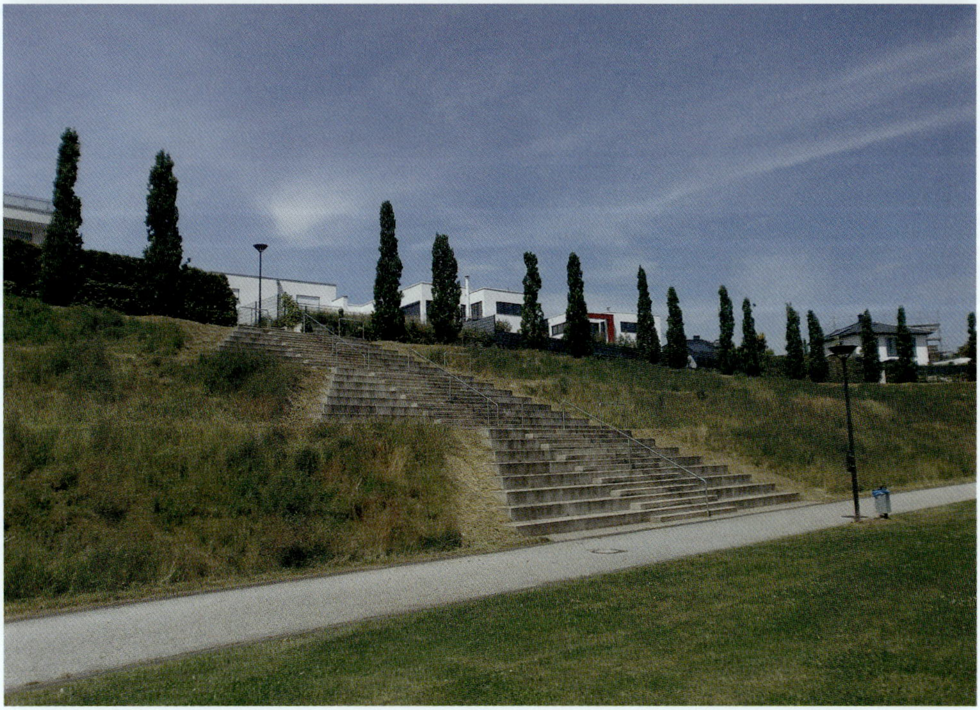

modernen Borussia-Park an anderer Stelle hochgezogen. Die Zeugen Bonhofs müssen in den Stadtteil Eicken fahren, um an ihre alte Pilgerstätte zurückzukehren.

Dafür brauchen sie ein dickes Fell. Ein Neubaugebiet steht dort, wo es 1971 erst zum bekannten Pfostenbruch kam und im selben Jahr „die berühmteste Cola-Dose der Fußballgeschichte“ auf die Reise ging. Häuser drängen sich heute so dicht aneinander wie früher die Zuschauerinnen und Zuschauer bei den Krimis gegen die Bayern. Zwischen 1968 und 1977 machten allein diese beiden Mannschaften die Deutsche Meisterschaft unter sich aus.

Als das Stadion geschaffen wurde, hieß Mönchengladbach noch München-Gladbach. Im September 1919 eröffnete man den damals hochmodernen Sportplatz an der Bökelstraße, der in eine bereits 1914 erworbene Sandgrunde gebaut wurde (der Erste Weltkrieg verhinderte einen früheren Ausbau). In den Fünfzigerjahren spielte die Borussia meist in der Oberliga West. Zu Beginn der Sechzigerjahre zog man gerne ins neue Grenzlandstadion der Nachbarstadt Rheydt um, da es am Bökelberg keine überdachten Sitzplätze gab und die steilen Ränge glitschig und gefährlich waren. Albert Brülls war das Aushängeschild des Vereins, 1960 holte man den DFB-Pokal und die Stadt stimmte dem Stadionumbau zu, da die Borussia endgültig nach Rheyd abzuwandern drohte.

Zwei Jahre später weihte man den „neuen“ Bökelberg ein, der fast 30.000 Plätze – davon über 25.000(!) Stehplätze – bot. Doch auch in der Folge war weiterhin unklar, ob nicht doch das (größere und überdachte) Grenzlandstadion die Heimat der Fohlen werden sollte. Der Stadtrat gab nach, Mitte der Sechziger wurde eine überdachte Tribüne errichtet, der Ostwall erhöht, die Südostkurve ausgebaut, ein fernsehgerechtes Flutlicht errichtet (das 1979 durch ein neues ersetzt wurde) und Parkraum geschaffen. Der Bökelberg war jetzt für 32.000 Zuschauer zugelassen.

Dass aus dem kleinen Graben, den die Bayern und die Borussia noch in den Siebzigerjahren trennte, eine riesige Schlucht wurde, hing auch mit den Stadionverhältnissen am Niederrhein zusammen. Während die Bayern im modernen Olympiastadion 1,2 Millionen DM pro Heimspiel einnahmen, musste sich der VfL mit 250.000 DM begnügen. Allerdings wird die These von Borussen-Fan Christoph Ullrich nicht nur angezweifelt, sondern widerlegt. Auch andere Vereine profitierten von ihren restaurierten Stadien, die im Zuge der WM 1974 entstanden.

Als Deutschland zum dritten Mal Weltmeister wurde, sprach man erstmals darüber, den Bökelberg zu ersetzen. „Weiterhin blättert vom ältesten Stadion der Bundesliga der Putz“, schrieb auch der Reiseführer „1.000 Tips für Auswärtsspiele“ 1995 in seiner überarbeiteten Auflage.

Wer heute den Bökelberg vermisst, der verklärt entweder die Erinnerung oder sieht es wie die Macher der Seite „Gone but not forgotten“: „Natürlich warst du nicht mehr zeitgemäß. Aber schön. Schönheit ist mehr als bunte Sitze und schließbare Dächer.“ Der Fotograf Reinaldo Coddou H. sprach in der „Frankfurter Allgemeinen“ davon, dass „der Bökelberg (…) eines der schönsten Stadien, die es je gab mit seinen drei Stehtribünen“, war.

Präteritum. Am 7. März 2006 wurde der Bökelberg gesprengt. Da spielte die Borussia bereits seit zwei Jahren im neuen Borussia-Park.

**Bökelberg, Bökelstraße 132–146,
41063 Mönchengladbach**

Mönchengladbach
Lovers' Lane

Wenn Grönemeyer über Bochum singt „Du bist keine Schönheit“, dann will man nicht wissen, welche Worte er für Mönchengladbach gewählt hätte. Neben dem 25 Minuten entfernten Krefeld ist Mönchengladbach sicherlich ein Perlenimitat, aber selbst das ist nicht einmal ein Wettbewerb zwischen Einäugigen und Blinden. Wer den Befangenheitsantrag gerade aus der Schublade zieht (schließlich schlägt mein Herz für den Rivalen aus Köln), der sollte selbstkritisch hinterfragen, ob die folgenden Worte einer Arnsberger Bordellbesitzerin nicht auch auf den obigen Sachverhalt zutreffen: „Erzähl nicht, dass es Paris bei Nacht gibt, wenn es nur Castrop-Rauxel ist, was geliefert wird.“

Was sich ohne Zweifel komfortabel darstellt, ist die Kneipen- und Feiermeile der pulsierenden Niederrhein-Metropole. Unweit des Alten Markts bietet eine abfallende Straße zig Möglichkeiten, um feiern zu gehen. Das Verdienst eines Mannes, der zu den größten Söhnen der Stadt zählt.

„Plötzlich schossen die Clubs wie Pilze aus dem Boden. Die Leute kamen sogar aus Düsseldorf und Köln“, schreibt die „Rheinische Post“ über die Gründerzeit der Mönchengladbacher Kneipenszene. Günter Netzer hatte den Stein ins Rollen gebracht, als er die Disco „Lovers' Lane“ eröffnete und Prominente wie Udo Jürgens, Franz Beckenbauer oder sogar Weltmeistertrainer Sepp Herberger in die Waldhausener Straße 55 lockte – im Übrigen nur wenige Meter von seinem Geburtshaus entfernt (Gasthausstraße 31).

„Sie glauben doch nicht, dass ich die Lovers' Lane aus Spaß betrieben habe! Das war eine finanzielle Notwendigkeit. Mein Verein Borussia Mönchengladbach hatte damals ein Stadion mit nur 2.600 Sitzplätzen. Der Verein konnte uns nicht viel bezahlen“, erläuterte Netzer in einem Interview mit „Die Zeit“ den Schritt in die Tanzlokalbranche, den sein Trainer Hennes Weisweiler indigniert mit dem Kommentar „Das ist das Ende“ zu beurteilen wusste.

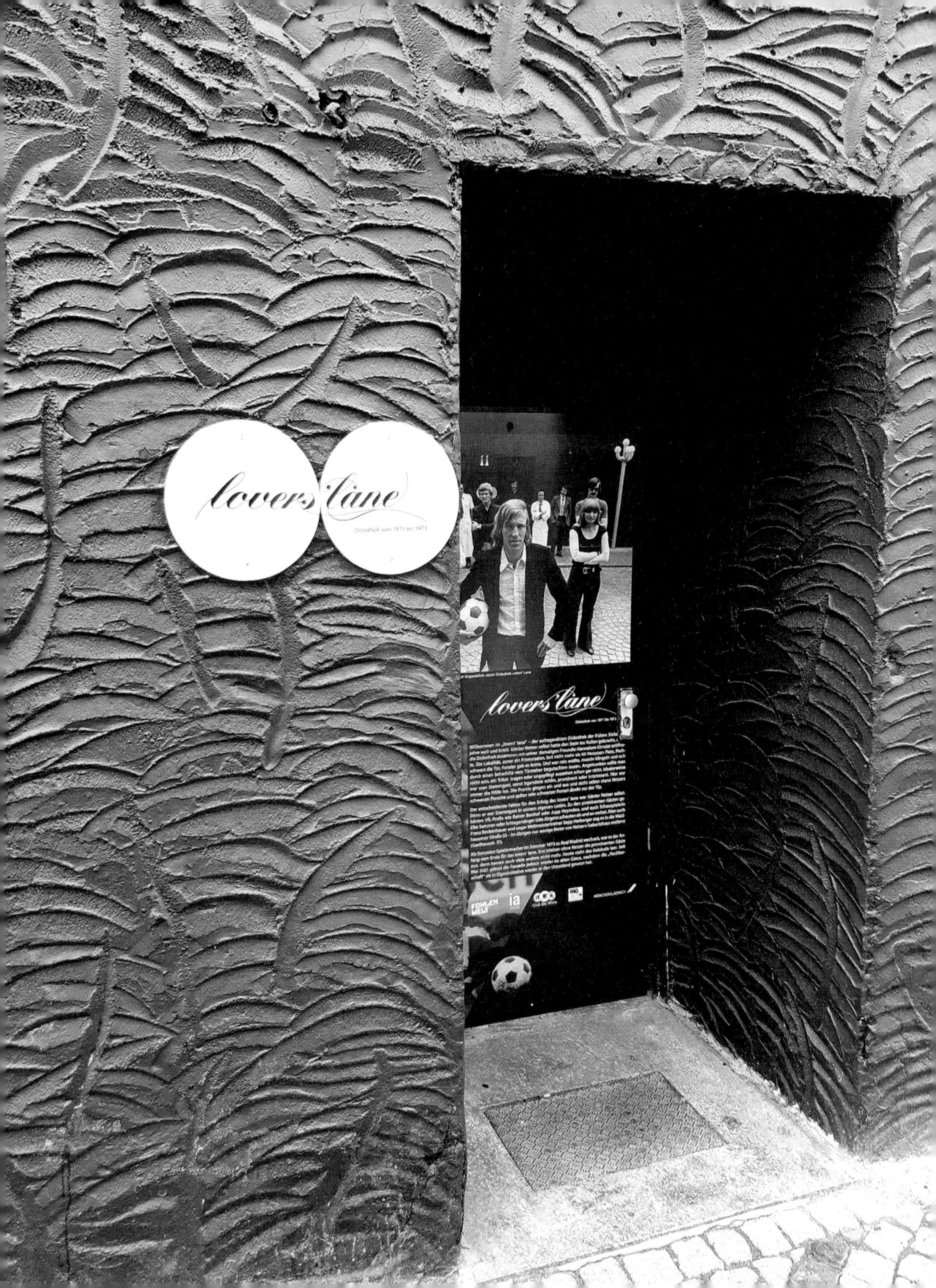
lovers' lane
Diskothek von 1971 bis 1973
lovers' lane
Diskothek von 1971 bis 1973

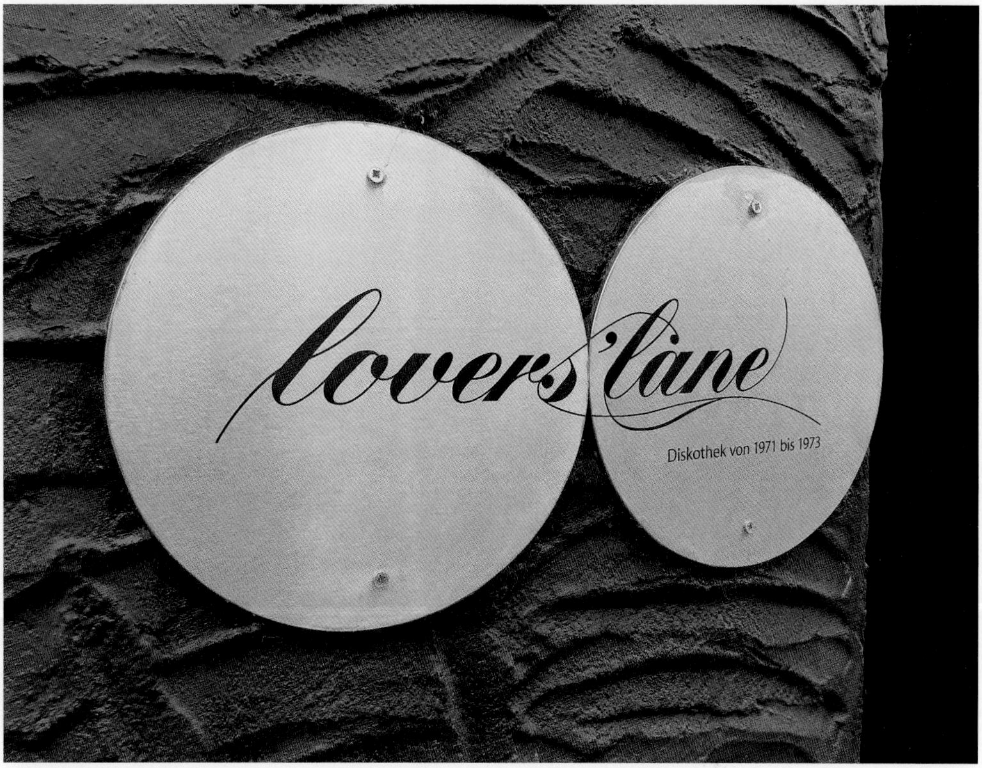

Den Anfang machten Netzer und seine damalige Freundin Hannelore Girrulat im April 1971, indem sie einen ehemaligen Friseurladen komplett in Schwarz hüllten. Es galt ein Dresscode, durch eine Klappe auf Augenhöhe sah sich Portier Rainer Mumbauer die Gäste genau an, bevor er sie in die Lovers' Lane ließ. Der Trick, Netzers Ferrari als „Lockvogel“ vor den Club zu stellen, war da schon längst nicht mehr nötig: „Kaum öffneten sich die Türen, traten sich die Leute schon auf die Füße“, schreibt die „Rheinische Post“ über den Laden, der nicht mehr als 60 Leuten Platz bot.

Für den guten Ruf sorgte zudem Barkeeper Picco Corazzini, der „für sechs bis acht Mark die besten Drinks weit und breit mixte“, DJs gab es noch nicht, „wer als nächster am Regal stand, legte eine Platte auf – oder es lief ein Tonband mit Musik“ („Rheinische Post“).

Als Netzer, der auch das Restaurant „La Lacque“ betrieb und sich im Taxigewerbe versuchte, im Sommer 1973 für eine Million DM nach Madrid wechselte, wurden die Warteschlangen kürzer und die Gäste weniger prominent. Der Club lebte bis dahin davon, dass Günter Netzer anwesend war oder der Verdacht bestand, dass er anwesend sein könnte. 1980 wurde aus der Lovers' Lane der „Sunrise Club" mit New Wave, Alternative und Grunge, 1988 war auch damit Schluss. Weitere Betreiber versuchten ihr Glück, zu langen Warteschlangen und prominenten Gästen hat es aber nie mehr gereicht.

Der „Altstadt Initiative" ist es zu verdanken, dass seit 2021 die „Fassade mit einem schwarzen Anstrich optisch wieder an die alte Glanzzeit" erinnert, die Marketing Gesellschaft Mönchengladbach ließ das alte Diskothekenschild nachbauen. Auch wenn das Gebäude leer steht, in der Waldhausener Straße 55 wird jetzt wieder daran erinnert, dass es Zeiten gab, in denen die Leute aus Düsseldorf und Köln kamen, um in Mönchengladbach feiern zu gehen.

Lovers' Lane, Waldhausener Str. 55,
41061 Mönchengladbach

Düsseldorf

Rochusstraße

Die Frage „Wer wohnt schon in Düsseldorf?" wurde durch einen bekannten Bochumer Musiker legitimiert. Warum man dort einen Fußgängerüberweg fotografieren muss, weiß die „11FREUNDE". Im Oktober 1998 musste der Zebrastreifen für das Titelbild des Düsseldorfer Fanzines „Come Back" herhalten. Marek Lesniak, Daniel Addo, Kristian Zedi und Klaus Allofs überquerten die Straße wie einst die Beatles die Abbey Road für das Cover des gleichnamigen Albums. Die Abbey-Road Düsseldorfs ist demnach die Rochusstraße und diese ist einer der „99 Orte, die Fußballfans gesehen haben müssen". Da die Rochusstraße außer einer katholischen Kirche wenig zu bieten hat, könnte die Geschichte an dieser Stelle schon ein Ende haben. Hat sie aber nicht. Dafür hat das „Come Back" im Allgemeinen und die Fanzine-Kultur im Speziellen zu viel zu erzählen. Ein historischer Abriss.

Das 1930 veröffentlichte „Comet"-Magazin gilt nach Informationen des Goethe-Instituts als das älteste Fanzine der Welt. Es kam aus dem Science Fiction-Genre, die meisten frühen Fanzines wurden dort oder in den Bereichen Fantasy, Horror oder Comic veröffentlicht. Mit dem Aufkommen der Rockmusik in den Sechziger- und der Punkbewegung in den Siebzigerjahren etablierten sich Fanzines in der Musikszene und gehörten fest zur Jugendkultur.

Es ist daher wenig verwunderlich, dass das (vermeintlich) erste Fußball-Fanzine einen engen Bezug zur Punkrock-Szene hatte und – wen überrascht es? – in den Fan-

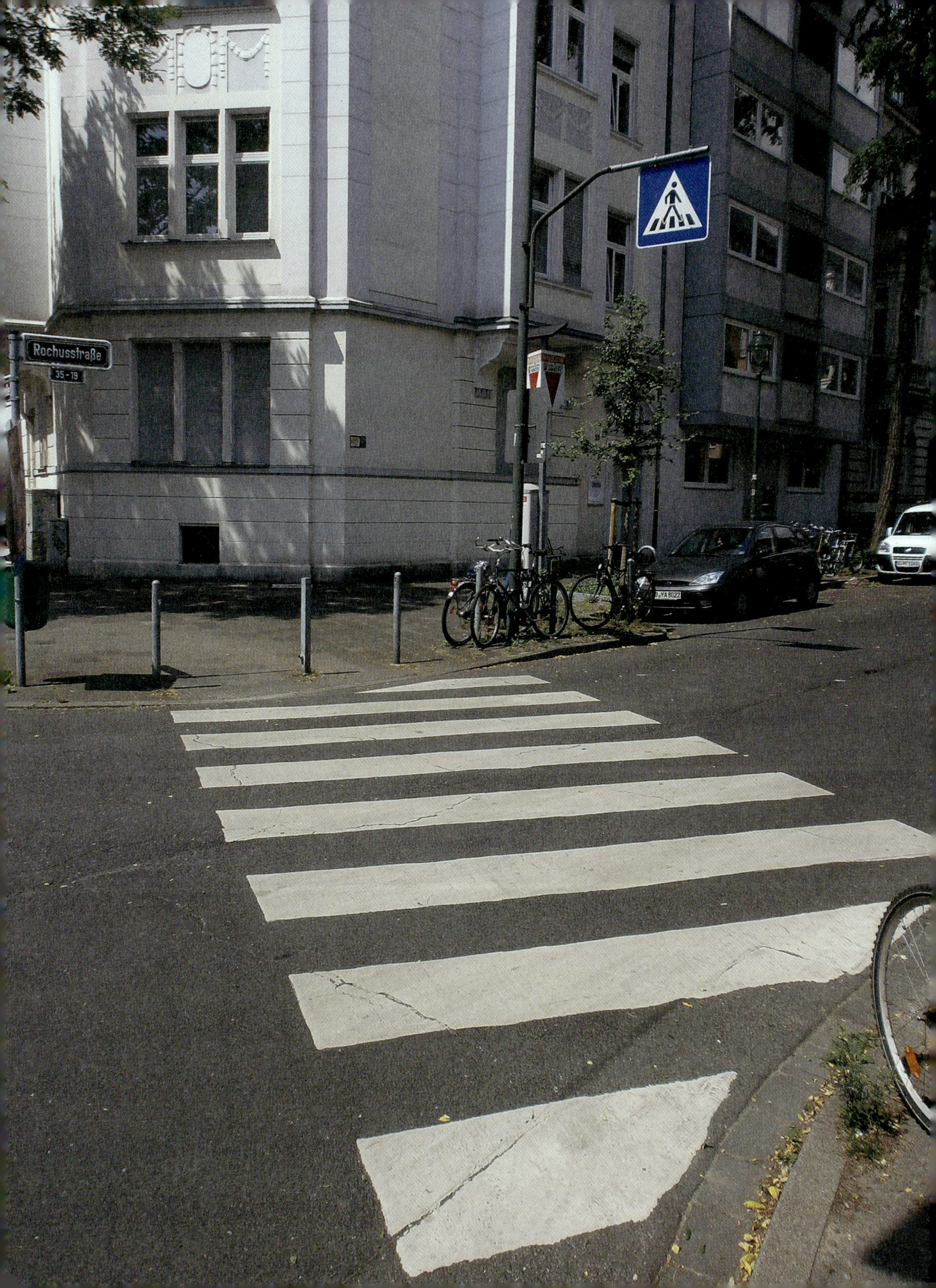
Rochusstraße
35–19

kreisen des FC St. Pauli erschien. „Viele von uns kamen aus der Punkszene", erzählte Kiezklub-Anhänger Sven Brux 2010 der „11FREUNDE" und ergänzte: „Es erschien uns also nur logisch, auch ein solches Heft zu machen. Dass wir damit in der deutschen Fanszene Vorreiter sein würden, war uns damals nicht bewusst."

Ganz unstrittig ist diese Aussage nicht, denn allein bei der Frankfurter Eintracht gab es mit „Nied aktuell", „G-Block" oder dem „Bockenheimer Bembel" bereits in den frühen Achtzigerjahren Publikationen von Fans für Fans, das Gladbacher Fanzine „Nordkurve" wurde erstmals im Jahr 1986 veröffentlicht. „Dennoch muss man sagen, dass die deutsche Fanzine-Szene, so wie sie in ihrer Blütezeit in den Neunzigerjahren die Stimmung in den Kurven dokumentierte, auf St. Pauli begann", weiß das Buch „Wer erfand den Übersteiger?".

Der am 29. Juli 1989 erstmals veröffentlichte „Millerntor Roar" gilt demnach hierzulande als „Mutter aller Fanzines" („Stadionwelt"). Bis zum April 1993 wurden 28 Ausgaben publiziert, ehe sich die Redaktion trennte und in die Nachfolgeblätter „Unhaltbar" und „Der Übersteiger" oder – wie Brux es nennt – „in Fundis und Realos" aufspaltete. Nicht nur auf St. Pauli erlebte die Fanzine-Kultur in den Neunzigerjahren ihre Hochphase. Hefte, „selbstgebastelt mit Prittstift und Schere, die Auflage von eigener Hand kopiert" („detektor.fm"). In Köln gab es den „Hennes", bei 1860 den „Löwenzahn", in Offenbach den „Erwin" oder eben in Düsseldorf das „Come Back". „Eine Fanzine-Gründerwelle schwappte über Deutschland", schrieb Volker Goll 2004 in der „Stadionwelt" und charakterisierte die Publikationen als „schicke kleine, gewitzte große und allgemein sehr geistreiche Fanmagazine". Darin lag auch der Unterschied zu den Heften vor dieser Zeit, die überwiegend im rechten Bereich angesiedelt waren und häufig Gewalt und Saufen oder eben beides thematisierten.

Im Mutterland des Fußballs war man der deutschen Fanzine-Entwicklung weit voraus. Das im März 1986 veröffentlichte „When Saturday comes" war zwar nicht das erste, aber mit einer Auflage von zwischenzeitlich 35.000 das einflussreichste Fanzine auf der Insel. „When Saturday comes" orientierte sich (laut eigener Angaben im Editorial der ersten Ausgabe) an „Off the Ball" aus Birmingham, noch älter ist der „City Gent", der im November 1984 von Mike Harrison veröffentlicht wurde und damit das älteste noch herausgegebene Fanzine ist. Als das erste Fanzine der Fußball-Szene gilt die Publikation „FOUL", die zwischen 1972 und 1976 von einer Gruppe von Studenten der Cambridge Universität erstellt wurde (und die man heute in dem Buch „Foul: Best of Football's Alternative Paper, 1972-1976" ansehen kann). Chris Lightbown, einer dieser Studenten, erklärte die Motive der Gruppe: „Weil der Fußball einfach keine der sozialen oder kulturellen Veränderungen der Sechzigerjahre in sich aufgenommen hatte. Er hing in einer totalen Zeitschleife fest."

Die deutsche Fanzine-Kultur hatte mit verschiedenen Entwicklungen zu kämpfen. In Köln wurde der „Hennes“ vom Verein verboten, in München wollten die „Löwenzahn“-Macher den Umzug ins Olympiastadion nicht mitmachen. In den Nullerjahren folgte die Rezession: Redakteure wurden älter und schieden aus ihrem selbstverständlich ehrenamtlichen Engagement aus. Volker Goll, einer der Macher des Offenbacher „Erwins“, offenbarte 2006 in „Die Zeit“: „Wir werden alt und grau. Du willst einfach nicht ewig vor dem Stadion stehen und Fanzines verkaufen.“ In der Tat ging es da schon einfacher: Meinungen konnte man unkomplizierter in Internet-Blogs veröffentlichen, Webseiten ließen sich auch ohne große Fachkenntnisse erstellen.

Das „Come Back“ ging bereits 2002 in den Ruhestand und wurde 2005 unter neuem Namen noch mal reanimiert. Doch auch der „Schlossturm“ ist mittlerweile von der Bildfläche verschwunden – wie fast alle Fußball-Fanzines.

Rochusstraße,
40479 Düsseldorf

Wuppertal

Stadion am Zoo

Das Stadionposter gehört seit der ersten „11FREUNDE“-Ausgabe zum Inventar des Fußball-Magazins. Erst noch mit Klammern befestigt in der Mitte des Heftes zu finden, liegen die Panoramen jetzt lose bei. Abgelichtet werden die Spielfelder von Reinaldo Coddou H., der zu den Mitbegründern der Zeitschrift gehört und ausgewählte Exemplare im Buch „Fußballtempel“ veröffentlicht hat. Ganze 107 Ausgaben hat es gedauert, bis das Wuppertaler Stadion „Am Zoo“ an der Reihe war. Dabei gibt es mit der Schildwand eine Besonderheit, die sich nur noch im Berliner Olympiastadion wiederfindet. Mit Alleinstellungsmerkmalen und Eigenarten ist der Platz neben dem Zoo generell gut bestückt.

Die Eröffnung 1924 nach nur einem halben Jahr Bauzeit fand in ganz Deutschland Beachtung. Die Lage, die gute Verkehrsanbindung und die Tatsache, dass Leichtathletikstadion, Radrennbahn und Fußballplatz innerhalb eines einzigen Stadions untergebracht waren, sorgten für Lobeshymnen. Nur das Deutsche Stadion in Berlin, das 1934 dem Olympiastadion weichen musste, hatte eine ähnliche Multifunktionalität. Radrennen waren in der Folgezeit wie Fußball- und Leichtathletikveranstaltungen die Hauptattraktion in Elberfeld, aber auch zu Ballonaufstiegen und politischen Großveranstaltungen – Hitler und Goebbels sprachen hier – wurde das Stadion genutzt.

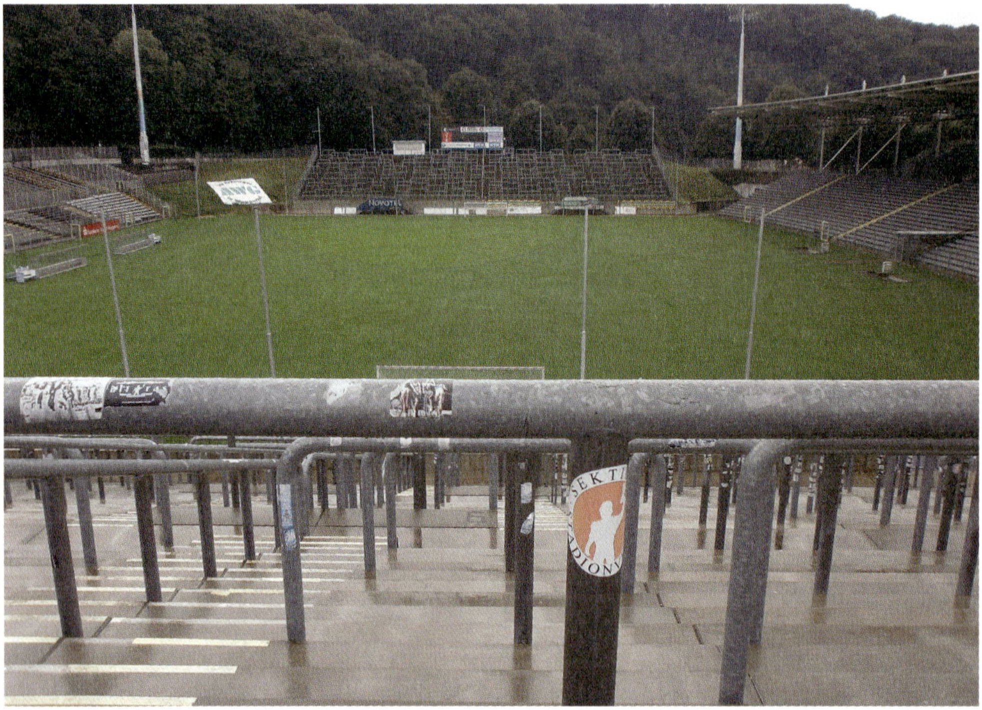

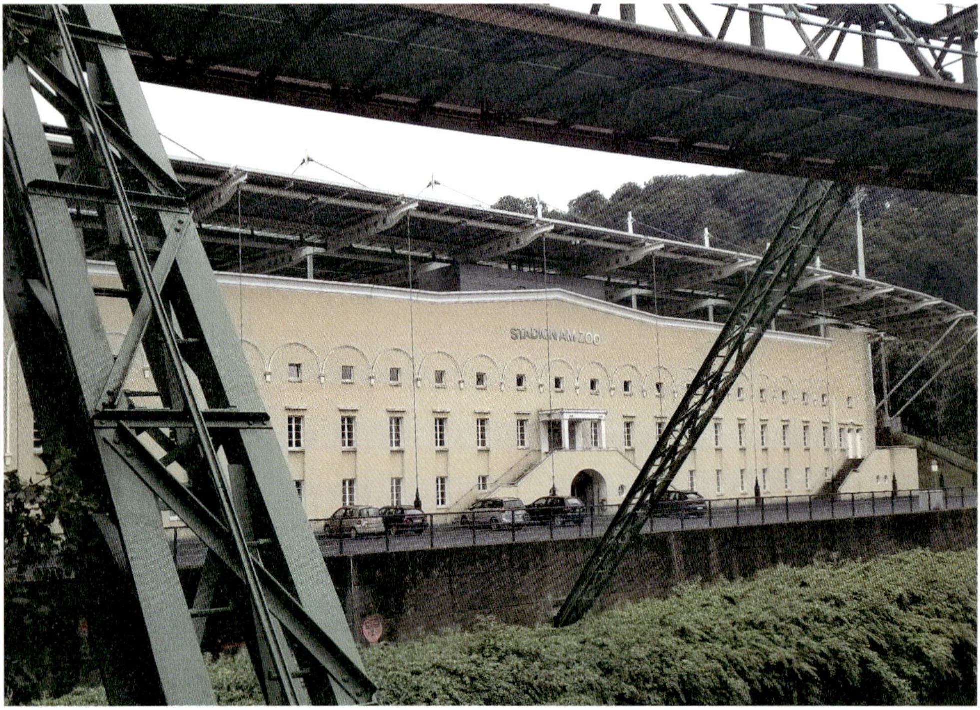
STADION AM ZOO

Ein Brand zerstörte 1932 die Tribüne, den Zweiten Weltkrieg dagegen überstand das Stadion ohne Schäden. 1957 wurde es um eine Flutlichtanlage erweitert. In den Nachkriegsjahren waren es insbesondere Rad- und Motorradrennen, die die Massen in die Arena lockten. Als 1958 ein Manipulationsskandal im Steherrennen – einer Disziplin des Bahnradsports – aufgedeckt wurde, sank das Interesse schlagartig, es wurde nicht mehr in die Radrennbahn investiert und bereits 1960 war sie nicht mehr betriebssicher.

Hochklassigen Fußball sahen 1948 (angeblich) 50.000 Zuschauer beim Halbfinale um die Deutsche Meisterschaft zwischen dem 1. FC Kaiserslautern und der TuS Neuendorf (heute TuS Koblenz). 42.000 sollen es gewesen sein, als wiederum Kaiserslautern die Berliner Hertha 1957 mit 14:1 wegputzte. Der Wuppertaler SV zog 40.000 Besucher beim DFB-Pokal-Halbfinale gegen den HSV im August 1963 an, 1972 schaffte der WSV selbst den Sprung in die Beletage des deutschen Fußballs, das Stadion wurde bundesligatauglich gemacht. Bereits 1975 folgte der Abstieg, Wuppertal verschwand 1980 nach fünf Jahren 2. Bundesliga im Amateurlager.

Das Stadion verfiel zusehends und wurde erst 1983 durch ein städtisches Gutachten vor dem Abriss bewahrt. Der Denkmalschutz machte es aber zugleich schwer, die Anlage finanziell erträglich zu renovieren. Die Haupttribüne verschlang in den Neunzigerjahren bei ihrer Renovierung unter Beibehaltung der historischen Schildwand 28 Millionen DM. Die Asche- und die Radrennbahn wurden überbaut, das Stadion Am Zoo ist mittlerweile ein reines Fußballstadion.

Um die Haupttribüne näher ans Spielfeld zu rücken, wurde der Platz einfach um vier Meter verbreitert. In einer der niederschlagreichsten Städte der Republik ist ein Örtchen unter der Tribüne aber nicht gleichbedeutend mit mollig-warmem Fußballgefühl: „Was sich scheinbar nie ändern wird, ist, dass es auf den Rängen unglaublich zieht", konstatiert WSV-Legende Günter Pröpper in „11FREUNDE". Die Redakteure selbst bewerten das Stadion als ein „beachtenswertes historisches Ensemble" mit einem Innenraum, der aussieht wie „ein nicht so recht zueinander passender Flickenteppich".

Und der erhält bald neuen Stoff: Für die Zukunft ist „nicht nur eine Überdachung der Nordtribüne geplant, sondern auch der restlichen Tribünenteile mittels Glasdach", wie die Webseite des Wuppertaler SV berichtet.

Stadion am Zoo, Hubertusallee 4,
42117 Wuppertal

Köln

Studio der Radiokonferenz

In der Retrospektive wurde an jenem Tag im Sommer 2001 der erste Sargnagel in meine Beziehungskiste geschlagen. Den letzten Spieltag der Bundesliga verbrachte ich nicht im Stadion, auch nicht vor dem Fernseher oder dem Radio – sondern auf einem Feuerwehrfest in der nordhessischen Provinz. In bedingungsloser Hörigkeit gegenüber meiner damaligen Freundin sah ich Kindern zu, wie sie Schläuche um die Wette rollten, während sich im Gelsenkirchener Parkstadion das wohl dramatischste Saisonfinale der Bundesligageschichte abspielte. Die Gerüchte auf dem Feuerwehrfest nahmen kein Ende, abwechselnd hieß es: Schalke ist Meister, Bayern ist Meister. Schalke ist Meister, Bayern ist Meister. Und mir dämmerte, dass ich gerade etwas ganz Großes verpasse.

Ein kleines Radio hätte mir schon geholfen. Denn bevor ich ein eigenes Sky-Abo hatte, bevor ich ein eigenes Premiere-Abo hatte, bevor ich ab und an in der Kneipe Premiere sah, bevor ich bei meinem Kumpel Premiere guckte, der zuerst ein Premiere-Abo hatte, bevor ich eine Phase hatte, in der ich den Fußball weniger mochte als zuvor, weil er mir nicht mehr so wichtig war, bevor ich regelmäßig ins Stadion ging, bevor ich die Tafel 222 im Videotext entdeckte, war Fußball im Radio evident. Die Schlusskonferenz ist in ihrer Zeitlosigkeit eine der größten Erfindungen des Fußballs und steht der Fernseh-Konferenz in nichts nach.

Der Unterschied zwischen TV- und Radiokonferenz liegt in der Kreativität und Fantasie der Hörerinnen und Hörer: „Das Fernsehen liefert die Bilder gleich mit, das Radio lässt sie erst im Kopf des Hörers entstehen“, sagte Werner Hansch einst der „11FREUNDE“. Dafür ist die Rolle der Reporterin (historisch bisher nur mit fünf Frauen: Stephanie Baczyk, Sabine Töpperwien, Martina Knief, Julia Metzner und Tabea Kunze) oder des Reporters nicht minder wichtig, „er (oder sie) muss mit Wortwitz und Ironie das Geschehen kommentieren, es möglichst genau beschreiben“, wie Hansch weiß. Möglichst genau sind auch die Einsätze der Reporterinnen und Reporter geplant, von plus minus fünf Sekunden spricht Alexander Bleick vom NDR, möglichst genau muss er in der Sprachwahl sein: „Das Spiel ist viel schneller geworden. Damit änderte sich natürlich auch der Kommentarstil. Man hat heute viel weniger Zeit, die Dinge zu schildern“, berichtet Bleick in einem „11FREUNDE“-Interview.

Das Konzept der Konferenzschaltung existiert seit 1952, es wurde von der Reporterlegende Herbert Zimmermann („Rahn müsste schießen – Rahn schießt!“) eingeführt. Die Bundesliga übernahm bei ihrer Gründung die Idee vom WDR, der schon die Spiele der Oberliga West via Konferenz übertrug. Heute sind alle neun Landesrundfunkanstalten der ARD beteiligt und betten die vom WDR produzierte Konferenz in ihre Sendung

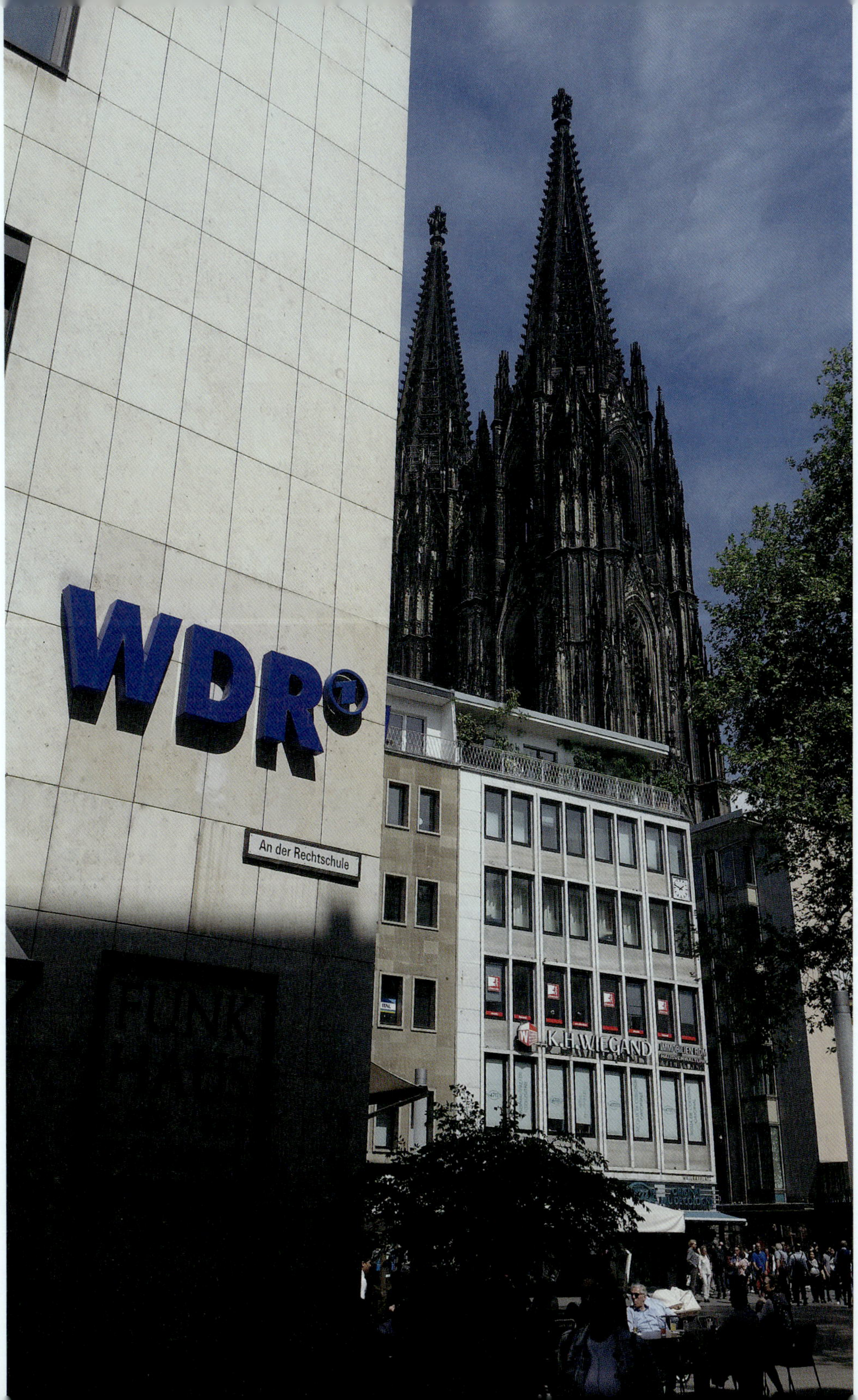
WDR
An der Rechtschule
K.H.WEGAND

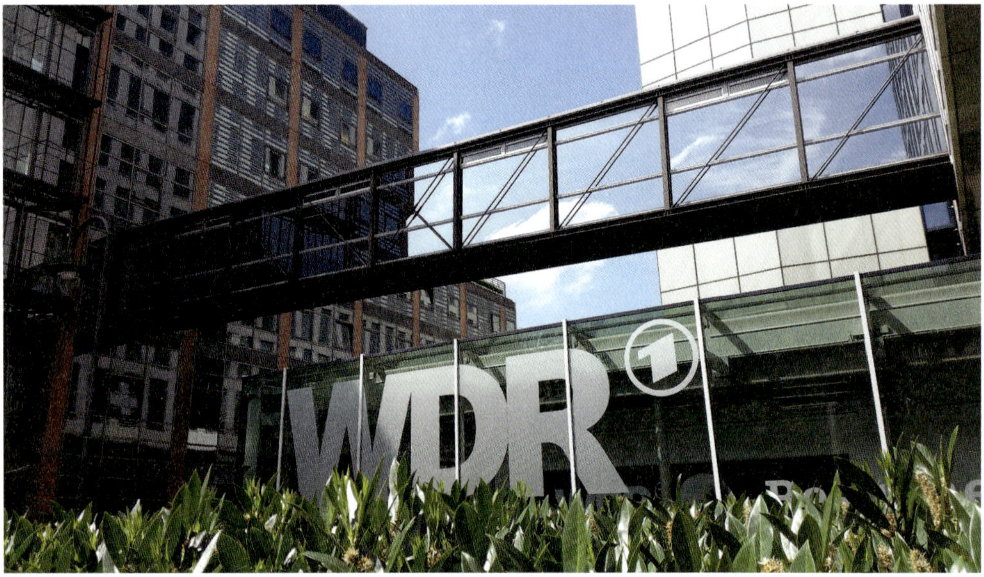

ein. So kennt der Norddeutsche die „Bundesliga-Show“, im Süden hören die Bayern „Heute im Stadion“.

Um die acht bis neun Millionen Menschen folgen der Konferenz an jedem Samstag, die Sky-Konferenz liegt bei ca. einer Million Zuschauerinnen und Zuschauern, die Sportschau bei rund vier Millionen. Einen Eindruck der Sportschau bekommt man bei der Besichtigung in den WDR-Gebäuden, an den Studios der Radiokonferenz führen dagegen sämtliche Wege vorbei. Das Hörspiel steht stattdessen im Mittelpunkt, das macht die Besucherführung nicht weniger empfehlenswert.

Was an jenem Tag im Sommer 2001 über den Äther lief, kann man in dem Buch „Tooor… in Deutschland“ nachlesen oder auf der CD „Finale Furioso!“ nachhören. Aus rechtlichen Gründen dürfen die epischen Sätze nicht hier stehen, die meisten königsblauen Anhänger ertragen diesen Moment auch nur in königsblauer Besoffenheit. Manni Breuckmann, der damals aus dem Parkstadion kommentierte, konnte das, was sich auf Schalke abspielte, „mit Worten, mit dürren Worten, nur sehr, sehr schwer beschreiben“. Ich verpasste damals einen großen Moment der Bundesligageschichte. Die Fans von Schalke 04 einen noch viel größeren.

Westdeutscher Rundfunk Köln, Appellhofplatz 1, 50667 Köln

Das kleine Geißbockheim im Kölner Zoo

Zu Tieren habe ich ein angespanntes Verhältnis. Bei der tiefenpsychologischen Analyse dieses Phänomens wird man in meiner landwirtschaftlich geprägten, frühkindlichen Phase fündig. Mein Opa brachte mir bei, wie man mit dem Luftgewehr Spatzen erschießt. Da war ich vier. Ungefähr im gleichen Alter habe ich realisiert, warum es wenig sinnvoll ist, eine Beziehung zu unseren Hasen aufzubauen. Erst saßen sie nicht mehr im Stall, dann lag das Fell in der Mülltonne und der Rest stand sonntags auf dem Tisch. Hühnern wurde vor meinen Augen der Kopf abgehackt. Dann flitzten sie noch eine Weile ohne Haupt über den Hof, bis sie einfach umfielen. Und wenn unser Dorfschlachter Ernst Rübeling im Januar das Haus betrat, wusste man, dass die Floskel „armes Schwein“ gleich Wirklichkeit werden würde.

Dass Tiere nicht in die Wohnung gehören, ist bei uns ein in Stein gemeißeltes Gesetz. Bei meiner ersten längeren Beziehung wurde ich daher ordentlich auf die Probe gestellt, als meine damalige Freundin ein Heim für Tiere hatte. Kein Tag verging ohne die Überlegung, die offenbar von Natur aus völlig überdrehten Kanarienvögel in die Freiheit und somit in ihren sicheren Tod zu entlassen. Meerschweinchen und Kaninchen haben das selbst erledigt und sich gegenseitig totgemobbt. Die Stellenausschreibung für jede weitere Frau in meinem Leben sah fortan eine gesunde Abneigung gegen jeden proteinhaltigen Kollegen vor.

Nur einen musste sie lieben: Hennes, Wahrzeichen des 1. FC Köln und dienstältestes Maskottchen der Bundesligageschichte. Im Gegensatz zu seinen niederen Stoffkollegen wie der ungemein hässlichen „Chemcat“ des Chemnitzer FC (die 2004 mit einem Stadionverbot belegt wurde), dem Uerdinger „Grotifant“ (Torhüter Carsten Nulle: „Dir trete ich das Elefantenkostüm vom Schädel!“) oder dem Gladbacher „Bumsi“, das sich in den Achtzigerjahren trotz vielversprechendem Namen nicht durchsetzen konnte, ein real lebendes Tier.

Bereits seit 1950 gehört der Geißbock zum Effzeh. Zum zweiten Vereinsgeburtstag überreichte der Cirkus Williams auf die Idee des Direktors Johann Thelen das Tier, das nach dem damaligen Spielertrainer Hennes Weisweiler benannt wurde. Hennes der I. entpuppte sich gleich als Glücksbringer, sieben Spiele in Folge blieb man ungeschlagen. Bis Anfang der Sechzigerjahre fuhr der Geißbock auch fast immer auswärts mit, ehe der Tierschutz, DFB-Gesetze und logistische Gründe nur noch Heimspiele gestatteten.

Im November 1966 trat sein Nachfolger die zweite Amtszeit an. 16 Jahre hatte Hennes I. regiert und wurde unter anderem zweifacher Deutscher Meister. Auf lediglich vier Jahre (und einen Pokalsieg) brachte es Hennes der II., der an dem Biss eines Schäferhundes starb – auch wenn die Legende besagt, dass er von Gladbach-Fans vergiftet wurde. Während Hennes der III. ohne Titel blieb, ging Hennes der IV. als Double-Sieger in die Effzeh-Geschichte ein. Sein Nachfolger war der bislang letzte Geißbock, der mit dem Pokalsieg 1983 einen großen Titel gewinnen konnte. Hennes der VII. erlebte sogar vier Auf- und Abstiege, wen wundert es da, dass er an einem Freitag den 13. eingeschläfert werden musste. Seit 2019 ist der neunte Geißbock im Amt.

Um ihn und seine acht Vorgänger haben sich in über 60 Jahren viele Anekdoten ereignet. Hennes der VII. wurde bei der Serie SK Kölsch ermordet, Hennes der II. urinierte auf einen Ordner, nachdem ihn dieser am Schwanz gezogen hatte. Als Anhänger des Effzeh Fahnen der Gladbacher Ultras klauten, befürchtete man die Ermordung des Maskottchens als Racheakt. Heute hat Hennes sogar eine eigene Autogrammkarte.

Die Tiere wohnten seit den Siebzigerjahren bei Wilhelm Schäfer und seiner Frau Hildegard auf der „Hennes-Ranch“ in Köln-Widdersdorf, Hennes der VIII. war der erste

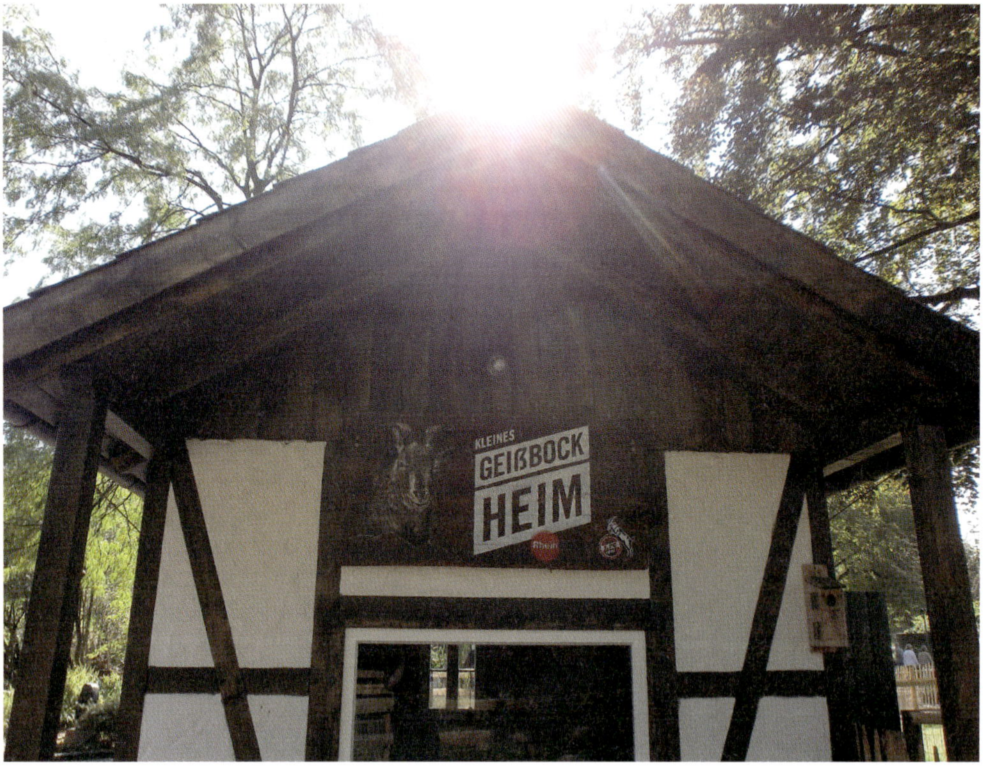

Geißbock, der im Sommer 2014 „das kleine Geißbockheim" im Kölner Zoo bezog. „Das ist eine tolle Geschichte. Unser Maskottchen rückt ganz nah an die Fans, die es künftig besuchen können", äußerte sich der damalige FC-Vizepräsident Toni Schumacher positiv zum Wohnortwechsel.

„Wenn sie mir den Hennes wegnehmen, will ich nicht mehr leben", sagte Hilde Schäfer noch 2008, als es erste Pläne gab, Hennes in den Kölner Zoo zu stecken. Sechs Jahre später gab sie ihre Einwilligung und erhielt eine Dauerkarte für den Zoo. Als der Effzeh im Mai 2018 zum sechsten Mal abstieg, verstarb Hilde Schäfer wenige Tage später.

Am 23. August 2019 feierte Hennes IX. sein Debüt gegen Borussia Dortmund. Hennes der VIII. ging zuvor aus gesundheitlichen Gründen in den Ruhestand, unser Dorfschlachter Ernst Rübeling aus altersbedingten. Bis zum Sommer 2021 soll man ihn häufiger im Kölner Zoo gesehen haben. Dann kam Steffen Baumgart.

Das kleine Geißbockheim im Kölner Zoo,
Riehler Straße 173, 50735 Köln

Köln

Geißbockheim, Köln

Die Meinungen gehen auseinander, wenn über die Heimat des 1. FC Köln gesprochen wird: „Das ist unser Herz hier", sagt Toni Schumacher, „es ist schön, dass man so ein Zuhause hat!" Sein ehemaliger Mitspieler Thomas Allofs nennt es weniger pathetisch einfach einen „Ausflugsort", von einem „Bau in der Optik einer Freibad-Umkleide" berichtet dagegen die „11FREUNDE". Unstrittig ist dagegen die idyllische Lage des Geißbockheims. Mitten im Kölner Grüngürtel liegt es, direkt am Decksteiner Weiher im Stadtteil Sülz. Und auch das ist ein Grund, warum in Köln die Meinungen beim Geißbockheim auseinandergehen.

Das Trainingsgelände ist zum Politikum geworden, der Verein möchte es erweitern: „Der FC will auf der Gleueler Wiese in direkter Nachbarschaft zum Geißbockheim drei Kunstrasenplätze für die Jugendmannschaften bauen, darüber hinaus soll neben dem Franz-Kremer-Stadion auf einer bereits versiegelten Fläche ein modernes Leistungszentrum entstehen", erklärt der Blog effzeh.com. Umweltverbände und Bürgerinitiativen stellen sich dagegen, die Politik versucht es mit einer Hinhaltetaktik.

Bereits 1949 richtete der 1. FC Köln ein Sonderkonto zum Bau einer Großsportanlage ein. 1951 wurde mit der Errichtung des Rasenplatzes begonnen, ein Jahr später der

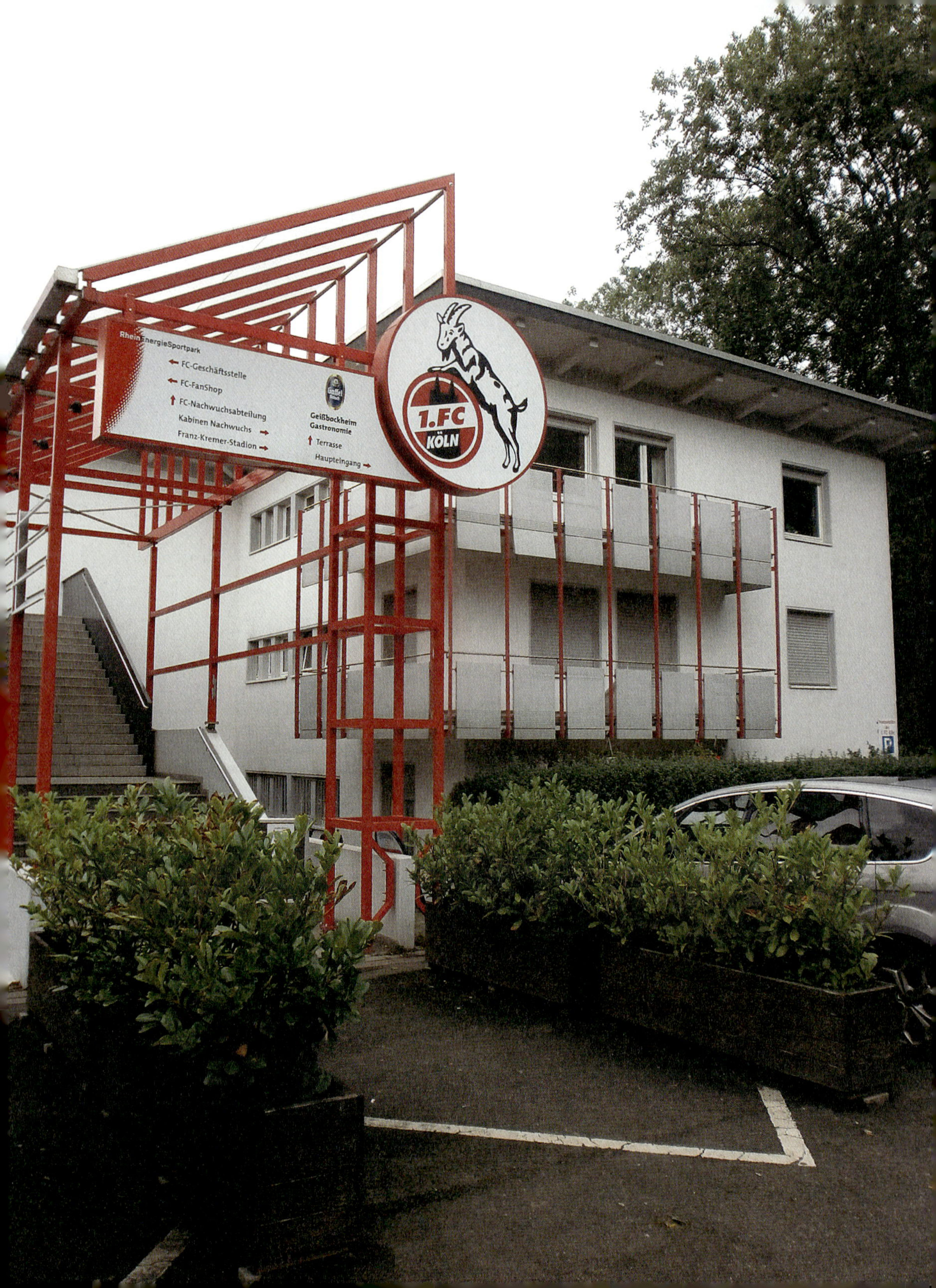
RheinEnergieSportpark
FC-Geschäftsstelle
FC-FanShop
FC-Nachwuchsabteilung
Kabinen Nachwuchs
Franz-Kremer-Stadion
Geißbockheim
Gastronomie
Terrasse
Haupteingang
1.FC
KÖLN

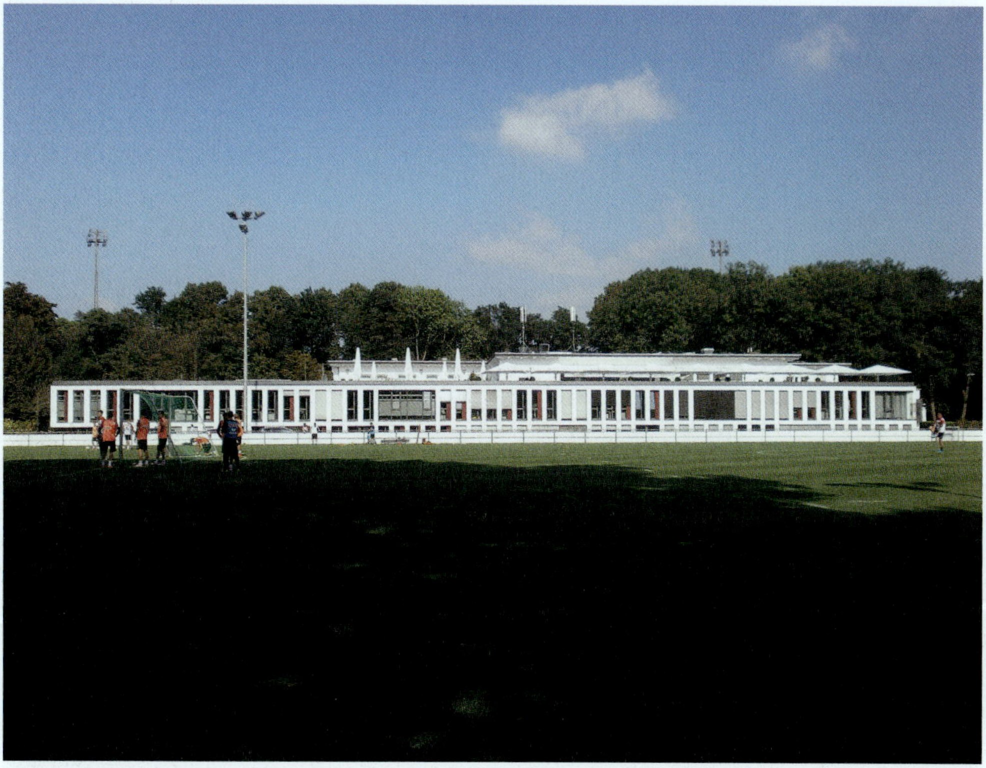

Grundstein für das Geißbockheim gelegt, das im September 1953 eröffnet wurde. Die Kosten betrugen 250.000 DM, das Klubheim hatte den Ruf, „das modernste und beste Klubhaus in Deutschland zu sein", wie Vizeweltmeister Wolfgang Weber auf der inzwischen eingestellten Seite Bolzen-Online erzählt. Den ersten großen Titel feierten die Geißböcke hier mit 50.000 Fans im Mai 1962, als man die Deutsche Meisterschaft an den Rhein holte.

Als die Bundesliga ein Jahr später in ihre Premierensaison ging, war der 1. FC Köln seiner Konkurrenz weit voraus und nach Wolfgang Weber der „bestvorbereite Klub". Franz Kremer, der erste Präsident des Vereins, war eine der prägendsten Persönlichkeiten bei der Einführung des professionellen Fußballs in Deutschland und stand für modernste Managementmethoden. Nach ihm ist nicht nur die Straße benannt, die zum Geißbockheim führt, sondern auch das 1971 fertiggestellte Amateurstadion, das nur wenige Meter entfernt liegt und 5.500 Zuschauern Platz bietet.

Die Anlage wurde in den letzten Jahrzehnten sukzessive erweitert. Seit 1994 befindet sich ein Fan-Shop im Gebäude, der 1997 vergrößert wurde. Das 2009 fertiggestellte Verwaltungsgebäude beherbergt die Geschäftsführung. Der Anbau, der neben dem Altbau platziert wurde, verhindert die Sicht von der Terrasse des Restaurants auf den Trainingsplatz. Vorher konnte man von dort gemütlich zusehen, wie die Profis die Kalorien verbrennen, die man sich selbst in Form von Kuchen oder Currywurst reinschaufelt. Das Geißbockheim ist nicht nur Mitgliedern vorbehalten, sondern lädt alle Fußballbegeisterten ein. In den Räumlichkeiten kann man auch Familienfeiern austragen.

Die letzten (Titel-)Feiern des Vereins liegen schon länger zurück. Der DFB-Pokalsieg 1983 wurde nur im kleinen Kreis begossen, beim Wiederaufstieg 2000 fand Masseur Jürgen Schäfer einige Spieler auf den Massagebänken – sie schliefen ihren Rausch aus. Diese und weitere Kuriositäten rund um den 1. FC Köln hat Dirk Unschuld in seinem Buch „Als der Geißbock Moped fuhr" aufgelistet. Für jeden Fußballfan ist es empfehlenswert, für jeden Effzeh-Anhänger ist es wie der Besuch im Geißbockheim ein Muss.

Geißbockheim, Franz-Kremer-Allee 1–3,
50937 Köln

Köln

Die halbe Stunde vor dem Anpfiff in Köln

An dem Tag, an dem sich der 1. FC Köln für den Europapokal qualifizierte, bin ich nicht ins Bett gegangen. Ich wollte einfach, dass dieser Moment niemals endet. Der eigene Spielverlauf und der der Konkurrenz sorgten dafür, dass dieser letzte Spieltag im Mai 2017 seine eigene Poesie entwickelte.

Keine vier Monate später musste ich das Radio leiser drehen, als ich das Spiel gegen Augsburg im Auto verfolgte. Bereits zum Ende der Hinrunde stand der sechste Abstieg so gut wie fest. Der Verein war wieder da angekommen, wo ihn Rudi Völler schon immer wusste, als er sagte: „Das Beste in Köln ist die halbe Stunde vor Spielbeginn".

Grundlage der besten 30 inländischen Vorspielminuten sind die vielen Karnevalslieder, die eine Sparversion der „fünften Jahreszeit" bieten. Ein Fest für Freunde schrulliger Folklore! „Gefühlgetragene kölsche Lieder stimmen die Anhänger vor dem Anpfiff ein", schreibt Klaus-Hendrik Mester in „Vom Stadion zur Arena" und ergänzt: „Das Publikum feiert sich, den Verein und die Stadt". Mit den „Höhnern", den „Bläck Fööss", „BAP" oder den „Brings" gibt es eine Reihe von Bands, die dem Kölner Liedgut frönen. Viele von ihnen haben dem Verein einen eigenen Song gewidmet.

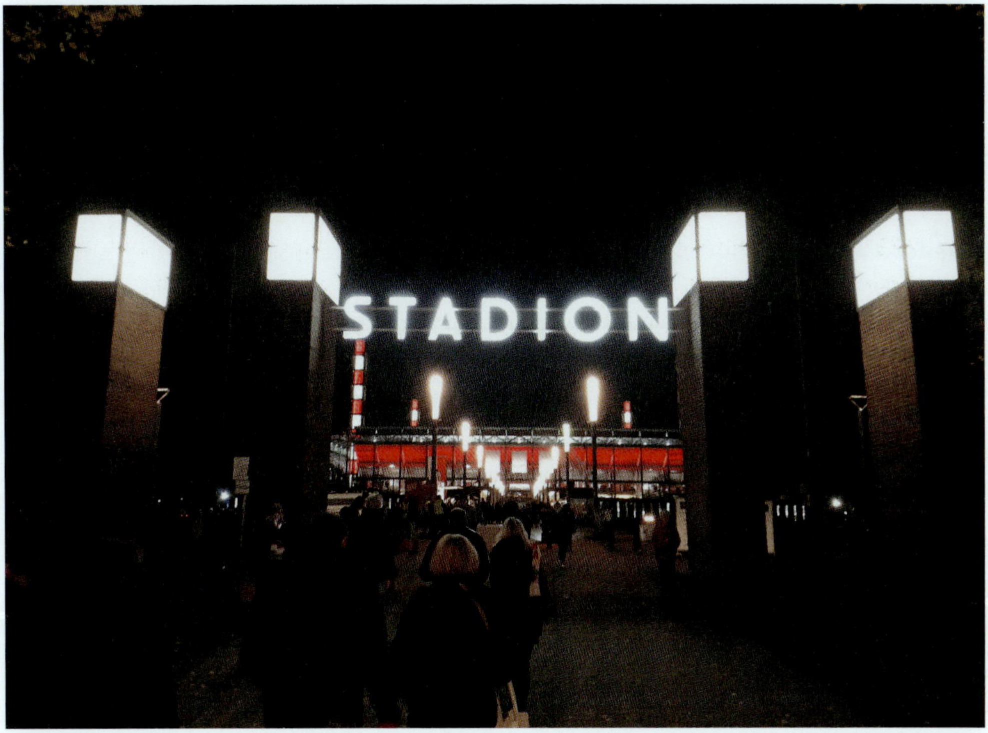

Die Höhner und die Bläck Fööss haben dabei in ihren Liedern auf Dudelsackklänge zurückgegriffen, die eine hohe Empfänglichkeit für Gänsehaut mit sich bringen. Das Lied „Du bes die Stadt“ ist eine abgewandelte Version von „Highland Cathedral“, der Höhepunkt der halbstündigen Zeremonie ist aber die FC-Hymne „Mer stonn zo dir FC Kölle“. Fast drei Minuten hält der Geißbock-Fan dann seinen Schal in die Höhe, um ihn anschließend zu den schnelleren Takten „kreisen“ zu lassen. Dazu laufen die Mannschaften ein. „Wenn alle mitsingen, die Schals geschwungen werden, das ist einfach nur der Hammer“, sagt ein Anhänger im Rahmen der WDR-Kurvenklänge. Das Lied ist angelehnt an das schottische Traditional „Loch Lomond“, das über 150 Jahre alt ist.

Noch nicht ganz so lang steht das Rhein-Energie-Stadion an diesem Ort. Im Januar 2004 wurde es eröffnet, rund 50.000 Menschen finden hier Platz. Dennoch ist der Stadtteil Müngersdorf der bedeutendste Fußballstandort für den 1. FC Köln. Seit seiner Gründung im Jahr 1948 spielt der Effzeh im Westen der Stadt, zuerst in der Radrennbahn, später im Müngersdorfer Stadion. Für viele Anhänger gilt daher im Hinblick auf einen Stadionneubau: „Standort Müngersdorf unverhandelbar“.

Dass ein Verein ein Jahr nach dem Einzug in den Europapokal wieder eine Klasse tiefer spielen muss, schafft neben anderen Traditionsdeppen nur der 1. FC Köln. Trotz des

Abstiegs ging Jonas Hector mit in die 2. Bundesliga. Am Tag seiner Vertragsverlängerung fragte ein englischer Nutzer auf Twitter sinngemäß: „Was ist der 1. FC Köln für ein Verein, wenn ein deutscher Nationalspieler mit in die Zweite Liga geht?“ Die beste Antwort auf diese Frage gab vermutlich Neven Subotic in einem „11FREUNDE“-Interview, das er rund um den Einzug in den Europapokal gab:

„Es war der Hammer. Am Abend, als wir es gepackt hatten, sollte eine Feier aller Mitarbeiter und Spieler stattfinden. Ich habe mich nach unserem Spiel ins Auto gesetzt und zu den zwei jungen Spielern Birk Risa und Nikolas Nartey gesagt: ‚Steigt ein. Ich möchte euch etwas zeigen.‘ Wir fuhren zunächst die Aachener Straße lang, die direkt vom Stadion zur Stadtmitte führt. Danach hatte ich mir eine szenische Route ausgedacht, vorbei an all den Kneipen und Bars. Überall standen die Fans und rasteten komplett aus. Die Jungs sind aufs Dach gestiegen. Sie sind noch jung, haben noch nicht so viele Spiele gemacht. Aber ich wollte ihnen etwas zeigen: Das ist der Fußball, wir stehen nicht nur für drei Punkte oder unsere Karriere auf dem Platz. In solchen Momenten siehst du, was für einen krassen Einfluss der Verein und damit unsere Spiele haben. Sie haben einen Effekt auf das Leben der Leute.“

RheinEnergieStadion, Aachener Straße 999,
50933 Köln

Bergheim

Lukas-Podolski-Sportpark

Bis zur Saison 1997/1998 gehörte der 1. FC Köln fest zum Inventar der Bundesliga, war Gründungsmitglied, ihr erster Deutscher Meister und Doublesieger 1978. Als Lukas Podolski im November 2003 das erste Mal für die Profimannschaft des 1. FC Köln traf, stand der Verein auf dem letzten Tabellenplatz der 1. Bundesliga. Am Ende der Spielzeit stieg der Effzeh mit der bis dahin schlechtesten Punkteausbeute der Vereinsgeschichte ab. Es war der dritte Abstieg seit 1998, der dritte Abstieg binnen sieben Jahren.

Die Situation im deutschen Fußball war zu Beginn der Nuller-Jahre nicht weniger prekär. Der Vizeweltmeister-Titel in Japan und Südkorea täuschte nur kurzzeitig über das schlechte Abschneiden bei der EM 2000 hinweg. Sinnbildlich für die Problematik war die Nominierung des 39-jährigen Lothar Matthäus, der bei der Europameisterschaft bei allen drei Vorrunden-Partien auf dem Feld stand. Dem deutschen Fußball fehlte es schlicht und ergreifend an Nachwuchs.

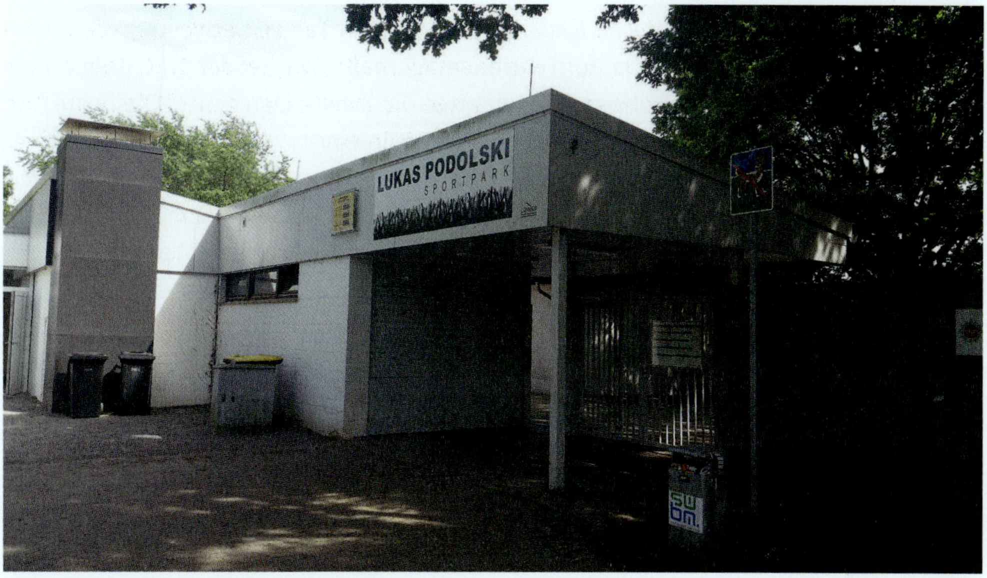

Lukas Podolski war gewissermaßen zur besten Zeit am allerbesten Ort. Die kölsche Fußballseele lechzte nach einem Alaaf der Hoffnung und fand es in Lukas Podolski, einem Spieler mit genialem Torinstinkt und einem unglaublichen linken Huf. Podolski erzielte nicht nur Tore, er erhob das Toreschießen zu einer Kunstform, wurde 13 Mal zum Torschützen des Monats gewählt. Was Podolski für Köln war, war er zusammen mit Bastian Schweinsteiger auch für Fußball-Deutschland: Erstmals wurde mit Podolski ein Zweitligaspieler für ein großes Turnier nominiert.

Dass er nach seinem Intermezzo beim FC Bayern wieder zurück nach Köln wechselte, festigte seinen Kultstatus in der Domstadt. Zwar konnte Podolski den fünften Kölner Abstieg 2012 nicht verhindern, die Transfererlöse aus dem Verkauf nach London retteten den Verein aber mutmaßlich vor der Insolvenz.

Man kann den Eindruck gewinnen, dass er danach rastlos war, in London nicht richtig glücklich wurde, auch nicht bei Inter Mailand oder in Istanbul. Mit seiner großen Liebe aus Köln spielte er meistens um den Klassenerhalt, der Druck lag oft genug und einzig und allein bei Podolski. Irgendwann in dieser Zeit oder unmittelbar nach der Rückkehr aus München verlor Podolski seine Lockerheit, vielleicht war er auch einfach erwachsener geworden. Dass er im Vorfeld der WM 2014 mit starken Trainingseindrücken auf einen Kaderplatz drängte, vergaß die Medienlandschaft spätestens nach dem Gruppenspiel gegen die USA, am Ende wurde Podolski oft als Maskottchen verspottet.

Vielleicht wirkt er deshalb ein Stück weit unvollendet, sofern jemand mit 130 Länderspielen überhaupt unvollendet wirken kann. Vielleicht hätte er sich mit etwas Geduld beim FC Bayern durchgesetzt und hätte ähnlich viele Pokale im Schrank wie Bastian Schweinsteiger. Podolski wurde zum Verhängnis, was man heute meist vergeblich sucht: die Verbundenheit zu seinem Herzensverein.

Die fußballerischen Wurzeln Podolskis liegen 30 Kilometer westlich von Köln in Bergheim, einer 60.000-Einwohner-Stadt, in der Podolskis Eltern heute noch wohnen. Mit einer Großspende ermöglichte der gebürtige Gliwicer den Ausbau des Bergheimer Stadions, das seit November 2010 den Namen „Lukas-Podolski-Sportpark" trägt. Podolski hat seine Wurzeln nie vergessen, in Bergheim ist man ihm bis heute dankbar dafür.

Lukas-Podolski-Sportpark, Sportparkstraße 3,
50126 Bergheim

Erftstadt-Lechenich

Fußball-Sammlerbörse

Sein Blick ist konzentriert, der Schritt ist stramm. Man kann an jeder Faser seines Körpers erkennen: Es geht heute darum, den entscheidenden Treffer zu landen. Als wäre er Andi Möller im Halbfinale 1996 gegen England. Oder Jonas Hector im Viertelfinale 2016 gegen Italien. Aber der Mann geht nicht zum Elfmeterpunkt. Er ist auf dem Weg in die Schulsporthalle Erftstadt. Er wird sich über Möllers und Hectors Heldentaten gefreut haben, sonst wäre er nicht zu Gast bei einer Fußballsammlerbörse. Seine entscheidenden Treffer möchte er aber bei Pins, Bergmann-Bildern oder einem der anderen Sammelgebiete landen.

Man neigt zu sagen: Hier in Erftstadt findet man alles rund um das Thema Fußball: Fähnchen aus Plastik, die man früher an der Schießbude auf der Kirmes ergattern konnte. Wimpel, tausende von jedem Verein. Autogramme, Trikots, Stadionpostkarten, Maskottchen. Aber ganz so ist es nicht. Die von mir gesuchte Magnettabelle werde ich an diesem trüben Sonntag im November nicht finden. Aber ich werde Leute kennenlernen, die mir vielleicht helfen können.

Natürlich sind das in erster Linie Männer. Die Biertheken auf der Kirmes werden mittlerweile von Frauen erobert. Öffentliche Toiletten werden via Aufkleber gleichgeschlechtlich gemacht. Aber hier in Erftstadt wird nicht gegendert. Frauen dürfen assistieren, sie dürfen begleiten, aber die große Bühne gehört dem Mann und seiner Sammelleidenschaft. Und die ist bei vielen nah am Wahnsinn. An einem Stand hat sich ein Autogrammjäger breit gemacht, er gleicht den Bestand des Verkäufers penibel mit sei-

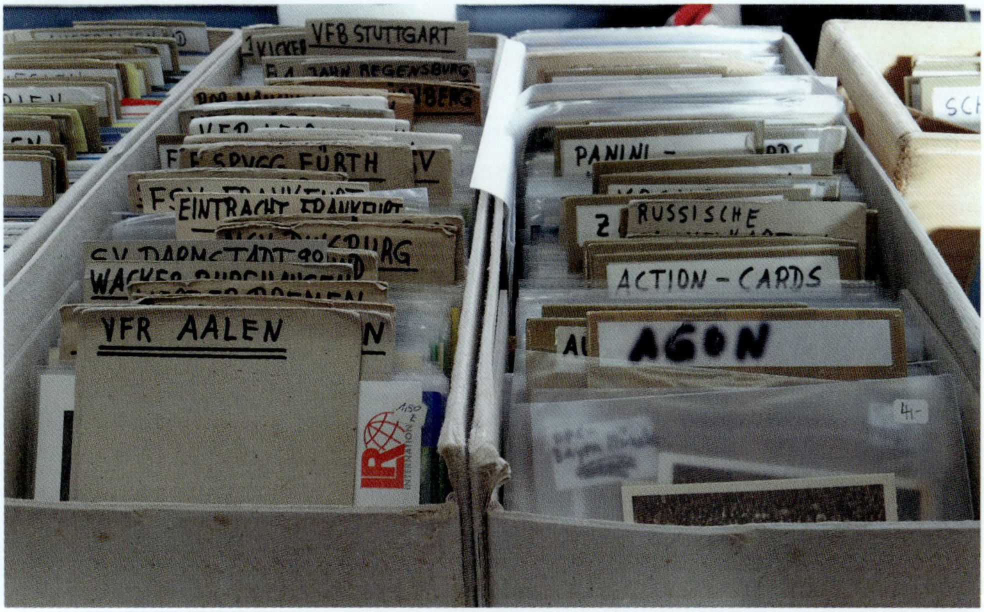

nem eigenen ab. Dafür hat er seinen Laptop aufgeklappt, starrt manisch auf den Bildschirm und hat die Welt um sich herum längst vergessen. Am Ende des Tages werden rund 1.000 Sammler hier gewesen sein, die bei 100 Ausstellern eingekauft haben. Genaue Zahlen hat man nicht, der Eintritt ist frei.

Seit 2005 gibt es die Sammlerbörse in Erftstadt-Lechenich, initiiert hat sie Siegfried Holzheimer. Der gebürtige Augsburger wohnt seit 1974 in Erftstadt und ist selbst Sammler: „Ich bin bei einer Börse im Offenbacher Raum angesprochen worden, dass so eine Veranstaltung im Kölner Raum fehle“, erläutert er dem „Kölner Stadtanzeiger“ 2012 in einem Bericht. Holzheimer machte sich an die Arbeit, suchte Sponsoren und schrieb Fußballer an. Es hat sich gelohnt: Die Ausstellungsfläche wurde mittlerweile von der Schulaula auf die Sporthalle ausgeweitet, die Sammlerbörse in Erftstadt ist die größte Europas.

Ihren Stellenwert erkennt man auch an den Autokennzeichen rund um das Schulgelände, die Sammler reisen sogar aus Berlin und dem Ausland an, Italien, Polen und Rumänien sind vertreten, die Nachbarn aus Holland natürlich auch. In Erftstadt soll es zur Sammlerbörsen-Zeit kein freies Hotelzimmer mehr geben, „alles belegt bis rauf nach Brühl“, sagt Holzheimer der „11FREUNDE“.

Die zwei Helden des heutigen Tages sind darauf nicht angewiesen, sie reisen mit dem Auto an. Erwin und Helmut Kremers sind die Stargäste, pünktlich um 12 Uhr betreten sie die Bühne und schreiben Autogramme. Die Security passt darauf auf, dass es maximal drei Stück sind, dann ist der Nächste an der Reihe. Die Altstars sind die Kirsche auf der Sahne, im Jahr davor war Sepp Maier hier, Uwe Seeler und Karl-Heinz Schnellinger waren auch schon da.

Wir holen uns keine Autogramme von den Kremers-Zwillingen, blank gehen wir trotzdem nicht nach Hause: Wir kaufen zwei Plastikfähnchen als Reminiszenz an die Kindheit, sie kosten zusammen zwei Euro. Dem Verkäufer tut das auch nicht weh, jetzt hat er noch immer weit über 1.000 Stück. Weitaus interessanter ist die E-Mail-Adresse von Thomas, der zwar keine Magnettabellen dabeihat, aber selbst mal welche sammelte. Ich werde ihn in den nächsten Tagen kontaktieren und dann werden wir sehen, ob er die von 4711 hat, die ich schon so lange suche. Wenn nicht, dann bin ich nächstes Jahr halt wieder hier.

Fußball-Sammlerbörse im Schul- und Sportzentrum Lechenich,
Dr. Josef-Fieger-Straße 7, 50374 Erftstadt-Lechenich

Bad Camberg-Würges

Glockenturm

Als Kind war mir schnell klar, dass ich in den Norden muss. Die Band „Truck Stop“ hatte es mir mit dem Gassenhauer „Der Wilde Westen fängt gleich hinter Hamburg an“ angetan und die Gegend umschrieben, in der ich mein berufliches Ziel verwirklichen konnte. Dann saß ich mit meinem Cowboyhut in unserem Garten, bewaffnet mit einem Knüppel. Und ich wartete darauf, irgendwie nach „hinter Hamburg“ zu kommen, um dort als Cowboy durchzustarten.

Spätestens 20 Jahre danach musste ich beim ersten Besuch meiner Schwiegereltern in Lübeck feststellen, dass der Landstrich hinter Hamburg entlang der Autobahn trostlos und keinesfalls der Wilde Westen ist. Alles andere als ein „Goldener Grund“. Den findet man dafür im Süden Hessens am Ende der Hochtaunusstraße. Im Bad Camberger Stadtteil Würges schlummert ein wunderschönes Stadion, das einen ehemaligen Oberligisten und zweifachen Hessenpokalsieger beherbergt.

Es ist aber nicht der Platz alleine und auch nicht sein schöner Name, der Würges in den illustren Kreis der Fußball-Sehenswürdigkeiten erhebt. Es ist der Glockenturm, der auf der Sprecherkabine steht, beim Torerfolg das Bimmelchen läuten lässt und der „11FREUNDE“ zufolge aus so ferner Zeit ist, „dass niemand mehr weiß, wie es zu dem Ritual kam“.

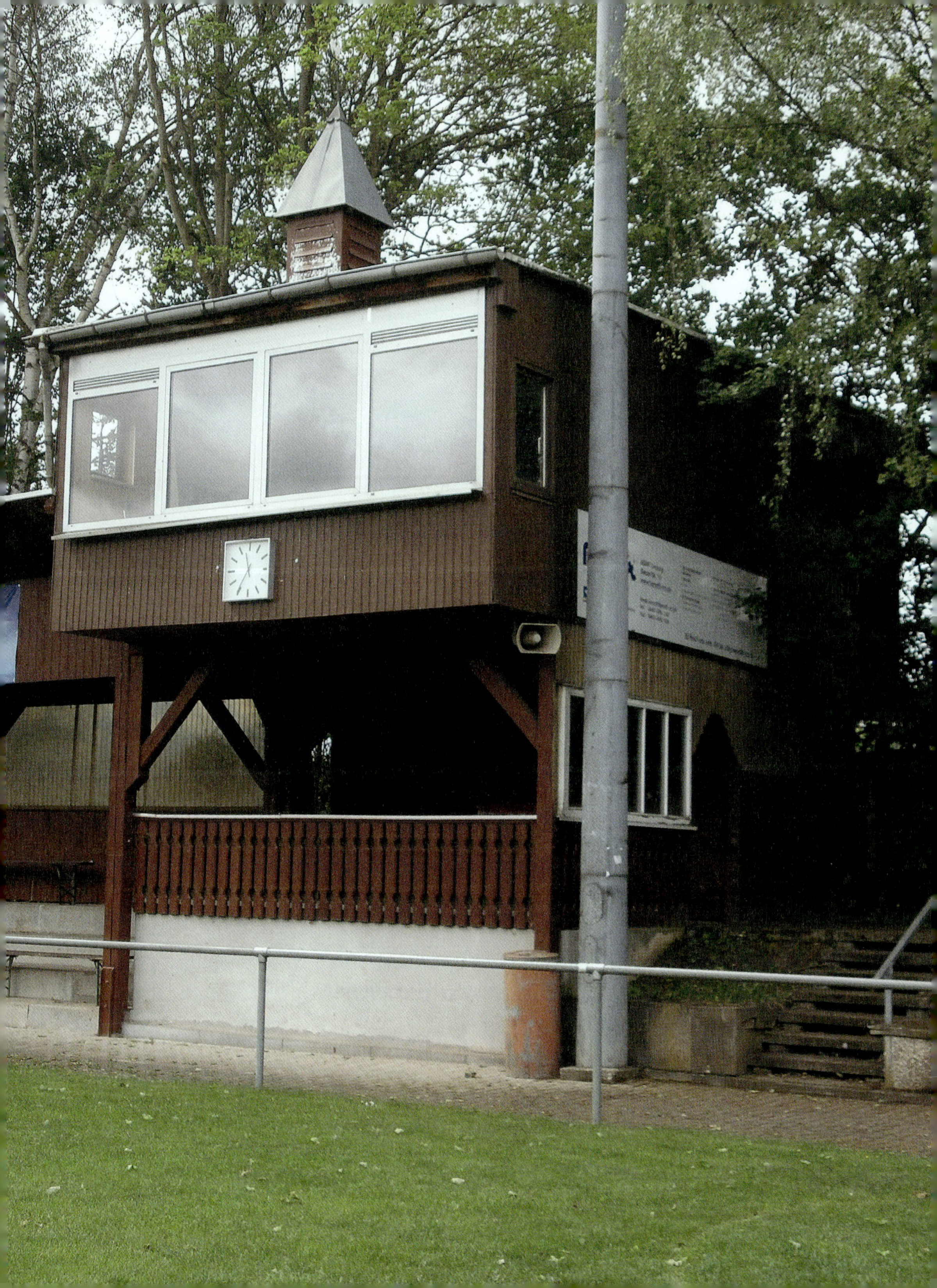

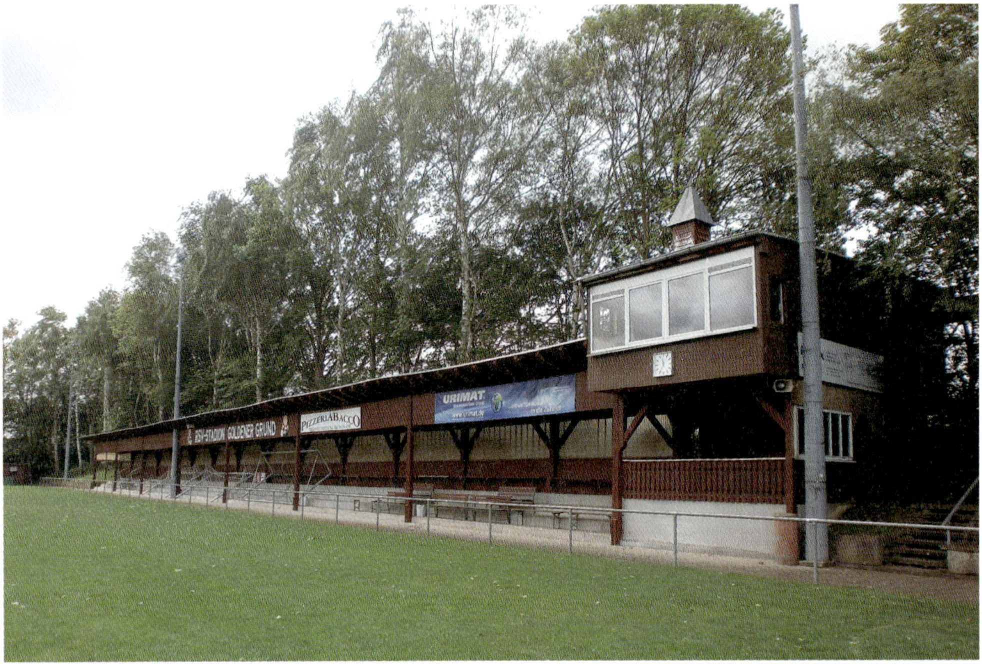

Diese Behauptung ist aber nicht richtig, denn im Taunus kann man sich sehr wohl erinnern, woher die Glocke stammt – und tatsächlich führt der Weg in den hohen Norden. Als der RSV Würges 1980 in der zweiten Runde des DFB-Pokals beim OSC Bremerhaven triumphierte, sicherte sich die Anhängerschaft ein Andenken an diesen Erfolg. „Während der Siegesfeier im Restaurant des Museumsschiffs »Seute Deern« im Deutschen Schifffahrtsmuseum erwarben einige Fans nach zähem Ringen vom Besitzer die Glocke für 700 DM und brachten sie mit zurück an den Fuß des Hochtaunus", schreibt „Das große Buch der deutschen Fußballstadien". Es klärt auch auf, woher der Name „Goldener Grund" stammt: Er wird von dem fruchtbaren Ackerboden des 2.500 Einwohner-Dorfes hergeleitet.

Ganz so scharf geschossen wird in Würges nicht mehr. Nach der Insolvenz des Hauptsponsors ist man von der Oberliga so weit entfernt wie von Hamburg. Das Stadion wird weiter einen Namen tragen, der auch gut zu einem Western passen würde. Das ist fast so weit hergeholt wie eine Glocke aus Bremerhaven.

Fußball-Arena Goldener Grund, Am Sportplatz 5,
65520 Bad Camberg-Würges

Frankfurt

Säulen der Eintracht

Ein Sprichwort sagt, dass das Warten auf den Erfolg Ewigkeiten dauert, der Applaus dagegen in der Relation nur wenige Minuten anhält. Dieser Leitsatz darf in keiner Anleitung zum Fan-Sein fehlen, insbesondere dann, wenn sie für Traditionsvereine geschrieben wurde. Borussia Mönchengladbach: Auf Titel-Entzug seit 27 Jahren. Der HSV: Wartet seit 35 Jahren. Der 1. FC Köln sogar seit 39 Jahren, sieht man mal von dem Gewinn des Florida-Cups 2015 ab. Und die Drittligisten aus Kaiserslautern oder von 1860 München träumen nicht mehr von der Deutschen Meisterschaft, sondern von der Rückkehr in Liga 2. In Frankfurt nahm die Titelabstinenz im Sommer 2018 ein Ende. Der Pokalsieg wurde in der Mainmetropole ausgiebig gefeiert, aber dafür mussten die Fans der Eintracht zuvor durch ein finsteres, 30 Jahre langes Tal der Titellosigkeit wandern.

Niemand wartet gern, nicht beim Arzt, nicht an der Bushaltestelle und schon gar nicht auf Erfolge beim Fußball. Warum werden wir dennoch Anhänger von Hamburg, Köln oder Mönchengladbach, wenn es doch die Bayern gibt? Oder zumindest Borussia Dortmund? Sicherlich: Wir suchen uns nicht den Verein aus, der Verein sucht uns aus. Das wissen wir seit Nick Hornby. Aber jenseits der Fever Pitch-Romantik werden wir Fan eines Vereins, weil

a) wir lokal betroffen sind,
b) uns Familienangehörige manipuliert haben,
c) es Spieler gibt, mit denen wir uns identifizieren können.

Als der Hamburger SV Anfang der Achtziger die Bundesliga dominierte, war Karl-Heinz Rummenigge das Zugpferd des FC Bayern. Christian Nandelstädt vom Blog „Am Ende des Tages“ (texterstexte) erinnert sich: „Neu in der Stadt, neu in der Schule bin ich mit acht in einem Alter, in dem ich nach Vorbildern suche. Fündig werde ich bei dem Mann aus Lippstadt, der wie ich aus Ostwestfalen kommt. Dem für mich besten Fußballer der Welt. Eine Tormaschine. (…) Ich spiele im Garten seine Tore nach. Nehme einige Jahre später Sportschauberichte auf VHS auf, um danach in Zeitlupe jede Rummenigge-Szene noch einmal genießen zu können.“

Mein Karl-Heinz Rummenigge hieß Pierre Littbarski. Beim Frisör bestellte ich die gleiche Frisur wie mein Idol. Und auf dem Rücken meines ersten Köln-Trikots prangt die 10, weil ich Littbarski noch mehr vergötterte als Colt Seavers.

Die Heldenverehrung im Fußball nimmt zum Teil groteske Züge an. Trotzdem macht sie einen romantischen Teil des Fan-Seins aus. Die Tränen, die meine Klassenkameradin Michelle für Mark Owen von Take That vergoss, heulte ich für Littbarski bei seinem Wechsel nach Japan.

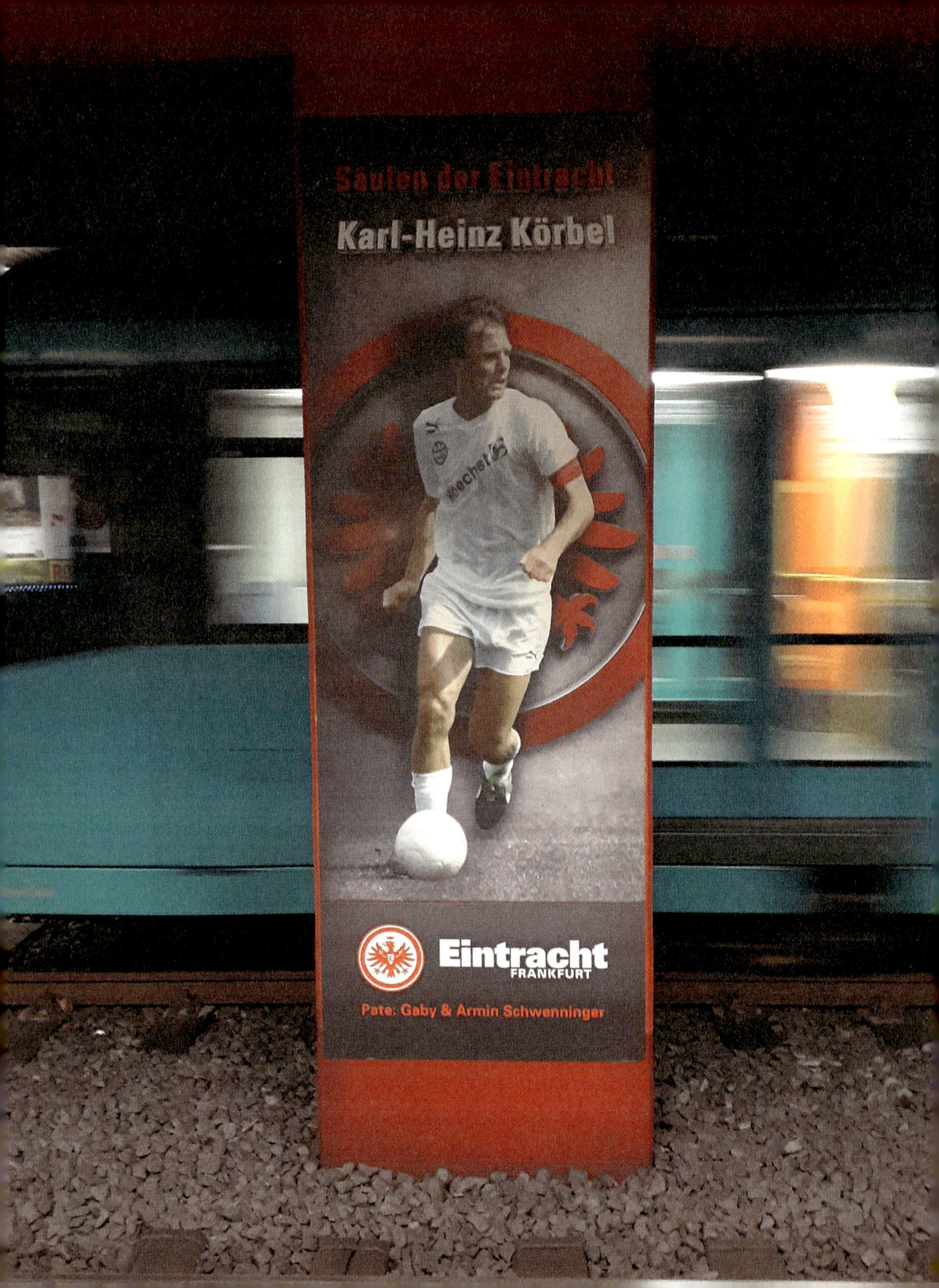
Säulen der Eintracht
Karl-Heinz Körbel
Eintracht
FRANKFURT
Pate: Gaby & Armin Schwenninger

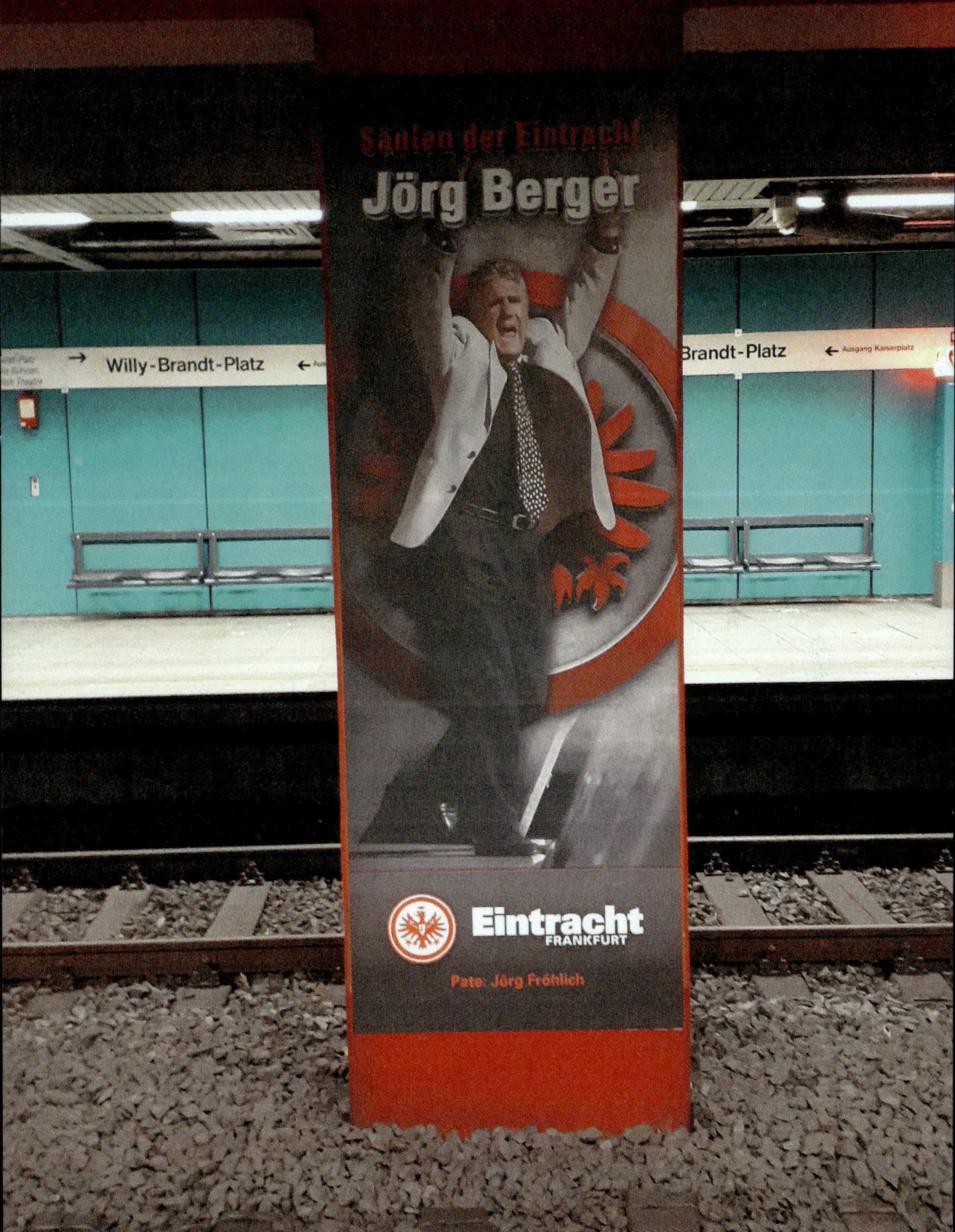
Säulen der Eintracht
Jörg Berger
Willy-Brandt-Platz
Brandt-Platz
Ausgang Kaiserplatz
Eintracht
FRANKFURT
Pate: Jörg Fröhlich

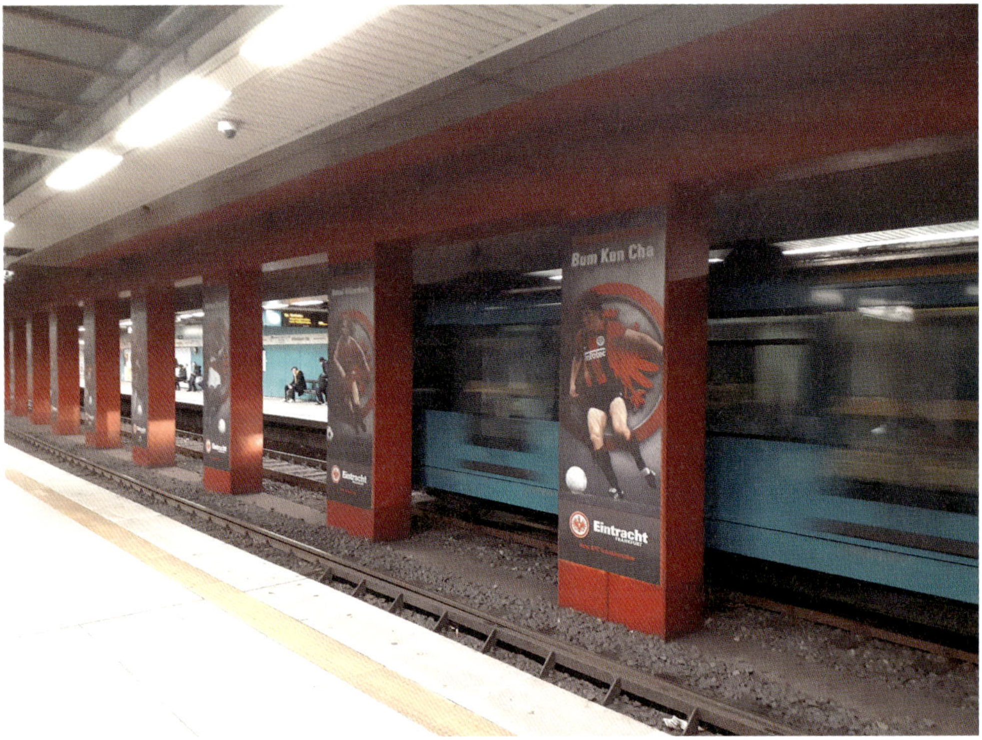

Eintracht Frankfurt huldigt die Identifikationsfiguren des Vereins mit einer ganzen U-Bahn-Station. Am 1971 als Umsteigeknoten gebauten und ab 1974 in Betrieb genommenen Willy-Brandt-Platz ziert eine Jahrhundertelf zwölf Säulen der Eintracht, die zwischen den Gleisen stehen: Oka Nikolov, Uwe Bindewald, Bruno Pezzey, Charly Körbel, Jay-Jay Okocha, Uwe Bein, Jürgen Grabowski, Alexander Schur, Bum Kun Cha, Anthony Yeboah, Bernd Hölzenbein und als Trainer Jörg Berger. Diese Mannschaft setzte sich gegen weitere 33 Spieler und drei Trainer durch. Dass es darunter einige Härtefälle gab, versteht sich von selbst. Legendäre Spieler wie Übersteiger-König Jan Åge Fjørtoft oder Lajos Detari standen erst gar nicht zur Wahl (sie hatten die Bedingungen nicht erfüllt: Mindestens 100 Pflichtspiele oder vier Jahre Zugehörigkeit zur 1. Mannschaft), mit Uli Stein und Manfred Binz fehlen zwei DFB-Pokalsieger von 1988, aus dem legendären Finale des Europapokals der Landesmeister von 1960 konnten sich weder Erwin Stein noch Alfred Pfaff oder Richard Kreß durchsetzen.

Die Fans der Eintracht entschieden im Frühjahr 2012 darüber, wer auf den Betonpfeilern verewigt werden soll. Fast 16.000 Anhänger beteiligten sich an dem Voting, das nicht allein eine Idee der Eintracht war: „Die Verkehrsgesellschaft Frankfurt am Main kam mit dem ebenso großartigen wie großzügigen Angebot auf Eintracht Frankfurt zu, die Säulen dieser Station der Geschichte der Eintracht zu widmen. So wurde die Idee geboren, die zwölf Säulen der Eintracht (elf Spieler und ein Trainer), die am Ende die Wahl gewonnen haben, auf den zwölf markanten Säulen an der Station der Linien U1, U2 und U3 abzubilden“, hieß es seinerzeit auf der (nicht mehr aktiven) Webseite zur Abstimmung. Die VGF versteigerte im Anschluss Patenschaften für jede Säule, der Erlös kam der Lebrechtstiftung zugute.

Von den 15.590 abgegebenen Stimmen entfielen die meisten auf die beiden Weltmeister Jürgen Grabowski (14.487) und Bernd Hölzenbein (14.483). Und Hölzenbein wusste bei der Präsentation der Säulen im Januar 2013, dass die Truppe am Willy-Brandt-Platz eine ist, „mit der wir in der Champions League für die eine oder andere Überraschung sorgen könnten“.

In diesen Tagen spielt die Eintracht nicht in der Champions League, sorgt aber immerhin in der Euro League wiederholt für Aufsehen. In Mailand, in Lissabon, in Barcelona. Gut zehn Jahre sind seit der Wahl vergangen, inzwischen haben die Anhänger die ganze Bandbreite des Fan-Seins erlebt: Den Europapokal-Einzug 2013. Den blanken Horror mit den Relegationsspielen 2016. Den DFB-Pokalsieg 2018. Im Fußball geht’s schnell hoch und schnell runter, oft hängt es an den Leuten an der Spitze des Vereins, viel mehr aber den Spielern auf dem Feld. Und da hat die Eintracht gerade ein paar Kandidaten, die sich für die Ewigkeit empfehlen. U-Bahnhöfe gibt es ja reichlich in Frankfurt am Main.

Säulen der Eintracht, Willy-Brandt-Platz,
60311 Frankfurt am Main

Frankfurt

Römerberg

Mit Anfang 20 habe ich in Frankfurt mein Herz verloren. Ich verliebte mich in eine Frau von unvergleichlicher äußerer Schönheit und genoss eine Zeit voller Herzklopfen und Hysterie, die mein Seelenleben an seine Grenzen brachte.

Monate später durfte ich erfahren, dass sich einer der vielen Ratschläge meines Opas als praxistauglich herausstellen sollte. Der eine – schaff dir keine Katholikin an, die rennen am Sonntag nur in die Kirche – kam nicht zur Anwendung. Mit dem anderen – es kommt immer eine Frau, die besser ist als die davor – sollte er recht behalten.

Unweit der Stelle, an der ich in Frankfurt unglücklich wurde, befindet sich ein weiterer Ort für garantierte Emotionen. Der Frankfurter Römer war jahrzehntelang die

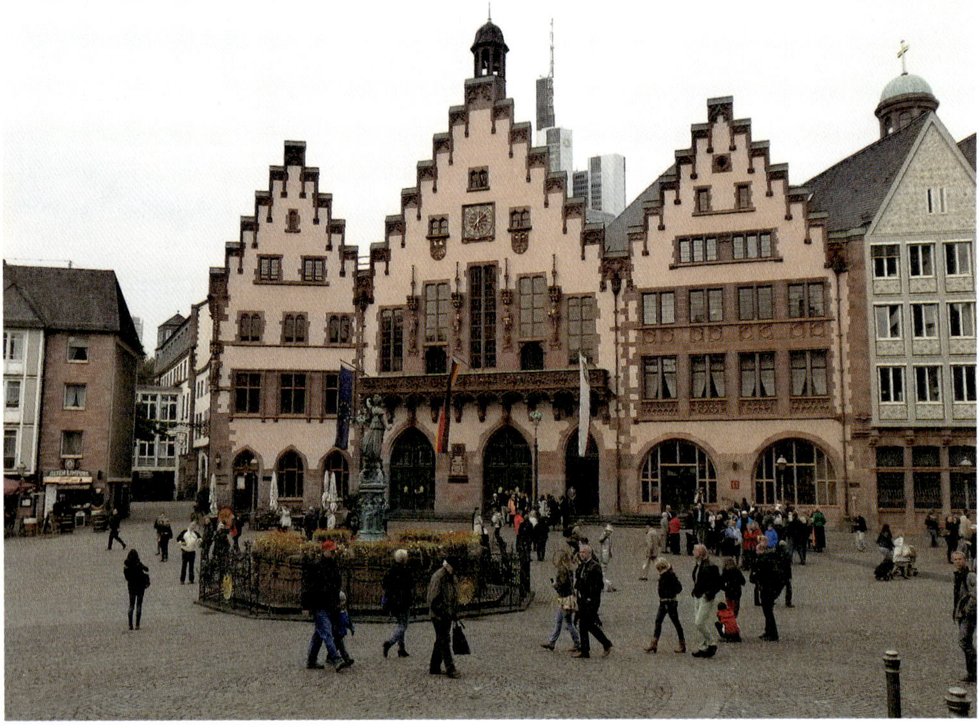

erste Heimat für die Nationalmannschaft, wenn man von großen Turnieren wieder nach Hause kam.

Der Grund dafür ist simpel. Mit dem Flughafen Frankfurt befindet sich der größte Verkehrsflughafen Deutschlands und der viertgrößte Europas in der Bankenmetropole. Dies ist zugleich die Ursache dafür, dass erst seit der Weltmeisterschaft in Chile 1962 zuerst in Hessen gestoppt wird. Die WM 1950 in Brasilien fand noch ohne die deutsche Nationalmannschaft statt. Vier Jahre später in der Schweiz brachte man den Titel im Zug mit nach Hause, wurde von über einer Million Menschen auf der Strecke über Schaffhausen und Konstanz bejubelt und am Zielbahnhof München empfangen. Eine spätere Ehrung fand im Olympiastadion Berlin statt. Den dritten Platz in Schweden 1958 feierten rund 30.000 Anhänger in Hamburg, nachdem man zuvor mit der Fähre in Wilhelmshaven gestrandet war.

Das enttäuschende Abschneiden in Chile – im Viertelfinale war Schluss – sorgte dafür, dass der erste Empfang am Frankfurter Flughafen bescheiden ausfiel, wie der Bericht der „Frankfurter Rundschau“ vom 18. Juni 1962 erläutert: „Von der rauschenden Begeisterung, mit der noch vor einer knappen Woche jedermann an dem Abschneiden der

Herberger-Elf Anteil nahm, war nicht mehr sehr viel übriggeblieben: eine rechteckige Konditortorte, Marke Lufthansa, mit der Zuckerguß-Aufschrift »Ein herzlich Willkommen unserer Nationalmannschaft«, ein kleiner Menschenauflauf von Kameramännern, Reportern und Leuten, die sich ohnehin gerade in der Nähe befanden, ein artiger Höflichkeitsapplaus, mehr nicht."

Weitaus größer war die Begeisterung bei den Vizeweltmeistern von 1966, die erste Nationalmannschaft, die am Römerberg gewürdigt wurde. Es folgten Ehrungen der Mannschaften von 1970 (Mexiko), der von 1986 (wieder Mexiko), 1990 (Italien), 1996 (England, EM) und 2002 (Japan und Südkorea). Beim WM-Titel im eigenen Land 1974 fuhren nach dem Bankett in München einfach alle Spieler nach Hause. Auch die Europameister-Titel 1972 und 1980 wurden nicht gefeiert.

Die neue Generation Nationalspieler führt über das Thema heutzutage einen Diskurs, wie man in Sönke Worthmanns „Sommermärchen" sehen konnte. Der Rathaus-Balkon passt seit der Ära Klinsmann nicht mehr zum Geist der Zeit, Xavier Naidoo findet dort keinen Platz und auf den hippen Fan-Meilen werden mehr Anhänger erreicht. 2006 feierte die deutsche Mannschaft mit „fast einer Million Fans" („Tagesspiegel") auf der Fanmeile in Berlin, beim Weltmeistertitel 2014 sollen es nach Schätzungen der Berliner Polizei sogar noch mehr gewesen sein. Nach der WM 2010 ging es für die Spieler direkt in den Urlaub, 2018 hatten weder die Erfolgsfans noch die Mannschaft das Bedürfnis, das Vorrunden-Aus in Russland zu begießen.

Immerhin kann man den Frauen noch zujubeln, die ihre Titel weiter treu auf dem Römer feiern (der seit dem 15. Jahrhundert das Rathaus Frankfurts ist und im Krieg nahezu vollständig zerstört wurde). So auch 2007, als im Rahmen der Feierlichkeiten ein DFB-Funktionär einer Spielerin „Du geiles Stück" ins Ohr hauchte, wie die „11FREUNDE" berichtet. Ein Paar sind die beiden heute nicht. Vermutlich ist sie Katholikin.

Römerberg, Römerberg 27,
60311 Frankfurt am Main

Frankfurt

FSV-Gegentribüne

Die Schmonzetten der Öffentlich-Rechtlichen tragen immer die gleichen Namen. Irgendwen küsst man nicht, irgendwer kommt selten allein oder irgendwas ist die halbe Miete. Der Plot ist so vorhersehbar wie regelmäßige Abstiege des 1. FC Köln und so hat jedes Drama seinen Ursprung in dem obligatorischen Satz „Es ist nicht das, wonach es aussieht", der unter Cineasten Kultcharakter genießen dürfte. Der FSV Frankfurt ist frei von solchen klischeebeladenen Verlustängsten und Eifersüchteleien, dem Verein eilt trotz der Insolvenz im Jahr 2017 alles andere als der Ruf eines Skandalklubs voraus. Für das Stadion am Bornheimer Hang passt die Floskel „Es ist nicht das, wonach es aussieht" allerdings wie keine zweite.

„Selten haben sich Architekten so verhauen wie beim Stadionumbau des FSV Frankfurt", schreibt die „11FREUNDE", die Gegentribüne sei „schlicht zu lang", heißt es dort. In der Tat wirkt es so, als hätte hier jemand grundlos ein paar zusätzliche Meter angebaut – es ist aber nicht das, wonach es aussieht. Was nach Pfusch am Bau riecht, schmeckt nach einem „attraktiven Angebot für Wartende", wie das Architektenbüro Dierks Blume Nasedy die Idee von den Sitzstufen am Vorplatz beschreibt. Es handelt sich also um eine Art Foyer für die Fans des FSV.

Bis zur Fertigstellung der Gegentribüne im Jahr 2009 diente das 1931 erbaute Stadion auch der Leichtathletik. Die Laufbahn fiel dem Umbau zum Opfer, der Bornheimer muss jetzt zum Rennen ins Riederwald-Stadion, das nur einen Kilometer entfernt liegt. In seiner Anfangszeit zählte das Stadion am Bornheimer Hang zu den „schönsten und modernsten Anlagen" („Das große Buch der deutschen Fußballstadien") der Republik. Zwar schlugen die Bomben des Zweiten Weltkriegs nicht so heftig zu wie im völlig ruinierten Riederwald, die Tribünengebäude und das Spielfeld wurden jedoch ebenfalls zerstört. Im März 1946 konnte der FSV seinen Platz wieder beziehen und war von 1947 bis 1951 die Nummer eins in Frankfurt. Die Menschen honorierten den Höhenflug mit guten Zuschauerzahlen, sodass die Kapazität auf 25.000 angehoben wurde. Im Oktober 1950 sollen das Derby gegen die Eintracht sogar 30.000 Interessierte verfolgt haben. Unter Präsident Dr. Adolf Würz wurde ab 1952 das Stadion generalüberholt und im August 1953 wiedereröffnet. Vier Jahre später kam eine der modernsten Flutlichtanlagen Europas hinzu.

Der Verlust der Erstklassigkeit 1962 und die damit verbundenen finanziellen Probleme hatten zur Folge, dass der FSV das Erbbaurecht und die Flutlichtanlage 1963 an die Stadt verkaufen musste. Der Klub pendelte fortan über Jahrzehnte zwischen der zweiten und dritten Liga und versank irgendwann im Amateurfußball. In der Saison

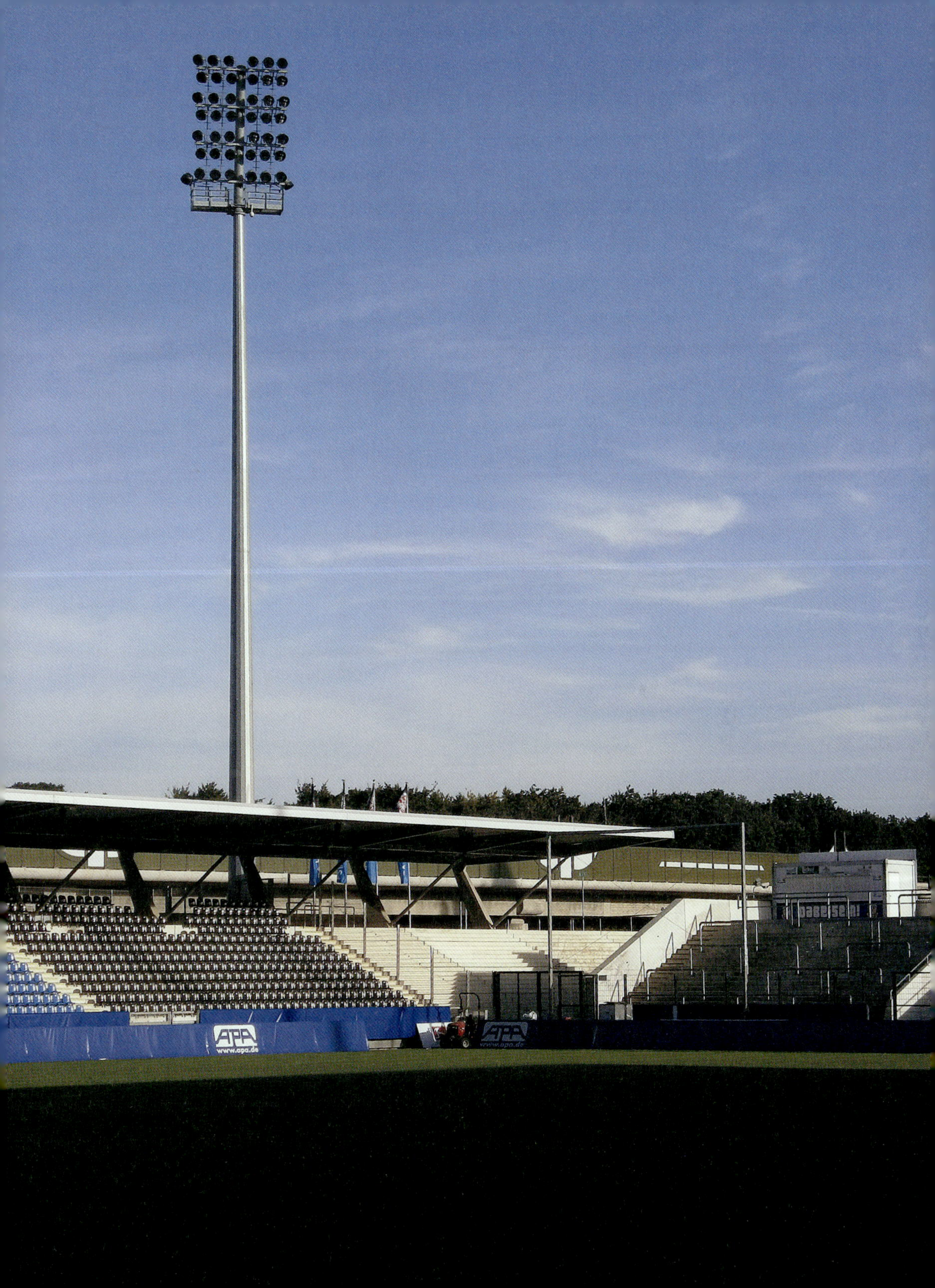
APA
www.apa.de
APA
www.apa.de

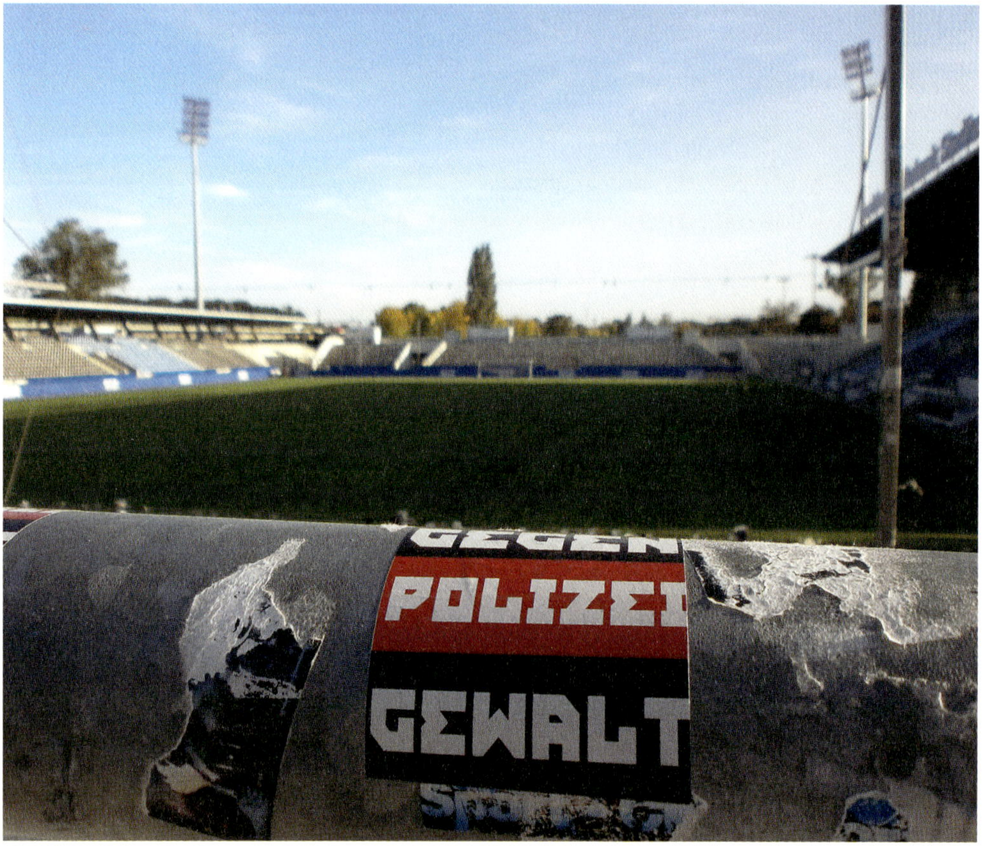

1990/1991 kam der Verein nicht einmal mehr auf einen Zuschauerschnitt von 500. Nachdem der FSV Frankfurt 1996 kurz vor der Insolvenz stand, gelang es dem Verein, sich in den folgenden Jahren zu konsolidieren. 2007 feierte der FSV den Aufstieg in die damals drittklassige Regionalliga Südwest, bereits ein Jahr später gelang der in die 2. Bundesliga. Ungefähr zeitgleich begann der Umbau der (zu lang erscheinenden) Gegentribüne, später erfolgte der Neubau der Haupttribüne, die im November 2012 eingeweiht wurde.

Die Maßnahmen waren mit permanenten Problemen und politischen Diskussionen verbunden. Ob es das Flutlicht war, das die Fahrer auf der benachbarten A661 blendete, oder die Frage, wie und wann der Umbau erfolgen sollte. Letztendlich musste eine Unterschriftenaktion Bewegung in die festgefahrene Situation bringen.

Da hätte es durchaus gepasst, dass man einen Tribünenteil unnötig verlängert und er so zum Kultobjekt wird. Als Planungsfehler wird die Gegengerade nicht nur bei den „99 Orten, die Fußballfans gesehen haben müssen" geführt, auch der frühere Bundesliga-Trainer Horst Franz ist sich sicher: „Natürlich war das ein Planungsfehler! Ist doch klar, dass die jetzt in Frankfurt behaupten, dass das gewollt ist". Ein User im Forum des heutigen Regionalligisten verurteilt dies: „Das ist Unsinn und somit auch kein Grund, diesen Ort in ein Top 99-Ranking aufzunehmen."

PSD-Bank-Arena, Richard-Herrmann-Platz, 60386 Frankfurt am Main

Walldorf

Tonstudio der Nationalelf

Aus der Gruppe junger Männer sticht er heraus. Die anderen wippen fröhlich nach links und rechts, zwar nicht im Takt, aber immerhin wippen sie und geben sich locker, entspannt und bemüht talentiert. Nur die Miene des Rothaarigen unter ihnen ist finster. Sehr finster. Sie singen einen WM-Song ein und da geht es auch nur mit einhundert Prozent. Mit Konzentration bei der Sache sein, das hatte er früh lernen müssen. Wer sich hier gehen lässt, der wird auch auf dem Spielfeld nachlässig sein. Und als hätte es Matthias Sammer geahnt: Mit „Far away in America" gibt es im Land der unbegrenzten Möglichkeiten nichts zu holen. Illgner erleidet beim Freistoß von Stoitschkow eine Schockstarre, Häßler verirrt sich ins Kopfballduell mit Yordan Letchkov. Deutschland kann den Titel nicht verteidigen.

Die Geschichte beginnt da, wo sie aufhört. Die Aufnahme mit den „Village People" war die (vorerst) letzte in der Gesangshistorie der Nationalmannschaft. Udo Jürgens hatte sie 1990 auf den Brenner geschickt, vier Jahre zuvor war es Peter Alexander, der mit einem herzzerreißend authentischen Trompetensolo von Toni Schumacher auf Mexiko einstimmte. Wie dieses Stück wurde auch der Vorgänger „Olé España" von Ralph Siegel produziert und bescherte 1, 2 oder 3-Legende Michael Schanze 1982 den einzigen Top-Ten-Hit seiner Gesangskarriere. Dorthin schaffte es auch 1978 „Buenos Dias Argentinia", ehe die Schmach von Cordoba dafür sorgte, dass „der Verkauf meiner Platte auf null zusammensackte". So berichtet es Udo Jürgens in Gunnar Leues „Football's coming home – Die großen Momente der Fußballpopgeschichte".

Dieses Song-Quintett hat (trotz allen Erfolges) nicht das Recht des Erstgeborenen. Es fällt der Platte „Fußball ist unser Leben" zu, produziert von Jack White alias Horst Nußbaum, der bei Victoria Köln, FK Pirmasens und PSV Eindhoven selbst Profi war. Im Oktober 1973 traf er sich mit der Nationalmannschaft im Tonstudio von Hans Pfalzgraf in Mörfelden-Walldorf, einer 32.000-Einwohner-Doppelstadt vor den Toren Frankfurts.

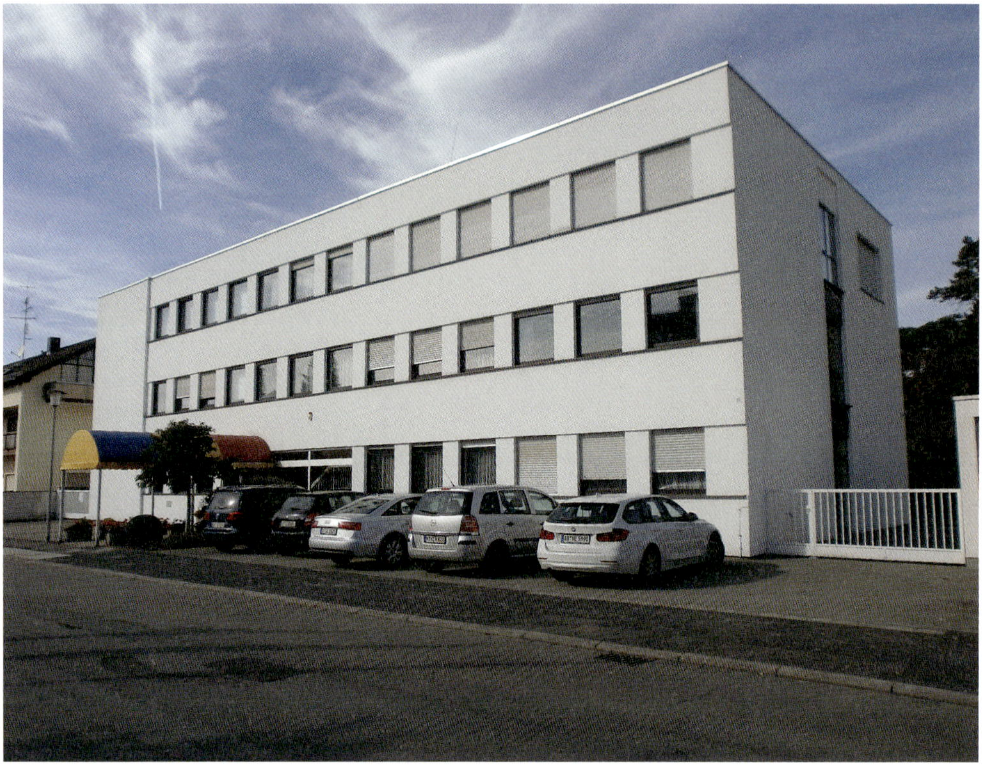

Hintergrund war die Hoffnung der DFB-Oberen auf ein paar Zusatzeinnahmen für die teure WM-Organisation. Bei den Engländern hatte das 1970 mit „Back at home“ bestens geklappt, der Song verkaufte sich prima und hielt sich drei Wochen auf Platz eins der britischen Charts. Das Auftreten als bekanntester deutscher Männergesangsverein sollte aber auch das Gefühl der Zusammengehörigkeit unterstreichen, die Botschaft an die Leute war klar: „Die Jungs sind eine Mannschaft, die gehören zusammen, die singen sogar zusammen“, wie Musikmanager Hans R. Beierlein in Gunnar Leues Buch erklärt.

Jack White setzte sein Vorhaben, „unbedingt etwas Volkstümliches zu schreiben, denn der Fußball ist nun mal volkstümlich“, gnadenlos in die Tat um. „Fußball ist unser Leben“ wurde „eine Stimmungskanone, die jedes Schützenfestzelt zum Einsturz gebracht hätte“ (Gunnar Leue). Auch Trevor Wilson, einer der Gründer der Seite fc45.de, findet das Lied „großartig“ und sieht es als „ersten und besten Versuch“ der Nationalelfsongs.

Dabei war das Singen nicht jedermanns Sache. Die Bayern mit Beckenbauer und Breitner sollen inbrünstig mitgejodelt haben, Wolfgang Overath hielt sich dagegen bedeckt im Hintergrund. Günter Netzer kam erst gar nicht.

Die Begeisterung über eine Rückkehr in die Tonstudios hält sich auch bei der heutigen Generation in Grenzen, wie Oliver Bierhoff bereits 2012 in der „11FREUNDE" verriet. Zwar läge das Thema „vor jedem großen Turnier" bei ihm auf dem Tisch, für die Jungs sei das aber „kein Thema". Dass es zehn Jahre später anders sein könnte, ist wohl auszuschließen.

Für ein gutes Omen stehen die Gemäuer in Mörfelden-Walldorf auch nicht mehr zur Verfügung. Zwar wird dort heute noch gesungen, „Kyomo Genkide" oder „Ifu do no no uta" sind allerdings bekannte Lieder der Soka Gakkai. In der Nordendstraße 38 hat sich mittlerweile die buddhistische Religionsgemeinschaft niedergelassen.

(Ehemaliges) Tonstudio der Nationalelf,
Nordendstraße 38, 64546 Mörfelden-Walldorf

Mainz-Lerchenberg

Sendesaal des aktuellen Sportstudios

Als Kind ging es um acht ins Bett, da konnte man machen, was man wollte. Nur samstags wurde die Sperrstunde auf zehn Uhr verlängert, es sei denn, es kam eine Sendung mit der erhabenen Eurovisions-Melodie vorweg. Dann durfte man bis zum Ende aufbleiben, allerlängstens aber bis zum Vorspann des aktuellen Sportstudios. Noch heute bekomme ich ein mulmiges Gefühl, wenn auf der riesigen Bahnhofsuhr mahnend der rote Sekundenzeiger tickt, während im Hintergrund die Musik mit dem Titel „Up to date" läuft.

Das aktuelle Sportstudio gibt es schon immer, genauer gesagt seit dem 24. August 1963. Das Datum fällt nicht zufällig auf den ersten Spieltag der neugegründeten Fußball-Bundesliga. Das ASS wurde damals eigens auf den Fußball ausgerichtet, andere Sportarten rücken bis heute in erster Linie während der fußballfreien Zeit in den Vordergrund. Die Geschichte der syrischen Schwimmerin Yusra Mardini wird bei unserem Besuch beleuchtet, das überrascht wenig, denn wir befinden uns gerade in der Winterpause der Bundesliga.

Wer zu Gast sein wird, ist bei der Kartenbuchung noch nicht ersichtlich. Während des Jahres werden beim Ticketservice des ZDF immer wieder Zeitfenster freigeschaltet, für die (maximal sechs) Karten gebucht werden können. Eine Karte kostet 18 Euro,

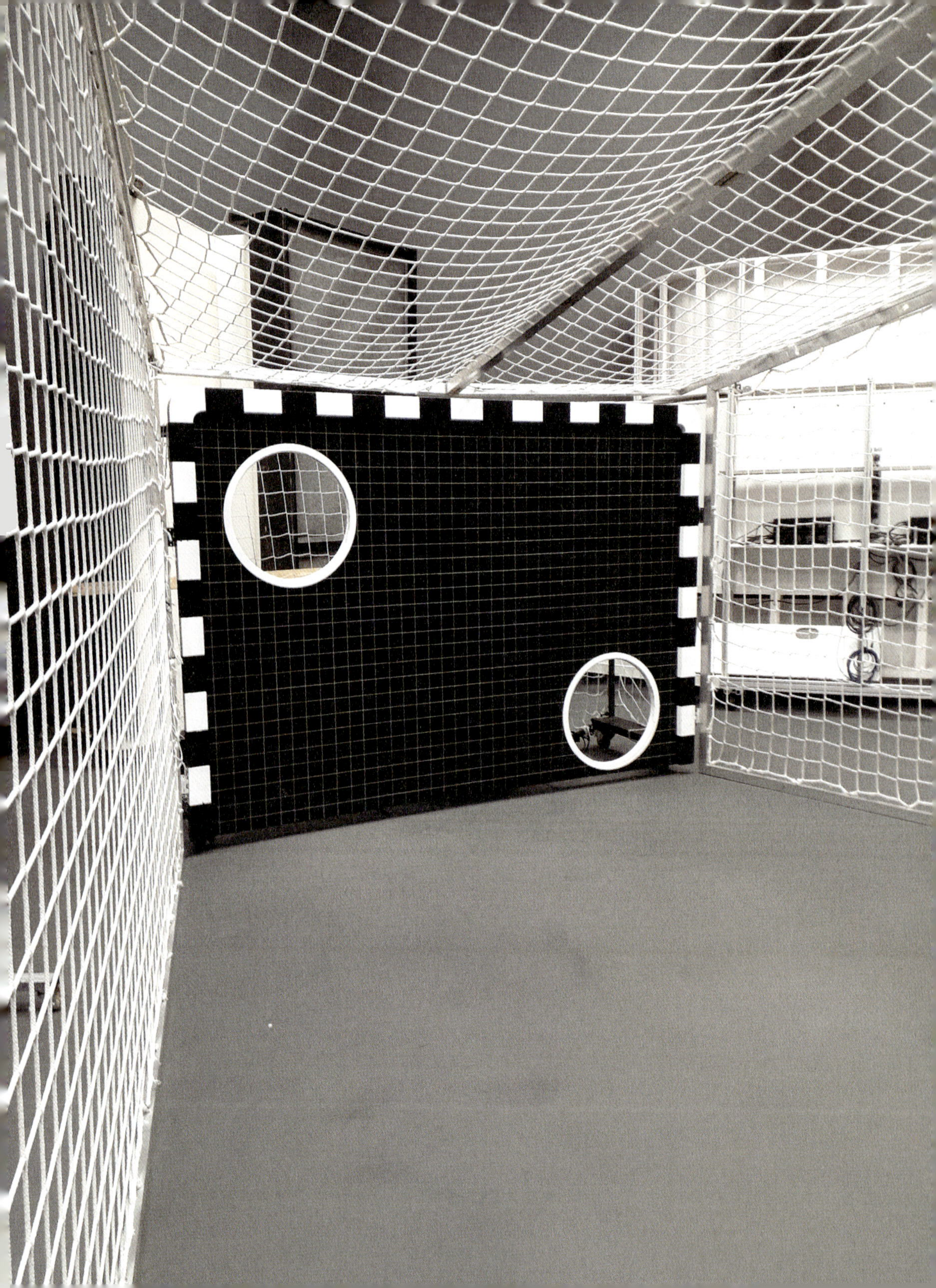

besonders beliebt sind die letzten Spieltage der Bundesliga. Entgegen des hartnäckigen Mythos gibt es auch immer wieder Rückläufer, sodass man auch kurzfristig beim ZDF nach Karten fragen kann.

Diesen Tipp gibt man uns während der Führung, die seit Januar 2018 im Vorfeld der Sendung angeboten wird. Wenn man nicht gerade in Mainz oder um die Ecke wohnt, ist diese Führung zweifellos empfehlenswert, da das aktuelle Sportstudio – wie bei unserem Besuch zur wenig populären Besucherzeit im Januar – zu einer schnellen Angelegenheit werden kann. Das ASS wird nicht live gesendet, sondern „Live on tape". Das bedeutet, dass die Sendung rund 15 bis 20 Minuten vorher unter Liveübertragungsbedingungen aufgezeichnet wird und diese Aufzeichnung leicht zeitversetzt beim Fernsehzuschauer zu sehen ist. „Wir können es den Studiogästen nicht zumuten, zuweilen bis Mitternacht auf ihren Auftritt zu warten", begründete ZDF-Sportchef Thomas Fuhrmann diese Maßnahme im September 2010. Vorher wurde die Sendung in der Regel live gesendet.

War also auch beim Sportstudio früher alles besser? Diese Frage darf kontrovers diskutiert werden. Bedauerlicherweise wird am späten Samstagabend keine Fernsehgeschichte mehr geschrieben. Christoph Daum und Uli Hoeneß schlagen sich nicht mehr (verbal) die Köpfe ein, Mario Basler wird sich nicht mehr daran versuchen, ein drittes Loch in die Torwand zu schießen.

„Ich bin der König der Welt", schrie Leonardo DiCaprio vom Bug der Titanic, als Bundesligaspieler hätte er sich gefreut, dass er seiner Mannschaft helfen konnte. Vermutlich liegt es weniger an den Moderatorinnen und Moderatoren des Sportstudios und viel mehr an den unsäglichen Rhetorik-Kursen der Profifußballer, dass der Fußball weniger Geschichten produziert. Auf der anderen Seite hat sich der Sport auch emanzipiert. Katrin Müller-Hohenstein moderiert das ASS seit über 16 Jahren, ihre Vorgängerinnen kamen zusammen gerade mal auf rund acht Jahre. Ihr männlicher Kollege Wim Thoelke konnte sich 1970 sexistisch über den Frauenfußball äußern, ohne dabei Aufsehen zu erregen – ganz im Gegenteil zum „Schalke 05"-Versprecher von Carmen Thomas drei Jahre später, der medial hochkochte.

Auch wenn wir heute nicht mehr um acht ins Bett müssen, das aktuelle Sportstudio ist eine Reminiszenz an die Kindheit. Eine Erinnerung, die aufgrund der Veränderungen im Fußball an einem roten Sekundenzeiger und einem Intro hängt.

ZDF, ZDF-Straße 1,
55127 Mainz

Wiesbaden

Helmut Schöns Grab

Edgar Wangen hat in seinem wunderbaren Buch „Die Gräber der Götter" die Ruhestätten großer Fußballidole besucht und ist dafür rund 20.000 Kilometer quer durch Europa gereist. In einem der Gräber, das der „Grabhopper" (FAZ) in Deutschland besuchte, ruht Helmut Schön. Die Reise führt nach Wiesbaden auf den Nordfriedhof, der sich in der Platter Straße befindet. Er ist durch Grabmäler aus der Wilhelminischen Epoche geprägt. An der Mauer entlang geht es zum Grab Nummer 43/44. Im Februar 1996 starb der Mann, dessen „Lebenswerk zur Legende" geworden ist, wie der ehemalige DFB-Präsident Egidius Braun nach Schöns Tod sagte.

In Sachsen begann die Laufbahn des „Langen", der gebürtige Dresdner war ein ausgezeichneter Fußballer. Mit dem Dresdner SC holte er als Halbstürmer zwei Pokalsiege sowie zwei Meisterschaften und erzielte als „eine Mischung aus Fritz Walter und Gerd Müller" („100 Jahre DFB") in seinen 16 Länderspielen 17 Tore.

Seine Leistungen brachten ihm einen Vorteil ein, der in dieser Zeit viel wichtiger war als Titel. Wie auch einige Spieler von Schalke 04 genossen manche Akteure des Dresdner SC das Privileg, vom Dienst an der Waffe weitestgehend verschont zu bleiben. Helmut Schön erlebte den Zweiten Weltkrieg somit nur wenige Wochen an der Front.

Nach dem Kriegsende im Mai 1945 war Schön als Spieler und Spielertrainer für verschiedene Vereine und Auswahlmannschaften aktiv, darunter den FC St. Pauli, die Ostzonenauswahl und Hertha BSC. In Berlin beendete er endgültig seine Spielerlaufbahn. Er ging nach Wiesbaden, betreute dort ein Jahr den Zweitligisten SV Wiesbaden und nahm das Angebot an, Nationaltrainer des damals autonomen Saarlands zu werden. Mit der Eingliederung des Saarländischen Fußballverbandes in den DFB wurde Schön im Mai 1956 Assistent von Sepp Herberger, dem Mann, der ihn im Herbst 1941 wegen fehlender Härte aus der Nationalmannschaft verbannt hatte. Helmut Schön trainierte die B-Mannschaft, leitete Trainer-Ausbildungen und betreute die Amateur- und Jugendauswahlen bei großen Turnieren. Bei den Weltmeisterschaften in Schweden und Chile sammelte der musisch hochbegabte Feingeist wertvolle Erfahrungen an der Seite Herbergers.

Am 7. Juni 1964 saß Schön erstmals alleinverantwortlich auf der Bank der Nationalmannschaft und feierte zum Einstand einen 4:1-Sieg über Finnland. „Es war eine Zeitenwende, denn auf den autoritären Herberger folgte ein sozialliberal denkender und handelnder Nationaltrainer, der sehr gut in das sich verändernde gesellschaftspolitische Umfeld jener Jahre in Deutschland passte", beschreibt Edgar Wangen den Wechsel auf der Trainerbank, auch wenn Schön selbst kein 68er war.

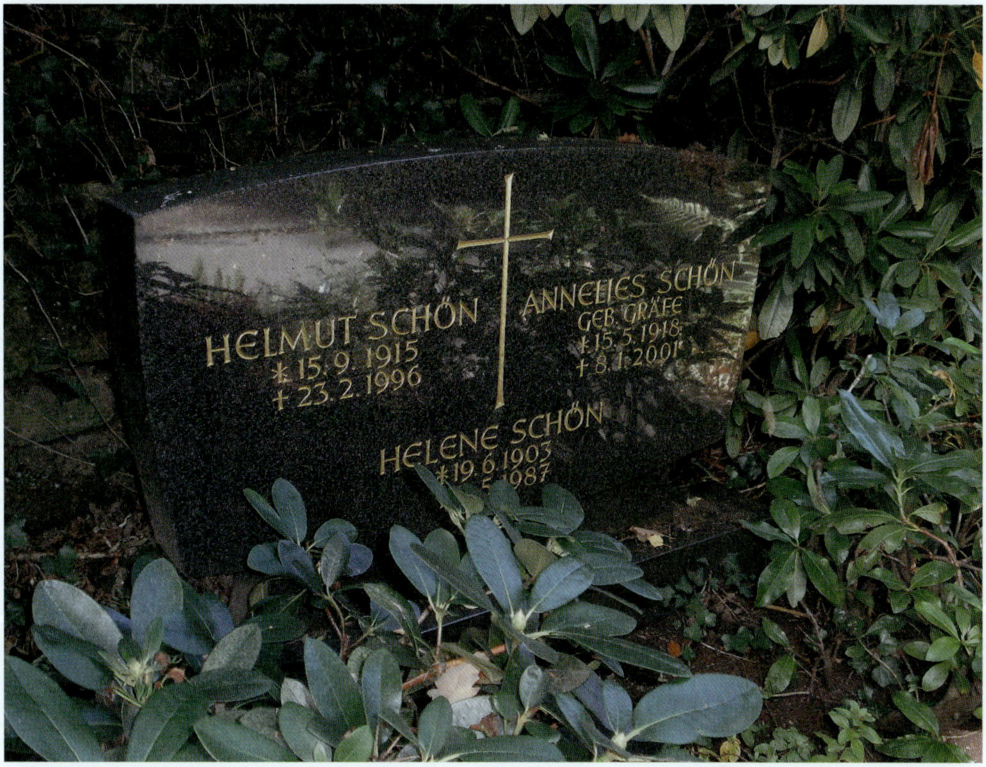

Helmut Schön profitierte einerseits von der Professionalisierung des Fußballs und der Einführung der Bundesliga, andererseits von einer Spielergeneration, die mit Overath, Beckenbauer, Gerd Müller und später Günter Netzer für jeden, der sie hat spielen sehen, als „die beste Nationalmannschaft aller Zeiten gilt", wie Uli Hesse im Januar 2012 in der „11FREUNDE" schreibt. Der zweite Platz in England 1966 wurde zwar noch mit vielen Routiniers erreicht, im krassen Gegensatz zur defensiven Spielweise bei der Weltmeisterschaft 1962 wurden aber jetzt auch offensive Akzente gesetzt.

Nachdem sich die Mannschaft 1968 nicht für die Europameisterschaft in Italien qualifizieren konnte, sollten die besten Jahre unter Schön folgen. Zwar musste man sich bei der WM in Mexiko im Jahrhundertspiel gegen Italien 3:4 geschlagen geben, 1972 wurde aber ein „neuer Zeitabschnitt im Fußball" eingeleitet, wie die italienische Tageszeitung „Corriere della Sera" urteilte. Die Mannschaft wurde mit einer „geglückten Komposition aus Kampfkraft und Kunst, Esprit und Spielwitz" („100 Jahre DFB") Europameister. Schon bei der Qualifikation in Wembley beim 3:1 über England setzte man einen Meilenstein, als man „den besten Fußball spielte, an den man sich bis heute erinnern kann" („11FREUNDE").

Bei der WM zwei Jahre später im eigenen Land war von der gerühmten Komposition der vergangenen Jahre nur noch wenig übrig. Der Titelgewinn wurde mit den vielzitierten deutschen Tugenden Kampf und Disziplin errungen. Bei der Europameisterschaft 1976 in Jugoslawien folgte der Vizetitel.

Bereits vor der WM 1978 in Argentinien kündigte Helmut Schön seinen Rücktritt an. Durch die „Schmach von Cordoba" und sein letztes Spiel auf der Bank der Nationalmannschaft im November 1978, das wegen Nebels in der sechzigsten Minute abgebrochen werden musste, wurde es ein unrühmliches Ende. Dabei prägte Schön eine Ära, wurde Welt- und Europameister, Vize-Welt- und Europameister und WM-Dritter. 87 Siege, 31 Unentschieden bei nur 21 Niederlagen und einem Torverhältnis von 292:107 (bei 50 Spielen ohne Gegentor) stehen für einen der erfolgreichsten Bundestrainer (Quelle: DFB.de).

Udo Jürgens widmete Helmut Schön zum Lebewohl das Lied „Der Mann mit der Mütze". Die Passage „Du (…) rittest nie das hohe Ross" beschreibt den bescheidenen und ruhigen Schön exzellent. In der DFB-Chronik „100 Jahre DFB" wird er als „der Sensible aus Sachsen" bezeichnet, der schon als Spieler „zu dünnhäutig", „zu überempfindlich" gewesen sei. Schön nahm die Dinge persönlich. Als im Vorfeld der WM 74 der Mannschaftsrat in Malente eine Erfolgsprämie durchsetzte, sah Schön seine Wertvorstellungen verletzt und wollte abreisen. Er war ein Idealist.

Nach seiner Trainerlaufbahn zog sich Helmut Schön ins Privatleben zurück. Nach einer Alzheimer-Krankheit verstarb er im Februar 1996 und wurde in seiner Wahlheimat beigesetzt.

Nordfriefhof, Platter Straße 83, 65193 Wiesbaden (Es bietet sich an, am Hellkundweg zu parken, auch wenn die offizielle Anschrift die Platter Straße ausweist. Der Hellkundweg ist eher ein Waldweg, bietet aber gute Parkmöglichkeiten. Man läuft nicht auf dem Friedhof, sondern Außen an der Mauer entlang bis zum ersten Tor. Wenn man den Bogen passiert, befindet sich das Grab von Helmut Schön auf der linken Seite mit der Nummer 43/44.
Bei 85.000 Menschen, die auf dem Nordfriedhof begraben wurden, könnte die Suche ohne Hinweise sehr mühsam werden.)

Rivenich an der Mosel

Toppi's Sportsbar

Die Köpfe gehen nach unten, als wir nach Klaus Toppmöller fragen. Fast 400 Kilometer sind wir gefahren, erst die A7 hinunter, dann am Rhein entlang und später an den Weinbergen der Mosel vorbei. Im Landgasthof Wey wollen wir uns stärken. Man ist gut zu uns. Es ist ein heißer Sommer, auch hier in Rivenich, unweit von Trier. Doch der Innenhof des Gasthauses spendet Schatten und der Kuchen schmeckt gut. Die Leute sprechen mit Dialekt, aber über den berühmtesten Sohn des Ortes, Klaus Toppmöller, wollen sie nicht reden. „Der hatte da vorne eine eigene Kneipe", sagt einer, „aber die ist nicht mehr." Dann nimmt der Mann wieder einen Schluck aus seinem Bierglas. Die Blicke der anderen Männer am Tresen verraten ihm: Du hast schon zu viel gesagt.

„Toppi's Sportsbar" erreichen wir zu Fuß in nicht einmal fünf Minuten, sie ist nicht weit entfernt. Aber was ist in einem Ort mit 700 Einwohnern schon weit entfernt? Im Dorf ist unsere Ankunft nicht unbemerkt geblieben, überall auf dem Weg zur Sportsbar sieht man Menschen hinter ihren Gardinen verschwinden. Auf den Straßen selbst ist kein Mensch. Rivenich wirkt wie ausgestorben.

Moselstraße 19. Die Bilder an der Häuserfront erinnern an Sportstudio-Grafiken aus den Achtzigerjahren, das riesige Logo von Toppi's Sportsbar lässt uns wissen, dass wir hier richtig sind. „Die ist nicht mehr", hatte der Mann am Tresen über Toppi's Sportsbar gesagt, Glauben schenken möchten wir ihm nicht. Durch die Fenster sieht man gedeckte Tische, im Aushang streckt Toppi auf einem ausgeblichenen Flyer den Daumen nach oben und preist Pizza, Pasta und Salate an. Man sieht zwar keinen Menschen, die Lichter sind aus – aber sind sie gänzlich erloschen? Oder öffnet Toppi doch in ein paar Minuten?

Wir gehen um das Haus. Die erste Tür ist verschlossen, aber es gibt eine zweite: Sie lässt sich öffnen. Der typische Kneipengeruch schlägt uns entgegen, das verwundert wenig. Jahrzehntelang wurde hier Skat gedroschen und Bier getrunken, „Salmtal-Schänke" hieß die Gaststätte, bevor Toppmöller sie 2002 renoviert und zur Sportsbar gemacht hat. Seine Eltern hatten die Kneipe geführt, als Toppmöller in diesem Haus geboren wurde und sie standen noch hinter der Theke, als er das Studium des Bauingenieurwesens beendete.

Still ist es, auf unsere Rufe reagiert niemand. Der Eindruck, der mit einem Blick durch die Fenster entstanden ist, wirkt wie eine Farce, als wir das Licht einschalten. Die hellen Tische in Toppi's Sportsbar sind zwar gedeckt, aber sonst dient der Gastraum als Abstellraum. Bierkisten stapeln sich in der einen Ecke, ein alter Besen steht in der anderen. In Toppi's Sportsbar ruht der Zapfhahn, hier wurde schon seit Monaten kein Bier mehr getrunken. Die Kneipe erlebte schon einmal eine Flaute: Als Toppmöller von der

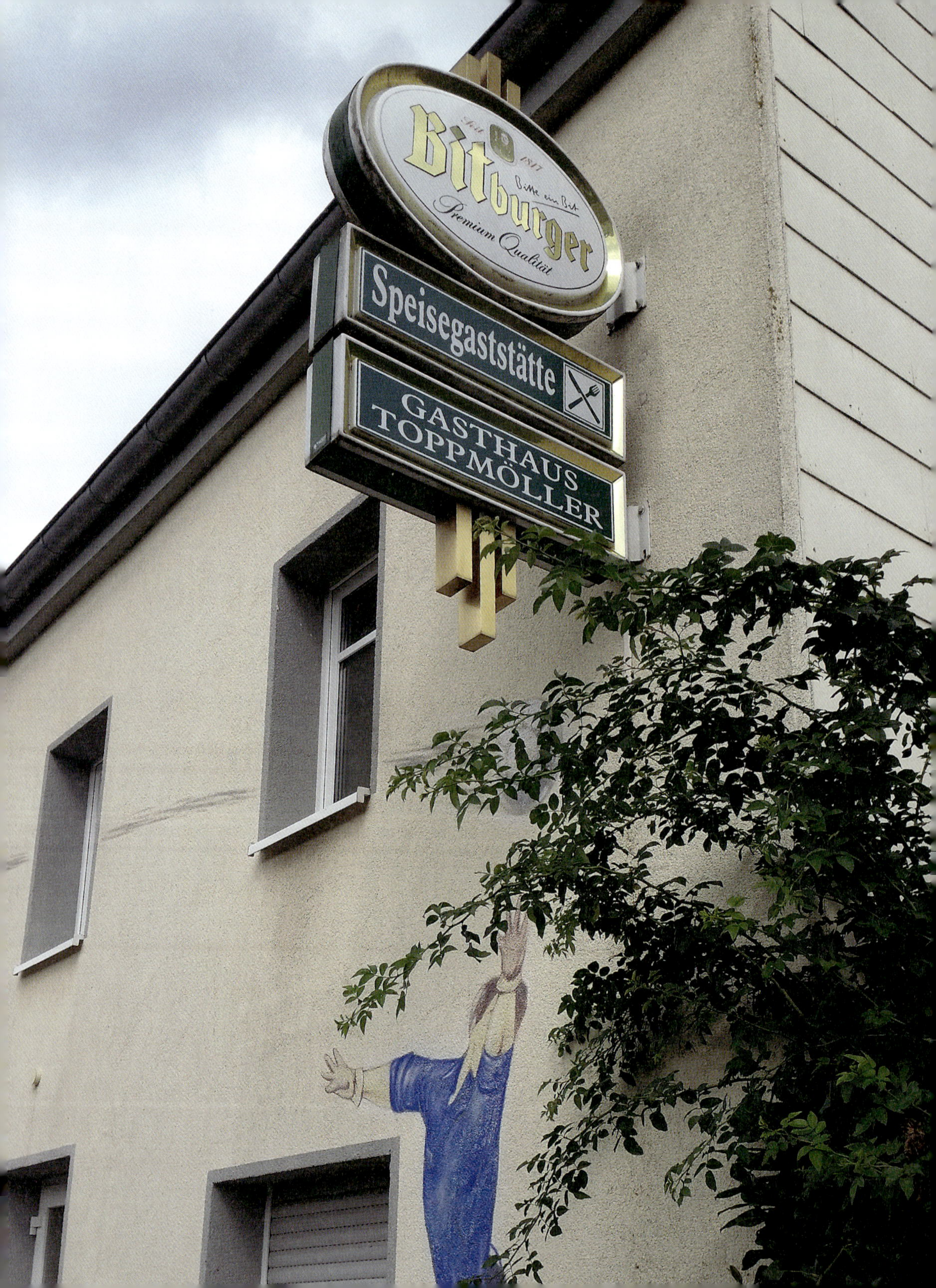
Seit 1817
Bitburger
Bitte ein Bit
Premium Qualität
Speisegaststätte
GASTHAUS
TOPPMÖLLER

A-Jugend des SV Rivenich nach Trier wechselte, boykottierten die Vereinsbrüder die Kneipe des Vaters. Aber das ist schon lange her. „Ein paar Fotos und weg hier“, sage ich zu meiner Frau, aber keine zwei Minuten später habe ich meine Meinung geändert, die Verlockung ist zu groß. Zu viele Türen, die geöffnet werden wollen, zu viele Schränke, in denen etwas lauern könnte: Toppmöllers Auszeichnung zum Trainer des Jahres zum Beispiel oder das Trikot von Patrick Kluivert, das dieser ihm nach einem Champions League-Spiel schenkte. Die Neugier setzt der Fantasie keine Grenzen.

Die Ernüchterung ist groß, als wir nur Gläser, Aschenbecher und Bierdeckel finden. Abwechslung verspricht noch ein Schrank hinter der Theke, der mit Leitz-Ordnern vollgestopft ist. „Pachtverträge“ wurde auf die einen, „Lieferanten“ auf die anderen geschrieben. Ein Ordner fällt aus der Reihe, er ist etwas dünner als die anderen und nicht mit Schreibmaschine, sondern mit Hand beschriftet. „31. Mai 1976“ steht darauf. Ich ziehe ihn heraus und lege ihn auf die Theke. Vor wenigen Monaten hat die „11FREUNDE“-Ausgabe 182 die letzten Geheimnisse des Fußballs gelüftet, darunter auch, was mit Toppmöller am 31. Mai 1976 passiert war. „Wo war Klaus Toppmöller in den 17 Stunden nach seinem Unfall?“, lautete der Titel der Geschichte, die erzählt, dass er auf einem Volksfest war, dieses kurz vor Mitternacht verließ und auf dem Heimweg frontal in ein entgegenkommendes Auto gedonnert war. Erst am Nachmittag des Folgetages tauchte Toppmöller wieder auf, lange Zeit galt als rätselhaft, was er in den 17 Stunden davor getan hat. „Ich bin raus aus dem Auto und wollte Hilfe holen“, erzählte Toppmöller der „11FREUNDE“, danach sei er unter Schock durch den Wald geirrt und hätte sich verlaufen. Ob seine Geschichte stimmt? Die Wahrheit scheint in einem Leitz-Ordner direkt vor uns zu liegen.

Zeitungsartikel folgt auf Zeitungsartikel, einer ist aus dem „SPIEGEL“ und erschien am Tag vor dem Unfall. Die Überschrift lautet „Das wird einer“, dabei hat der Unfall an jenem Tag Toppmöllers Nationalmannschaftskarriere zerstört. Hat er den 1. FC Kaiserslautern auch einen Titel gekostet? Am Ende der Saison 1975/76 hatte der Verein mit einem heftigen Leistungseinbruch zu kämpfen. Wir können mit unseren Smartphones ermitteln, dass Kaiserslautern nach Toppmöllers Unfall die letzten beiden Saisonspiele und das DFB-Pokal-Endspiel gegen den HSV verlor. Toppmöller hatte 6 Tore im Pokal und 22 in der Bundesliga erzielt und war so etwas wie die einzige Trumpfkarte für den Pokalsieg. Wir blättern weiter und finden ein Schreiben, mit Schreibmaschine getippt und dem HSV-Emblem in der rechten, oberen Ecke. Doch die Schrift ist schwer zu erkennen, es scheint die Kopie der Kopie einer Kopie zu sein, vereinzelte Passagen sind geschwärzt. Die Wörter „Bunker Nordstern“ kann ich erkennen, „Bunker Nordstern?“, sage ich zu meiner Frau, doch eine männliche Stimme antwortet. „Ja, Bunker Nordstern!“ Eine Hand fährt zwischen uns hindurch und klappt energisch den Ordner zu. Dann zündet sich Klaus Toppmöller eine Marlboro an und lehnt sich auf den Tresen.

„Der Unfall war inszeniert", sagt er und blickt dabei in die Leere des Raumes. „Der HSV hat die Sache veranlasst, das steht alles hier drin." Toppmöller zieht an seiner Zigarette und erzählt weiter: „Der HSV hatte im Mai 1976 zwei Spiele hintereinander verloren. Der letzte Titel lag ewig zurück, die wollten auf Nummer sicher gehen. Nach der Heimniederlage am Tag vor dem Unfall hatten sie die letzte theoretische Chance auf die Meisterschaft verspielt. Also musste es zumindest der DFB-Pokal sein." Toppmöller dreht sich und sieht uns an. „Die hatten sich als Polizei getarnt, mich angehalten und aus dem Auto gezerrt. Dann ließen sie die Karren aufeinanderprallen, der Amerikaner im Fiat war gekauft, ich musste mitansehen, wie mein Ferrari vor die Hunde ging. Dann schleppten sie mich in den Wald und sperrten mich in einen Bunker. Da haben sie mich dann festgehalten und erpresst. Und als ich mich nicht erpressen ließ, haben sie zugeschlagen und damit gedroht, dass das auch der Rosi passieren wird." Er zieht noch mal an der Kippe, dann drückt er sie aus. „Warum hatte ich wohl keine Knochenbrüche?", fragt er uns, „warum bin ich wohl 17 Stunden verschwunden und dann in der Geschäftsstelle des FCK wieder aufgetaucht? Das ergibt doch gar keinen Sinn."

„Und warum haben Sie das nicht so gemeldet?"

„Weil es mir niemand geglaubt hätte. Und euch wird das auch niemand glauben. Deshalb werdet ihr das auch für euch behalten. Und jetzt raus hier."

Wir gehorchen ihm und gehen aus dem Raum. Toppmöller bleibt direkt hinter uns. Unter seinem Arm trägt er den Leitz-Ordner.

Toppi's Sportsbar, Moselstraße 19,
54518 Rivenich

Diese Geschichte ist vollkommen wahr. Außer die Teile, die total erfunden sind.

Kaiserslautern

Wanderroute auf den Betzenberg

In der „11FREUNDE"-Liste der „99 Orte, die Fußballfans gesehen haben müssen" aus dem Jahr 2012 findet der Betzenberg seinen wohlverdienten Platz. Acht Jahre und mehrere Klimaprotokolle später bleibt das Auto stehen, die „11FREUNDE"-Redaktion präsentiert einen Entwurf, der sich an den coronabedingten Pilgerhype anschmiegt: Die „Wanderroute auf den Betzenberg".

Wer den Camino de Santiago, den Rennsteig in Thüringen oder den Gänsekerleweg in Datterode bereits gegangen ist, für den dürfte die Tour auf den „Betze" im Bereich des Machbaren liegen. Mit knapp einem Kilometer Wegstrecke ist der Fußmarsch nicht im Ansatz so anstrengend wie Hape Kerkelings Jakobsweg-Film. Auch die in der „11FREUNDE" angekündigten „unzähligen Stufen" entpuppen sich beim Erklimmen als lösbare Aufgabe: Es sind gerade mal knapp über 50.

Vielleicht fällt der Weg auch schwerer, wenn man die erste Station ernst nimmt und vorab erst einmal kräftig auftankt: Nach dem Verlassen des Hauptbahnhofs empfiehlt das Magazin einen Stopp im Fan-Treff „Zum 12. Mann" in der Richard-Wagner-Straße 103. Für viele Lauterer ist die 2008 eröffnete Kneipe ein Pflichtbesuch vor Heimspielen, insbesondere für diejenigen, die mit dem Zug anreisen. Darüber hinaus bietet der Fan-Treff ein breites Programm wie Live-Musik, Lesungen oder den „Layenberger Fantalk". Dabei sind nicht nur FCK-Anhänger willkommen, sondern auch Fans von Gastvereinen – „solange sie nicht auf Krawall aus sind", wie es in einer Pressemitteilung der Kneipe heißt.

Weiter geht's die Bahnhofstraße runter. Linksseitig gefällt das Denkmal „Fußball ohne Grenzen" am Philipp-Mees-Platz, das eigentlich einen eigenen Eintrag in diesem Buch verdient hätte. Es wurde von der Künstlerin Christel Lechner zur WM 2006 erschaffen und symbolisiert die acht Mannschaften, die während der Weltmeisterschaft auf dem Betzenberg spielten. Auf der gegenüberliegenden Seite befindet sich an der Bahnhofstraße Ecke Eisenbahnstraße der zweite planmäßige Halt, die „Betzebud", die bis zu ihrem Betreiberwechsel den Namen „Buzzhaltestelle" (oder für die Anhänger nur „Buzz") trug und seit Jahrzehnten Anlaufstelle für FCK-Fans ist. „Rund drei Stunden vorm Anpfiff auf dem Betzenberg öffnen sich die Rollläden an der Imbissbude, durch die dann neben Getränken auch Schnitzelweck und Frikadellen verkauft werden", schrieb die „Rheinpfalz" anlässlich der Wiedereröffnung im Januar 2019. Seither ist mit der Metzgerei Kraus aus Otterberg ein Traditionsbetrieb für die Bewirtung am ehemaligen „Bosch-Eck" zuständig. Nicht minder traditionsreich ist der Kiosk selbst: Das kleine

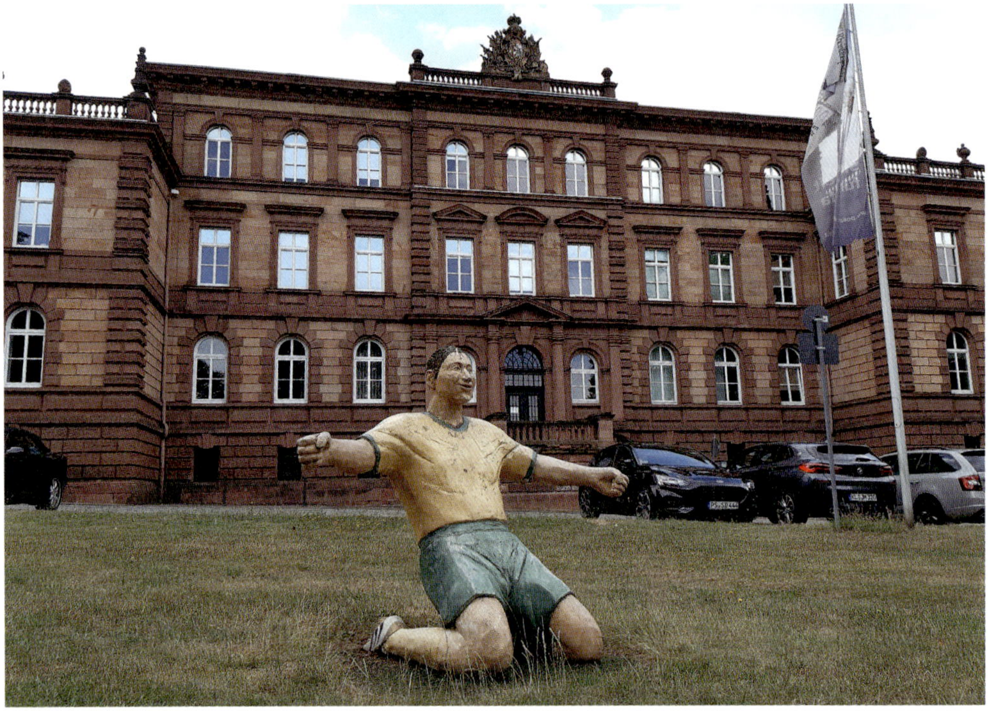

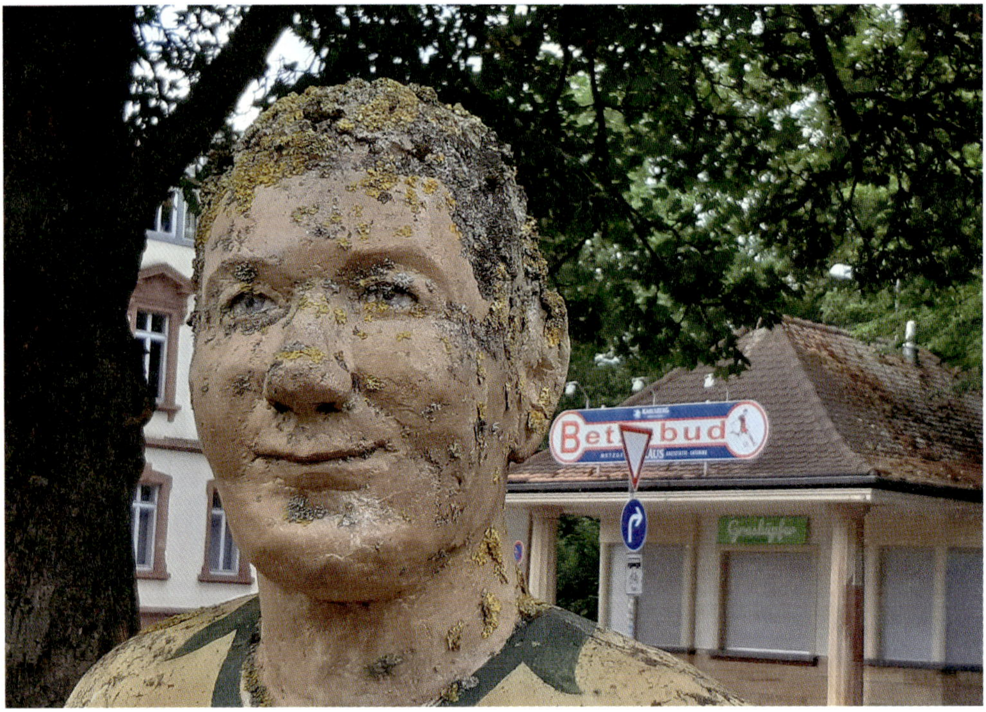

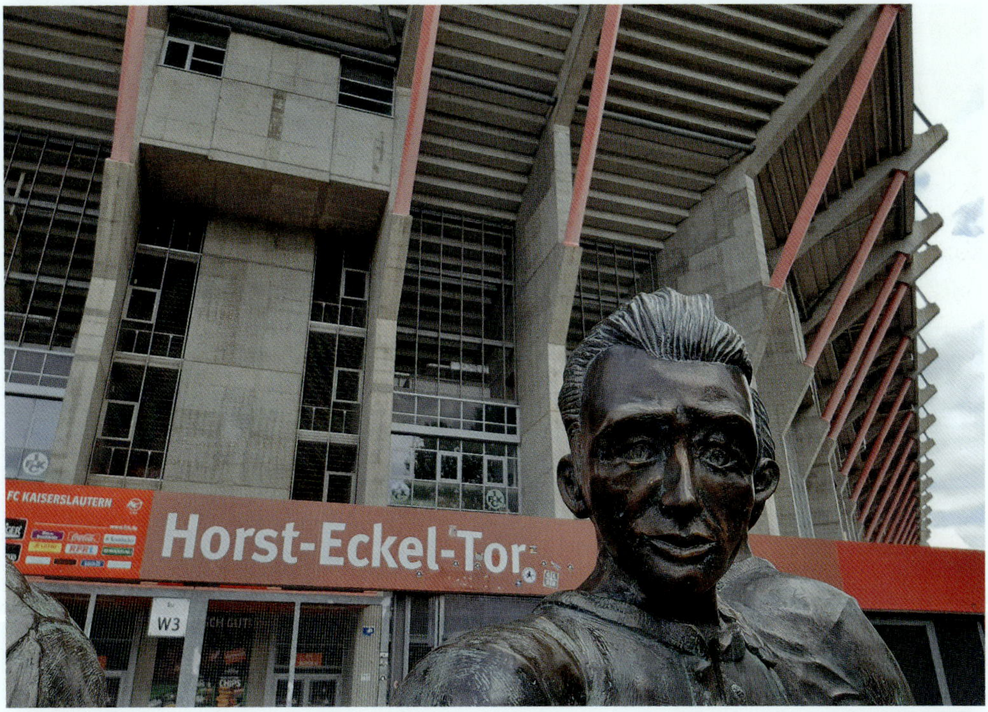

Häuschen wurde 1913 errichtet und ist „das einzige erhaltene Stationshäuschen der früheren Lauterer Straßenbahn“ („Rheinpfalz“).

Folgt man der Eisenbahnstraße, sieht man durch die Unterführung hindurch bereits den „11Freunde-Kreisel“ und damit die dritte Station der Wanderroute auf den Betzenberg. Seit August 2004 stehen auf dem Löwenburgkreisel elf in Beton gegossene Fußballspieler in roten Trikots, die die Tradition des 1. FC Kaiserslautern widerspiegeln sollen (aber keinen konkreten Spielern nachempfunden sind). Die Ähnlichkeit zu den Figuren am Philipp-Mees-Platz ist alles andere als zufällig, auch die elf Freunde im Kreisel entstammen der Künstlerin Christel Lechner. Ende 2019 wurde zwei Figuren der Kopf abgeschlagen. Anhänger des SV Waldhof Mannheim bekannten sich zu der Tat und entrollten im Derby ein Transparent mit der Aufschrift „Nicht lang schnacken, Kopf abhacken“.

Jetzt beginnt der Aufstieg. Durch das Wohngebiet geht es die knapp über 50 Stufen hinauf, bis man auf Höhe des Parkplatz West auf der Straße „Zum Betzenberg“ herauskommt. Von dort aus sind es nur noch ein paar hundert Meter bis zum Fritz-Walter-Stadion und zum Denkmal der Lauterer WM-Helden. Fritz Walter und sein Bruder Ottmar, Werner Kohlmeyer, Horst Eckel und Werner Liebrich stehen als Bronzeplastik seit 2006 direkt vor der Westkurve, „11FREUNDE“ empfiehlt hier unbedingt den Genuss einer

Weinschorle. Die vierte ist gleichzeitig die letzte Station der Gipfelbesteigung, „deren zynischer Zweck es derzeit eher ist, der andauernden Talfahrt des FCK beizuwohnen", wie „11FREUNDE" schreibt.

Ein Premiumsiegel vom Deutschen Wanderinstitut wird die Wanderroute auf den Betzenberg nicht bekommen, dafür ist die Tour viel zu kurz. Aber auch ohne Auszeichnung weist sie eine Erlebnispunktdichte auf, die nahezu unschlagbar ist. Der Fan-Treff, die Betzebud, die ganzen Denkmäler und der historische Treppenaufstieg, all das ist Fußballkulturgut allererster Güte. Dabei gibt es noch einen Geheimtipp – und zwar von jemandem, der es wissen muss. Manuel Andrack schreibt über Fußball und das Wandern, auch wenn er als Saarländer und Anhänger des 1. FC Köln alles andere als ein Betzebub ist. „Den Betze", sagt Andrack, „sollte man von der Pfälzer-Wald-Seite bewandern."

Hauptbahnhof Kaiserslautern, Bahnhofstraße, 67655 Kaiserslautern (hier beginnt die Wanderroute auf den Betzenberg) | Station 1: Fan-Treff „Zum 12. Mann", Richard-Wagner-Straße 103, 67655 Kaiserslautern | Station 2: „Betzebud", Eisenbahnstraße 74, 67655 Kaiserslautern | Station 3: Löwenburgkreisel, 67663 Kaiserslautern | Station 4: Fritz-Walter-Stadion, Fritz-Walter-Straße 1, 67663 Kaiserslautern

Kaiserslautern

Waldstadion am Erbsenberg

„Teufelsangst vorm Erbsenberg" heißt das Buch von Werner Skrentny, das die Geschichte und Geschichten der Oberliga Südwest wiederbelebt. Der Titel, so das Vorwort, „steht für die Gastspiele des 1. FC Kaiserslautern beim proletarischen VfR in jenem dem Betzenberg so nahen Waldstadion Erbsenberg".

Rund 500 Meter Luftlinie trennen die beiden Stadien, sportlich sind es inzwischen Welten. Das macht sich insbesondere an den Spielstätten der beiden Vereine bemerkbar. Dem rund 50.000 Menschen fassenden Fritz-Walter-Stadion steht ein etwas in die Jahre gekommener Platz mit einer traumhaft schönen Holztribüne gegenüber. Die stammt teilweise noch aus dem Jahr 1925 – und das, obwohl der VfR Kaiserslautern erst 1938 (nach den Zwischenstationen Eselsfürth und Wormserhöhe) auf den Erbsenberg zog.

„Wegen der Errichtung von Kasernen auf der Wormserhöhe musste der VfR Kaiserslautern umziehen und nahm einen Teil der alten Holztribüne mit. Die wurde am neuen

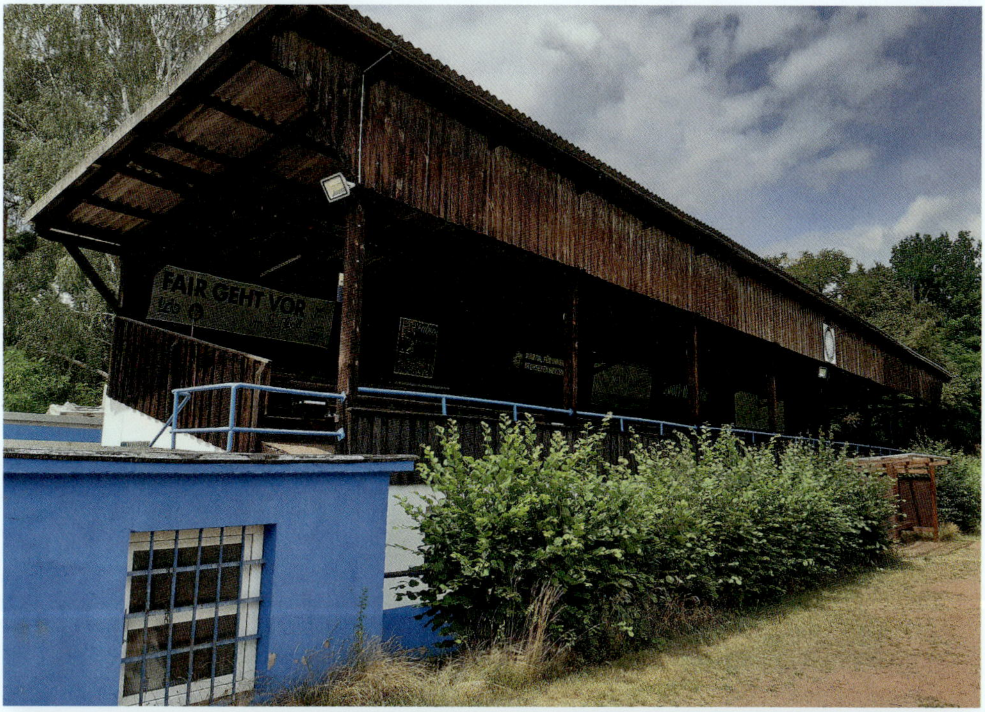
FAIR GEHT VOR

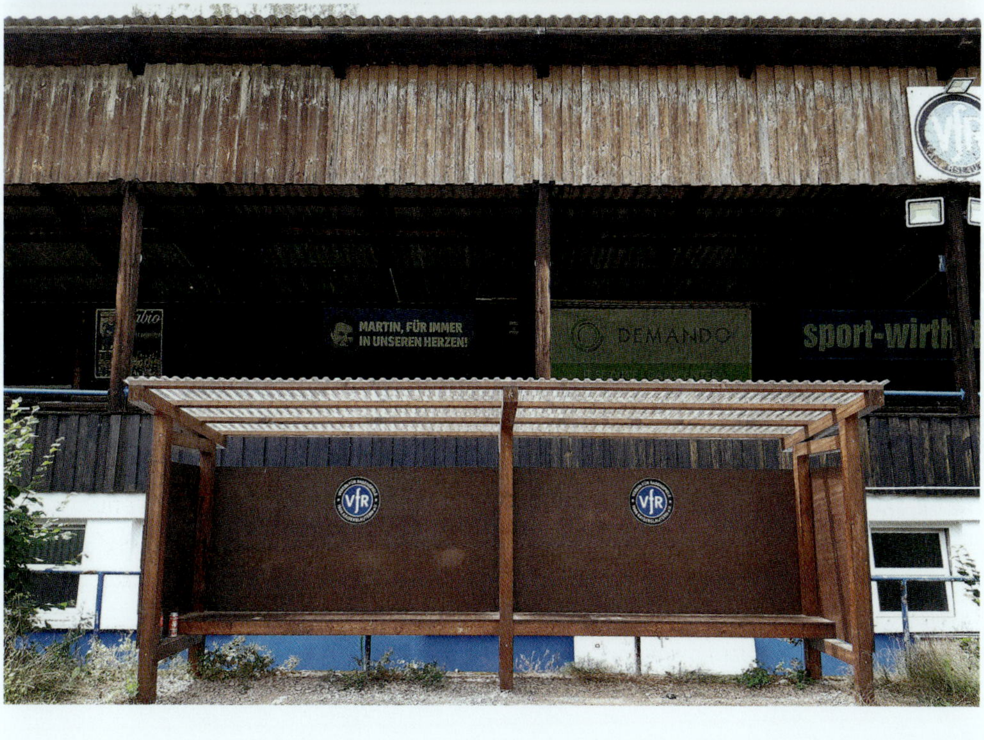
MARTIN, FÜR IMMER
IN UNSEREN HERZEN!
DEMANDO
sport-wirth

Spielort erweitert und mit einem Sandstein-Unterbau versehen", erklärt das Buch „Es war einmal ein Stadion". Zur Einweihung im August 1938 kam mit dem Karlsruher FV ein deutsches Top-Team ins Waldstadion.

Der Herbergsvater des Platzes, der VfR Kaiserslautern, entstand 1920 aus einer Fusion des FC Bayern 06 Kaiserslautern und der SpVgg 1910 Kaiserslautern. Ende der Zwanzigerjahre lief der VfR sogar eine Liga höher als der Nachbar vom Betzenberg auf. Von einer verbitterten Rivalität der Vereine kann aber nicht gesprochen werden. Während des zweiten großen Krieges spielten beide Klubs (für zwei Freundschaftsspiele) zusammen als Kriegsspielgemeinschaft Kaiserslautern. Als die Franzosen den Betzenberg nach dem Krieg beschlagnahmten, erhielten die Roten Teufel auf dem Erbsenberg Asyl. Der große Fritz Walter stand 1949 (Teufelsangst vorm Erbsenberg: „Nur wohlwollend geduldet vom 1. FCK") als Trainer an der Seitenlinie des VfR Kaiserslautern und führte sie in die höchste Spielklasse. „Fritz hatte immer einen guten Draht dahin", sagt FCK-Experte Hagen Leopold und berichtet davon, dass Walter beispielsweise seine Verbindungen zu Adidas nutzte, um den VfR auszustatten.

Mit dem Aufstieg folgte die erfolgreichste Zeit der Vereinsgeschichte. Mit zwei Ausnahmen (1958/59 und 1960/61) sah man auf dem Erbsenberg erstklassigen Fußball in der Oberliga Südwest und Derbys gegen den FCK oder den FK Pirmasens. Vereine, die wie der VfR Kaiserslautern ihre besten Zeiten erlebten, gastierten im Waldstadion, darunter der TuS Neuendorf, Borussia Neunkirchen oder Wormatia Worms. Dabei liest man im Zusammenhang mit dem VfR Kaiserslautern immer wieder von der „Willimowski-Elf". Ernst Willimowski erzielte in der ersten Hälfte der Fünfzigerjahre 70 Treffer in 90 Partien für den VfR, mit 13 Toren in 8 Länderspielen gehört er zu den quotenbesten Torschützen der deutschen Länderspielgeschichte.

Mit der Einführung der Bundesliga begann der allmähliche Abstieg des VfR. Mitte der Sechzigerjahre soll noch eine Fusion mit dem Nachbarn vom Betzenberg im Raum gestanden haben, als man in den Neunzigerjahren in der Kreisliga Kaiserslautern-Kusel-Donnersberg angekommen war, war sogar von der Auflösung der Fußballabteilung die Rede. Inzwischen hat sich der VfR Kaiserslautern rehabilitiert und spielt in der Landesliga.

Waldstadion Erbsenberg, Erbsenberg 3,
67663 Kaiserslautern

Neunkirchen

Ellenfeldstadion

Wenn man Glück hat, erwischt man einen wie Jens Kelm. Seine Sozialisation ließ in seinem Leben gar keinen anderen Verein als Borussia Neunkirchen zu, der Großvater hatte ganze Arbeit geleistet. Dass ein Sechstligist eine Stadionführung ermöglichen kann, liegt an Menschen wie Jens Kelm. Menschen, die Bücher über ihren Verein schreiben, im heimischen Arbeitszimmer das Clubarchiv aufarbeiten und am Samstag Reparaturen am Stadion vornehmen, bevor die Frau zur Arbeit im heimischen Garten bittet. Im 35 Minuten entfernten Kaiserslautern ist man weniger flexibel, dort bleiben wir auf dem Betzenberg vor verschlossenen Toren stehen. In Neunkirchen erleben wir eine Stadionführung, die aus der Vielzahl der von uns besuchten zu den besten gehört.

Ein ausgeprägter Sinn für Nostalgie und Romantik wird natürlich vorausgesetzt, mancher Nachwuchsstar wird im Ellenfeldstadion ein bargeldloses Bezahlsystem ebenso vermissen wie die „Rund-um-Betreuung durch den Full-Service-Betreuer Arena One GmbH“, mit der die Bayern in der Allianz-Arena werben. Dabei hatte das Neunkirchener Stadion bei seiner Entstehung einen Stellenwert, der mit dem heutigen der Allianz Arena gleichzusetzen ist.

„Die glorreichen Zeiten des Vereins waren eine logische Folge“, sagt Jens Kelm und spricht von den Jahren bis 1963, in denen die Borussia ein halbes Jahrhundert in der höchstmöglichen Liga spielte. Die Stadt, in der Erich Honecker geboren wurde, profitierte von der Schwerindustrie und mit ihr der Fußball. Der Platz der Neunkirchner Borussia sollte also nicht nur einer von vielen, sondern ein Aushängeschild sein, „eine Werbefläche für die bürgerliche Sportbewegung“, wie „Das große Buch der deutschen Fußballstadien“ schreibt. Entsprechend prunkvoll war die Einweihung des Borussia-Sportplatzes im Juli 1912: Die Borussia organisierte passend zu den Olympischen Spielen in Stockholm, die zeitgleich stattfanden, „Nationale Olympische Wettkämpfe“ mit 22 Vereinen.

In den Zwanzigerjahren begann mit der Verpflichtung des Wiener Torjägers Adolf Fischera die erste große Zeit von Borussia Neunkirchen, die im Gewinn des Süddeutschen Pokals 1921 und dem Bau einer Holztribüne nach englischem Vorbild gipfelte. Das Neunkirchener Publikum sprang auf den Erfolgszug auf, in einem Spiel um die Süddeutsche Meisterschaft wurde im März 1924 mit 12.000 Besuchern ein neuer Zuschauerrekord für das Saarland aufgestellt. (Das Saarland wurde erst 1920 als „Saargebiet“ gebildet und stand unter der Verwaltung des Völkerbundes.) Die Freude an der Tribüne hielt aber nicht lang. Im Winter 1928 brannte sie ab und wurde bis zum Frühjahr 1930 durch einen Massivbau ersetzt, dessen Überreste heute noch den Grundstock der Haupttribüne bilden.

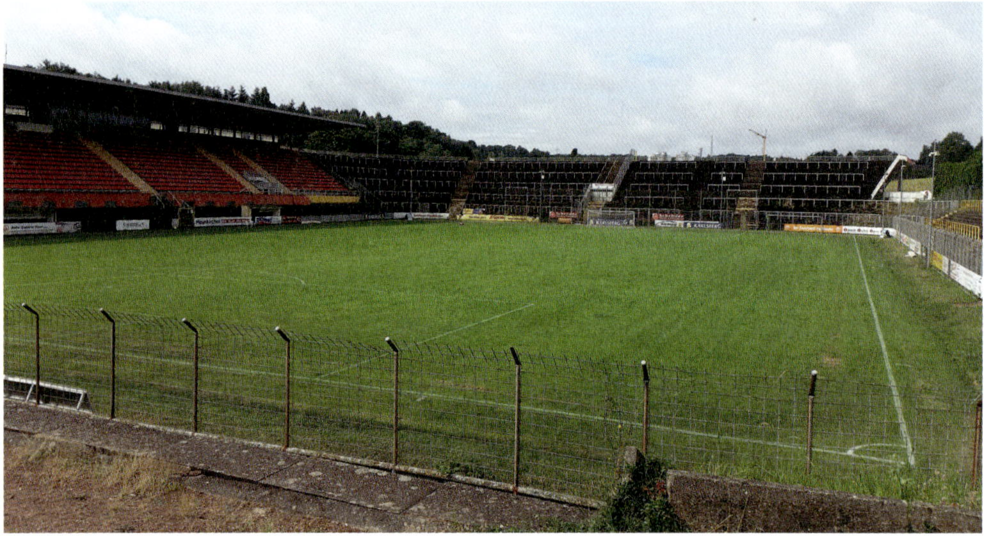

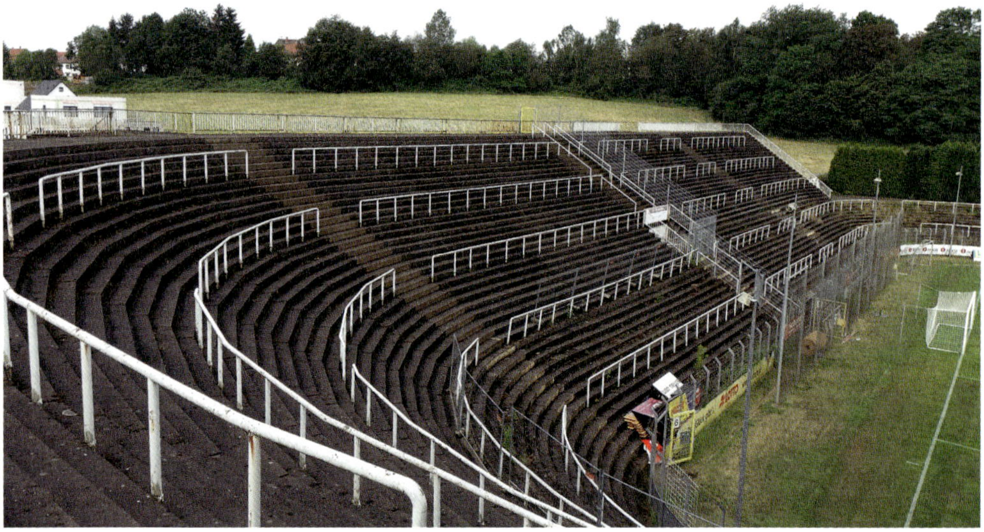

In Saarbrücken setzte man nach dem Krieg mit dem Ludwigspark auf einen Neubau (Eröffnung: 1953), das (mittlerweile vereinseigene) Ellenfeldstadion wurde dagegen erweitert und unter anderem um eine Turnhalle ergänzt. Den größten, millionenschweren Anstrich erhielt das Stadion im Juli 1964, als es auf Bundesliganiveau angehoben wurde. Bis heute ist aus dieser Zeit die „Spieser Kurve" identitätsbestimmend für das Ellenfeldstadion, mit 15 Metern Höhe imposant und in ihrer Bauweise so zweckmäßig wie die Hochöfen. Das Stadion wuchs auf ein Fassungsvermögen von 30.000, über

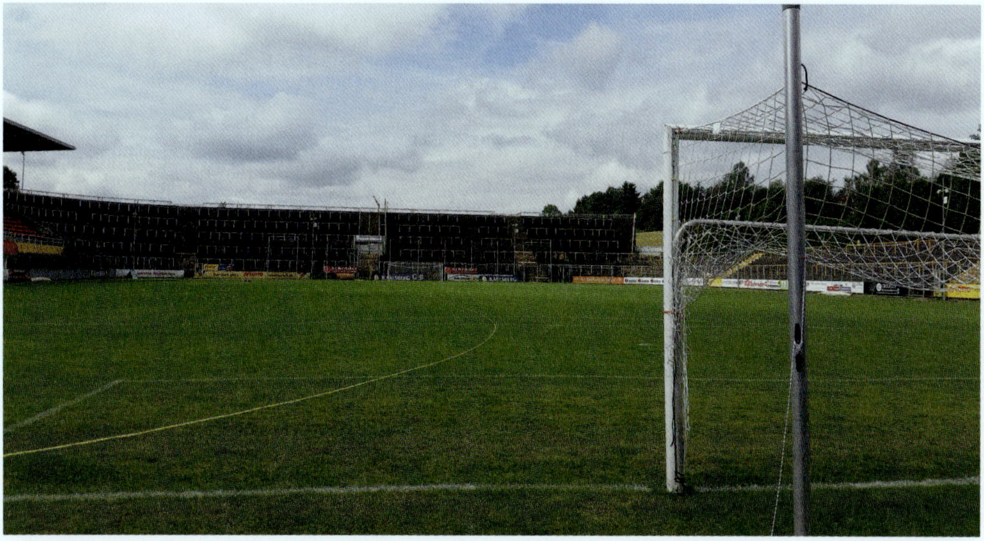

21.000 Besucher verfolgten im Schnitt die Spiele der Borussia in ihrer erfolgreichsten Bundesliga-Saison 1964/1965, die mit dem 10. Platz abgeschlossen wurde. Nach einem Ab- und einem Wiederaufstieg verabschiedete sich Borussia Neunkirchen 1968 aus der Bundesliga und kehrte nicht mehr zurück.

„Die glorreichen Zeiten des Vereins waren eine logische Folge", sagte Jens Kelm. Er führte den Satz fort: „So wie auch der Untergang des Vereins eine logische Folge war." 1968 schloss in der Stadt, die in ihrem Wappen die Symbole für Kirche, Bergbau und Industrie führt, die letzte Kohlengrube, 1982 machte auch das Eisenwerk dicht. Ein Jahr zuvor spielte die Borussia zum letzten Mal in der 2. Bundesliga Süd. Im Februar 1990 kaufte die Stadt das Stadion zurück und verhinderte so die Insolvenz des Vereins. Im April 2015 musste Borussia Neunkirchen einen Antrag auf Zahlungsunfähigkeit stellen. Zum zweiten Mal nach 2002.

Borussia Neunkirchen spielt mittlerweile in der Saarlandliga, der Zuschauerschnitt liegt im mittleren dreistelligen Bereich. Um das Stadion gibt es permanente Gerüchte in alle Richtungen, die sich vom ursprünglichen Erhalt bis zum Neubau ranken. An die besseren Zeiten erinnert heute noch die Statue vor dem Stadion, die seit 1955 Verbundenheit von Fußball, Schlossbrauerei und Eisenwerken symbolisiert. Wie viele Phasen diese Figur durchgemacht hat! Sie könnte viele Geschichten erzählen. Man kann aber auch Jens Kelm fragen.

Ellenfeldstadion, Mantes-La-Ville-Platz 12,
66538 Neunkirchen

Karlsruhe

Julius Hirsch Stolperstein

Das Projekt „Stolpersteine" wurde vom Berliner Künstler Gunter Demnig ins Leben gerufen. Die 96 mal 96 Millimeter langen und 100 Millimeter hohen Gedenksteine, an deren Oberseite eine beschriftete Messingplatte befestigt ist, sollen an Opfer des Nationalsozialismus erinnern. Meistens befinden sie sich unmittelbar vor den letzten Wohnhäusern der Verfolgten, Vertriebenen und Ermordeten auf Gehwegen und Bürgersteigen. Über 75.000 solcher Steine wurden seit 1992 in rund 25 Ländern in die Erde gesetzt. Auch in Karlsruhe befinden sich mehrere dieser Stolpersteine, im November 2006 kam einer in der Murgstraße hinzu, der an Julius Hirsch erinnern soll.

Der 1892 in Achern im Schwarzwald geborene Julius Hirsch begann als Zehnjähriger mit dem Fußballspielen und schloss sich 1902 dem Karlsruher FV an. Bereits 1909 wurde er Mitglied der ersten Mannschaft und feierte ein Jahr später den Titel des Südmeisters. „Juller" Hirsch wirbelte auf Linksaußen, wiederholte in den folgenden drei Jahren den Titelgewinn der Südmeisterschaft und zog mit dem KFV immer wieder in die Endrunde ein, 1910 konnte man sogar die Deutsche Meisterschaft erringen.

1913 folgte Hirsch seinem Trainer William Townley zur SpVgg Fürth, erneut wurde man Deutscher Meister. Der Wechsel hatte auch berufliche Gründe, Hirsch, der Kaufmann war, kam beim größten Spielwarenhersteller der Welt, der Firma Bing, unter.

Das Interesse von Reichstrainer Otto Nerz hatte der Stürmer da längst geweckt. Bereits im Dezember 1911 debütierte Julius Hirsch im Nationaldress, bei seinem zweiten Länderspiel erzielte er vier Tore. Seine Länderspiel-Karriere wurde durch den Ersten Weltkrieg, in dem Hirsch vier Jahre lang als Soldat diente, und nach insgesamt sieben Einsätzen beendet.

Nach dem Krieg kehrte er zum Karlsruher FV zurück und blieb bis 1923 Mitglied der ersten Mannschaft, bis 1927 soll er verschiedenen Aufzeichnungen zufolge noch aktiv gewesen sein.

Die Machtübernahme der Nazis hatte weitreichende Konsequenzen für Hirsch. Viele Vereine und Verbände schlossen Menschen jüdischen Glaubens aus. Hirsch kam dem zuvor und sandte im April 1933 seine Austrittserklärung an den Karlsruher FV: „Ich lese heute im Sportbericht Stuttgart, dass die großen Vereine, darunter auch der KFV, einen Entschluss gefasst haben, dass die Juden aus den Sportvereinen zu entfernen seien. Leider muss ich nun bewegten Herzens meinem lieben KFV, dem ich seit 1902 angehöre, meinen Austritt anzeigen. Nicht unerwähnt möchte ich aber lassen, dass es in dem heute so gehassten Prügelkinde der deutschen Nation auch anständige Menschen und vielleicht noch viel mehr national denkende und auch durch die Tat bewiesene und

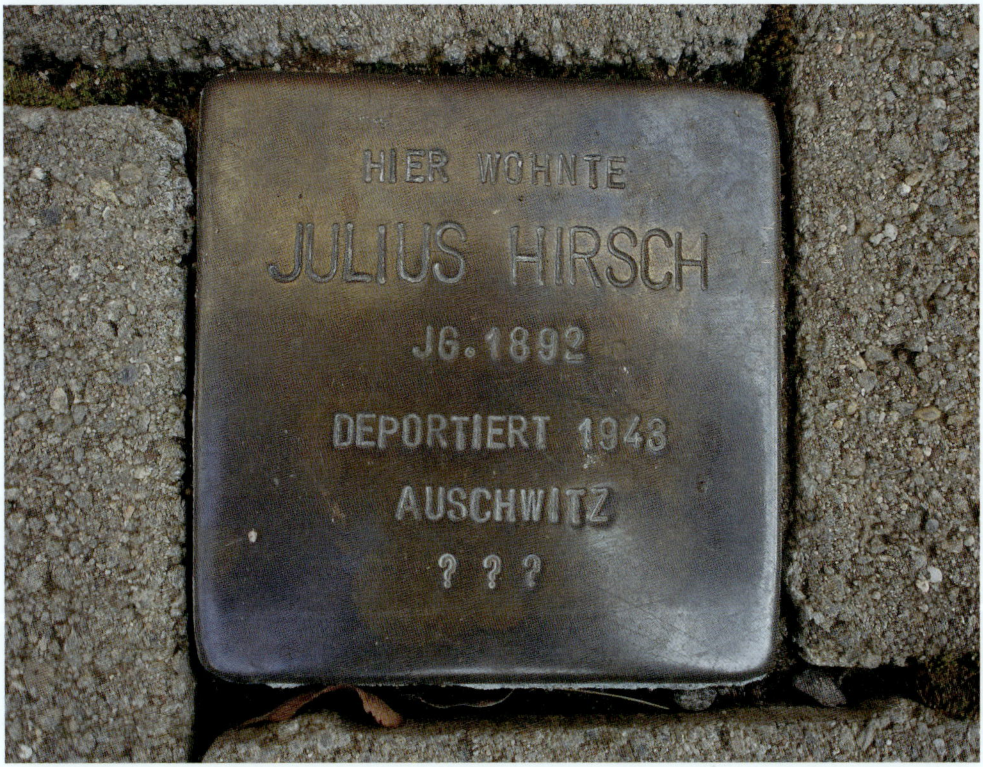

durch das Herzblut vergossene deutsche Juden gibt." Die Spiele seines Heimatvereins besuchte er weiterhin, wenn auch heimlich.

Für Hirsch begann bereits 1932 ein Leben in Arbeitslosigkeit. Engagements als Trainer kamen nicht zustande, 1934 schloss er sich dem jüdischen Turnklub Karlsruhe 03 an und führte sie zur badischen Meisterschaft.

1937 fand er wieder Arbeit, bereits ein Jahr später saß er aber wieder auf der Straße, weil die jüdische Firma „arisiert" wurde. Hirsch beging einen Selbstmordversuch und ließ sich 1939 von seiner Frau scheiden, um sie und seine Kinder vor der Verfolgung zu schützen.

Beim badischen Tiefbauamt fand er einen Job als Hilfsarbeiter, 1943 wurde dem mittlerweile 50-Jährigen dann mitgeteilt, dass er zu einem „Arbeitseinsatz" transportiert werden soll. Das Ziel war das KZ Auschwitz. Wann Julius Hirsch dort ums Leben kam, ist ungeklärt. Seine Kinder überlebten als „Mischlinge ersten Grades" im Konzentrationslager Theresienstadt.

Sein früherer Mannschaftskamerad Gottfried Fuchs emigrierte 1937 nach Kanada und überlebte den Nationalsozialismus. Bei seinen gelegentlichen Besuchen in Deutschland lehnte Fuchs, dem beim 16:0-Erfolg über Russland sagenhafte zehn Tore gelangen, Einladungen des Karlsruher FV stets ab: „Weil sie den Julius Hirsch ermordet haben."

Der Stolperstein in der Murgstraße vor dem gelben Haus mit der Nummer sieben ist nicht der einzige Ort, an dem Julius Hirsch gedacht wird. Ein Teilstück des Karlsruher Weges in der gleichnamigen Stadt heißt seit 2013 Julius Hirsch-Straße, in Berlin gibt es seit 2006 die „Julius-Hirsch-Sportplätze" und eine Schulsporthalle zwischen Stuttgart und Karlsruhe trägt seinen Namen.

Der DFB zog nach und rief 2005 den Julius-Hirsch-Preis ins Leben, der für besonderen Einsatz für Toleranz und Menschenwürde und gegen Extremismus, Fremdenfeindlichkeit und Antisemitismus verliehen wird. Dietrich Schulze-Marmeling, von dem unter anderem das Werk „Davidstern und Lederball" stammt, wertete diesen Preis als „ein starkes Signal". Denn mit der Aufarbeitung des Nationalsozialismus hatte sich der DFB Zeit gelassen. Noch 1978 empfing DFB-Präsident Neuberger den SS-Flieger Hans-Ulrich Rudel während der WM in Argentinien, seine Nachfolger pflegten die Politik des Todschweigens weiter.

Stolperstein Julius Hirsch, Murgstraße 7,
76199 Karlsruhe

Karlsruhe

Altes Hochschulstadion

Das Buch „Es war einmal ein Stadion" adelt die Tribüne im Karlsruher Hochschulstadion als „ein Unikat deutscher Sportbauten". Eine relative Aussage, denn an gleicher Stelle wird darauf hingewiesen, dass in München „dessen Pendant" steht.

Als das Karlsruher Hochschulstadion, das heute auch „Altes Stadion" genannt wird, am 13. Juli 1927 eröffnet wurde, war die Tribüne noch nicht fertiggestellt – ihre Einweihung fand erst im Oktober 1930 statt. Vorausgegangen war das Engagement des Hochschullehrers und Professors für Geologie und Mineralogie, Wilhelm Paulcke, der sich für eine starke Einbindung von Sport ins Studium und damit für eine Sportanlage an der Universität einsetzte. Finanziell war die Unterstützung der Stadt notwendig, ohnehin war „wegen Inflation und prekärer Finanzlage (…) an eine schnelle Realisierung freilich nicht zu denken", wie Dr. Gerhard Kabierske in seinem Text für das südwestdeutsche Archiv für Architektur und Ingenieurbau erklärt. So wurde auch das Dach der Tribüne erst 1934 fertiggestellt.

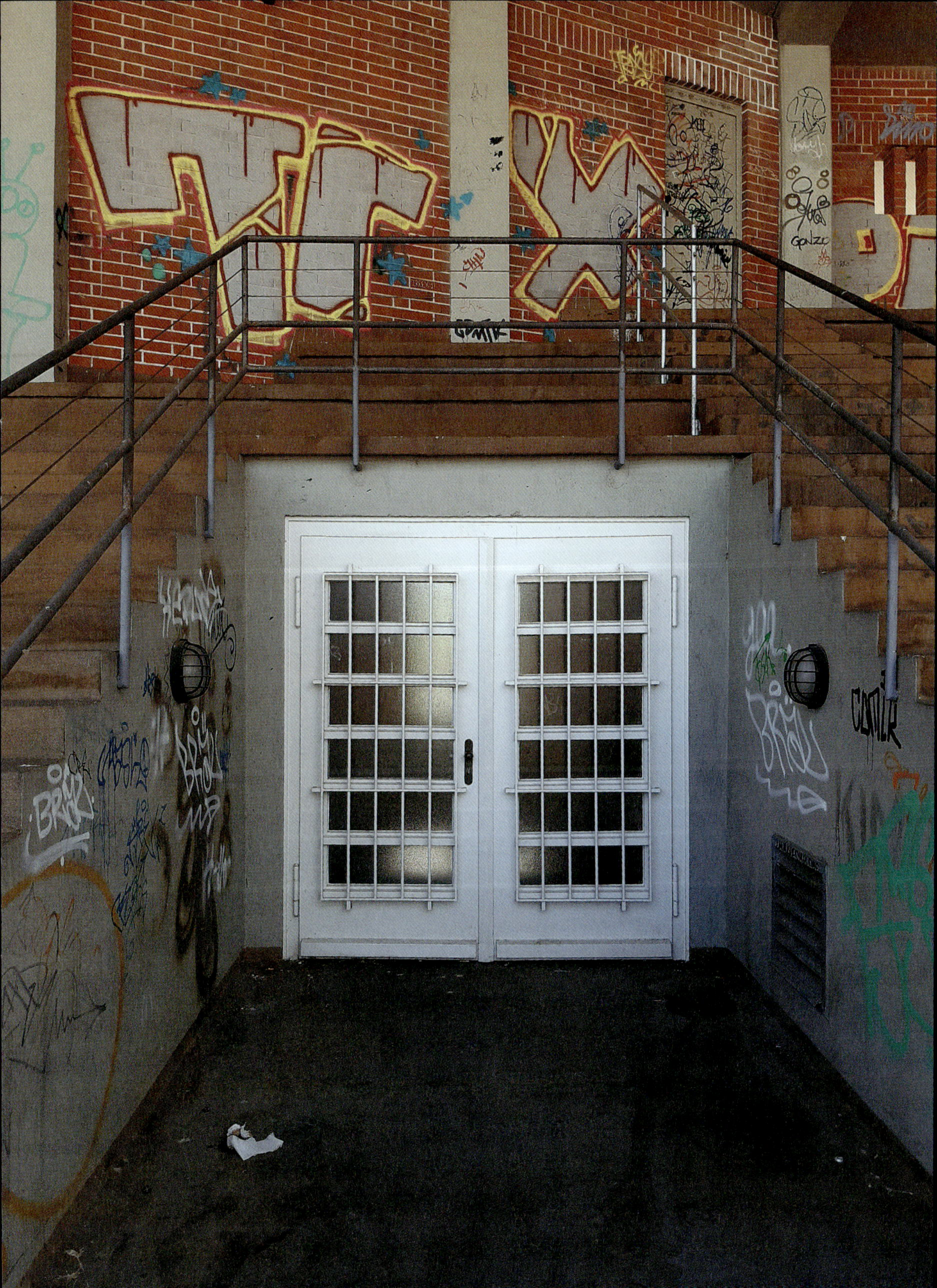

Auch wenn das Hochschulstadion nie den großen Fußball sah – der Karlsruher FV, Deutscher Meister 1910, spielte auf dem KFV-Platz an der Telegrafenkaserne, die Vorgängervereine des KSC, der VfB Mühlburg (Stadion Honselstraße) und Karlsruher FC Phönix (Wildpark), liefen an anderen Orten auf –, gab es zur Eröffnung des Hochschulstadions auch ein Fußballspiel.

Verschiedene Leichtathletik-Veranstaltungen lockten dagegen mehrere tausend Menschen an den Paulckeplatz, darunter der Länderkampf zwischen Deutschland und der Schweiz (1937, vor 8.000 Zuschauerinnen und Zuschauern) sowie das Sportfest des Karlsruher FV im Jahr 1953 mit 10.000 Besucherinnen und Besuchern. Politische Veranstaltungen während des Nationalsozialismus zogen bis zu 30.000 Menschen an. Das Hochschulstadion war „die größte Versammlungsstätte Karlsruhes für politische Kundgebungen“ in jener Zeit, wie das Buch „Es war einmal ein Stadion“ schreibt.

Da passt es ins Bild, dass der Architekt der Tribüne Mitglied der NSDAP und der SS war: Professor Dr. Hermann Reinhard Alker hatte ein hochschulinternes Preisausschreiben gewonnen, das 1924 unter Karlsruher Architekten ausgeschrieben worden war. In den Dreißigerjahren sollte Alker sogar „Stadtbaurat mit besonderen Aufgaben“ in München werden, der Stadt, die „wie keine andere deutsche Stadt mit der Frühgeschichte und dem Aufstieg der NSDAP verbunden“ war (NS-Dokumentationszentrum München). Ein Zeitungsinterview, in welchem er „Hitlers Bauplänen vorgegriffen hatte“ („Es war einmal ein Stadion“), sorgte dafür, dass er aus der Partei ausgeschlossen und sein steiler beruflicher Aufstieg jäh gestoppt wurde.

Dass ausgerechnet in München eine nahezu identisch aussehende Tribüne steht, hat mit Alker nichts zu tun. Zwischen den beiden Bauwerken gibt es einen markanten Unterschied: Der 1928 fertiggestellte Bau in München verwendet Dachstützen, der in Karlsruhe nicht. Darüber hinaus beherbergt die Münchner Tribüne auch keine Sporthalle, so wie es in Karlsruhe der Fall ist.

Die Räumlichkeiten unter der Tribüne finden heute noch Verwendung, insbesondere für studentische Veranstaltungen. Darüber hinaus hat der Arbeitskreis Kultur und Kommunikation der AStA seinen Sitz an dieser Stelle. Auf der Tribüne, auf der bis zu 800 Menschen Platz finden, treffen sich Studierende, verbringen dort die Zeit zwischen den Vorlesungen oder genießen das Leben auf dem Campus.

Dabei wären die Ränge in den Siebzigerjahren beinahe abgerissen worden und wurden erst kurz vor Toreschluss unter Denkmalschutz gestellt. Die aufgeschütteten Wälle des Stadions wurden bereits ein Jahrzehnt zuvor entfernt, da es an der Universität zunehmend enger und der Bedarf an Neubauten immer größer wurde.

Altes Hochschulstadion, Engesserstraße 17,
76131 Karlsruhe

Stuttgart

Stehtoilette mit Aussicht

Als am 30. Juli 2008 die Mercedes-Benz-Arena eingeweiht wurde, erhielt das Kind nicht zum ersten Mal einen neuen Namen. Bis 2038 wird sich daran erst einmal nichts mehr ändern, bis dahin liegen die Namensrechte bei der Daimler AG. Die Geschichte des Stadions wird dann ihr 105-jähriges Bestehen feiern.

Anlässlich des 15. Deutschen Turnfestes von 1929 bis 1933 als Stadion Stuttgart gebaut und 1933 als Adolf-Hitler-Kampfbahn eingeweiht, erlebte das Stadion im Juni 1933 sein erstes Fußballspiel, zwei Jahre später sein erstes Länderspiel vor 70.000 Besuchern. Das erklärt „Das große Buch der deutschen Fußballstadien". Wiederum zwei Jahre später sahen 72.000 Menschen einen deutschen 4:0-Sieg gegen Frankreich.

Nach dem Krieg nahmen die Amerikaner das Stadion in Beschlag und gaben ihm den Namen Century Stadion, 1949 wurde daraus das Neckarstadion. Das Fassungsvermögen lag in dieser Zeit bei 97.500 Zuschauern, das Stadion galt als das modernste in Deutschland. Mit dem Endspiel um die Deutsche Meisterschaft zwischen dem VfR Mannheim und Borussia Dortmund vor 92.000 Zuschauern und dem ersten Länderspiel der deutschen Nachkriegsgeschichte gegen die Schweiz (vor kolportierten 103.000 bis 115.000 Besuchern) fanden erste legendäre Spiele in Stuttgart statt.

Aufgrund des Fassungsvermögens kamen weitere hinzu. 1959 holte Real Madrid den Europapokal der Landesmeister im Schwabenländle, auch das letzte Endspiel um die Deutsche Fußballmeisterschaft zwischen Dortmund und Köln im Jahr 1963 wurde im Neckarstadion ausgetragen. Die damals schon notwendige Sanierung der Tribünen, die teilweise abgerissen werden mussten, wurde zur Weltmeisterschaft 1974 durchgeführt. Vier Begegnungen fanden in Stuttgart statt, darunter die Spiele des späteren Halbfinalisten Polen.

Knapp zwanzig Jahre später gab die Leichtathletik-Weltmeisterschaft 1993 Anlass, erneut tätig zu werden. Für über 50 Millionen Mark wurde das Stadion modernisiert, die Kapazität sank durch die Umwandlung zahlreicher Steh- in Sitzplätze auf 53.700 Besucher. Zehn Millionen DM steuerte der Daimler-Benz-Konzern bei, der die Namensrechte kaufte und fortan ins Gottlieb-Daimler-Stadion einlud. Aus dieser Zeit ist auch das Dach, das heute noch markant für das Stadion ist. Ein Jahr zuvor, 1992, feierte der VfB Stuttgart nach 1950, 1952 und 1984 seine vierte Meisterschaft.

Im Vorfeld der WM 2006 erhielt das Stadion als einziges großes Leichtathletikstadion eine grüne Laufbahn. Bereits in den Jahren zuvor fanden in mehreren Abschnitten bauliche Veränderungen in Höhe von insgesamt 100 Millionen DM statt, darunter zwei neue Anzeigetafeln und der Bau eines Oberrangs auf der Gegentribüne. Am 30. Juli

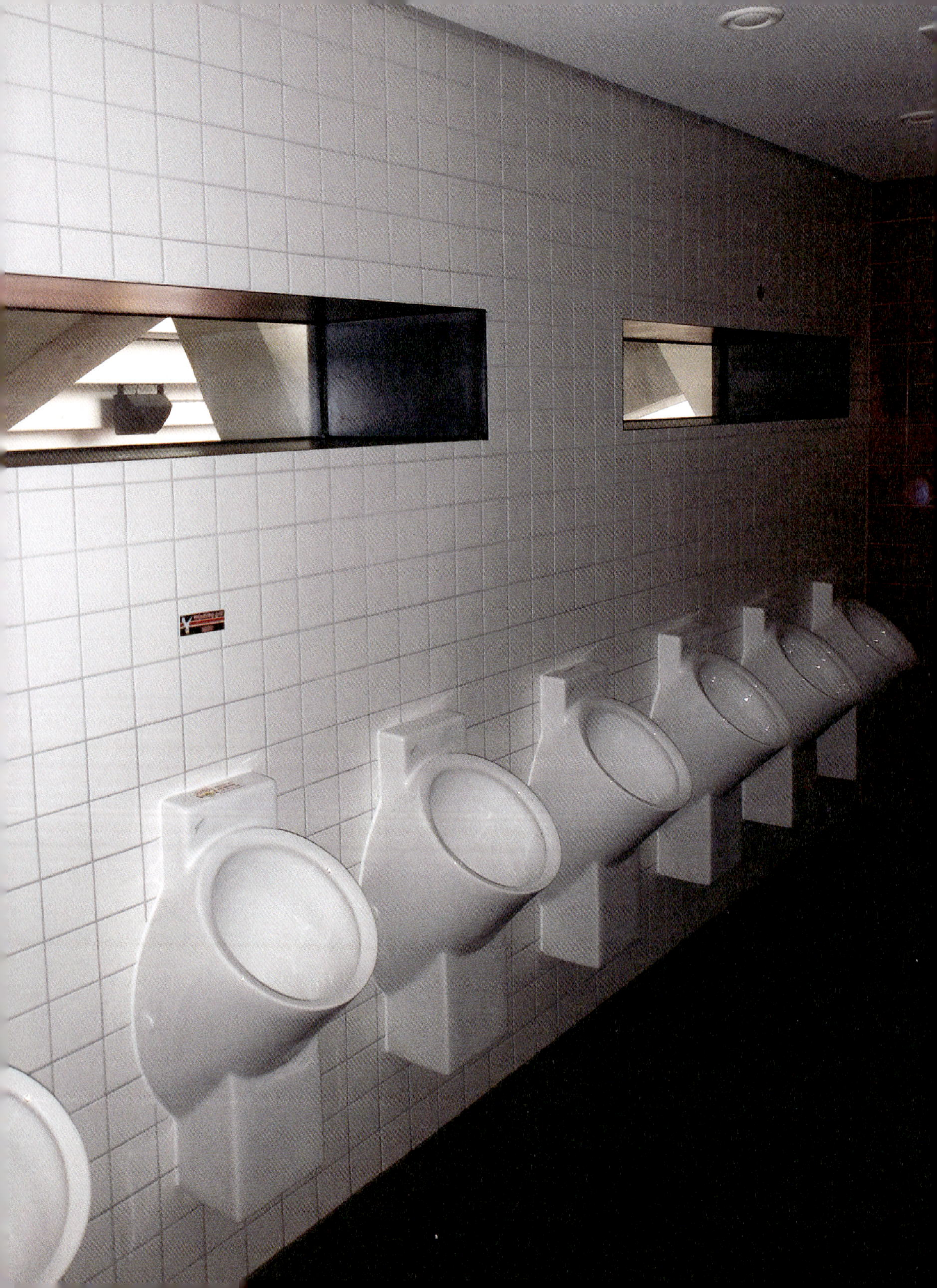

2008 wurde das Gottlieb-Daimler-Stadion in Mercedes-Benz-Arena umbenannt, im September desselben Jahres fand mit dem dritten Weltfinale der Leichtathletik die letzte Leichtathletik-Veranstaltung im Stadion statt.

Der im Mai 2008 beschlossene Umbau in ein reines Fußballstadion wurde mit ersten Vorarbeiten im April 2009 begonnen. Die Untertürkheimer Kurve wurde abgerissen und durch eine neue Tribüne ersetzt, die zur Saison 2010/2011 fertiggestellt wurde. Besonderheit: Unter der Tribüne liegt die SCHARRena, eine 2.000 Besucher fassende Sporthalle. Das Spielfeld wurde tiefer gelegt, Haupttribüne und Gegengerade um fünf Sitzreihen erweitert.

Der Abbruch der Cannstatter Kurve begann nach dem letzten Heimspiel des VfB Stuttgart in der Saison 2009/10 und wurde im August 2011 fertiggestellt. Die Wünsche der Fans wurden dabei berücksichtigt: Der komplette Fanbereich ist frei von Schlipsträgern, Logen sind nicht zu finden. Ein Fantreff entstand, dazu sind die Herrentoiletten mit „Schießscharten" ausgestattet, sodass Männer mit stattlicher Körpergröße das Spiel auch beim Klogang weiterverfolgen können. Anhänger unterhalb der 180 Zentimeter haben es aber sehr schwer. Die Gesamtkosten des Umbaus lagen bei knapp unter 80 Millionen Euro, heute hat die Mercedes-Benz-Arena ein Fassungsvermögen von 60.449 Zuschauern.

Mercedes-Benz-Arena, Mercedesstraße 87,
70372 Stuttgart

Villingen-Schwenningen

Tipp-Kick

Schon Dettmar Cramer wusste: „Es hängt alles irgendwo zusammen. Sie können sich am Hintern ein Haar ausreißen, dann tränt das Auge." Man muss den Selbstversuch gar nicht erst starten. Was Cramer in die Welt posaunte, beweist uns auch die Tipp-Kick-Figur: Drückt man dem Spieler auf den Kopf, bewegt sich das Bein. Es hängt alles irgendwo zusammen.

Und das seit fast 100 Jahren. In den goldenen Zwanzigern machte sich der Schwenninger Kaufmann Edwin Mieg mit einer Idee selbstständig, die bis heute an keinem fußballinteressierten Kind vorbeigeht – und an der sich bis heute nicht viel geändert hat. „Schon mit dem Prototyp wurde wie heute gespielt: Mit einer Blechfigur, deren Fuß sich auf K(n)opfdruck bewegen ließ, galt es einen zweifarbigen Korkwürfel in ein Tor zu

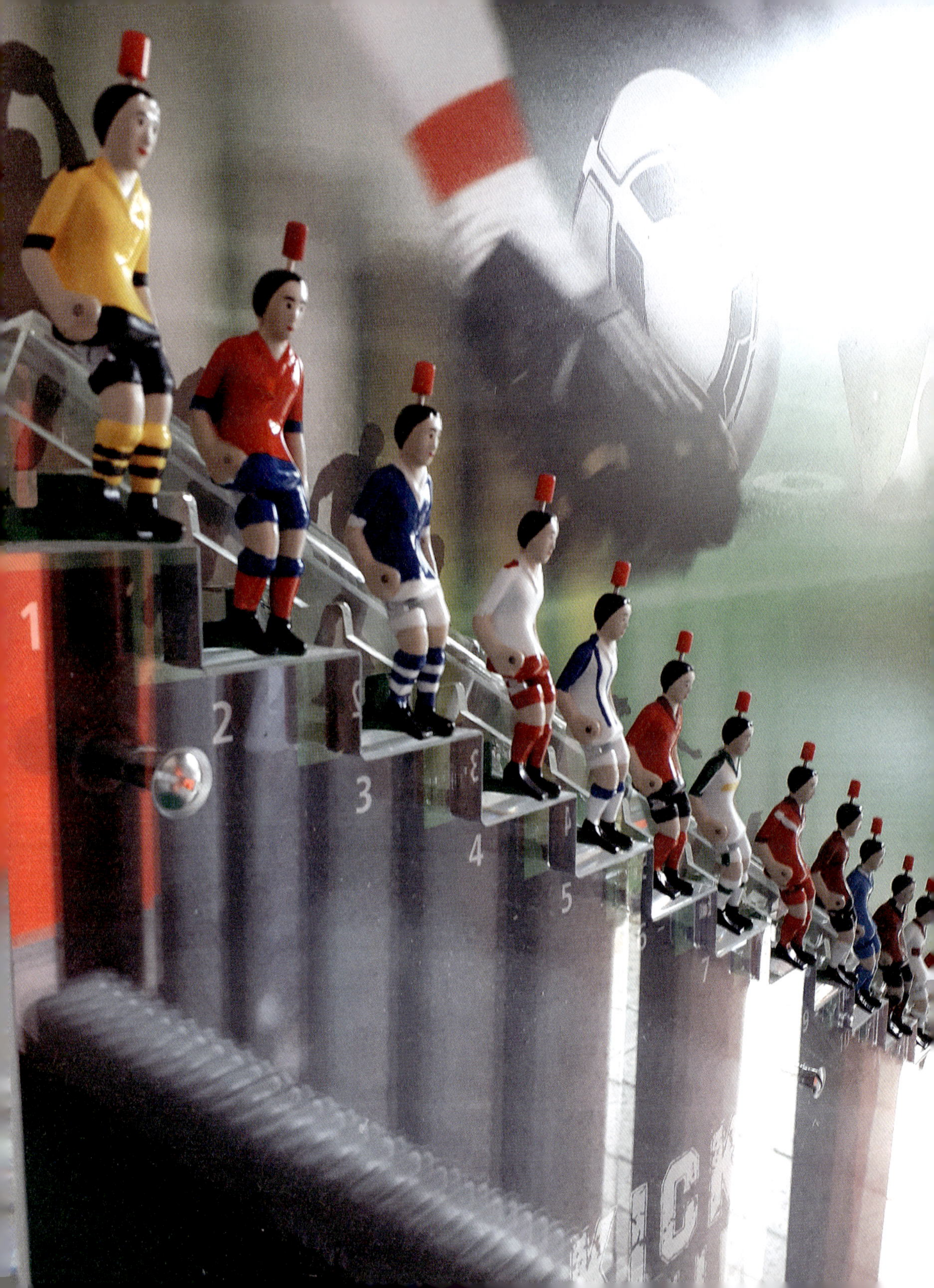
1
2
3
4
5

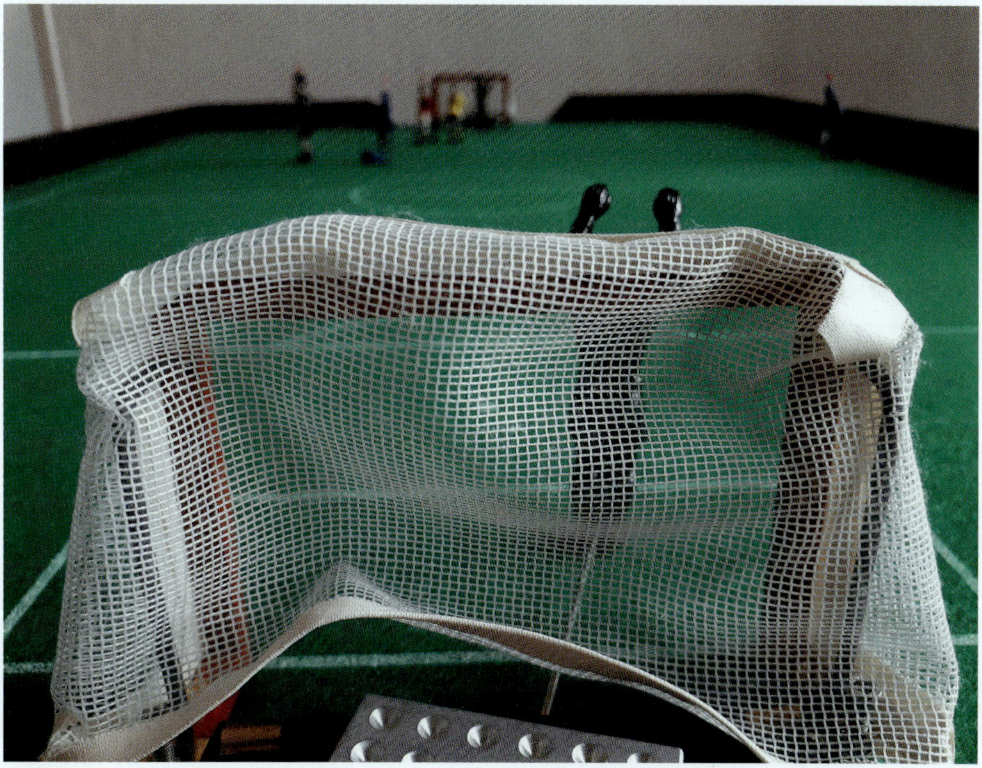

schießen", heißt es auf Tipp-Kick.de. Edwin Mieg ersetzte die Blechspieler durch Bleifiguren, gründete die Einzelfirma Edwin Mieg und stellte Tipp-Kick 1926 auf der Leipziger Spielwarenmesse vor. Die Nachfrage stieg und ermöglichte den Bau eines Fabrikgebäudes im Jahr 1938.

Der große Durchbruch gelang im Zuge der Weltmeisterschaft 1954, „180.000 Spiele wurden allein im Jahr des WM-Titelgewinns in Deutschland verkauft", schreibt Tipp-Kick.de. Die Firma wurde zu diesem Zeitpunkt schon von Peter und Hansjörg Mieg betrieben, den Söhnen des 1948 verstorbenen Edwin Mieg. Bis heute hat sich auch daran nichts geändert, Tipp-Kick ist ein Familienbetrieb. Am Material selbst gab es indes immer wieder Korrekturen: Seit 1954 werden Tore und Bälle aus Kunststoff hergestellt, seit 1978 gibt es Tore mit Netz. Mein erstes Tipp-Kick-Spiel, das ich in den Neunzigerjahren bekam, hatte bereits einen „Starkeeper", sprich einen Torwart, der auch nach vorne hechten konnte.

Die Verbindung zwischen dem Fußball auf dem Rasen und dem im Kinderzimmer ist frappierend: Wenn es im deutschen Fußball nicht läuft, läuft es auch bei den Miegs nicht. Der Bundesliga-Skandal, das frühe Ausscheiden bei den Weltmeisterschaften 1978 oder

1994, das merkt man auch in Villingen-Schwenningen. Dass die Zahlen trotz des desaströsen Abschneidens der Nationalmannschaft bei der WM 2018 in Russland mehr als gut waren, lag an einer Kooperation mit der Supermarktkette Kaufland. Um wettbewerbsfähig zu bleiben, mussten bereits vor rund zwanzig Jahren Teile der Produktion ins Ausland verlagert werden, im Bedarfsfall ist die Produktion vor Ort aber nach wie vor möglich.

Die Zukunft Tipp-Kicks sieht die „kleinste Spielwarenfirma Deutschlands" (Tipp-Kick.de) in der Verbreitung des Spiels im Ausland, denn Tipp-Kick ist in erster Linie in den deutschsprachigen Ländern populär. Das Spiel „Subbuteo", das ebenfalls in den Zwanzigerjahren des letzten Jahrhunderts erfunden wurde, wird dagegen in über 50 Ländern gespielt. „Es gab mal die Idee, dass wir ‚Subbuteo' in Deutschland über Tipp-Kick vermarkten, aber das war schnell vom Tisch", sagt uns Mathias Mieg bei unserem Besuch im Schwarzwald. Am Produktionsgebäude in der Dickenhardtstraße ist ein kleiner Shop angeschlossen, in dem ich als Kind mein ganzes Jahres-Taschengeld hätte lassen können.

Genau das macht die Faszination von Tipp-Kick aus: Es ist noch alles so, wie man es als Kind schon kannte. Es gibt keinen Videobeweis oder irgendwelche anderen Reformen, die das Spiel entfremden. Auf der Liste der Weihnachts- oder Geburtstagsgeschenke sollte Tipp-Kick ganz oben stehen – und das nicht nur bei fußballbegeisterten Kindern.

Tipp-Kick, Dickenhardtstraße 55,
78054 Villingen-Schwenningen

Schluchsee

Hotel Vier Jahreszeiten

„So schlecht vorbereitet waren wir noch nie", motzte Toni Schumacher vollmundig, um wenig später kleinlaut und „zugeknöpft bis zur Halskrause" beizugeben: „Ich sage jetzt gar nichts mehr." Rainer Holzschuh, seinerzeit Pressechef des DFB, bemühte sich unterdessen, die Wogen zu glätten: „Die Sache ist aus der Welt." Dabei wusste der „Kicker", dass es Spitz auf Knopf stand: „Toni stand vor dem Rausschmiß".

Natürlich passen die Zitate aus dem „Kicker"-Archiv zu dem, was man heute über die WM-Vorbereitung am Schluchsee weiß. Dass es im Vorfeld der Weltmeisterschaft 1982 unsittlich zuging, erfuhren auch die, die es nicht wissen wollten, aus Toni Schumachers

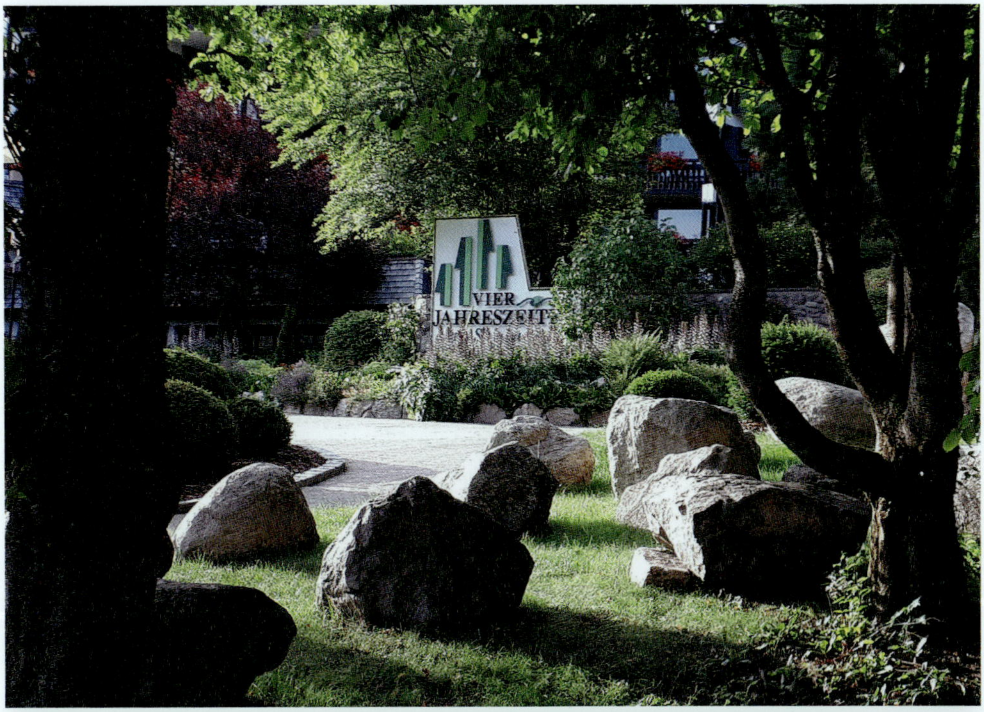
VIER
JAHRESZEIT

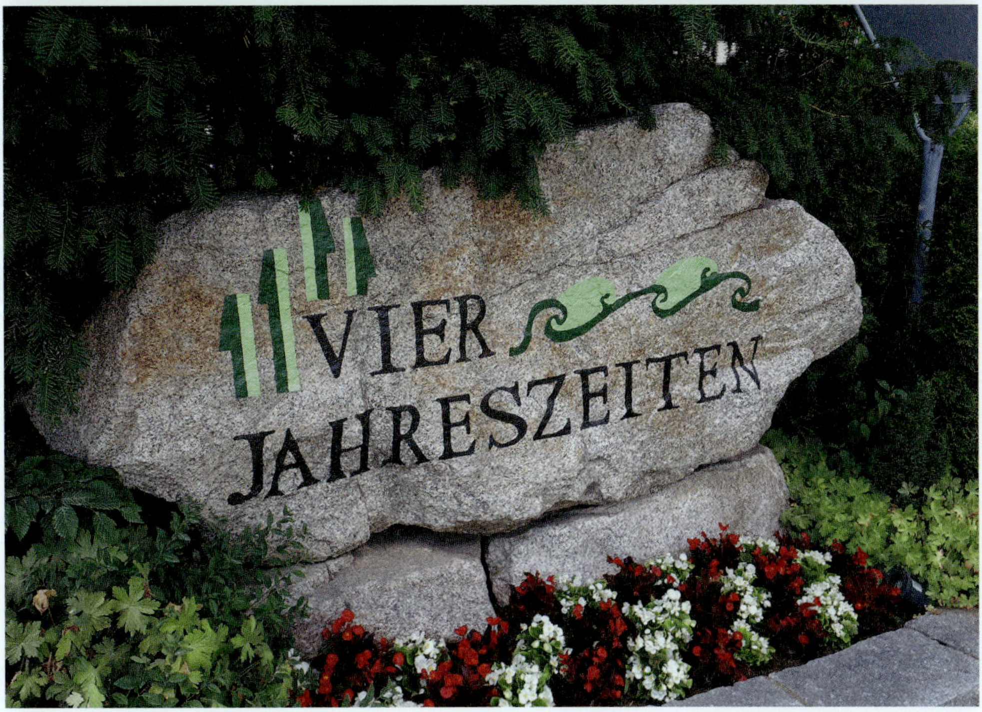
VIER
JAHRESZEITEN

Buch „Anpfiff". Dass die einen Nationalspieler „um 20.000 bis 30.000 Mark" pokerten und die anderen „bumsten bis zum Morgengrauen". Nur: Schumachers Zitate fielen nicht im Vorfeld der WM 1982. Sie fielen erst vier Jahre später zum Turnier in Mexiko.

Unmittelbar nach der Vorbereitung am Schluchsee war der Tenor ein ganz anderer. Der „Kicker" berichtete davon, dass „die lockere und harmonische Atmosphäre (…) gerade auf dem medizinischen Gebiet wahre Wunder bewirkt(e)". Der langjährige DFB-Masseur Erich Deuser wusste: „Dieses Vorbereitungslager war wie eine Kur." Und aus den Spielerkreisen bestätigte Bremens Uwe Reinders: „In dieser Truppe herrscht eine tolle Kameradschaft." Selbst Toni Schumacher sehnte sich 1986 nach der „viel lockereren" Stimmung vom Schluchsee (auch wenn er zwanzig Jahre später in einem Interview mit der SZ nichts mehr davon wissen wollte). Und Bundestrainer Jupp Derwall fand die Woche im Schwarzwald „wohltuend".

Er war es, der vor der WM in Spanien einen anderen Weg einschlagen wollte. Seit 1966 bereitete sich die Nationalmannschaft in Malente auf Weltmeisterschaften vor, Derwall entschied sich für das Hotel Vier Jahreszeiten am Schluchsee, das seinerzeit noch „Hotel Hetzel" hieß. Maßgeblichen Einfluss auf Derwall nahm damals Helmut Schweimler, der über „ausgeprägte Kontakte" verfügte.

Und im Schwarzwald freute man sich auf den amtierenden Europameister: „Als der Omnibus des Deutschen Fußballbundes die Einfahrt zum Hotel erreichte, kannte der Jubel um die prominentesten Fußballer des Landes keine Grenzen mehr", schrieb die „Badische Zeitung" damals. Die Trachtenkapelle blies in die Trompeten, Jupp Derwall bekam vom Bürgermeister ein Sträußchen Blumen. Alles hatte etwas von einem vollkommenen Heimatfilm, nur nicht mit dem Förster-Liesel, sondern mit Bernd und Karl-Heinz.

Als sich die beiden Stuttgarter mit dem Rest der Nationalmannschaft auf die WM in Spanien vorbereiteten, war das Hotel Hetzel gerade einmal drei Jahre alt. Gebaut wurde es von Kurt Hetzel, dem damals „mächtigste(n) Reiseveranstalter im Ländle", wie die Hotel-Chronik erklärt. Hetzel und seine Frau waren die Erfinder der Charter- und Kurzflugreisen, allein die Eröffnung des Hotels muss legendär gewesen sein: „Zur Einweihung komponierte Firmenchef Kurt Hetzel eine ‚Schluchsee-Kantate' und dirigierte die Uraufführung", erinnert sich die „Stuttgarter Zeitung". Seinen heutigen Namen trägt das Hotel seit Ende 1996, im selben Jahr mussten die Hetzel-Reisen Konkurs anmelden.

Wann die Hotelbutter in dieser Geschichte anfing, ranzig zu schmecken, lässt sich nicht so genau sagen. Paul Breitner beklagte ein Jahr nach der WM in der „BILD"-Zeitung: „Wir sind in eine gewisse Lethargie hineingedöst". Die von Deuser gelobte, kuraufenthaltähnliche Erholung, die Horst Hrubesch beispielsweise zum frühmorgendlichen Angeln nutzte, war für den „Rebell aus Kolbermoor" zu viel des Guten. Deshalb war er sich auch sicher: „Wir verloren die WM im Schwarzwald", um aber auch festzuhalten: „Soviel (sic!) wurde wirklich nicht getrunken". Eike Immel berichtete in der „11FREUNDE" von Geliebten, die sich in Nebenzimmern einmieteten, aber nicht von Saufexzessen, auch wenn Hrubeschs Angelausflüge, so ein Mitglied des örtlichen Angelvereins, „nicht selten an der Hausbar einer Pension endeten".

Sicher ist, dass Derwalls lange Leine gnadenlos ausgenutzt wurde, „sie war zu lang", wie der Gladbacher Winfried Hannes am Telefon sagt. Auf die Frage, ob der „Schlucksee" seinen Namen zurecht erhielt, sagt er einen epischen Satz: „Vieles ist immer relativ."

Gänzlich ungeklärt bleibt dagegen, wann zum ersten Mal der Name „Schlucksee" in der Presselandschaft vorkam. In der „BILD"-Zeitung feierte der Begriff im obengenannten Breitner-Bericht seine Premiere, „aus diesem Artikel geht hervor, dass diese Wortschöpfung keine Kreation der BILD-Redaktion ist", wie Jan-Philipp Bahr vom Axel-Springer-Verlag berichtet. Auch in der heimischen Presse fand der Name keine Verwendung, wie Friedrich Zapf erklärt. Nur Toni Schumachers Aussage im „SPIEGEL" verrät, dass es sich um eine Wortschöpfung der Nationalspieler handeln könnte: „Den Schluchsee haben wir nachher in ‚Schlucksee' umgetauft".

Eine Sache, die einen Haken hat: „Man spricht hier den Ort und den See etwa wie ‚Schluuchsee' aus, das u etwas gedehnt", erklärt Friedrich Zapf. Hätte man das vorher gewusst, wäre die deutsche Fußballhistorie um eine Geschichte ärmer.

**Hotel Vier Jahreszeiten, Am Riesenbühl 4,
79859 Schluchsee**

Freiburg

Fußballschule

Die Geschichte des 1904 gegründeten SC Freiburg beginnt eigentlich im Jahr 1991, genauer gesagt mit der Verpflichtung eines Oberstudienrats für Geschichte, Französisch und Sport. Der SC Freiburg war bis dahin ein festes Mitglied der 2. Bundesliga, sein bester Torschütze war Jogi Löw, der in 252 Zweitligaspielen 81 Tore erzielte, aber damals nicht ansatzweise den Bekanntheitsgrad von heute genoss.

Als Löw schon seinen Karriereherbst in der Schweiz erlebte, übernahm der Pädagoge Volker Finke den SC Freiburg, „mit Brilli im Ohr und selbstgedrehten Zigaretten", wie Christoph Biermann in „Wie ich einmal vergaß, Schalke zu hassen" schreibt. Finke verpasste in seinem ersten Jahr knapp den Aufstieg, der ihm in der darauffolgenden Saison gelang. Grundlage des Erfolgs war eine defensive Ausrichtung ohne Libero, die ball- und nicht (wie damals üblich) mannorientiert agierte.

„Als der Vorteil einer besseren Defensivstrategie zu verblassen begann", heißt es in Biermanns „Die Fußball-Matrix", „verbreiterte der Club erneut seine Wissensbasis, indem er in abgelegenen Fußballmärkten in afrikanischen und osteuropäischen Ländern wie Mali, Burkina Faso oder Georgien, die von den Scouts großer Klubs nicht mehr besucht wurden, nach Talenten fahndete". Es war die Zeit, in der Freiburg mit Kobiashvili, Tskitishvili und Iashvili die „Willis" für sich entdeckte. Parallel dazu investierte der SC Freiburg mehr als 20 Millionen DM in eine Fußballschule, um auf eigene Talente zurückgreifen zu können. Im Oktober 2000 wurde mit dem Bau begonnen, ein knappes Jahr später wurde die Freiburger Fußballschule auf dem Gelände des Möslestadions eröffnet.

Der SC Freiburg ging diesen Schritt, bevor er zur Pflicht wurde: „Ab der Saison 2001/2002 müssen die Vereine der Bundesliga im Rahmen des Lizensierungsverfahrens die Existenz eines Leistungszentrums für den Juniorenfußball nachweisen", beschloss der DFB kurz vor der Europameisterschaft 2000, offenbar in dem Bewusstsein, dass das Turnier in Belgien und den Niederlanden in die Hose gehen würde. „Sie haben keine neuen Talente. In den letzten acht Jahren ist nicht ein einziger zukunftsträchtiger deutscher Spieler hervorgekommen", wusste Pelé um das Problem des deutschen Fußballs. Bezeichnend war, dass der fast 40-jährige Lothar Matthäus während der EM 2000 die Position des Liberos bekleidete, als der SC Freiburg bereits seit rund zehn Jahren auf den freien Mann verzichtete.

Als eine Art Leuchtturm des deutschen Fußballs war das Nachwuchsleistungszentrum des SC Freiburg Orientierungshilfe für viele Vereine, die finanziell ganz andere Möglichkeiten hatten. „Was die Freiburger machen, ist richtungsweisend", sagte Uli Hoeneß bei der Einweihung der Freiburger Fußballschule. Mittlerweile hat der FC Bayern rund 100 Millionen Euro in den FC Bayern Campus gesteckt, die DFL beziffert die Gesamtinvestitionen in die Nachwuchsleistungszentren aller 36 deutschen Profivereine innerhalb der letzten zwanzig Jahre auf 1,5 Milliarden Euro.

Der SC Freiburg gehört zu den Top 25 des deutschen Fußballs. Viermal stieg der Verein seit 1993 ab, um in der Regel gleich wieder aufzusteigen. Die Spieler aus den eigenen Reihen spielen dabei eine wesentliche Rolle: „Die Fußballschule bleibt das Fundament, an das wir glauben", sagte Freiburgs Jochen Saier im März 2017 der „Badischen Zeitung", auch wenn er weiß, dass „es nicht in jedem Jahr (funktioniert), einen Bundesligaspieler rauszubringen". Dennoch ist die Durchlässigkeit außergewöhnlich hoch, aus der Fußballschule gingen eine ganze Reihe Bundesliga- und sogar Nationalspieler hervor, Dennis Aogo, Oliver Baumann, Daniel Caligiuri, Ömer Toprak, Matthias Ginter oder Sascha Riether sind die bekanntesten.

Dabei fällt dem SC Freiburg die Vorreiterschaft von einst etwas auf die Füße, in der Fußballschule wird jeder Winkel genutzt, langsam wird es eng. Tobias Schätzle, Organisatorischer Leiter der Schule, sagt uns bei unserem Besuch: „Wenn wir jetzt nochmal

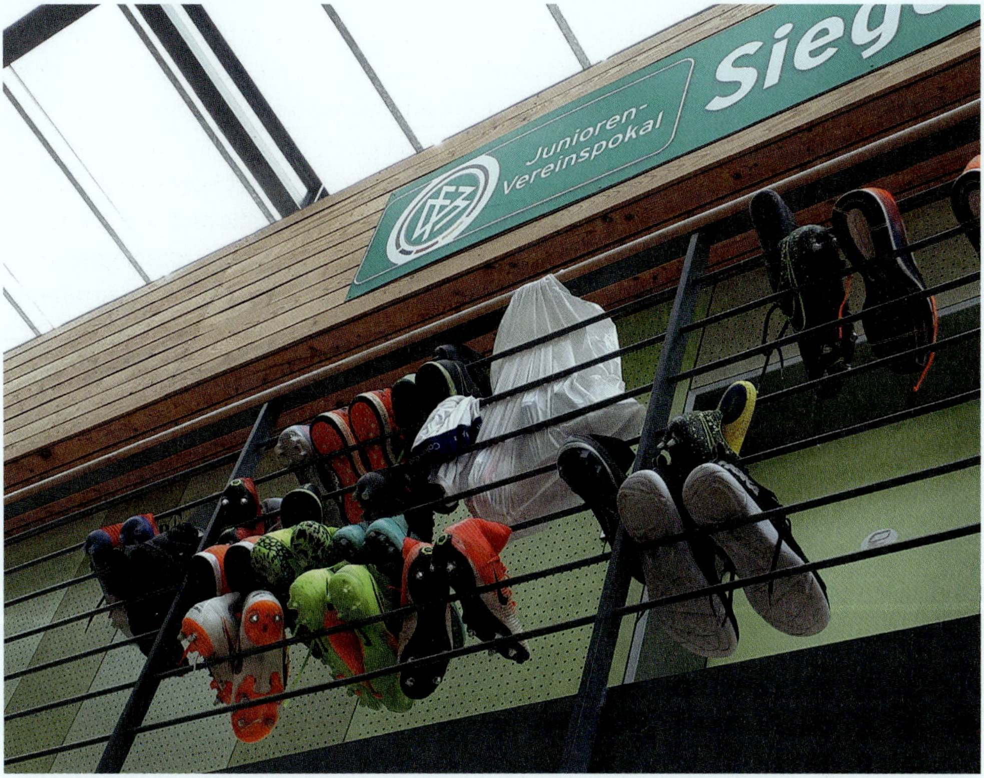

neu bauen würden, wüssten wir, was wir anders machen würden". Das Geld liegt im Schwarzwald nach wie vor nicht auf der Straße, ein Um- oder Ausbau ist keine Selbstverständlichkeit. Dazu werben sich die Vereine gegenseitig Jugendspieler ab, wie der Sportliche Leiter Martin Schweizer im „Südkurier" erklärt: „Einige Nachwuchsleistungszentren sind da sehr aggressiv unterwegs", berichtet er, um von dem Fall eines Zwölfjährigen zu erzählen, der jetzt von einem der Freiburger Kooperationsvereine zu einem „großen Club" wechselt.

Die Freiburger müssen also weiter ihrer Zeit voraus sein. Und kreativ. „Der Fußball-Bundesligist aus dem Breisgau achtet bei Neuverpflichtungen in besonderem Maße auf die soziale Kompetenz seiner Spieler", schrieb die „Stuttgarter Zeitung" im März 2018. Vielleicht liegt das Geheimnis aber auch darin, dass man mit einem Trainer auch mal absteigt, um wieder mit ihm aufzusteigen. So oder so: Irgendwas machen sie in Freiburg anders.

Fußballschule Freiburg, Waldseestraße 75,
79117 Freiburg im Breisgau

Freiburg

Café Melange

Katrin war an diesem Tag nicht nur von törichter, unvergleichlicher Schönheit – sie war vollkommen. Das elegante und zugleich aufregende rote Kleid, das kurz vor den Knien endete. Das Haar, lattenstramm zusammengebunden zu einem Pferdeschwanz. Der Teint, ebenmäßig gebräunt von der russischen Sonne. Dazu das verspielte Armband, das so locker am Handgelenk saß, dass es beim Applaudieren gerasselt hätte, kindlich und trotzdem irgendwie erwachsen. Doch der Konjunktiv ist der Feind des Verlierers. Und der Verlierer an diesem Tag war Jogi Löw.

Alles an Katrin sprach in den Worten Howard Carpendales: „Nachts, wenn alles schläft, solltest du bei mir sein." Und Joachim Löw wollte mit der Hintergrundstimme des Evergreens antworten: „Ich brauche deine Nähe!" Aber dazu kam es nicht. Weil Deutschland im letzten Gruppenspiel der WM 2018 an Südkorea scheiterte.

Vielleicht fand Katrin noch die richtigen Worte. Abseits der Kameras. Vielleicht war sie barsch, vielleicht war sie sensibel. Aber auf alle Fälle war sie deutlich. Denn als sie die Friendzone absteckte, da tat sie das auch für uns Fernsehzuschauer. Kurzerhand wischte sie mit einer zackigen Handbewegung die Espressotasse weg, die auf dem kleinen Beistelltisch neben der Chaiselongue stand. Der eine Praktikant beseitigte gerade die braune Kaffeepfütze mit einem Lappen, als der andere noch schnell das Liegemöbel gegen zwei abgeranzte Ledersessel austauschte. Dann betrat Jogi Löw das ZDF-Studio. Eine auf dem Boden liegende Espressotasse, zwei Lehnstühle und ein leerer Beistelltisch als Metapher für das Aus – und nicht nur für das in der Vorrunde.

Bei RTL hatten sie Joachim Löw gepudert, eine ganze Qualifikation lang. Beim lockeren Plausch nach dem Spiel nippte er in wohlwollender Gesellschaft von Florian König und Jens Lehmann an seinem Espresso, der neben dem Haarhelm zum Markenzeichen des Bundestrainers wurde.

Joachim Löw selbst kokettierte mit dem aus Mailand stammenden, aromatischen Getränk der Hochkultur: „Die Vergangenheit ist kalter Kaffee. Ein frischer Espresso ist uns lieber. Und der soll uns Samstag möglichst gut schmecken", sagte Löw vor dem Viertelfinalspiel der EM 2016 und lachte. Und alle lachten mit.

Als nach dem WM-Debakel niemand mehr mit ihm lachte, als Katrin den Espresso ab- und Howard Carpendale ausdrehte, ersparten sie Joachim Löw in Freiburg die Oberflächlichkeiten. In dem kleinen Stehcafé in der Nähe des Bahnhofs, das erst durch ihn zu Berühmtheit gelangte, hielten sie ihrem Joachim die Treue – und in diesen bitteren Stunden auch die Hand. „Hier ist er oft, trinkt seinen Espresso und springt dann in den Zug", verrät uns ein Kenner der Freiburger Kaffeeszene. Die geheimen Insiderinforma-

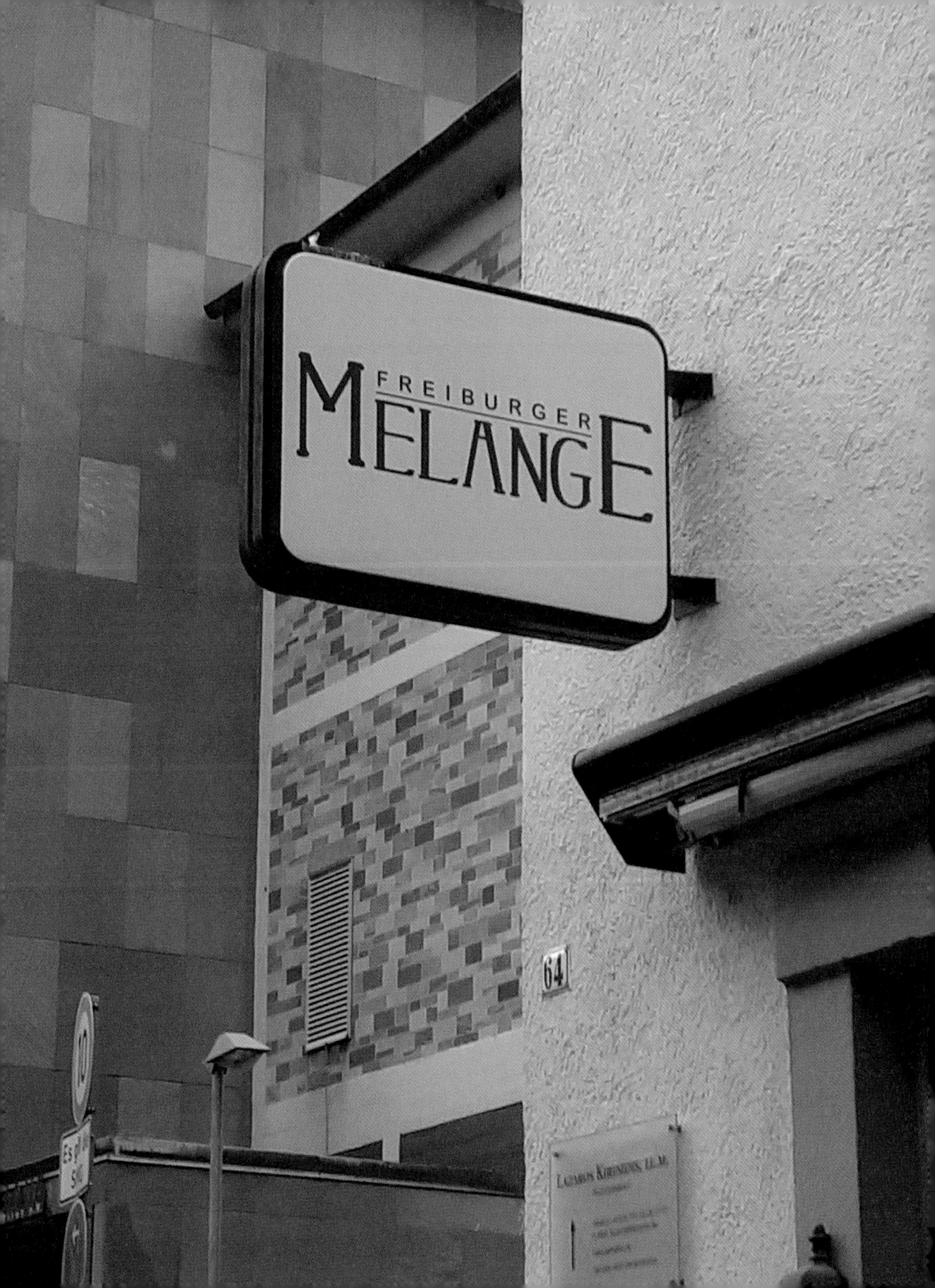
FREIBURGER
MELANGE
64

tionen findet man sogar frei zugänglich im Netz: „Schnörkelloses Stehcafé, bekannt durch Stammgast Jogi Löw", heißt es auf „Fudder – Neuigkeiten aus Freiburg", „das Café Melange ist immer einen Besuch wert. Das weiß nicht nur Jogi Löw, sondern jeder, der mal den hervorragenden Kaffee und die feinen Snacks probiert hat", schreibt die „Badische Zeitung".

Wenige Monate nach der Ära Löw und dem medialen Hitzegewitter danach ist nicht auszuschließen, dass er jetzt wieder häufiger hier sein wird. Und wenn Katrin in Freiburg einen Termin wahrnimmt, treffen sie sich vielleicht im Café Melange auf einen Espresso. Dann reden sie über das, was in Russland war. Und vielleicht rasselt dann das Armband.

Café Melange, Eisenbahnstraße 64,
79098 Freiburg im Breisgau

Singen

Bahnhof Singen

Ende 2019 kamen zehntausende Fußballfans zur Beerdigung des sogenannten Wochenendtickets, mit dem sie Jahrzehnte zuvor so viele schöne Zeiten erleben durften. Für wenige D-Mark fuhr die Trauergemeinde in den Neunzigern mit den Regionalbahnen durch Deutschland, um das Wochenende im Stadion (und nicht mit der Freundin) zu verbringen. Das Wochenendticket schweißte das Land zusammen, so wie es eigentlich nur Dörfer zusammenschweißt, wenn es um Protestaktionen gegen Windräder geht. In schrankenloser Solidarität wurden wildfremde Menschen adoptiert und in die Kleingruppe aufgenommen, bevor sie der Schaffner beim Schwarzfahren erwischte. Gemeinsam verbrachte man Nächte am Knotenpunkt Eichenberg, weil der Anschlusszug mal wieder nicht erreicht werden konnte. Man wettete untereinander, ob der Zug auf dem Weg nach Treysa zuerst in Langgöns oder in Kirch-Göns hält und bewunderte die erfolgreichen Flirtversuche eines stark alkoholisierten Werder-Fans bei einer Dame, die auch seine Urgroßmutter hätte sein können.

Mit der Bahn verbindet jeder Fußballfan seine eigenen Erlebnisse und Geschichten. Für Herbert Schmidt war es keine Fahrt mit dem Zug, sondern die Ankunft eines Zuges. „Es war ein gewaltiger Auflauf von Menschen", berichtete der inzwischen verstorbene Zeitzeuge vor einigen Jahren dem „Südkurier". Schmidt spricht in diesem Artikel vom 5. Juli 1954 und der Ankunft der Weltmeistermannschaft in Singen, dem ersten geplanten Halt in der deutschen Heimat, einen Tag nach dem „Wunder von Bern". Der blumen-

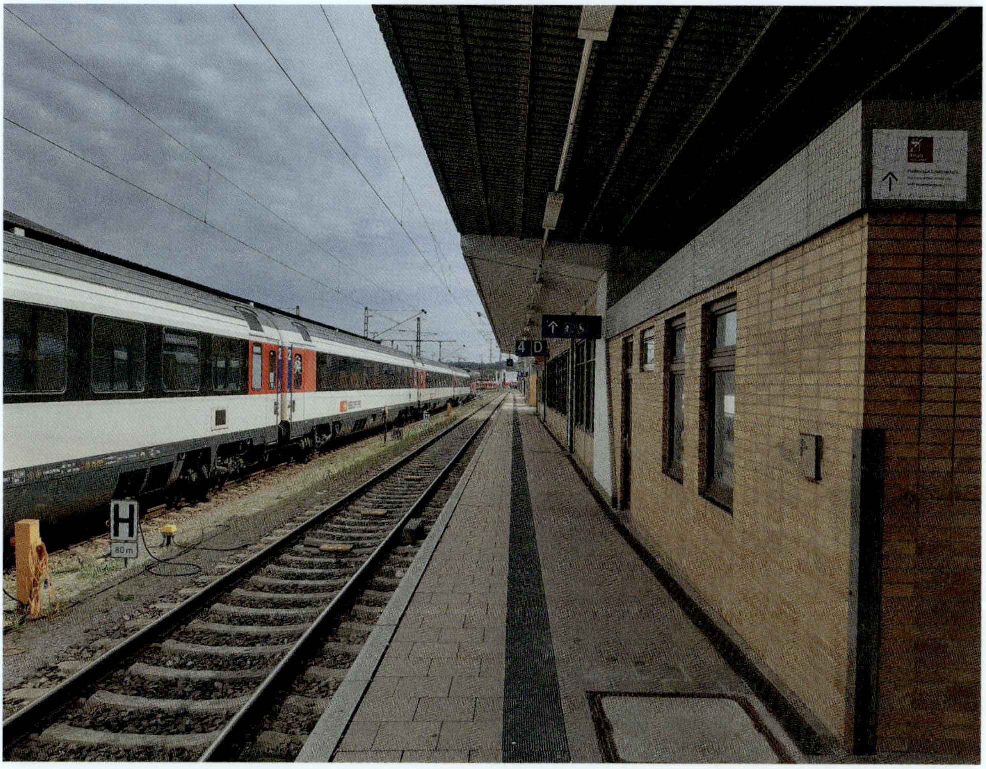

verzierte VT08-Sonderzug, das damals „nobelste Modell“ der Deutschen Bahn („Finale Grande 1954 – Die Rückkehr der Fußballweltmeister“), begann seine Fahrt in Spiez und passierte in der Schweiz die Bahnhöfe Interlaken, Brienz, Sarnen, Luzern, Zug, Affoltern, Zürich und Bülach.

Der erste deutsche Bahnhof, der durchquert wurde, war der Bahnhof Jestetten. Ein Halt war dort nicht geplant. Dass es dennoch dazu kam, war auf den Leiter des örtlichen Sportvereins zurückzuführen, der damit drohte, sich zur Not auf die Gleise zu setzen. Bereits in Jestetten hatten sich tausende Menschen versammelt, um die Weltmeister zu empfangen. Als Fritz Walter der Menge bei dem kurzen Zwischenstopp den Pokal präsentierte, „kannte die Begeisterung keine Grenzen mehr“, wie der „Südkurier“ damals schrieb.

Durch seine besondere Lage im Jestetter Zipfel – der Bahnhof Jestetten ist nicht ans deutsche, sondern ans Streckennetz der Schweizerischen Bundesbahn angebunden –, fuhr der Weltmeisterzug dann noch einmal durch die Schweiz und den Bahnhof Schaffhausen, bevor er den zweiten deutschen Ort passierte: Gottmadingen. „Die Musikkapelle spielte zum Freudenmarsch auf. Eine riesige Menschentraube winkte euphorisch den Fußball-Weltmeistern zu“, schrieb der „Südkurier“ über jenen Tag in der kleinen Gemeinde, die durch die Maschinenfabrik Fahr Bekanntheit erlangte.

Singen war die erste deutsche Stadt, in der Sepp Herberger und seine Mannen offiziell und planmäßig Halt machten. Singen befand sich seinerzeit im Wachstum, „Schweizer Unternehmen wurden neugierig auf die erste Station hinter der Grenze“, wie es in „Finale Grande 1954“ heißt. „Was in Gottmadingen eine kleine Einführung war, steigerte sich in Singen ins Kolossale“, berichteten die „Schaffhauser Nachrichten“. Kinder und Jugendliche kletterten auf das Dach des Bahnhofs, um einen Blick auf ihre Helden zu werfen, die gegen 17:30 Uhr auf Gleis 2 ankamen. „Das Bahnhofsgelände sah nachher aus, als ob dort und nicht in Bern das Endspiel stattgefunden hätte“, führt „Finale Grande 1954“ fort.

Was an diesem 5. Juli 1954 am Singener Bahnhof abging, fasste der Journalist Helmut Landefeld in seinem Buch „Helmut, erzähl’ mir dat Tor“ unter der Überschrift „Lebensmüde am Bahnsteig“ zusammen: Die Singener Stadtmusiker wollten die Nationalhymne spielen, kamen aber nicht dazu, da sie in dem Gedränge weder die Noten lesen noch ihre Arme heben konnten. Der Oberbürgermeister sprach zwar ins Mikrofon, wurde aber aufgrund des Jubels nicht verstanden. Die Konditorei Graf bekam nur unter großen Mühen einen Baumkuchen in den Zug. Eine Delegation der Maggi-Werke überreichte jedem Spieler die neuesten Maggi-Produkte, sogenannte Ehrenjungfrauen übergaben Rosen. Einige Spieler stiegen am Singener Bahnhof sogar aus und wagten sich unter die rund 25.000 begeisternden Menschen – eine Zahl, die der damaligen Einwohnerzahl Singens entsprach.

Über Radolfzell und Konstanz ging es über die Stationen Überlingen und Friedrichshafen bis nach Lindau, wo die Mannschaft übernachtete. Oberstaufen, Immenstadt, Kempten, Kaufbeuren, Buchloe, Kaufering, Türkenfeld und Fürstenfeldbruck waren die Bahnhöfe des nächsten Tages, bis man in München ankam. Dort sollen „fast eine Million Menschen“ den Weltmeister empfangen haben.

„Die (west-)deutsche Bevölkerung, ob fußballinteressiert oder nicht, bereitete ‚ihrer‘ Siegermannschaft an den jeweiligen Bahnhöfen triumphale Empfänge“, schreibt Alfred Georg Frei in „Finale Grande 1954“. Es sei, so das Buch, ein „Fest der ‚kleinen Leute‘ gewesen, rund eine halbe Million Menschen sollen Kapitän Fritz Walter und seiner Mannschaft auf dem Weg nach München zugejubelt haben. Walter später in einer Dokumentation: „Von Spiez bis nach München, überall standen die Leute an den Bahnstrecken. Ich krieg da Gänsehaut, das ist ein Tag, den man sein ganzes Leben nicht vergisst.“

**Bahnhof Singen (Hohentwiel), Bahnhofstraße 2,
78224 Singen**

München

Stadion an der Schleißheimer Straße

München ist eine Stadt der bezaubernden Sportstätten. Die Allianz-Arena beeindruckt, das Dante-Stadion besticht durch eine einmalige Tribünenarchitektur und im Olympiastadion weht der Geist alter Tage, der im Städtischen Stadion an der Grünwalder Straße noch viel ältere Geschichten erzählen kann. Der schönste Platz für Fußballfans ist in München trotz dieser harten Konkurrenz das Stadion an der Schleißheimer Straße. Eine der Top-Fußballkneipen des Landes und eine besondere Form der Erlebniswelt.

Und die ist aus der Not heraus geboren. „Keine Gäste, kein Schotter, keine Motivation", Besitzer „Reini" hatte 2006 von seiner Kneipe „Vollmond" die Nase voll. Keine gute Botschaft für Stammgast Holger Britzius („Egal, wo ich gewohnt habe, hatte ich immer ein Stammlokal"), der extra in die Nähe der Kneipe gezogen war. Es gab nur eine Alternative: Den Scheich machen, einsteigen, aber statt dicker Kohlen viel Herzblut investieren. Eine Fußballkneipe „ohne Kompromisse" sollte entstehen. Im Oktober 2006 fand die Wiedereröffnung statt, aus dem „Vollmond" wurde das Stadion an der Schleißheimer Straße.

Ein angemessener Name. An der Decke hängt die Laufbahn, ehe es auf den (danebenliegenden Kunst-)Rasenplatz geht, der Kult-Kicker wie Stan Libuda, Jimmy Hartwig, den Kaiser Franz Beckenbauer oder Mario Basler würdigt. Viele von ihnen waren schon persönlich hier. Entweder im Rahmen der (mittlerweile eingestellten) Sky-Sendung „Mein Stadion", bei Lesungen, Fußball-Quiz-Abenden oder einfach zu einem Pilsken. Das Stadion an der Schleißheimer Straße ist mehr als ein Übertragungswagen, es ist ein Quell der Fußball-Kultur.

Einen würdigen Rahmen verleihen ihm Wimpel, Trikots und Schals, oft duellieren sich hierbei direkte Kontrahenten. Die Kutte der „Löwen" hängt neben der der Bayern, der Hertha-Wimpel in Nachbarschaft der Berliner Union, Hannover und Braunschweig, Düsseldorf und Köln, der HSV und St. Pauli. „Wir leben Toleranz vor", sagt Holger Britzius der „Badische Neueste Nachrichten". Und auch wenn „Holle" Fan des Karlsruher SC ist, wird damit deutlich: Die Kneipe ist nicht auf einen einzigen Verein spezialisiert. „Viele Fans auf engem Raum von unterschiedlichen Vereinen, das ist es, was das Stadion ausmacht", berichtet ein Stammgast. Da passt ins Bild, dass der zweite Betreiber Michael Jachan Anhänger des VfB Stuttgart ist – dem Rivalen von „Holles" KSC.

Die ganzen Devotionalien stammen nicht von „Holle" allein, sie sind Mitbringsel der treuen Besucherinnen und Besucher: „Es ist so gekommen, wie ich es mir gewünscht

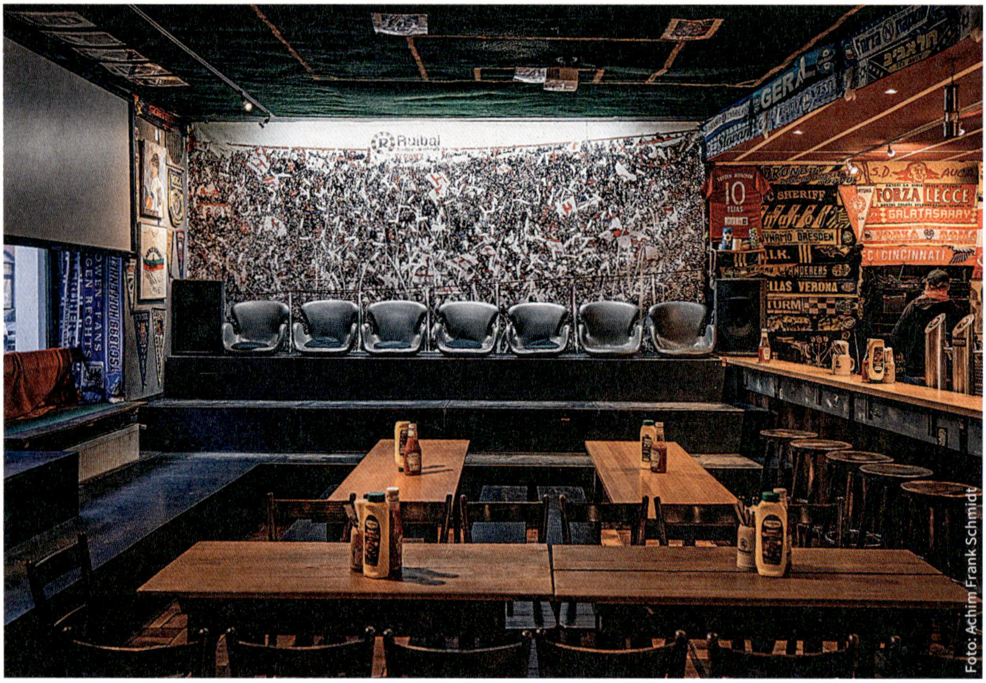

Foto: Achim Frank Schmidt

habe: Der Laden ist mit den Gästen gewachsen. Ohne die ganzen Sachen, die Leute aus ihren Kellern geholt haben, wäre die Kneipe nicht die, die sie ist", sagt der Wirt in einem „11FREUNDE"-Interview und ergänzt: „Sie geben auch wahre Schätze ab, weil sie hier jeder sieht." Dazu zählt eine Eckfahne aus Lichtenstein, die Torwarthandschuhe von Toni Schumachers Abschiedsspiel oder ein Trikot von Mats Hummels. Seine Mutter ist ein oft und gern gesehener Gast an der Schleißheimer Straße.

Um die 150 Menschen passen in den Laden und können die Spiele auf zwei Leinwänden und einem Flatscreen verfolgen. Manchmal dürften es gerne ein paar Plätze mehr sein. 2016 gab es für das Spiel Bayern gegen Dortmund rund 5.000 Reservierungsanfragen. Drei Jahre später griff das Stadion an der Schleißheimer Straße selbst ins Titelrennen ein und erhielt von der Akademie für Fußball-Kultur den easyCredit-Fanpreis „Fußballkneipe des Jahres".

Eine Auszeichnung, die vor den Problemen der Branche nicht haltmacht. Die Münchner Mietpreise. Die sich immer weiter nach oben drehende Preisstruktur bei den Pay-TV-Sendern. Und nicht zuletzt die Pandemie. „Ob wir das überleben, ist sehr fraglich", sagte „Holle" im April 2020 dem „SPIEGEL". Zwei Jahre später hat es das Stadion geschafft. „Die staatlichen Hilfen waren gut, aber sie hätten nicht gereicht", berichtet er. Ausschlaggebend für den Erhalt der Kneipe war eine Spendenaktion, an die inzwischen eine Tafel erinnert. Inszeniert hat die Spendenaktion „irgendjemand": „Wir haben nicht dazu aufgerufen, aber sie haben das Überleben des Stadions gesichert", erklärt der Mann mit der Günter Netzer-Frisur bei unserem Telefonat. Das musste zeitlich etwas nach hinten verschoben werden, am Vorabend wurde es spät, Eintracht Frankfurt zog mit einem 3:2-Auswärtserfolg beim FC Barcelona ins Halbfinale der Euro League ein. „Es war", sagt Holger Britzius am Telefon, „endlich mal wieder wie früher."

Stadion an der Schleißheimer Straße,
Schleißheimer Straße 82, 80797 München

München

Georg Schwarzenbecks Kiosk

Wenn früher nach dem Karriereherbst der Winter einzog, wurde die Tankstelle für viele Fußballer zum typischen Geschäftsfeld. Weltmeister Ottmar Walter warb mit dem Slogan „Willst du unserem Ottmar danken, musst du fleißig bei ihm tanken", auch sein Kölner Kollege Hans Schäfer stand später an der Zapfsäule. Dass beim Achtzigerjahre-Klassiker „Manni der Libero" Vater Sten Bessauer mit seiner Tankstelle pleiteging, war also mehr als ein Klischee.

Ein 74er-Weltmeister zog einen anderen Berufszweig vor und übernahm einen Schreibwarenladen. Und das, obwohl er sich selbst als „mundfaul" bezeichnete, den täglichen Kundenkontakt dennoch „mit Freude" ausführte (br.de). Die Reise führt nach München zum Schreibwarenladen Nitzinger. Wer dahinter einen Bankdrücker vermutet, weil man bei der WM 1974 doch eher an Beckenbauer, Breitner oder Müller als an Nitzinger denkt, der muss wissen, dass Hans-Georg Schwarzenbeck den Laden seiner Tanten übernahm – und mit ihm den Namen des Geschäfts. Dass Schwarzenbeck bei der Aufzählung der Weltmeistermannschaft dennoch nicht an erster oder zweiter Stelle genannt wird, hat mit seinem Wesen auf und neben dem Feld zu tun.

Ein niederländischer Reporter bezeichnete ihn einst als „halb Mensch, halb Stier". Schwarzenbecks Stil war schnörkellos, meist hielt er als Vorstopper Franz Beckenbauer den Rücken frei, wie es in dieser Zeit oft der Fall war. Netzer hatte in Gladbach seinen Wimmer, Overath in Köln seinen Simmet und Beckenbauer hatte Schwarzenbeck.

Mit 13 wechselte er von den Sportfreunden München zum FC Bayern, absolvierte dort von 1966 bis 1982 416 Bundesligaspiele und kam auf 70 Einsätze im Europapokal, den er vier Mal gewann. Schwarzenbeck wurde zudem mit Deutschland Welt- und Europameister. Wesentlichen Anteil hatte der 44-fache Nationalspieler am Gewinn des Landesmeis-

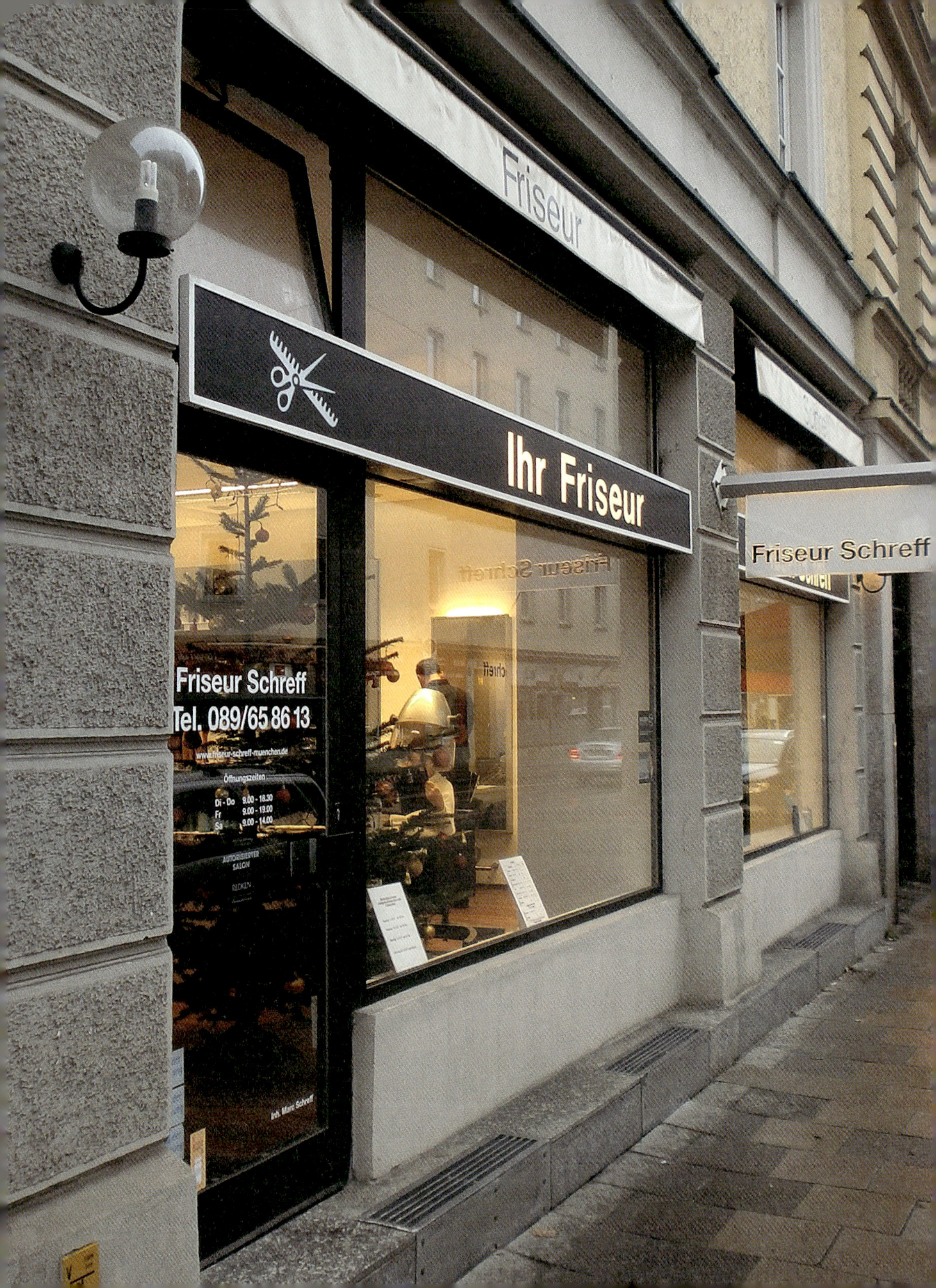
Friseur
Ihr Friseur
Friseur Schreff
Friseur Schreff
Tel. 089/65 86 13
www.friseur-schreff-muenchen.de
Öffnungszeiten
Di - Do 9.00 - 18.30
Fr 9.00 - 19.00
Sa 9.00 - 14.00
AUTORISIERTER SALON
Inh. Marc Schreff

terpokals 1974, als er mit einem Gewaltschuss in der 120. Minute ein Wiederholungsspiel erzwang, das der FC Bayern dann mit 4:0 gewinnen sollte. Dass Schwarzenbeck in jener Saison zehn Tore für die Bayern schoss, wird gerne vergessen.

Die Bayern bestellten jahrelang ihre Büromaterialien bei Schwarzenbeck und hielten ihn so nach eigener Aussage „über Wasser“. Mit 60 Jahren war 2008 Schluss, Schwarzenbeck schloss die Schreibwarenhandlung, in der er jeden Tag von 6 bis 12 und 13 bis 18 Uhr stand.

Heute befindet sich in den Räumlichkeiten der Ohlmüllerstraße 9 in München-Au der Friseursalon Schreff. An den Schreibwarenladen eines Weltmeisters erinnert gar nichts mehr.

Georg Schwarzenbecks Kiosk, heute Salon Schreff, Ohlmüllerstraße 9, 81541 München

München

Geburtshaus Franz Beckenbauer

Der Briefträger sieht genervt aus, als er das beckenbauernschte Paket aller Zeiten übergibt. Schwer ist es, vier Bücher sind drin, die meisten unbrauchbar, wie sich noch herausstellen wird. Das teuerste kostet 1,09 Euro, für das Porto gebe ich mehr Geld aus als für das gesamte literarische Quartett. Überwiegend wird in den Büchern das vereint, was man kennt: Den legendären Spaziergang nach dem WM-Finale 1990. Die Zeit bei Cosmos New York. Die goldenen Jahre als Spieler beim FC Bayern. So ist „Schau'n mer mal“ eine illustre Foto-Sammlung aus dem Leben Beckenbauers. Hans Blickensdörfer widmet in „Der Kaiser“ immerhin vier Seiten der Jugend, bebildert aber zwei davon.

Darum soll es gehen, Geschichten über die Kindheit Beckenbauers, wie sein Leben aussah, als er noch in einem Haus in der Zugspitzstraße 6 in München-Giesing wohnte. Dem Objekt, das es in die „11FREUNDE“-Hitliste geschafft hat und in dem Beckenbauer die ersten 15 Lebensjahre verbrachte.

Erst Torsten Körners „Der freie Mann“ und die Autobiographie „Einer wie ich“ setzen sich (mehr oder weniger) ausgiebig mit Beckenbauers Jugend auseinander. Und Körner klärt erst einmal auf: Beckenbauer wurde in der Haas-Klinik geboren, nicht in dem Gebäude, vor dem wir stehen. Noch dazu ist es sachlich falsch, von der Zugspitzstraße zu sprechen, denn als das Haus 1962 der Zugspitzstraße zugeordnet wurde, lebten die Beckenbauers längst in Schwabing. Korrekt wäre es, vom Bonifatius Platz 2 zu reden.

München-Giesing zählte zu den ärmsten Vierteln der Landeshauptstadt, 84 % der Bevölkerung gehörten zur „Unterschicht". Beckenbauers Mutter erlitt mehrere Fehlgeburten, was darauf zurückzuführen war, dass Giesing nach dem Krieg medizinisch unterversorgt war: Statistisch hatte ein Arzt 1.400 Menschen zu betreuen. Auch Franz kam mit Untergewicht zur Welt, sollte eigentlich ein Mädchen werden und Franziska heißen. Er war der vierte Junge der Familie, ihm folgten noch zwei Schwestern.

Die Beckenbauers wohnten in einer recht kleinen Wohnung, fließendes Wasser und Toiletten gab es nur auf dem Gang, richtige Not aber nicht. Im Krieg wurde ihr Haus nicht zerstört, auch Flüchtlinge wurden ihnen nicht zugewiesen. Körner hält es für wichtig zu begreifen, welche Ich-bezogene Mentalität in diesen Jahren heranwuchs, die sich seiner Meinung nach noch in den Titeln der Beckenbauer Biografien „Ich, wie es wirklich war" und „Einer wie ich" widerspiegeln sollte.

Beckenbauers eigentliches Kinderzimmer sollte der Sportplatz werden, der heute noch unmittelbar vor dem Haus zu finden ist. Zuerst sicherte er sich im Alter von fünf Jahren einen Stammplatz in der „Bowazu"-Mannschaft, in der nur Kinder aus der Bonifatius-, Watzmann- oder Zugspitzstraße spielen durften. Beim SC 1906 München stellte er sich drei Jahre später vor, durfte anfangs aber nur Freundschaftsspiele bestreiten.

Es muss schwer gewesen sein, Beckenbauers Talent nicht zu erkennen. Mit den Handballern seiner Schule errang er die Stadtmeisterschaft, fiel bei den Bundesjugendspielen mit hervorragenden Leistungen auf oder machte beim Ball über die Schnur aus dem Mannschaftssport eine Solonummer. Er trat nicht nur beim SC 1906 München gegen den Ball, sondern auch in der Schul- und Kirchenmannschaft. Der Wechsel zum FC Bayern erfolgte mit zwölf Jahren, weil sich die Jugendabteilung des SC 1906 aufzulösen drohte und – eine hinreichend bekannte Anekdote – der Wechsel zum TSV 1860 platzte, weil ihm ein Löwen-Spieler eine Ohrfeige gab.

Obwohl er bei den Bayern in der A-Jugend ein Star war, wurde er in die A2 strafversetzt, als er mit 18 Jahren Vater eines unehelichen Kindes wurde – damals ein Skandal. Dabei schreibt Beckenbauer noch in „Einer wie ich", dass er „nie Sehnsucht" gehabt hätte, „Zigaretten zu rauchen, Bier zu trinken oder mit Mädchen in Haustüren zu stehen."

Sepp Herberger(!) persönlich korrigierte Beckenbauers „Fehltritt" und setzte durch, dass der junge Kaiser wieder in Jugend-Länderspielen für Deutschland auflaufen durfte. Um aber niemanden zu „gefährden", musste er fortan mit dem Trainer auf einem Zimmer liegen.

Zwei Jahre vor der WM 2006 besuchte Beckenbauer noch mal sein altes Domizil. Das Haus war eine Ruine, Graffitis an den Wänden, „überall zurückgelassenes, verwittertes Leben", wie Körner schreibt, „kein Palast für Erinnerungen".

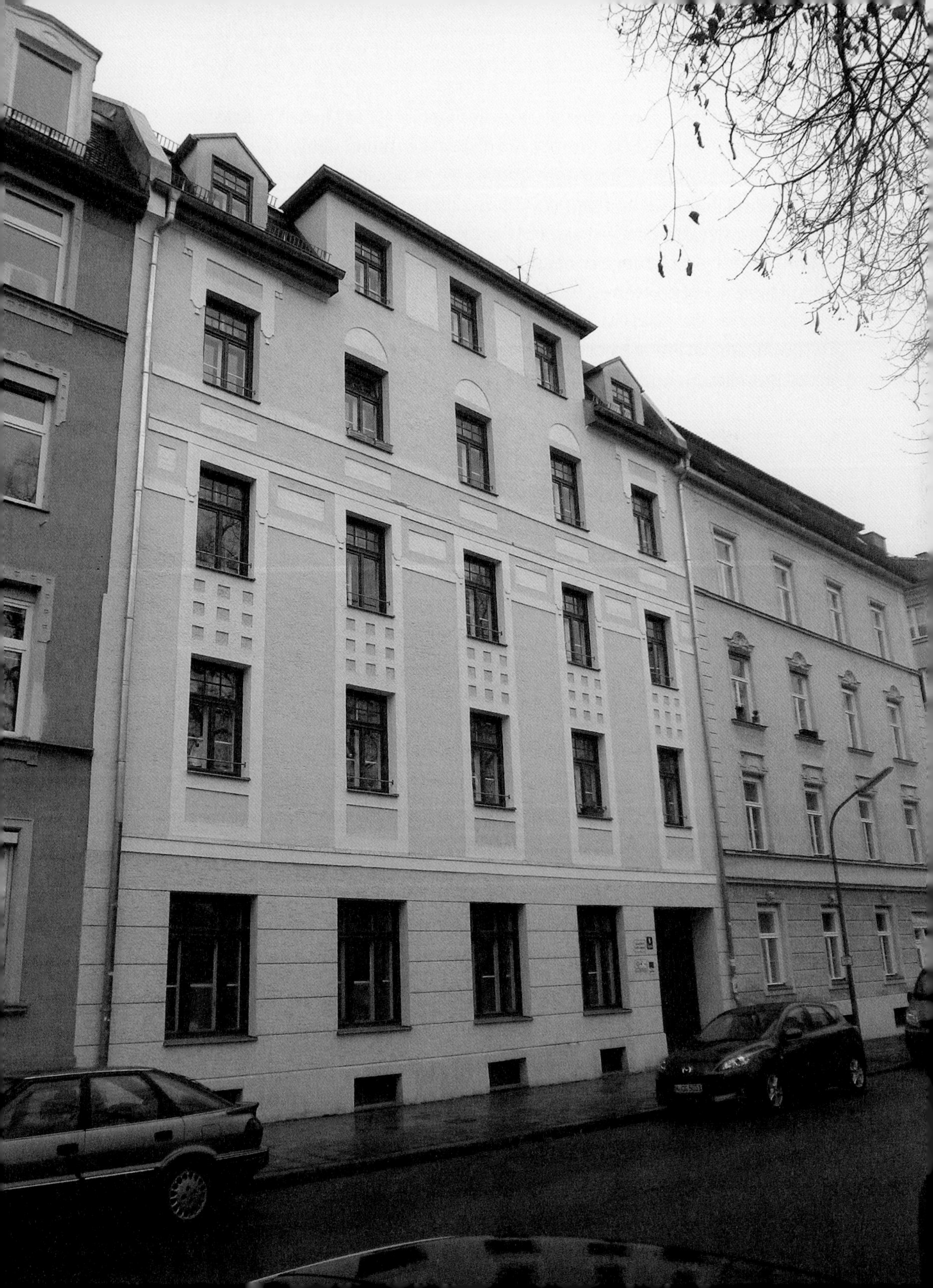

Mehr als fünfzehn Jahre später ist es kernsaniert, die Miete für eine Zwei-Zimmer-Wohnung kostet über 1.500 Euro. Es hat sich viel getan in der letzten Dekade, auch bei Franz Beckenbauer. 2010 kam eine weitere Bildbiografie über ihn heraus, 2011 folgte „Franz – Botschaften eines Kaisers". Eine Sammlung sinnbefreiter Thesen, die dank Rebuy statt zehn Euronen nur wenige Cent kostet. Den Briefträger wird das nicht interessieren. In Kürze steht der Bericht über die Bäckerei Klinsmann auf dem Plan. Und eine erneute Bestellung bei Rebuy.

**Geburtshaus Franz Beckenbauer, Zugspitzstraße 6,
81541 München**

München

Säbener Straße

„Das Herz des FC Bayern München schlägt im Südosten der bayerischen Landeshauptstadt", schreibt die „tz" und meint damit nicht die im Norden gelegene Allianz-Arena oder den von dort aus wenige Kilometer entfernten, neuen FC Bayern-Campus. Das Herz des FC Bayern München schlägt im Stadtteil Untergiesing-Harlaching, es schlägt an der Säbener Straße.

Bereits seit 1949 nutzt der Verein das Gelände, das ihm von der Stadt zugewiesen wurde. 1970 begann der FC Bayern mit dem Bau der Geschäftsstelle. Mit der Fertigstellung der Räumlichkeiten im Mai 1971 waren Trainingsanlage und Geschäftsstelle zum ersten Mal in der Klubgeschichte vereint, in den Siebziger- und Achtzigerjahren folgten weitere Ausbaustufen.

Der heutige Zustand wurde 2008 fertiggestellt, als die Bayern-Zentrale, die immerhin die Hausnummern 51 bis 57 in Beschlag nimmt, um einen 250 Quadratmeter großen Fan-Shop, eine Tiefgarage mit 270 Stellplätzen und das unter anderem für Ticketing- und Mitglieder-Angelegenheiten zuständige Service-Zentrum erweitert wurde. Auch die Büros der Bayern-Bosse befinden sich hier.

Ebenfalls im Jahr 2008 wurde das Leistungszentrum nach den Vorstellungen des „Spiritus Rector" („Die Welt") Jürgen Klinsmann umgebaut, was 15 Millionen Euro gekostet haben soll. Karl-Heinz Rummenigge ließ seinerzeit durchblicken, dass man „dafür wohl auch einen Transfer hätte tätigen können". Einige Highlights wie die Buddha-Figuren für den besseren Energiefluss waren schnell wieder verschwunden, die „schlecht besuchte

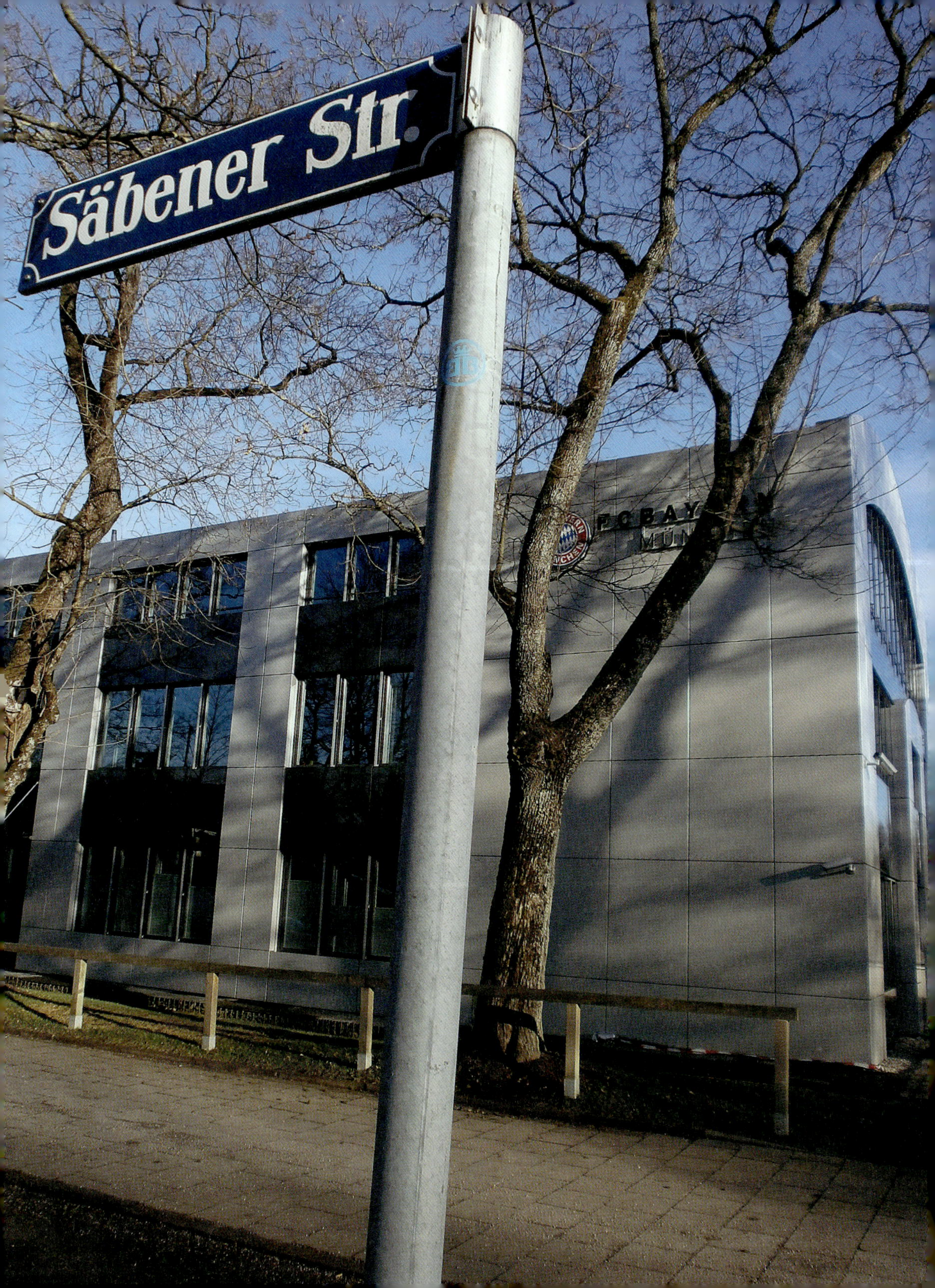
Säbener Str.

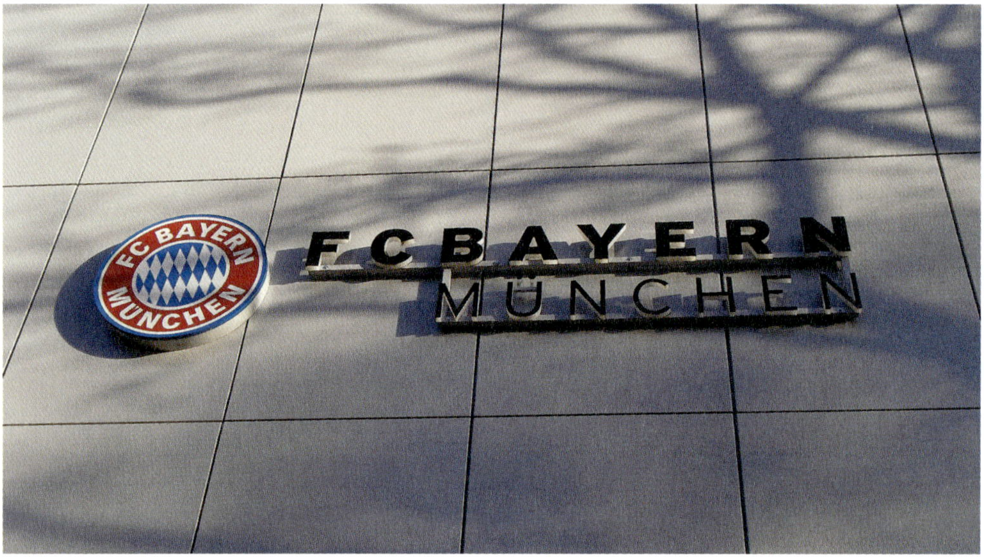

Bibliothek" („Bayern-Blog") sowie das DJ-Pult von Michael Rensing gingen, als Klinsis Nachfolger Louis van Gaal kam.

Was knapp 15 Jahren und rund zehn Trainern modernsten Ansprüchen genügte, ist heute ein Stück weit überholt: „In München hinkt man dem Niveau, wie es RB Leipzig, Manchester City, der FC Liverpool oder Real Madrid bieten können, bisweilen hinterher", schrieb „Sport 1" im Februar 2022 und nahm Bezug auf einen Artikel der „Sport-BILD", nach welchem sich der Verein einen Umzug vorstellen könnte. „Sport 1" stufte das Gerücht aber als „nicht akut" ein, „ein zeitnaher Abschied von der Säbener (sei) nicht realistisch".

Während die Mannschaften von der U9 bis zur U19 sowie die Frauen- und Mädchenmannschaften seit August 2017 auf dem FC Bayern-Campus trainieren, gehört die Säbener Straße inzwischen ausschließlich den Profis. Für sie stehen insgesamt fünf Rasenplätze, zwei Kunstrasenplätze sowie ein kleiner Kunstrasenplatz zum Aufwärmen zur Verfügung. Eine Beachvolleyball-Anlage, eine Mehrzweck-Turnhalle und zwei Kopfballpendel komplettieren das rund 80.000 Quadratmeter große Areal.

Nur 500 Meter Luftlinie entfernt geht es etwas bescheidener zu. Dort befindet sich das Trainingsgelände des TSV 1860 München. Auch das Sechzger-Stadion, das Städtische Stadion an der Grünwalder Straße, erreicht man per pedes in einer Viertelstunde. Es gibt sie noch, die Sachen, die die beiden Vereine nicht Welten voneinander trennt.

Säbener Straße, Säbener Straße 51 bis 57,
81547 München

München

Olympiastadion

Silvia war keine Knospe mehr, besaß aber immer noch die Schönheit einer Blüte. Als Chefhostesse verbrachte sie eine intensive Zeit in München, war sprachlich bewandert. Carl Gustaf war jünger als sie, er hatte sich dem Leben auf dem Meer, an Land und später bei der Luftwaffe gestellt und in Uppsala und Stockholm akademische Würden erlangt. Als er Silvia erblickte, hier bei der Eröffnungsfeier der Olympischen Spiele in München, konnte er seine Augen nicht mehr von ihr lassen. Vier Jahre später fuhren sie in den Hafen der Ehe ein.

Viele Geschichten kann das Olympiastadion in München erzählen. Die wenigsten werden so viel Rosamunde-Pilcher-Potenzial besitzen wie die des schwedischen Königspaares. Und auch wenn das Stadion auf den ersten Blick nicht die verträumte Note einer rosamundepilcherfarbenen, cornischen Brandung bietet, so bezeichnete es „Die Zeit"-Redakteur Hanno Rauterberg anno 2000 als ein „Gesamtkunstwerk", auf dessen Hügeln sich „Romantik und Moderne, Wehmut und Zukunftslust" begegnen.

Der ursprüngliche Plan sah alles andere als ein solch besonderes Stadion vor, wie „Das große Buch der deutschen Fußballstadien" schreibt. Erst nach der Vergabe der Olympischen Spiele im Jahr 1966 entstand zwei Jahre später die Idee des weltberühmten Zeltdachs. Architekt war Professor Günther Behnisch, die Idee kam von Professor Frei Otto. Das Dach, das aus Acrylglas angefertigt wurde, verschlang mehr als ein Drittel der Baukosten, die insgesamt 137 Millionen Mark betrugen.

Zur Eröffnung des Stadions im Mai 1972 wurde die Sowjetunion nach München geladen und bekam beim 1:4 vier Müller-Tore eingeschenkt. Nur wenige Monate später war das Stadion schon fast zur Hälfte gefüllt, als der Anschlag im Olympiadorf dafür sorgte, dass die Zuschauerinnen und Zuschauer wieder gehen mussten und das Spiel zwischen der BRD und Ungarn ausfiel. Den Besucherrekord knackten nicht etwa die Bayern, sondern der TSV 1860 München. Die Löwen und der FC Augsburg trennten sich 1:1 – bei einem Regionalliga-Spiel (damals die zweithöchste Spielklasse) vor über 80.000 Zuschauern. Dennoch verbindet den FC Bayern eine erfolgreiche Ära mit dem Olympiastadion, in 35 Spielzeiten konnte man 18 deutsche Meistertitel erringen und holte viermal den Europapokal der Landesmeister respektive die Champions League.

Zur WM 2006 war in München die Zeit für einen Neubau gekommen, auch Umbaupläne des Olympiastadions wurden diskutiert. Franz Beckenbauer verlor bei dem Thema die Geduld: „Es wird sich doch noch ein Terrorist finden, der das Olympiastadion wegsprengt", so der „Kaiser". Das Ende vom Lied wurde in der Allianz Arena gesungen.

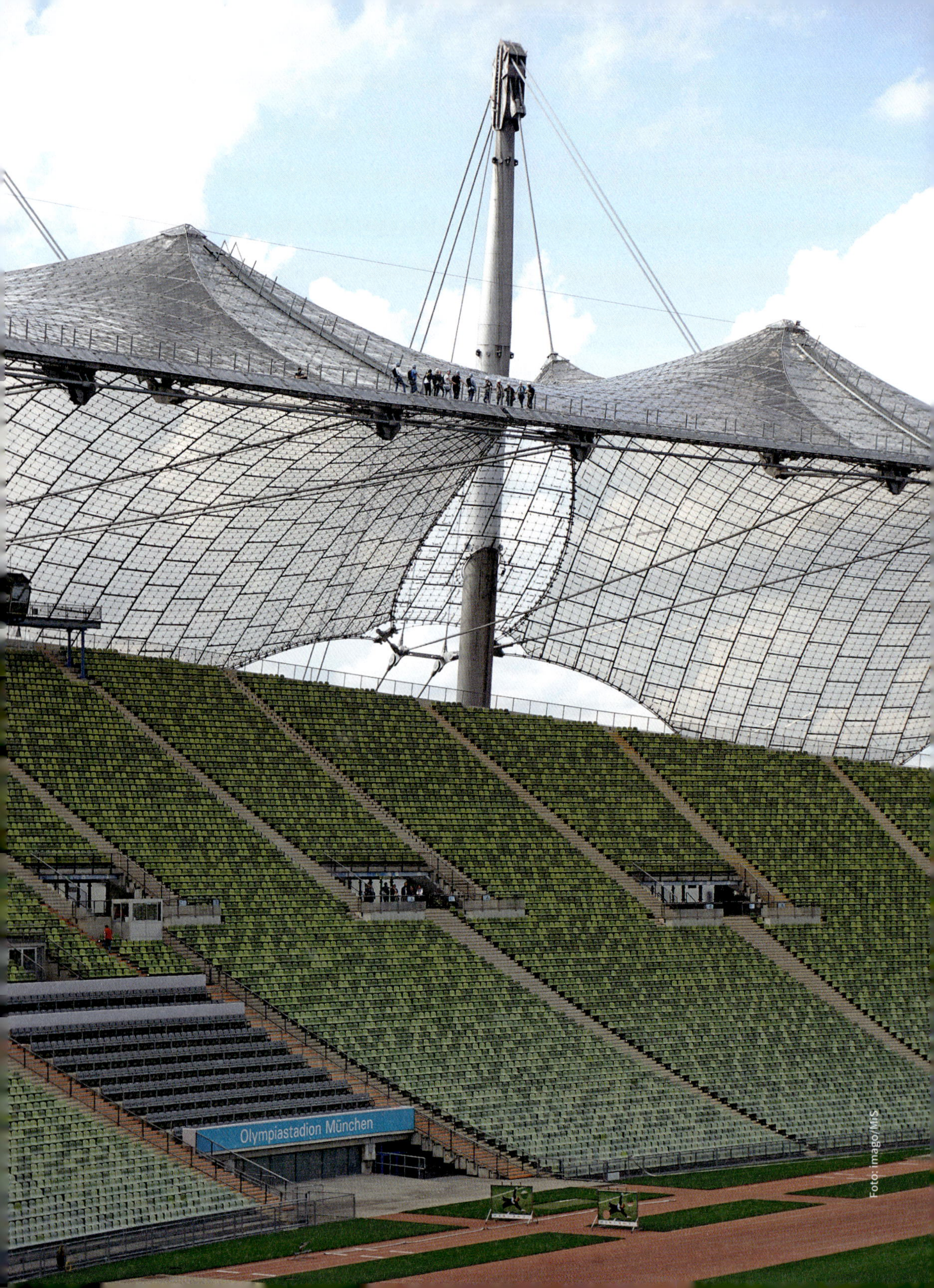

Foto: imago/MIS

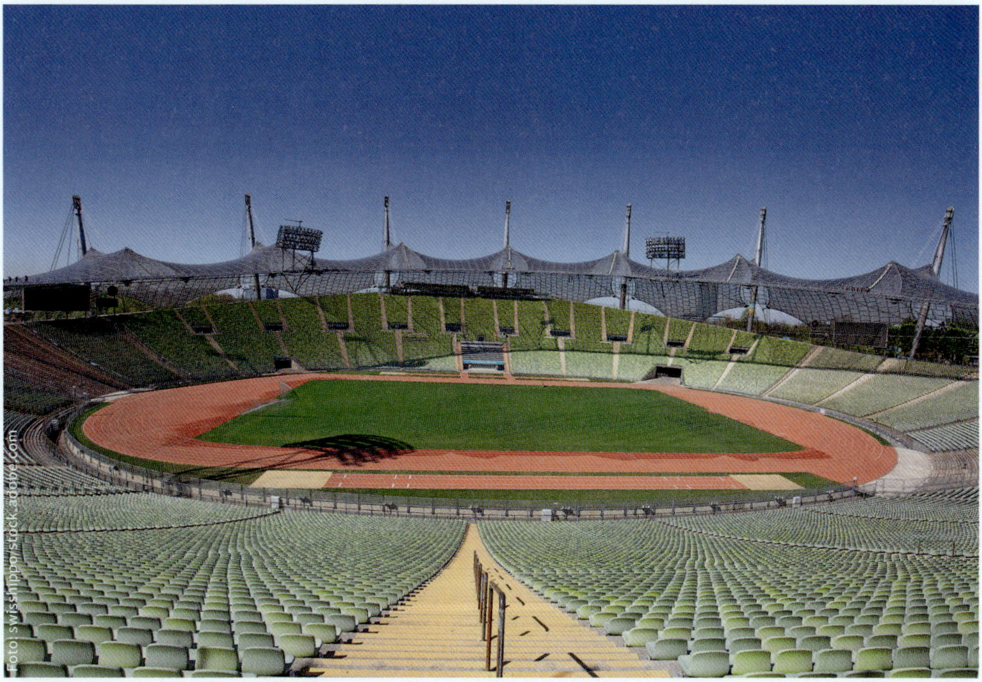

Foto: swisshippo/stock.adobe.com

Der Olympiapark und das Olympiastadion sind aber auch heute noch eine Reise wert. Die Olympiapark GmbH bietet verschiedene Besichtigungen an, von Kletter- und Abseiltouren über Teambuilding-Programme bis hin zur „Architek-Tour“.

Ein bisschen weht noch der Wind aus 1972, wenn man die puristischen Umkleidekabinen und den verhältnismäßig kleinen VIP-Bereich sieht. Für Carl Gustav von Schweden und seine Silvia wird es immer ein besonderer Ort bleiben.

**Olympiastadion, Spiridon-Louis-Ring 27,
80809 München**

Herzogenaurach

Puma und Adidas

Bereits das Grundschulleben in den Achtzigerjahren war vom Marken- und Konkurrenzdenken geprägt: Playmobil gegen Lego, Amiga gegen PC, Rennrad gegen Mountainbike oder der Schulranzen-Krieg zwischen Scout und Amigo. In der Begründungsschlacht, welcher Ranzen der bessere sei, hatten die Amigo-Träger ein obskures und zugleich totschlagendes Argument: In einem Versuch wäre ein Panzer über den Amigo gefahren und der Ranzen hätte danach genauso ausgesehen wie vorher. Man kann sich das gut vorstellen, im Mai 1945 stand die Rote Armee vor Berlin und es gab für die Wehrmacht noch zwei Aufträge: Berlin halten und über einen Amigo-Ranzen fahren.

Kriegsähnliche Züge nahm in der Vergangenheit auch das Verhältnis zwischen Puma und Adidas an. Eine Wahl, die meist durch den Lieblingsverein bestimmt wurde. Und weil der 1. FC Köln gegen Ende der Achtzigerjahre bei Puma unter Vertrag stand, habe ich mit Stolz meine Puma TKKG-Schuhe getragen. Die Trikots, die ich als Kind mit viel Detailtreue und noch mehr Filzstiften auf dem Papier entwarf, trugen allesamt das Puma-Symbol. Dass der 1. FC Köln bis 1985 in Adidas aufgelaufen war, war mir nicht bekannt.

Wie viel Prestige hinter dieser Geschichte zwischen Puma und Adidas steckt, konnte man bereits als Kind erahnen. Ein Krieg ohne Waffen, über den man in einer Zeit ohne Internet wenig in Erfahrung bringen konnte. Und so sehnte ich im September 2005 Barbara Smits Publikation „Drei Streifen gegen Puma“ entgegen, der ersten umfassenden Aufarbeitung der Fehde. Fast zehn Jahre später lief die deutsche Fassung von Bo Travails „Dassler contre Dassler“ unter dem Titel „Rivalen: Adidas und Puma“ im deutschen Fernsehen. RTL griff das Thema 2016 wieder auf und zeigte an einem Themenabend einen (etwas reißerischen) Film und eine Dokumentation.

Adolf (1900) und Rudolf Dassler (1898) wuchsen in Herzogenaurach auf, einer Stadt, die vom Schusterhandwerk geprägt war. Ihr Vater Christoph war ein Schuhmacher, trotzdem sollten die Brüder andere Berufe erlernen. Adolfs Drang nach der Entwicklung von Schuhen tat das keinen Abbruch. Er übernahm 1920 die Schuhfabrik des Vaters, der bis dahin Filzpantoffeln hergestellt hatte, und spezialisierte sich auf Turnschuhe. Vier Jahre später stieg Rudolf in die Firma ein, die fortan den Namen „Gebrüder Dassler Schuhfabrik“ tragen sollte. Adi war der Tüftler, der die Sportschuhe entwickelte, Rudolf besaß das Verkaufstalent, um sie an den Mann zu bringen. Ein geniales Duo, das für den wirtschaftlichen Erfolg auch die Parteimitgliedschaft in der NSDAP nicht scheute.

Mit Adis Heirat im Jahr 1934 änderte sich das gute Verhältnis der Brüder. Bis zum Ausbruch des Zweiten Weltkriegs wurde es so schlecht, dass sich die Gebrüder Dassler

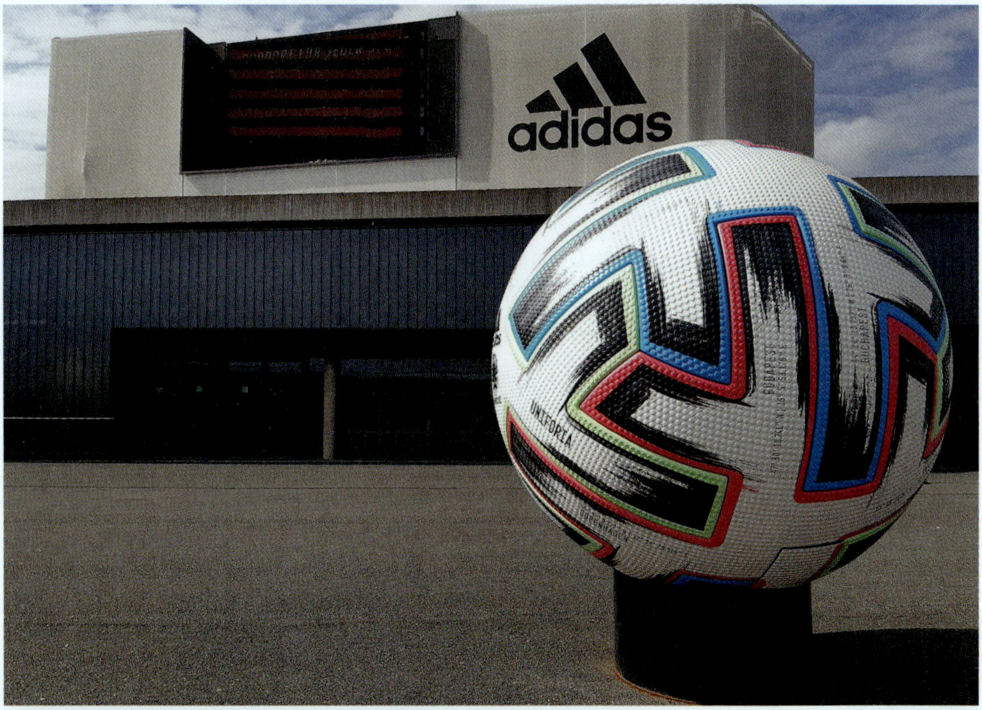
adidas
UNIFORIA

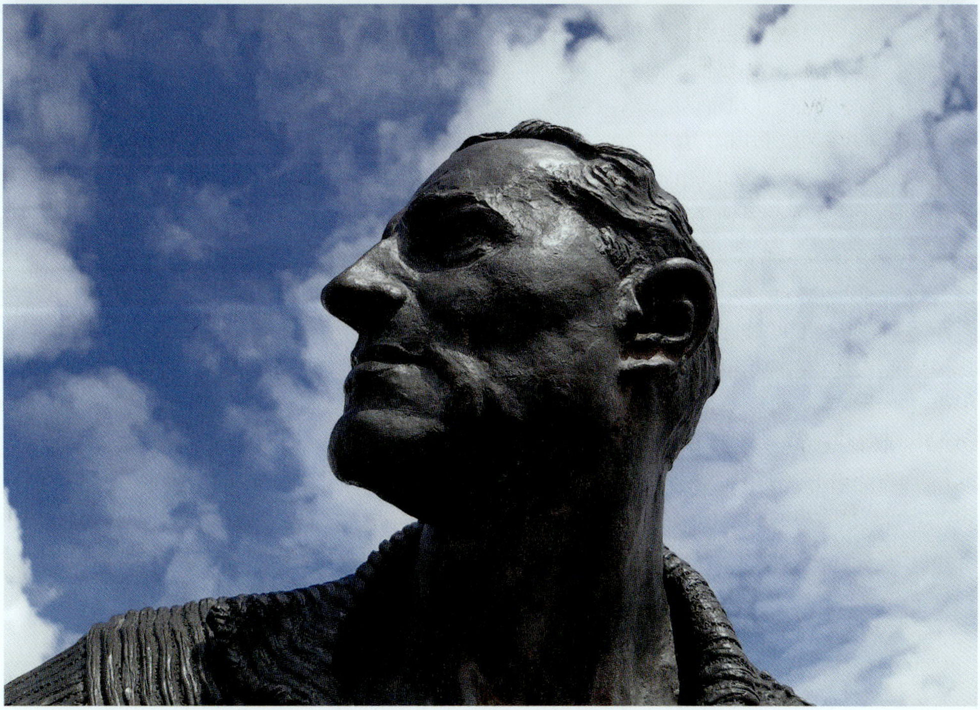

gegenseitig schriftlich verpflichten mussten, im Todesfall für die Angehörigen der jeweils anderen Familie zu sorgen. Der Wortlaut dieser Erklärung lässt erkennen, wie verhärtet die Fronten bereits Jahre vor der Trennung waren. Es gibt das Gerücht, dass Rudolf ein Verhältnis mit Adis Frau Käthe hatte, was im engeren Familien- und Bekanntenkreis bis heute vehement bestritten wird. Diese Theorie ist allein deshalb fragwürdig, weil sich Käthe und Rudolf nicht mochten und ihre Interessen konkurrierten: Rudolf sah seine Söhne Armin und Gerd als Erben an, Käthe brachte diese Reihenfolge in Gefahr.

Für den endgültigen Bruch sorgte Rudolfs Zeit im Gefangenenlager Hammelburg. Nach dem Zweiten Weltkrieg wurde Rudolf interniert, die Amerikaner sollen ihm gesagt haben, dass er von seinem familiären Umfeld denunziert worden sei. Der Verdacht, dass Adi hinter dem Verrat steckt, war für Rudolf evident. 1948 gaben die Gebrüder Dassler die Teilung des Unternehmens bekannt. Adi behielt die Firma und nannte sie „Adidas", Rudolf begann neu und gab ihr in Anlehnung an seinen früheren Spitznamen den Namen „Puma".

Die Stadt Herzogenaurach war fortan zweigeteilt, ein kleines Berlin mit dem Fluss Aurach als natürlicher Grenze. Linksseitig des Flusses fand man den Adidas-Sektor mit einem Adidas-Metzger und Adidas-Gasthäusern, rechtsseitig kauften die Puma-Mitarbeiter ein. Adidas unterstützte den ASV Herzogenaurach, Puma den FC Herzogenaurach. Herzogenaurach wurde zur „Stadt des gesenkten Blickes": Man schaute, ob der Gegenüber den Formstrip oder die drei Streifen trug. Es entwickelte sich ein jahrzehntelanger Krieg mit einer Fülle von Geschichten: Als Sepp Herberger 1.000 Euro im Monat für das Tragen der Puma-Ausrüstung forderte, setzte ihn sein Freund Rudolf Dassler vor die Tür. Herberger fuhr daraufhin weiter zu Adi, der die Summe zahlte. Seither ist Adidas Sponsor der deutschen Fußballnationalmannschaft. Der Sprinter Armin Hary holte bei den Olympischen Spielen 1960 in Rom die Goldmedaille in Puma, stand aber später mit Adidas-Schuhen auf dem Siegerpodest. Während die Nationalmannschaft der Niederlande Adidas trug, war Johan Cruyff ein Puma. Für ihn musste Adidas eigens ein Nationaltrikot mit zwei statt der typischen drei Streifen anfertigen.

Obwohl die von Zeitzeugen als sparsam beschriebenen Adi und Rudolf von dem Gedanken beseelt waren, dass Sport frei von Geld sein muss, ebneten sie mit solchen Geschichten den Weg für den heutigen Kommerz im Sport – und dieser Weg wurde in erstaunlicher Beharrlichkeit in beiden Familien fortgesetzt. Adis Sohn Horst baute Adidas Frankreich auf und gründete später Firmen zur Vergabe von WM-Rechten. Er gilt als „der Erfinder der modernen Sportkorruption" („Die Zeit"), Sepp Blatter war einer seiner Zöglinge. Rudolfs Sohn Armin hielt beim Wettbieten um Sportpersönlichkeiten mit und investierte Unsummen in Stars wie Eusebio, Pele oder Boris Becker. Der Deal mit Becker hat Puma an den Rand des finanziellen Ruins getrieben.

Innerhalb der Familien bekriegten sich die Dasslers selbst: Rudolfs Söhne Armin und Gerd landeten vor Gericht, zwischen Horst Dasslers Adidas Frankreich und Adidas Deutschland herrschte zeitweise eine größere Konkurrenz als zwischen Adidas und Puma.

Dabei übersahen Puma und Adidas, dass sich der größte Gegenspieler nicht diesseits der Aurach befindet, sondern in den USA. Philip Knight beschrieb bereits 1964 in seiner Diplom-Arbeit, wie man die beiden Weltmarktführer aus Herzogenaurach knacken kann. Mit Nike setzte er seine Erkenntnisse um, berücksichtige den Freizeit-Sportler und ließ in Asien produzieren. Als Nike 1989 zum weltweit führenden Sportartikelhersteller aufstieg, ruhten Rudolf und Adi bereits seit über zehn Jahren auf verschiedenen Seiten des Herzogenauracher Friedhofs. Eine Versöhnung zwischen den beiden Brüdern hat es nie gegeben, zwischen Adidas und Puma dagegen schon: Am Weltfriedenstag 2009 reichten sich beide die Hand und spielten in einer gemeinsamen Mannschaft Fußball gegen ein Team von Pressevertretern. Puma galt zwischenzeitlich als Billigmarke und ging wie Adidas durch verschiedene Hände. Familienbetriebe sind sie schon lange nicht mehr, der Hauptsitz in Herzogenaurach ist geblieben. An Nikes Vorherrschaft hat sich seit 1989 nichts geändert.

Puma, Puma way 1, 91074 Herzogenaurach | Adidas, Olympiaring 3, 91074 Herzogenaurach

Bayreuth

Altstadt-Kult-Museum

Im Fußballbuch des Jahres 2008 wird der Spielvereinigung Bayreuth nicht nur ein ganzes Kapitel gewidmet, auch Titel und Umschlag von Christoph Rufs „Ist doch ein geiler Verein“ führen in die Festspielstadt. Den Untertitel „Reisen in die Fußballprovinz“ hätte man Ende der Siebzigerjahre noch nicht gelten lassen, damals kämpfte Bayreuth um den Einzug in die 1. Bundesliga. Aufgestiegen ist am Ende Bayer Uerdingen. Dass das nicht mit rechten Dingen zuging, erfährt man im Oldschdod-Museum, dem Vereinsmuseum der Spielvereinigung.

Lange bevor der FC Bayern München seine Erlebniswelt eröffnete, hoben die Fans des langjährigen Zweitligisten ihr Museum als eines der ersten Fußballmuseen Deutschlands aus der Taufe. Jürgen Rank, Trikotdesigner in Herzogenaurach und in inniger

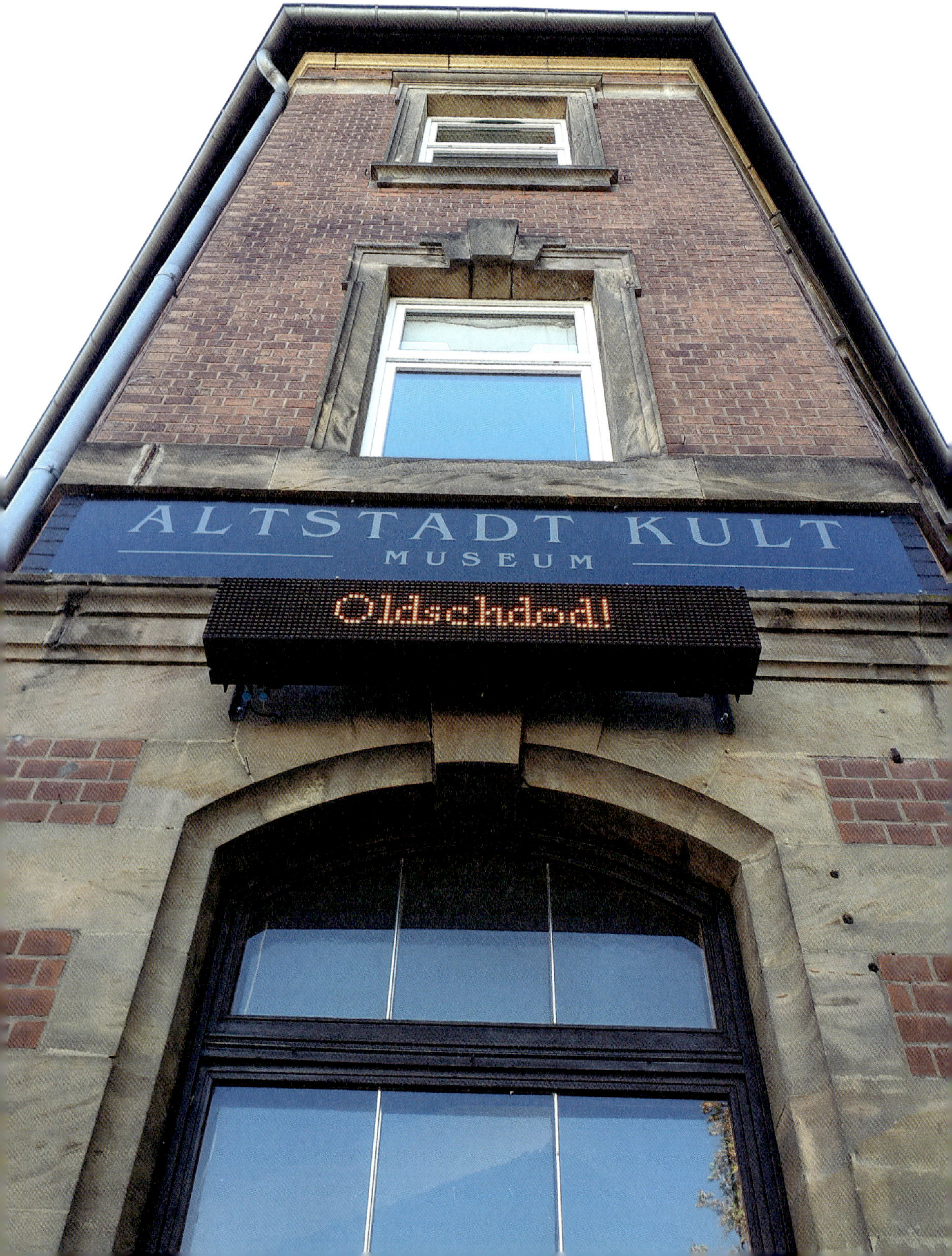
ALTSTADT KULT
MUSEUM
Oldschdod!

Beziehung zu seinem Verein, hatte auf seinen Reisen durch England die Idee aufgegriffen und sie nach Oberfranken mitgebracht.

Das war im Februar 2003, ausgestellt wurden Devotionalien rund um den Traditionsverein. Und da die Anzahl rasant anstieg, folgte noch innerhalb des Jahres 2003 der Umzug in größere Räume. Die unweit des Hauptbahnhofs gelegene Markgrafenhalle wurde zur Bayreuther Pilgerstätte, „eine Mischung aus autonomem Jugendzentrum und heiliger Kultstätte", wie die „11FREUNDE" die Räumlichkeiten im September 2003 treffend bezeichneten.

Als der Vermieter dreizehn Jahre später ein Schreiben aufsetzte und den Altstadt-Kult dazu aufforderte, die Markgrafenhalle zu verlassen, kam das unerwartet. Heute kann man sagen, dass es nicht besser hätte kommen können. Zusammen suchten die Fans ein neues Domizil und fanden es an der Erlanger Straße. Wo früher im „Bollywood" Hähnchenbrustfilet in Safran-Joghurt mariniert wurde, hängt jetzt ein Bild von Bobby Breuers Sportstudio-Auftritt. Die Vereins-Historie wird durch Trikots des Vereins und der Nationalmannschaft dokumentiert, Devotionalien aus den vergangenen Jahrzehnten erzählen genauso viele Geschichten wie die Gegenstände, die nicht ausgestellt sind. Da gibt es zum Beispiel die Anekdote mit der alten Anzeigetafel: „Bei der Größe haben wir uns etwas verschätzt. Deshalb hängt die auch nicht hier. Da musste am Ende der THW kommen, um die abzuholen", erzählt man uns und alle müssen lachen.

Solche Geschichten gibt es zu jedem Stück. Es ist nicht wie in den modernen Erlebniswelten, in denen die reine Präsentation wichtiger ist als der Gegenstand selbst. Hier haben alle Dinge eine Hintergrundgeschichte. Die Anhänger des Vereins führen mit einer Begeisterung und Leidenschaft durch das Museum, sodass die Gegenstände wieder lebendig werden. Man nimmt sich Zeit, es gibt kein Limit: Wenn die Führung länger dauert, dann dauert sie eben länger.

Das Museum in der Markgrafenhalle war schön, weil es mit viel Liebe betrieben wurde. Das in der Erlanger Straße ist noch viel schöner, weil nicht nur der Charakter stimmt, sondern auch das Aussehen. Es gibt nicht nur den musealen Raum im Stile eines „Herrenzimmers", wie es Jürgen Rank nennt. Zum neuen Altstadt-Kult gehören auch eine Kneipe, ein Biergarten und viele Details. Dazu zählen zum Beispiel die Comics aus der goldenen Zeit, die rund um die Bayreuther Fußball-Festspiele in der Tageszeitung veröffentlicht wurden und die die Wände im Flur zieren.

Im ½ Lovesong der Ärzte heißt es: „Vieles ist zur Gewohnheit verkommen, doch das ist immer die Gefahr." Ein bisschen war das auch so mit dem Museum in den Markgrafenhallen. „Das war schon alles ein bisschen eingeschlafen. Das hier ist ein Re-Start und hat uns noch einmal enger zusammengebracht", sagt mit Tommy einer der Hardcore-Altstädter.

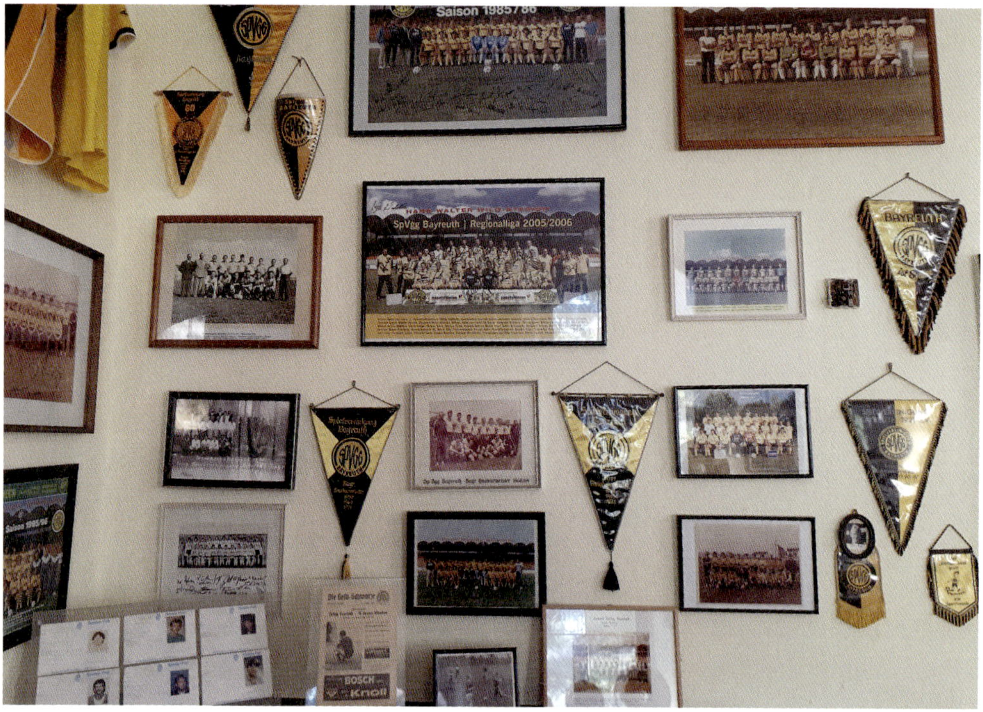
Saison 1985/86
SpVgg Bayreuth | Regionalliga 2005/2006
BAYREUTH
BOSCH
Knoll

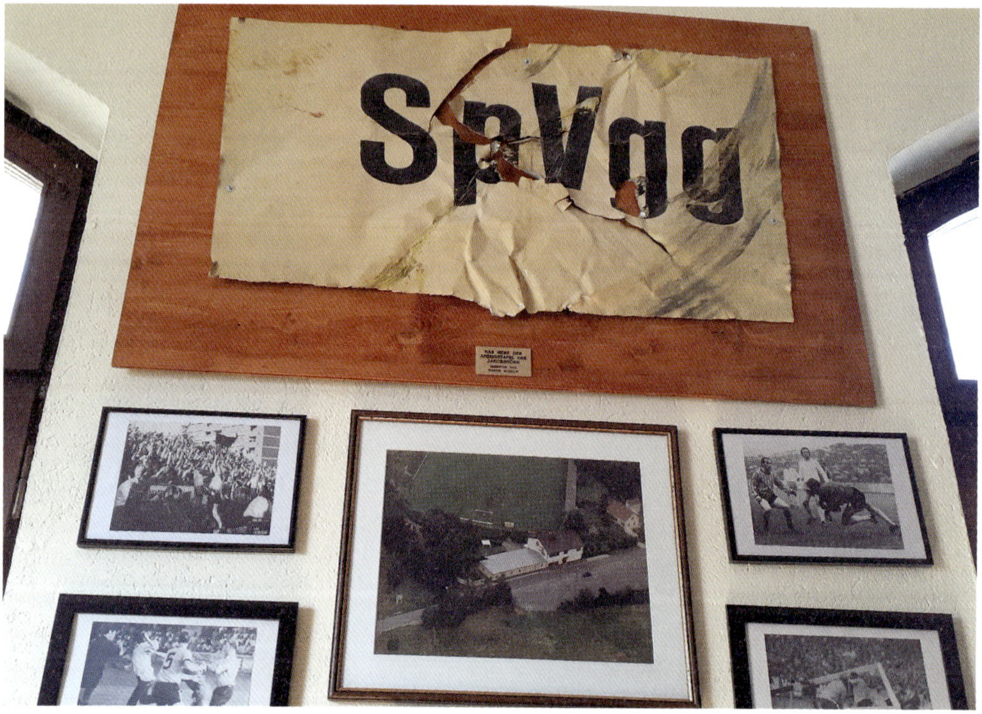
SpVgg

Letzten Endes hatte der Altstadt-Kult die Wahl: Es wäre bequemer gewesen, das Ende in den Markgrafenhallen zum Anlass zu nehmen, die Sache auslaufen zu lassen. Weit über 3.000 Arbeitsstunden und einige tausend Euro später bestätigt sich das, was Christoph Ruf schon 2008 wusste: Ist doch ein geiler Verein.

Altstadt-Kult-Museum, Erlanger Straße 45,
95444 Bayreuth

Fürth

Stadion an der Magazinstraße

„Wo steht Deutschlands älteste Tribüne?" Kein Artikel auf meinem Blog 11km.de wird häufiger zitiert als dieser, der sich auf die Recherchen der beiden Bücher „Das große Buch der deutschen Fußballstadien" und „Es war einmal ein Stadion" bezieht. In das Rennen um Deutschlands älteste Tribüne greift auch das Fürther Stadion an der Magazinstraße ein. Deren Bau wurde in meinem Blog anfangs fälschlicherweise auf die Zeit zwischen 1925 und 1930 datiert.

Das Portal „Anpfiff.info" traf damals diese Einschätzung, eine Vermutung, die zur Darstellung der „11FREUNDE" passte. Das Stadion an der Magazinstraße, so hieß es in Ausgabe 126, vermittle „einen Eindruck vom aufkeimenden Fußballboom der Zwischenkriegsjahre". Der heutige Hausherr des Platzes, der ASV Fürth, tappte dagegen im Dunkeln: „So wie es aussieht", sagte man, „kann niemand genau sagen, wann unsere Tribüne gebaut wurde." Und mein Artikel auf 11km.de schlussfolgerte: „So schwer es ist, solche Kleinode zu finden, so schwer ist es auch, sie zu erfassen und an Informationen zu gelangen."

Dass Texte nichts Statisches sind und man sie nicht aus den Augen verlieren sollte, wenn sie einmal geschrieben sind, verdeutlicht dieses Beispiel sehr gut. Denn die Holztribüne am Stadion an der Magazinstraße ist inzwischen in den Kreis von Deutschlands ältesten Tribünen aufgestiegen, was den Recherchen des Vereins Wiki Fürth zu verdanken ist. „Sie wurde ursprünglich vom Reitclub Fürth erstellt, der mit der Witwe Maria Sahlmann eine besondere Gönnerin hatte", schreibt der Verein auf seinem Wiki. Die Genehmigung zu ihrem Bau wurde am 26. März 1914 erteilt, keine zwei Monate später fand bereits das erste Ereignis statt: „Reitturnier hinter der Infanteriekaserne, 2.500 Zuschauer", heißt es in der Rieß-Chronik aus dem Jahr 1914. Eine Postkarte aus dem Oktober desselben

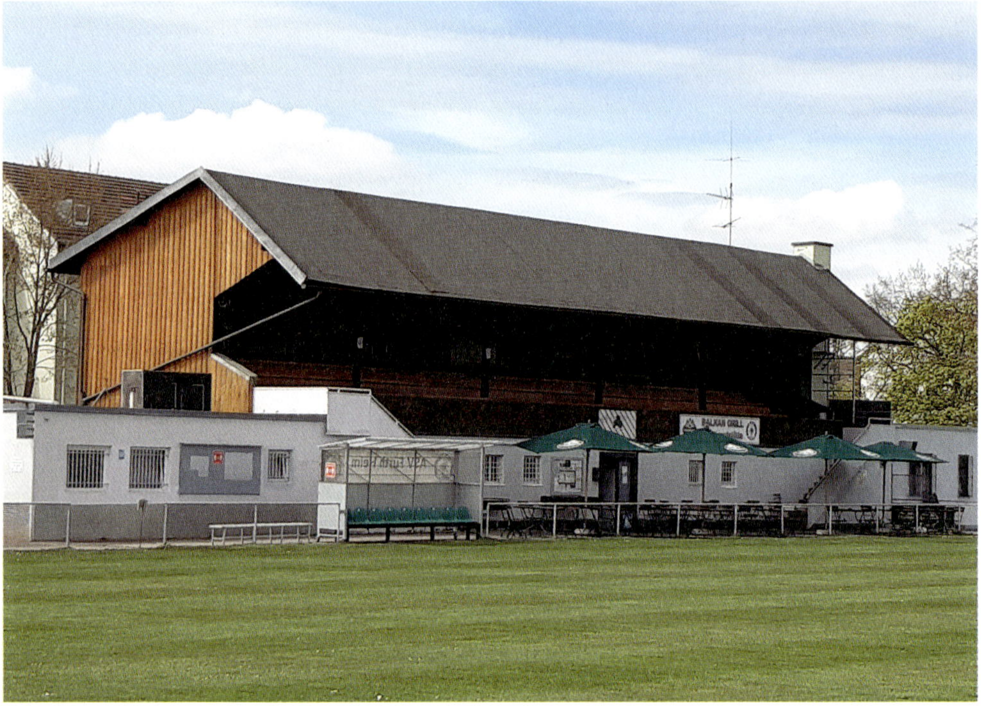

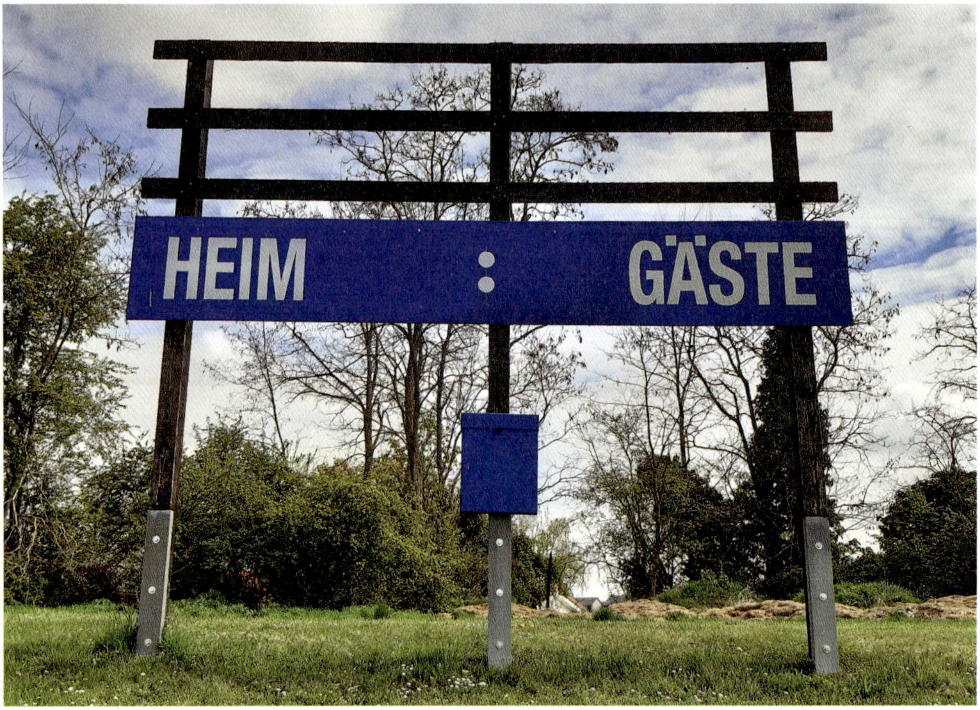
HEIM : GÄSTE

Jahres, die auf dem Wiki veröffentlicht ist, dient als zusätzliche Bestätigung. Die Gaststätte, die heute noch erhalten ist, wurde 1920 genehmigt.

„Das Gelände diente der bayerischen Kavallerie bis zum Ende des Ersten Weltkriegs zu Übungszwecken. Der Krieg ging verloren und das Übungsgelände mit der prächtigen, im englischen Stil errichteten Holztribüne, die bis heute allen Stürmen trotzte, lag brach", erklärt ein Artikel über den VfR Fürth auf „Nordbayern". Der Verein kaufte den Platz von der Hopfenhändler-Familie Sahlmann und baute ihn aus: „Die Männer vom VfR zogen dort schließlich das Feld ein und schütteten Ränge auf. Am Ende fanden offiziell 5.000 Zuschauer Platz, die eng an eng bis zum Spielfeldrand standen. Bei den großen Spielen mochten es auch gut 7.000 Zuschauer gewesen sein, die die ehemalige Reitbahn bevölkerten", führt der Artikel fort.

Der Süden war in den goldenen Zwanzigern die deutsche Fußballhochburg. Zwischen 1920 und 1929 gingen sieben Deutsche Meisterschaften an den 1. FC Nürnberg oder die SpVgg Fürth. „Dass es aber in Fürth noch einen Verein gab, der ebenfalls in der damals höchsten Spielklasse auflief, wissen nur noch die wenigsten", heißt es auf „Nordbayern". Und dieser Verein war der VfR Fürth, der an der Magazinstraße eben die Besten des Landes empfangen durfte: den 1. FC Nürnberg und die SpVgg Fürth. Und darüber hinaus übrigens auch den FC Bayern München.

In den Dreißigerjahren fiel der VfR Fürth einer Ligareform zum Opfer. Die besten Spieler gingen zur Spielvereinigung, im September 1936 löste sich der Arbeiterverein auf. Geblieben ist eine der ältesten noch erhaltenen Tribünen des Landes.

Stadion an der Magazinstraße,
Magazinstraße 45, 90763 Fürth

Nürnberg

Stuhlfauth-Stuben

Die großen Torsteher verehrt mein stellvertretender Schulleiter. Oliver Kahn gehört aufgrund seines „obskuren Gebarens" nicht in diese Aufzählung, aber Jürgen Croy ist für Herrn Fink auf sportlicher Ebene das, was Hans-Dietrich Genscher auf politischer für ihn ist. Es gibt keinen deutschen Torhüter, zu dem Herr Fink nicht eine Meinung oder Geschichte hat. Und so schreibe ich dem Mann, der während meines Referendariats mein Mentor war, aus einer Gaststätte auf dem Trainingsgelände des 1. FC Nürnberg.

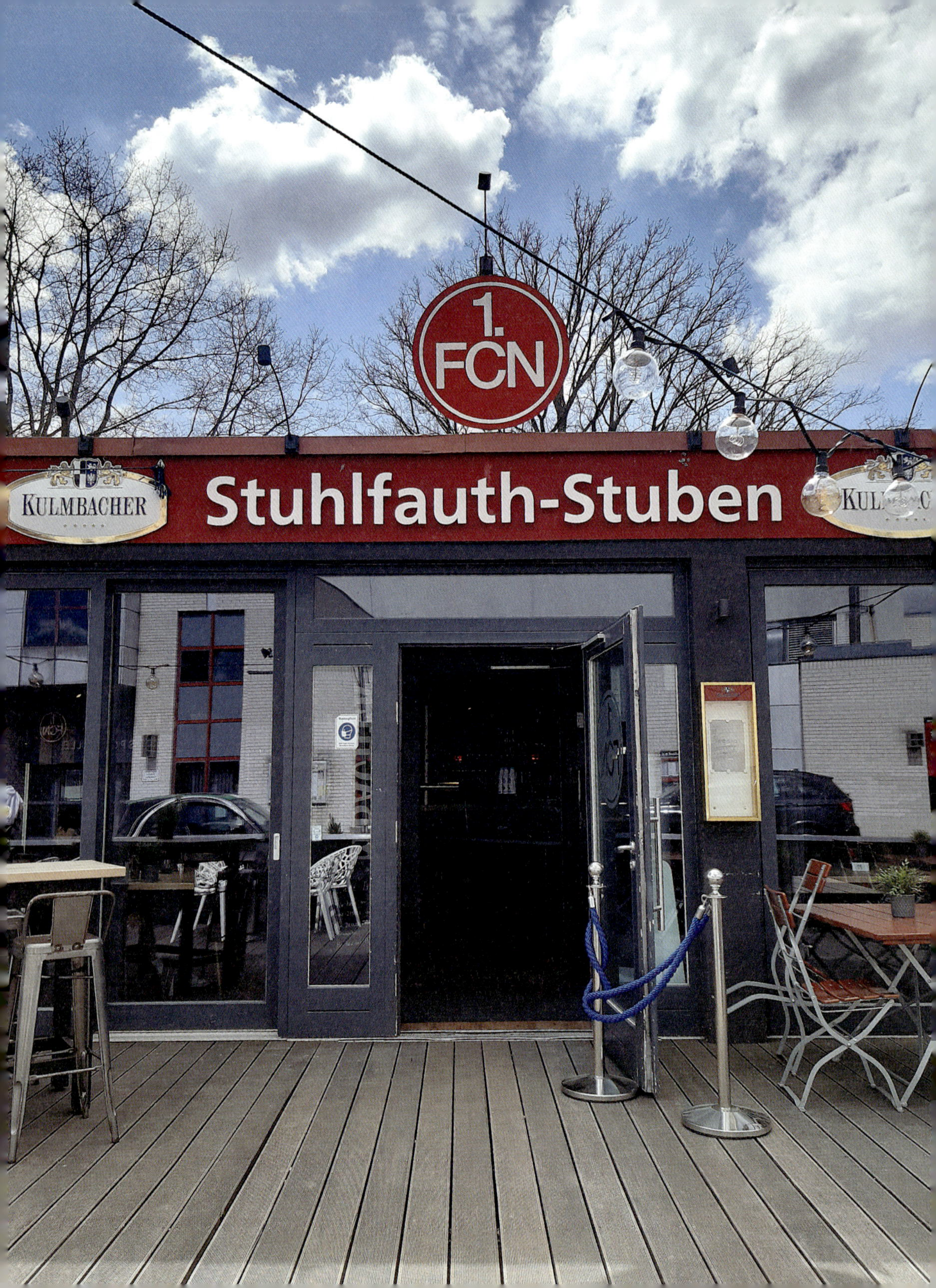
1.
FCN
KULMBACHER
Stuhlfauth-Stuben

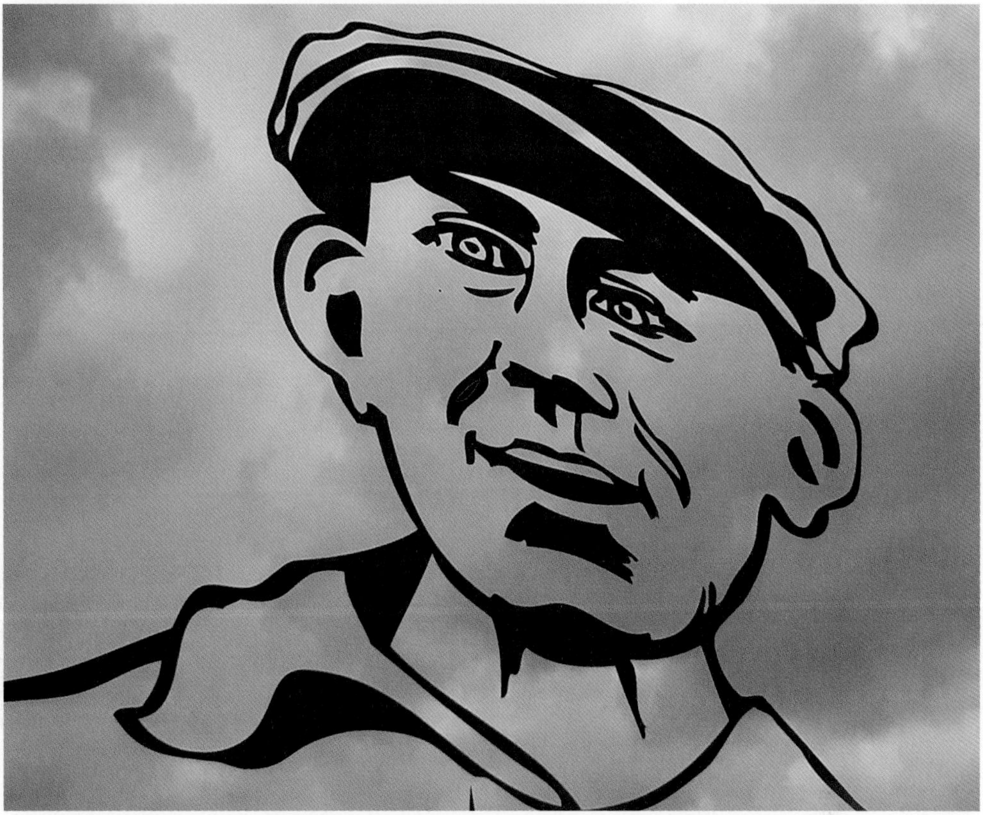

Denn die ist nach einem der größten Torhüter seiner Zeit benannt, der Nürnberger Torhüterlegende Heiner Stuhlfauth. Stuhlfauth wurde mit dem Club zwischen 1920 und 1927 fünf Mal Deutscher Meister und bestritt 21 Länderspiele. Heiner Stuhlfauth war einer der ersten großen Stars des deutschen Fußballs, was auch damit zusammenhing, dass er in seiner Eigenschaft als Wirt „Prominenz aus Sport, Kultur und Politik" („glubberer.de") in seiner Kneipe, der Sebaldusklause, empfing. Auch Walther Bensemann, der Gründer des „Kickers", ging hier ein und aus, wie die „11FREUNDE" berichtet.

Heißt eine Vereinsgaststätte wie eine Club-Legende und noch dazu wie eine, die selbst Wirt war, müsste man meinen, dass es läuft wie zur besten Schankzeit. Und unter der viel zu früh verstorbenen Legende „Schorsch" Blind und seiner Nachfolgerin, der „Institution" („Glubbforum") Monika Rutz, war es auch die Beständigkeit, die die Stuhlfauth-Stuben auszeichnete. Rutz' Treue – sie stand seit 1989 hinter der Theke und erlebte sowohl den Abstieg in die Regionalliga als auch den DFB-Pokalsieg 2007 – fehlte der Gaststätte, nachdem sie 2014 aus gesundheitlichen Gründen aufhören musste. Unterschiedliche Pächter mit unterschiedlichen Konzepten versuchten sich vergeblich am Zabo. Und im Fan-Forum sprach man das aus, was sich wohl alle Anhänger wünschten: „Es wäre wirklich schön, wenn da endlich mal wieder sowas wie Konstanz reinkäme."

Das ist inzwischen der Fall, seit Sommer 2017 ist das in Nürnberg etablierte italienische Restaurant „Cucina Italiana" in den Stuhlfauth-Stuben zuhause. Inhaber Eugenio Dascillo kann bis zu 140 Gäste (sowie 90 weitere im Biergarten) beherbergen, darunter trifft man hier regelmäßig die Profifußballer des 1. FC Nürnberg. Devotionalien vom „Glubb" sind dagegen eher spärlich vorhanden. Die Stuhlfauth-Stuben sind modern und puristisch eingerichtet und könnten, was das Interieur angeht, genauso gut an irgendeinem anderen Ort dieser Welt stehen. Neben dem Namen erinnert nur Stuhlfauths Konterfei an einem Fenster an den einstigen Rekordnationalspieler. Als ich davon ein Foto mache, meldet sich Herr Fink.

„Heiner Stuhlfauth, das große Vorbild unseres alten Kneipenwirtes, einem eingefleischten ‚Glubberer', der samstags stets besoffen war: Entweder hatte er einen Sieg feiern können oder der Club hatte wieder einmal verloren." Natürlich hatte Herr Fink eine Geschichte zu Heiner Stuhlfauth.

Dem Namensgeber selbst hätte es wohl gefallen, dass man sich solche Anekdoten in geselliger Runde erzählt. In seiner Sebaldusklause konnte er das am Ende nicht mehr tun, das Haus im Schulgäßchen wurde im Krieg zerstört. Herr Fink hätte ihm mit Sicherheit an unserer Schule eine Stelle angeboten: Stuhlfauth arbeitete danach als Sportlehrer.

**Stuhlfauth-Stuben, Valznerweiherstraße 200,
90480 Nürnberg**

Oberklausen

Stadionberg Deutsches Stadion

Den Koloss von Prora auf Rügen bezeichnet Architekt Daniel Libeskind als „das gebaute Böse". Worte, die er auch für das Deutsche Stadion hätte wählen können. Ein Stadion, in dem über 400.000 Menschen Platz finden sollten. Ein Stadion, das nie gebaut wurde und das heute trotzdem noch Spuren hinterlässt.

Um sie aufzuspüren, muss man gleich zwei Orte aufsuchen. Der erste ist nicht ohne Grund etwas versteckt und regelrecht unscheinbar. Man muss tief ins Landesinnere Bayerns fahren, bis man die Gemeinde Hirschbach in der Oberpfalz erreicht. Alles wirkt hier

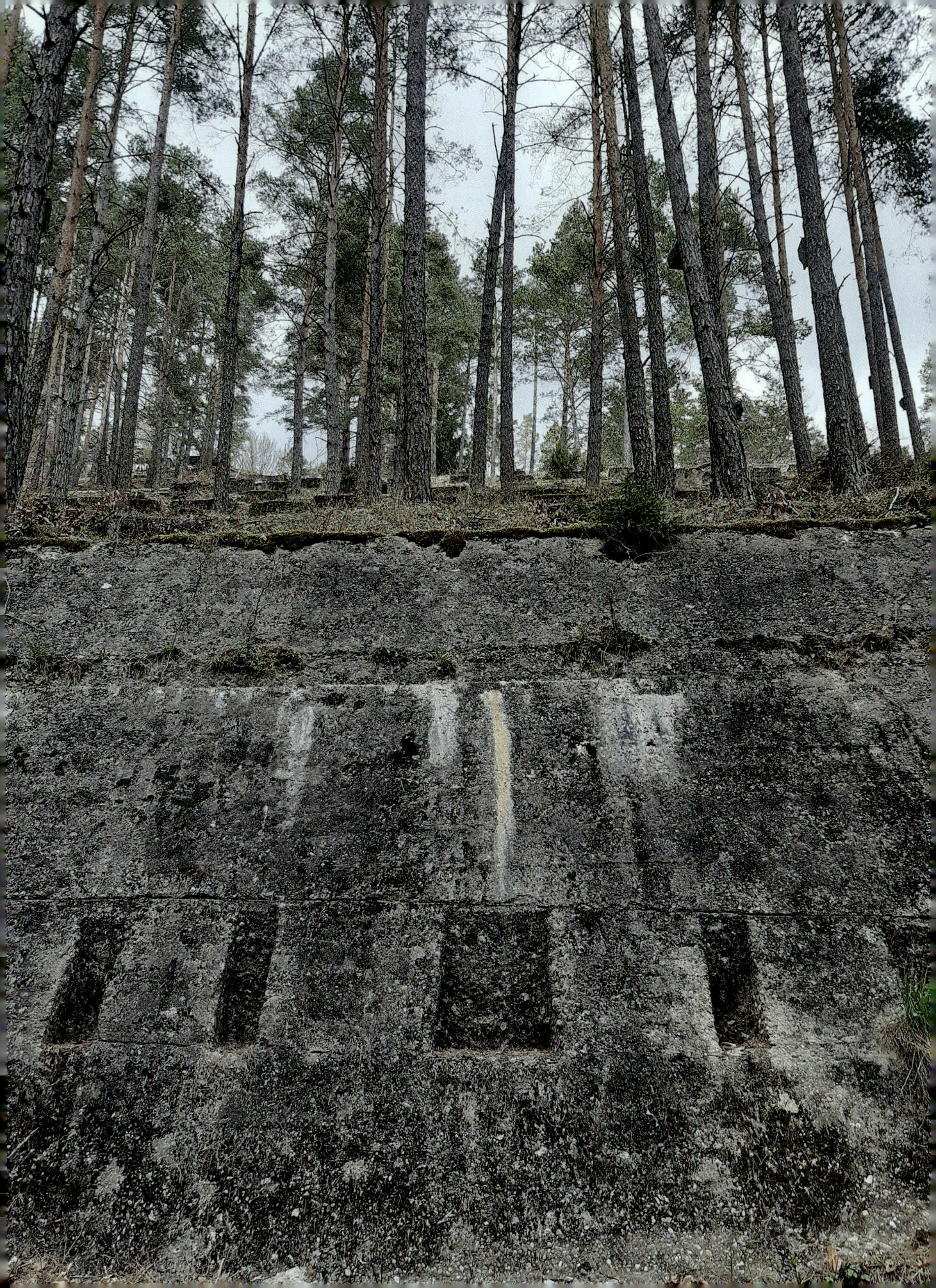

etwas eingeschlafen. Die nächsten großen Städte sind Nürnberg und Erlangen, sie liegen (wie die nächste Autobahn) westlich vom Hirschbachtal, im Osten kommt irgendwann die Tschechische Republik. Auch der Stadionberg selbst, das Ziel unserer Reise, bietet nicht die große Bühne. Auf Höhe der Ortschaft Oberklausen liegt er an der AS 6, direkt an einem kleinen Lkw-Parkplatz. Zwei Hinweisschilder deuten darauf hin, dass man hier richtig ist.

Daneben sind es hunderte vermooste, in den Hang gebaute Betonblöcke, die man heute noch auf dem Stadionberg sieht. Seit 2002 stehen sie unter Denkmalschutz. Hitlers Hausarchitekt Albert Speer ließ sie hier einsetzen, um ein Zehntel des Deutschen Stadions zu simulieren. Er wollte wissen, ob man vom obersten Sitzplatz gute Sicht auf die Wettkämpfe auf dem Sportfeld hat. Im Hirschbachtal fand Speer die optimalen Begebenheiten und einen Steilhang mit dem perfekten Neigungswinkel. Mehr als 42.000 Plätze auf fünf Rängen bot das 1:1-Modell, das zwischen 1937 und 1939 entstand. Während dieses Zeitraums, im März 1938, verschaffte sich Hitler selbst ein Bild der Lage. Auf dem Rasen wurden probeweise gymnastische Darbietungen vorgeführt und Speer empfand Sicht und Akustik „besser als angenommen".

Nach dem Krieg verschwanden die Sitzbänke, die aus besten Langhölzern des bayrischen Walds hergestellt wurden. Sie dienten dem Wiederaufbau des Nachbarortes Achtel, der am Ende des Zweiten Weltkrieges im Kampf um den Stadionberg fast vollständig zerstört wurde. Auf diese Weise beseitigten die Bewohner der Gemeinde Achtel das Bauwerk, das ihnen zum Verhängnis wurde.

Im rund 50 Kilometer entfernten Nürnberg entdeckt man die zweite Spur des Deutschen Stadions. Zeitgleich mit dem Bau der Versuchstribüne begann man mit den Ausschachtungen für das Stadion auf dem Reichstagsgelände. Über den Status einer Baugrube kam das Deutsche Stadion an dieser Stelle aber nie hinaus. Nach dem Zweiten Weltkrieg füllten sich die Gruben mit Grundwasser, heute findet man dort den Silbersee und den Silberbuck. Das Baden im Silbersee ist strengstens untersagt: Über viele Jahre wurden dort Müll und Kriegsschutt deponiert, wodurch der See stark mit Schwefelwasserstoff belastet ist und bis heute rund 50 Menschenleben forderte.

Warum die „Süddeutsche" das Deutsche Stadion als „das möglicherweise größenwahnsinnigste aller größenwahnsinnigen NS-Bauwerke" bezeichnet, belegen die Zahlen: Mit einer Länge von 580 Metern, einer Breite von 225 Metern und einer Fassadenhöhe von 85 Metern gab es nie wieder Pläne für ein vergleichbares Stadion. Das Vorbild, das Panathinaiko-Stadion von Athen, hatte mit einem Fassungsvermögen von 50.000 Plätzen nur ein Achtel der Kapazität, die das Deutsche Stadion haben sollte. Wie beim griechischen Vorbild war die Hufeisenform für das Deutsche Stadion markant, ein Ehrenhof sollte dem Stadion vorgelagert sein, Aufzüge und Rolltreppen sollten die Zuschauer auf ihre Plätze bringen.

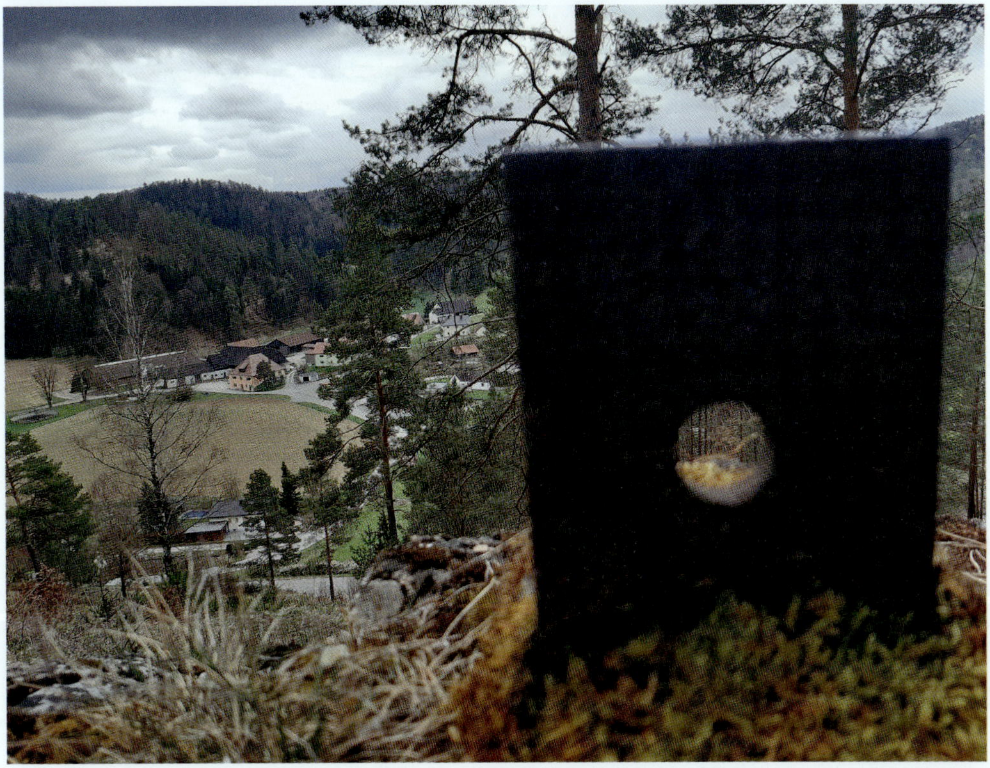

Die Maße des Spielfeldes entsprachen mit 350 mal 150 Metern nicht denen der olympischen Norm, was Hitler wenig störte: „Ganz unwichtig. 1940 finden die Olympischen Spiele noch einmal in Tokyo statt. Aber danach, da werden sie für alle Zeiten in Deutschland stattfinden, in diesem Stadion. Und wie das Sportfeld zu bemessen ist, das bestimmen wir." In diesem einseitigen Diskurs ging es nicht um die Ausmaße eines heutigen Fußballfeldes: Fußball sollte im Deutschen Stadion nicht gespielt werden. Gut, dass überhaupt nie die Möglichkeit dazu bestand.

Stadionberg, Oberklausen, 92275 Hirschbach | Dokumentationszentrum Reichsparteitagsgelände, Bayernstraße 110, 90478 Nürnberg | Silbersee Nürnberg, als Parkmöglichkeit bietet sich die Esso-Station in der Münchener Straße 281, 90471 Nürnberg an

Tiefenort

Kaffeetälchen

Für die Anhänger von Eintracht Frankfurt gibt es wohl keinen klangvolleren Stadionnamen als den des Waldstadions. Bis 2005 hieß die Heimspielstätte der Eintracht so, bis sie, klobig aber werbewirksam, zur Commerzbank-Arena wurde. Inzwischen trägt sie den Namen Deutsche Bank Park. Die Fans des Hamburger SV kennen diese Tortur und haben inzwischen ihren Volkspark wieder, nachdem sie durch ein Tal der AOL-, Imtech- und HSH Nordbank-Arenen wandern mussten. Und wer weiß schon, wie die Stadien in Mainz und Augsburg heißen? Viele Klassen tiefer glänzt der FSV Kali-Werra Tiefenort damit, dass er im Waldstadion spielt. Das Stadion hat im Volksmund aber noch einen zweiten Namen, der noch viel heimeliger ist: Es heißt Kaffeetälchen.

Dieser einmalige und bezaubernde Name ist nicht der einzige Grund, warum das 8.000-Mann-Stadion(!) eines Kreisoberligisten den Weg in diese Auflistung gefunden hat. Der Platz in Thüringen gehört zu den Lieblingsorten auf meinem Blog 11km.de und ermöglicht eine unverfälschte Zeitreise in den DDR-Fußball.

Für die Fußballer aus Tiefenort ist es eine Reise in sportlich bessere Zeiten. Der Verein spielte – erst als BSG Aktivist Kaiseroda-Tiefenort, dann als BSG Aktivist Kali Werra Tiefenort – viele Jahre in der DDR-Liga, der zweithöchsten Spielklasse der DDR. Von 1968 bis 1988 (mit Ausnahme von zwei Abstiegen 1973 und 1985) gehörte man ununterbrochen zum Unterhaus der DDR-Oberliga. In der ewigen Tabelle belegt man damit Rang 25.

Im Kaffeetälchen spielte man erstmals in den Jahren nach dem Ersten Weltkrieg. Im Sommer war das sogenannte „Kleine Kaffeetälchen“ die Heimat der Tiefenorter Fußballer, im Winter spielte man in den Werrawiesen. Die Dringlichkeit eines richtigen Sportplatzes wurde in den Folgejahren immer größer. Ende des Jahres 1925 beschloss die Gemeindevertretung den Ausbau des Kaffeetälchens, 1926 erfolgte die Einweihung des Platzes, ab 1927 fanden dort die Punktspiele statt.

Durch wachsende Mitgliederzahlen wuchs in den Sechzigerjahren das Bedürfnis nach einem zweiten Sportplatz. Man baute den vorhandenen Sportplatz Heerstatt aus, erneuerte die Rasendecke und erweiterte ihn um Umkleidekabinen. Dies hatte zur Folge, dass man zwei Jahre auf der Heerstatt spielte. Während dieser Zeit bekam das Kaffeetälchen Zuschauerränge, einen Rasenplatz und Umkleidekabinen, später folgten ein Hartplatz und ein Sozialtrakt. „Das Stadion wurde wegen seiner Lage in der ganzen Republik bekannt“, schreibt die Chronik des Vereins.

Mit dem Fall der Mauer war die Zeit des höherklassigen Fußballs im Wartburgkreis weitestgehend vorbei. Bis ins Jahr 2000 konnte man sich in der 5. Liga halten, mittler-

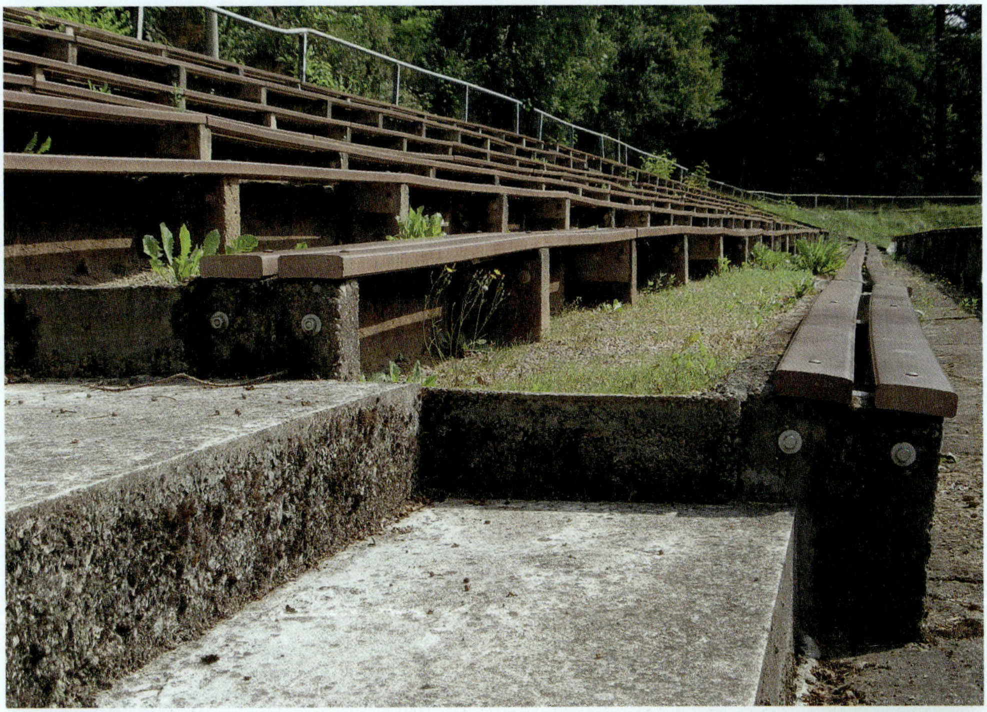

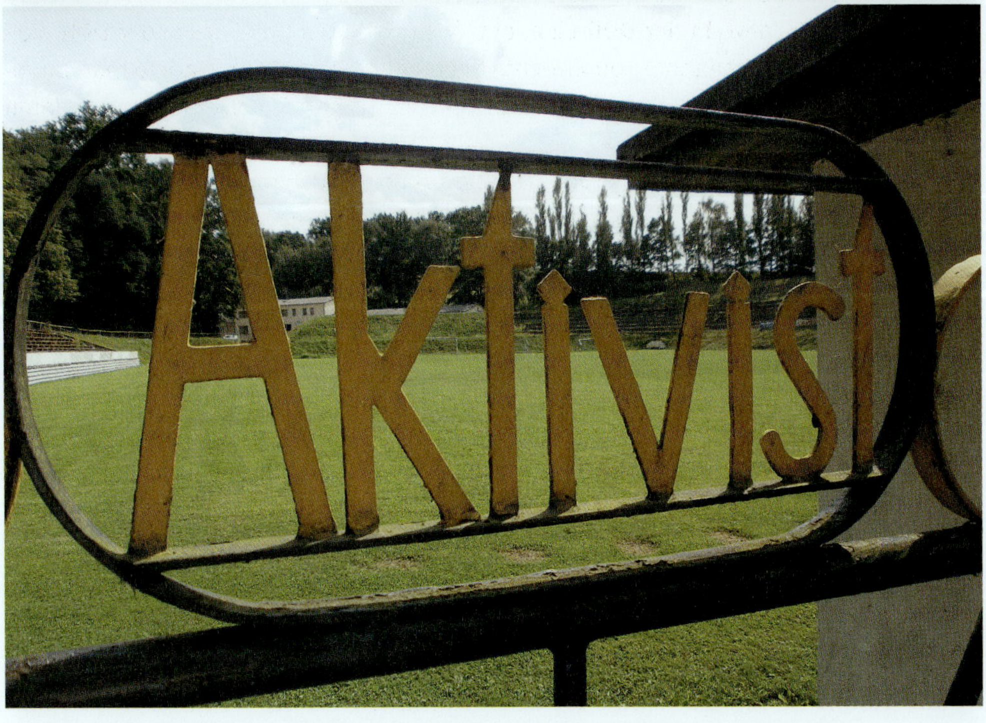
Aktivist

weile spielt man in der Kreisoberliga. Die Erfolge zu DDR-Zeiten standen stark mit dem Trägerbetrieb Kalikombinat Werra in Verbindung: „Ohne die wertvolle Unterstützung außerhalb des Platzes war das Projekt DDR-Liga-Fußball nicht realisierbar", heißt es in der Vereinschronik. Spieler konnten im Kalibetrieb im benachbarten Merkers unter privilegierten Bedingungen arbeiten und wurden für den Trainings- und Spielbetrieb ganztägig freigestellt. Diese Vergünstigungen fielen nach der Wende weg, viele Talente aus der traditionell guten Jugendarbeit wurden mit Arbeitsplätzen geködert und wechselten ins benachbarte Hessen.

Obwohl es inzwischen zum Rückbau einiger Zuschauerränge und des Sprecherturms kam, hat das Kaffeetälchen auch heute noch einen fantastischen Charme. Der wird in Gefahr geraten, sollte das Vorhaben, einen Kunstrasenplatz zu installieren, in die Tat umgesetzt werden. Bis dahin gilt: Die gewaltigen, steilen und schier endlosen Ränge, das Eingangstor, auf dem noch „BSG Aktivist" prangt oder die einzigartige Lage im Wald: Wenn man mich nach meinem Lieblingsstadion fragt, dann werde ich immer das Waldstadion nennen und damit nicht das in Frankfurt meinen.

Waldstadion Kaffeetälchen, Kaffeetälchen 3,
36469 Tiefenort

Weismain

Waldstadion

Fußball war früher kein Hobby ganzer Konzerne, sondern von geschäftstüchtigen Mäzenen. Wolfgang Zabel formte mit den Kohlen seines Elektro-Unternehmens aus dem OSV Hannover einen Zweitligisten. Klaus Steilmann machte mit der SG Wattenscheid 09 dem VfL Bochum in der eigenen Stadt Konkurrenz. Und wenige Kilometer weiter träumten Erhard Goldbach und seine Westfalia aus Herne vom Bundesliga-Fußball, bis der „Ölkönig von Wanne" aufgrund seiner Steuerschulden bei Aktenzeichen XY gesucht wurde.

Manchmal sind es nur die Erinnerungen, die von den Mäzenen geblieben sind. Im oberfränkischen Weismain ist es ein Stadion, das oberhalb der rund 5.000 Einwohner-Stadt thront. Dass es die heutigen Dimensionen hat – ein Fassungsvermögen von 18.000 Plätzen –, ist Alois Dechant zu verdanken.

Von 1985 bis 1995 hatte sich der SC Weismain in der Landesliga etabliert. Gespielt wurde damals schon auf dem Platz an der Baiersdorfer Straße, der seit 1945 erst als Sportplatz und ab 1968 als Waldstadion die Heimat der Weismainer Fußballer war. 1995

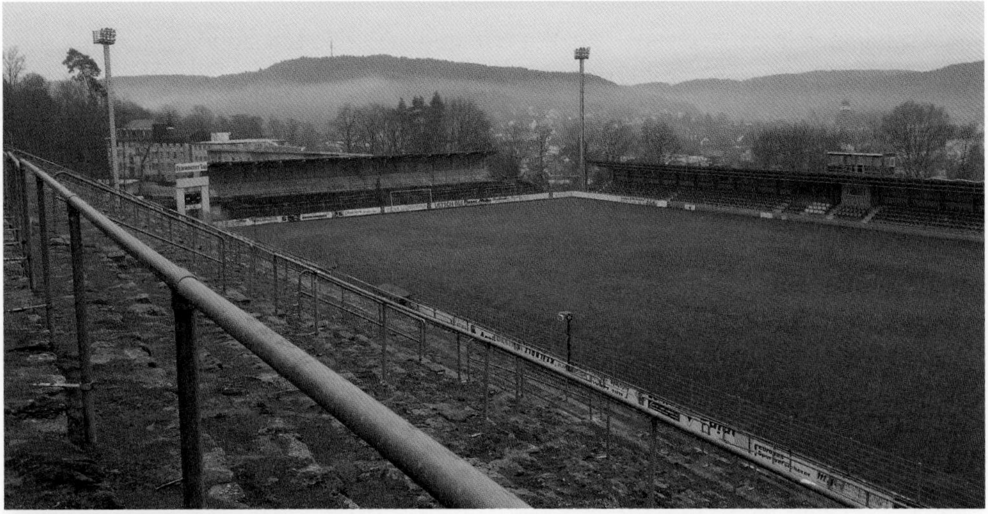

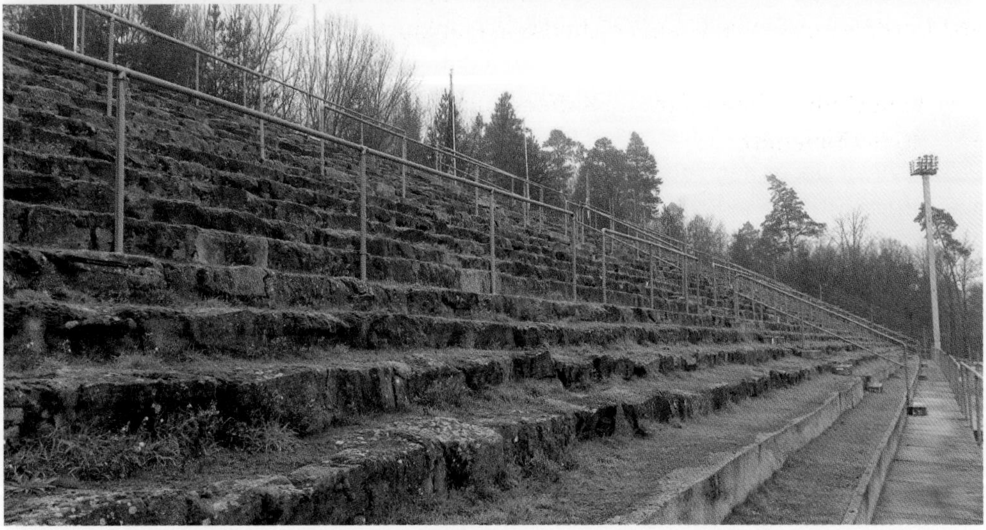

gelang der langersehnte Aufstieg in die Bayernliga, gefolgt vom Durchmarsch in die damals drittklassige Regionalliga.

Der Erfolg hatte auf dem Feld viele Namen, Frank Kramer (später u. a. Trainer in Fürth, Düsseldorf und Bielefeld), Armin Eck (unter anderem Bayern München) oder Joe Zinnbauer (später Trainer beim Hamburger SV) sind wohl die bekanntesten. Der „König von Weismain" („Infranken.de") war aber Alois Dechant, Baulöwe und Mäzen des SC Weismain. Der hatte das Unternehmen von seinem Vater übernommen, baute am Berliner Reichstag mit und beschäftigte um die Jahrtausendwende 1.800 Mitarbeiter.

Insbesondere an der Vita des Stadions kann man Dechants Investitionen und die (viel zu) schnelle Entwicklung des SC Weismain festmachen. Einer kleinen 480-Mann-Tribüne zu Landesligazeiten folgte eine überdachte Stehplatztribüne, die mit dem Aufstieg in die Regionalliga – also binnen eines Jahres – auf 9.000 Plätze erweitert wurde. Zeitgleich wurde die Ostseite des Stadions um neun Betonstufenreihen ergänzt, sodass 10.000 Besucher ins Waldstadion passten und Weismain 1996 erstmals Austragungsort eines U16-Länderspiels wurde.

Sein Alleinstellungsmerkmal hat das Stadion durch 18(!) weitere Stehplatzränge erreicht, die aus Sandsteinrohlingen bestehen und die es für Hardy Grüne zu einem „der atemberaubendsten Stadien des Landes“ machen. Der ganze Wahnsinn wird deutlich, wenn man bedenkt, dass diese Sandsteintribüne für ein einziges Spiel geschaffen wurde: Das Punktspiel gegen den damals ebenfalls drittklassigen 1. FC Nürnberg. Auch die Erweiterung der Südtribüne und die Flutlichtanlage waren bis zum 12. April 1997 fertig. Die 0:2-Niederlage gegen den späteren Meister sahen 18.000 Menschen, „vielleicht auch mehr“, wie das „Obermain-Tagblatt“ spekulierte.

Durch magische Spiele unter Flutlicht am Freitagabend und Siege über Darmstadt 98, Hessen Kassel oder den FC Augsburg schloss der SCW die Saison als Tabellenzehnter ab. Zwei Jahre später verabschiedete sich der Verein wieder aus der Regionalliga.

So schnell wie es nach oben ging, ging es auch wieder in die andere Richtung. Nach mehreren Abstiegen in Folge meldete der Verein in der Saison 2003/2004 Insolvenz an, vier Jahre nachdem auch Dechant mit seiner Firma zahlungsunfähig wurde. „Zahlungsverzögerungen beim Großprojekt Reichstag und Verluste von 272 Millionen Mark durch insolvente Bauträger-Firmen überstiegen die Leistungsfähigkeit des Familienunternehmens“, wie das „Obermain-Tagblatt“ schreibt. Beim SC Weismain hatte man dagegen einfach über den Verhältnissen gelebt.

Dechant gelang mit seinen beiden Söhnen und einer neuen Baufirma eine Wiederauferstehung. Er ist heute Träger des Bundesverdienstkreuzes, hat das Ehrenbürgerrecht der Stadt Weismain inne und ist Magistrat der Universität von Lemberg. Den Traum vom großen Fußball in seiner Stadt hat er schon seit einigen Jahren begraben, 2012 sagte er „Infranken.de“: „Ich gebe so langsam auf, denn ich bräuchte ein paar handfeste Mitkämpfer. Die Idee einer Oberfranken-Elf, die in der 3. Liga spielt, ließ sich leider nicht verwirklichen.“

In Bayreuth und Hof ist man darüber alles andere als unglücklich, die beiden Traditionsvereine sind sich spinnefeind. Oder um es so zu sagen: Wer außer irgendeines Mäzens könnte sich schon eine Ruhrgebietself aus Schalke und Dortmund vorstellen?

Waldstadion, Baiersdorfer Straße 11,
96260 Weismain

Bad Tabarz

Fußballzeitreise

Der geografische Mittelpunkt Deutschlands liegt in Thüringen. Dass sich das Bundesland als fußballerisches Zentrum der Republik outet, kann man dagegen nicht behaupten. Nach der Wende hat es noch kein Verein geschafft, in die 1. Bundesliga aufzusteigen. Selbst die 2. Bundesliga ist für Traditionsvereine wie Erfurt oder Jena nur schwer zu stemmen. Dennoch lohnt sich ein Besuch in Thüringen für Fußball-Fans. Im Landkreis Gotha findet man das Luftkurörtchen Bad Tabarz, gelegen im Thüringer Wald in unmittelbarer Nähe zum Großen Inselsberg.

Marcel Wedow wohnt hier. Die Fußballzeitreise beginnt hier. In einem Garagen-Kino und zwei Ausstellungsräumen, die früher mal Stallungen waren, schlägt ein großer Teil des Thüringer Fußball-Herzens. Viel Herzblut ist in die Ausstellung geflossen, die nicht so ganz typisch ist: Als Marcel Wedow nach einer Sportverletzung vor einer Bein-Amputation steht, kommt ihm ein Artikel über Ottmar Walter in die Hände. Das ständige Auf und Ab des Weltmeisters von 1954 motiviert Wedow, der kleine Bruder vom großen Fritz wird sein Vorbild. Es gelingt Marcel Wedow, Ottmar Walter zu treffen. Der Unterschrift Walters auf einem Retro-Trikot von 1954 folgen zig weitere von Weltmeistern und Größen des Fußballs. Marcel Wedow trifft Horst Eckel, Uwe Seeler, Gerd Müller, Hans Tilkowski oder Wolfgang Overath, aber auch Helden des DDR-Sports wie Peter Ducke oder Joachim Streich. Selten bleibt es bei einem Autogramm, auch Geschichten und Memorabilia kehren mit nach Bad Tabarz zurück.

Wedows Erlebnisse machen die Runde. Als seine damalige Frau irgendwann „fast verrückt" wird, weil Interessierte, die Marcel Wedow selbst gar nicht kennt, mal einen Blick auf die ganzen Sammelstücke im Wohnzimmer werfen wollen, muss etwas passieren. Wedows Vater kommt die Idee, eine öffentliche Ausstellung zu machen. Stallungen auf dem eigenen Grundstück werden ausgebaut, die Sammlerstücke ausgestellt, die Fußballzeitreise entsteht.

Das ist die Kurzfassung einer Geschichte, die kein Ende nimmt. Mittlerweile ist die Fußballzeitreise als Verein organisiert. Man besucht Krebs-Stationen, engagiert sich im Jugend-Fußball, spendet an regionale Einrichtungen, stößt aber auch an Grenzen: Der Versuch, das heimische Grundstück zu verlassen und die Ausstellung auf den Großen Inselsberg zu verlegen, wo jährlich 25.000 Menschen die Ausstellung sehen könnten, scheitert derzeit an den finanziellen Herausforderungen.

Was Marcel Wedow in solchen Momenten vergisst, ist ein Blick auf sein Lebenswerk: Nach Bad Tabarz kommen seit Gründung der Fußballzeitreise mehr Prominente als in den zighundert Jahren Ortsgeschichte zuvor: Pierre Littbarski, Horst Eckel, Andi Brehme

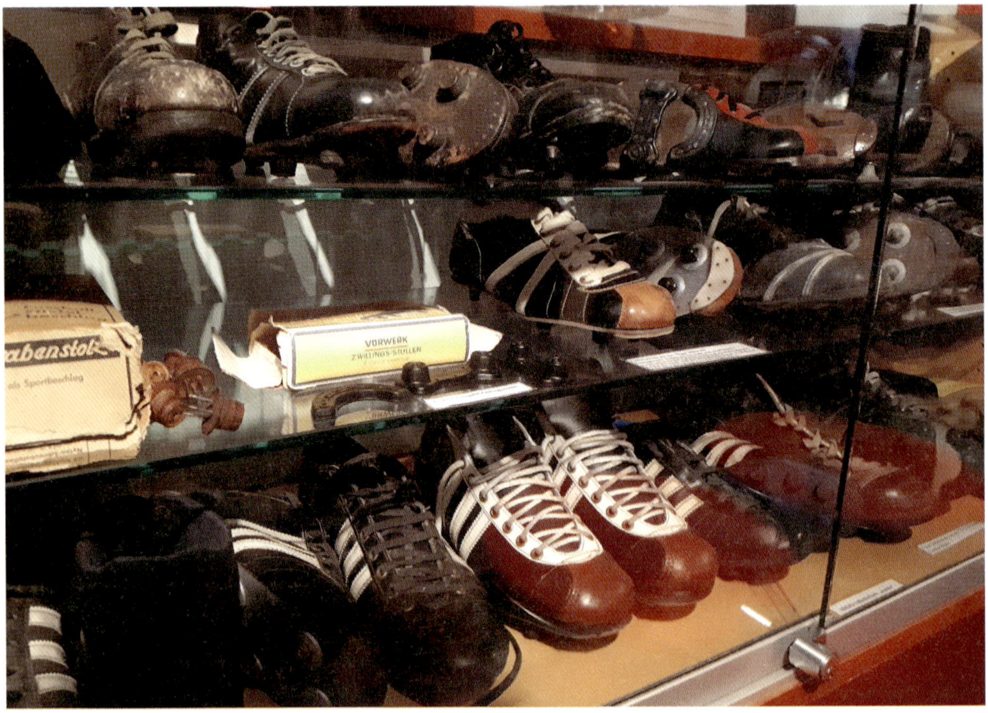
VORWERK
ZWILLINGS-STOLLEN

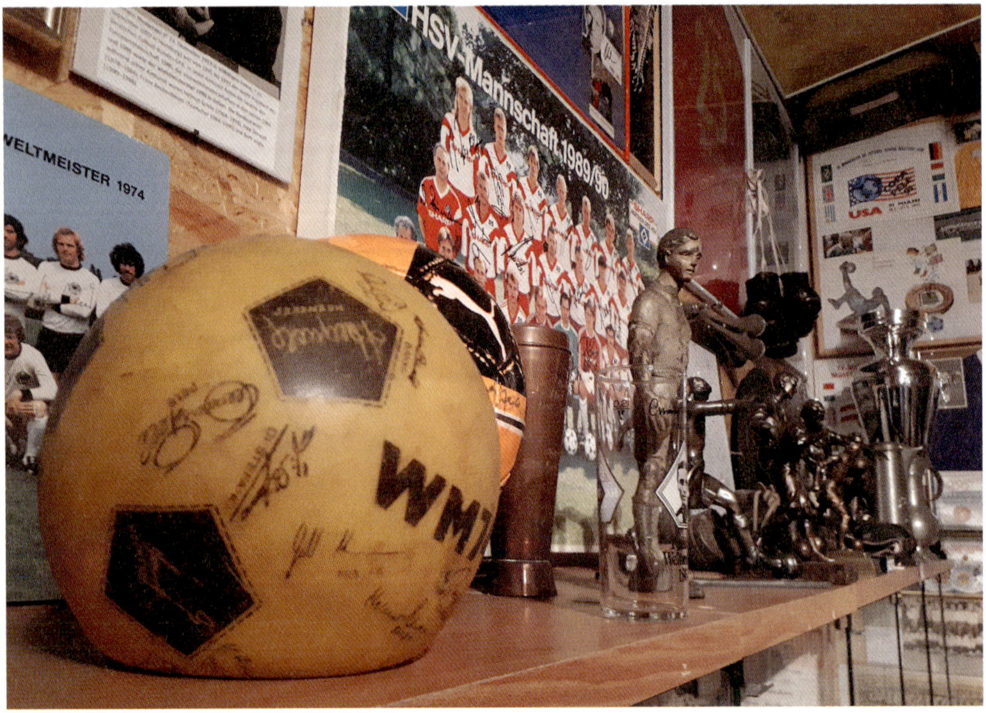
WELTMEISTER 1974
HSV-Mannschaft 1989/90
USA
WM

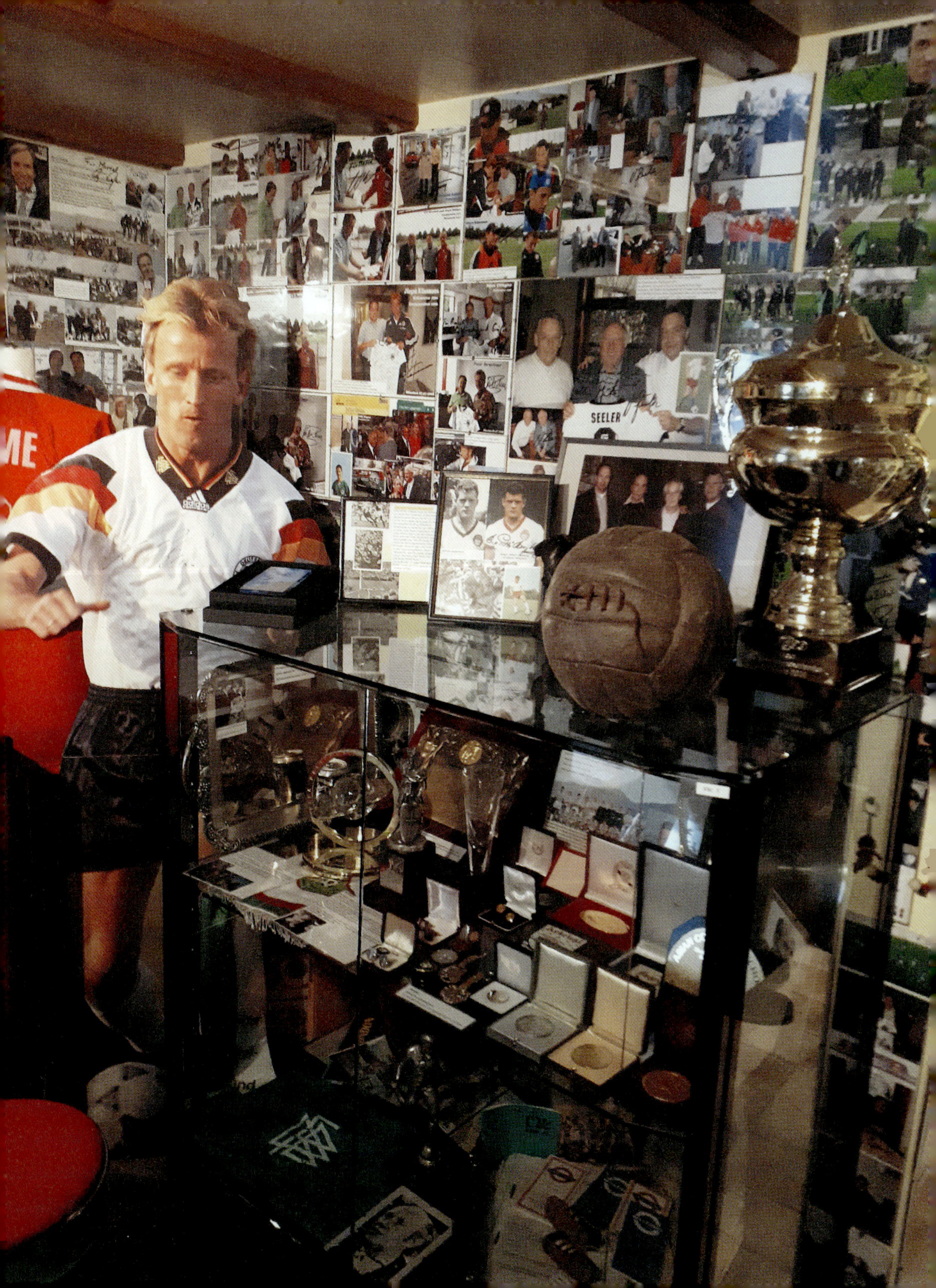
SEELER

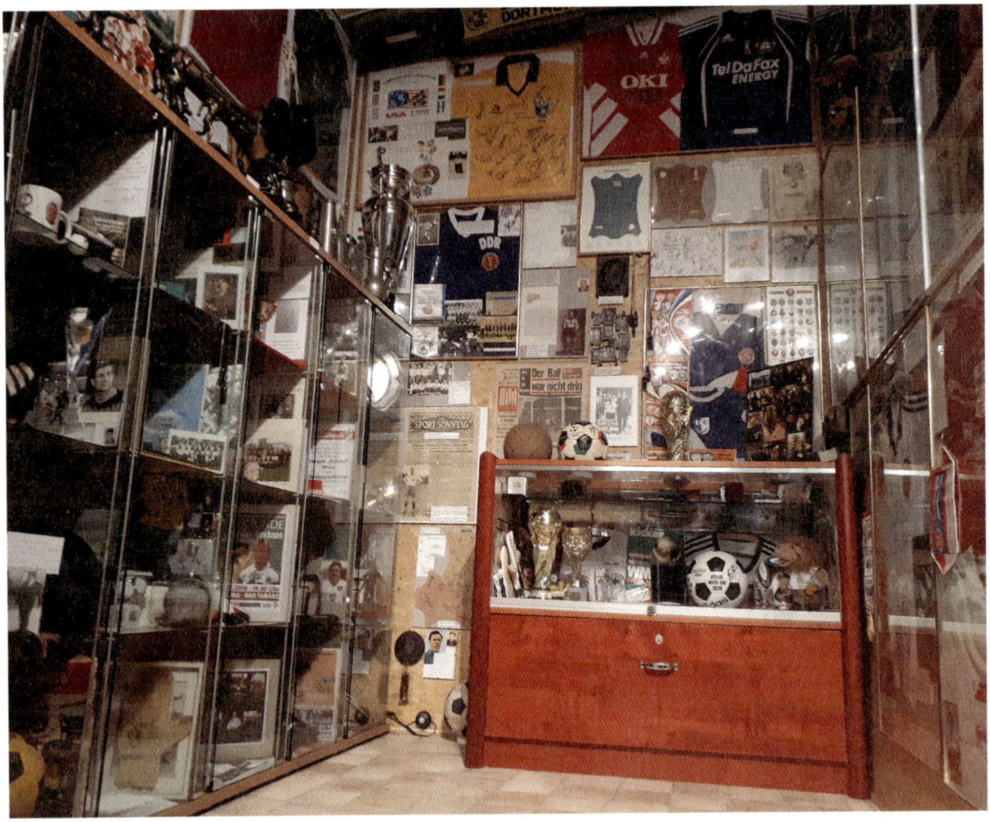

oder Hans Meyer, aber auch Andrea Sawatzki, Christian Berkel oder Benno Führmann. Die drei Letztgenannten haben zwar nichts mit Fußball am Hut, aber der Bürgermeister beförderte Wedow zum Kuramtsleiter. Und in dieser Eigenschaft holt er eben nicht nur ein Fragment des Meteoriten nach Thüringen, das 1854 am Fuße des Inselsbergs einschlug, sondern auch Prominente.

Die positiven Effekte von Wedow und seiner Fußballzeitreise sind ebenso endlos wie die der Ausstellungsstücke: Fußballschuhe aus den frühen Jahren des vergangenen Jahrhunderts, uralte Lederbälle, von denen man länger etwas hatte, wenn man beim Kopfball die Naht des Balles erwischt hat. Verschiedene Modelle von Ballpumpen, eine Medaille vom Hamburger SV aus den Zwanzigerjahren, die selbst im vereinseigenen Museum nicht zu finden ist.

Während man in der Erlebniswelt des FC Bayern vor dicken Glaswänden steht und aus sicherer Entfernung Pokale und Meisterschalen ansehen muss, darf man in der Fußballzeitreise den Fußball fühlen. Das ist keine leere Worthülse, die Objekte sind zum Anfassen da. Meistens gibt es eine Anekdote dazu, man vergisst die Zeit.

Die eigentliche Erlebniswelt des Fußballs lebt nicht in München, sie lebt in Bad Tabarz. Während Plattformen wie Football-Leaks eine moralische Sauerei nach der nächsten outen und das Geld die letzte Romantik des Sports im Keim erstickt, hat sich in Thüringen ein Kleinod des grundehrlichen Fußballs entwickelt.

Jedes geschriebene Wort über das Engagement der Fußballzeitreise, die Ausstellung und den Verein ist eins zu viel, man muss selbst hinfahren, staunen, anfassen, miterleben. Die Fußballzeitreise ist mehr als eine Sehenswürdigkeit. Sie ist ein Pflichtbesuch.

Fußballzeitreise, Lindenstraße 28,
99891 Bad Tabarz

Rudisleben

Manfred-von-Brauchitsch-Kampfbahn

Seit Jahren wartet die Manfred-von-Brauchitsch-Kampfbahn darauf, dass der Sensenmann kommt. Bereits 2009 hieß es im Blog „Fussball-in-Hessen“: „Lange wird der Ground mit der wunderschönen Tribüne nicht mehr stehen, denn hinter dieser Tribüne rollen schon die Bagger an.“ Als Ende 2015 mit dem „Feuchten Elfmeter“ die Gaststätte ausziehen musste, die 42 Jahre(!) im Bauch der Tribüne angesiedelt war, schwangen die Abrissbirnen schon ihre Pendel. Und die „Thüringer Allgemeine“ schlussfolgerte: „Die Tage des Sportplatzes in Rudisleben sind gezählt“.

Zwei Jahre später klang das im selben Verlag ein wenig anders, aber nach wie vor nicht sonderlich lebenserhaltend. Redakteur Michael Keller sprach von „Pläne(n), die denkwürdige Manfred-von-Brauchitsch-Kampfbahn in Rudisleben mit ihrer alten Holztribüne abzureißen.“ Schnell traf sich die Hall of Fame des Rudislebener Fußballs für ein letztes Foto auf dem Sportplatz. Sie hätten aber noch Zeit gehabt, denn der „Gelegenheitshopper“ Michael Höller musste seinen Besuch in Rudisleben im Sommer 2018 nicht etwa deshalb canceln, weil das Dynamit langsam unter die Tribünenbänke geschoben wurde, sondern weil „ein Verrückter seine Freundin als Geisel genommen hatte“ – der unweit der Tribüne gelegene Hauptbahnhof Erfurt wurde infolgedessen gesperrt.

Dass die Manfred-von-Brauchitsch-Kampfbahn lange Zeit nicht auf meinem Blog 11km.de gelistet war, lag einerseits an den eben dargelegten Abrissgerüchten. Es war nur eine Frage der Zeit, bis die Kampfbahn in der Kategorie „Gedenkminute“ landen

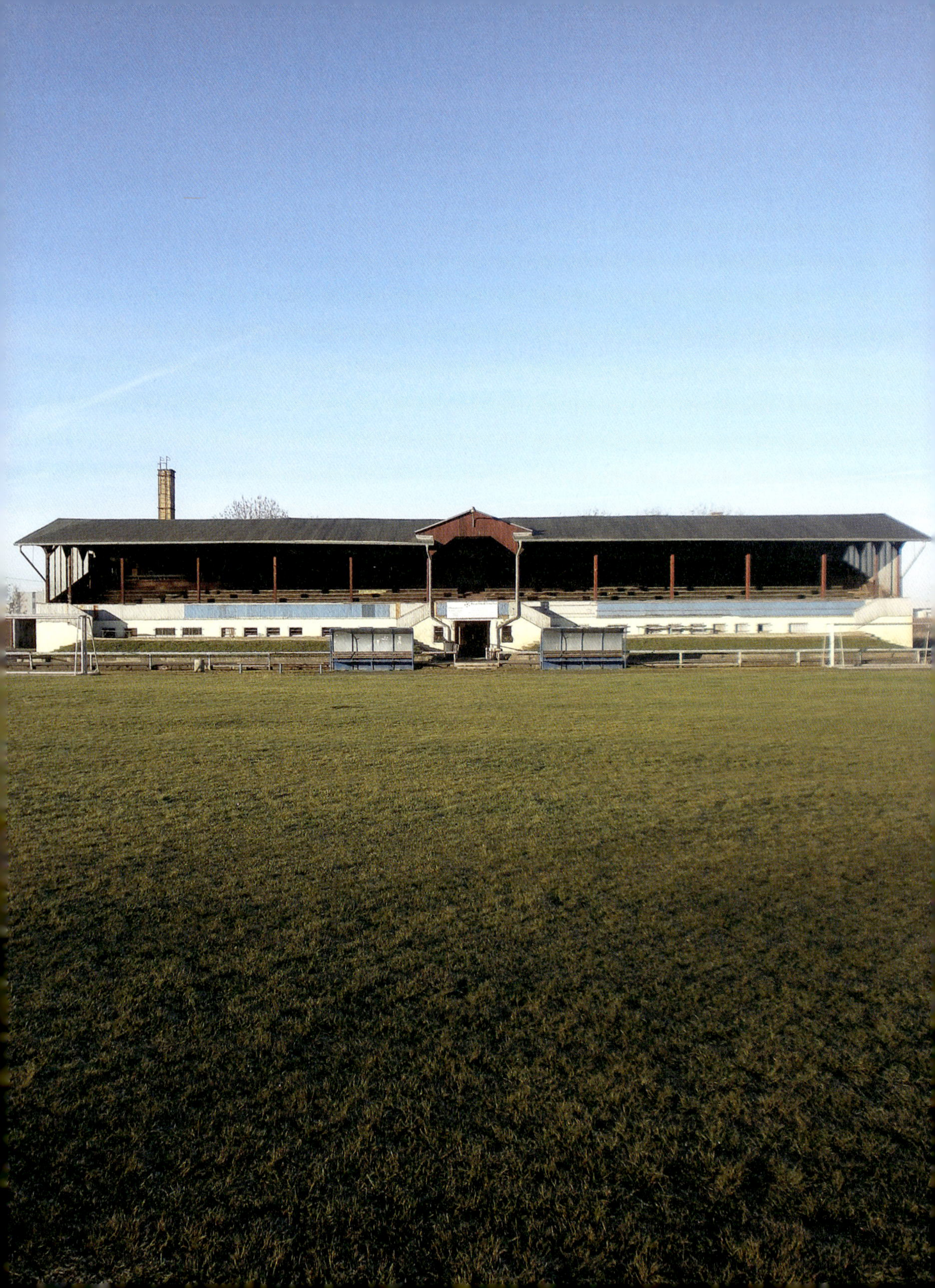

würde, warum also einen Artikel verfassen? Andererseits gestaltete sich die Recherche schwierig, der Platz taucht nicht in den Standardwerken auf und Stadt und Verein reagierten nicht auf Anfragen. So musste der Zufall helfen, um an Informationen zu kommen. In unserem Fall ist das ein Artikel des „Arnstädter Stadtechos“ aus dem Jahr 2015, auch wenn der viel mehr auf die BSG Motor Rudisleben als auf deren Heimspielstätte eingeht.

Die BSG Motor Ichtershausen-Rudisleben (entstanden aus dem Zusammenschluss der BSG Nafa Ichtershausen und der BSG Podjomnik Rudisleben) stieg 1954 in die drittklassige Bezirksliga Erfurt auf. Begünstigt wurde der sportliche Erfolg durch den Trägerbetrieb, die VEB Chema Rudisleben. „Da arbeiteten über 2.000 Menschen, da konnte man auch ein paar Fußballer beschäftigen, die da so mitlaufen“, erklärt Werner Demuth, der den Artikel für das „Arnstädter Stadtecho“ schrieb. Entscheidend für die Veränderungen auf dem Sportplatz Rudisleben soll zudem der Direktor der russischen Militäradministration gewesen sein, der „ein Herz für den Fußball hatte“ („Arnstädter Stadtecho“). Im August des Aufstiegsjahres wurde die Manfred-von-Brauchitsch-Kampfbahn samt neuer Holztribüne eingeweiht, 3.000 Menschen sahen eine 1:3-Niederlage gegen den Erstligisten Motor Zwickau.

Vielleicht sorgte auch der Weltmeistertitel knapp einen Monat zuvor für ein wenig Fußballeuphorie, auch wenn die Meinungen an dieser Stelle auseinandergehen: Sowohl der DDR-Sportreporter Friedrich Karl Brauns als auch das langjährige Vorstandsmitglied von Lok Leipzig, Dr. Norbert Rogalski, erlebten die WM 1954 als junge Männer. Brauns sagte in einem Interview mit dem Deutschlandfunk: „Die Meisten in der DDR haben sich damals für die bundesdeutsche Auswahl entschieden und waren glücklich über das 3:2“. Rogalski erlebte in seinem thüringischen Örtchen eine andere Haltung, wie er auf Rotfuchs.net schrieb: „Überwiegend gehörte die Sympathie der ungarischen Mannschaft, zumal ihr Land zur sozialistischen Staatengemeinschaft zählte und auch aus diesem Grunde nicht wenig Zuneigung besaß.“

In einem Dissens zwischen Ost und West befand sich auch der Namenspatron des Stadions, der am Tag der Einweihung nicht vor Ort war. Manfred von Brauchitsch war Rennfahrer, „ein Schumacher der Dreißigerjahre“ und „Begründer des Mythos der Silberpfeile“, wie es in einer Dokumentation heißt. Nachdem er 1953 festgenommen wurde und im Gefängnis Stadelheim einsaß, flüchtete er kurz vor der Gerichtsverhandlung in die DDR. Von Brauchitsch wurden Geschäfte mit der Ostzone, konkret Hochverrat, Staatsgefährdung und Geheimbündelei vorgeworfen. In der DDR avancierte er zum „Propagandaträger erster Güte“ (Historiker und Autor Eberhard Reuß) und war jahrzehntelang als Präsident der Gesellschaft zur Förderung des Olympischen Gedankens aktiv.

Die Spielstätte, die von Brauchitschs Namen trägt, erlebte ihre Highlights beim Aufstiegsspiel gegen Empor Ilmenau (27. Juni 1964, 7.000 Besucherinnen und Besucher, 3:0 für die Gastgeber), beim 2:2 gegen Turbine Erfurt (4. Oktober 1964, 8.000 Zuschauerinnen und Zuschauer) und gegen Aktivist Kali Werra Tiefenort (15. Juni 1968, 4.700 Zuschauerinnen und Zuschauer, 0:1). Die BSG Motor Rudisleben spielte insgesamt sieben Jahre zweitklassig (zuletzt 1983/84) und belegt damit den 87. Platz in der ewigen Tabelle der DDR-Liga.

Die Gegenwart sieht anders aus: „Gammlige Barrieren, verrostete Torpfosten, buckliger Rasen, eine vor sich hin dösende Holztribüne", wie die „Thüringer Allgemeine" schrieb. Was für Groundhopper so geil ist wie eine Kettenkarussell-Flatrate für Sechsjährige, ist der Stadt verständlicherweise keine 40.000 Euro Unterhaltskosten wert. Der Platz wird seit 2005 nicht mehr gepflegt, vor fünf Jahren nahmen selbst die letzten zwei übriggebliebenen Freizeitmannschaften und eine Altherrentruppe Abschied. Sie trainieren jetzt auf der Anlage, die der Manfred-von-Brauchitsch-Kampfbahn den „Todesstoß" („Thüringer Allgemeine") gab: dem Sportplatz Obertunk. Als man sich vor zehn Jahren für den Ausbau des Sportzentrums Obertunk entschied, bedeutete das im Gegenzug das Aus für den Sportplatz Rudisleben.

Der wird früher oder später verschwinden, weil er auf Thüringens größtem Gewerbegebiet steht. Nach und nach wird das Areal am Erfurter Kreuz erschlossen, wie lange die Holztribüne noch existieren wird, hängt vom Vermarktungsfortschritt ab. Der Abriss wird rechtlich unproblematisch werden, da die Tribüne nicht unter den Denkmalschutz fällt. Bei einer entsprechenden Prüfung „wurde vom Thüringischen Landesamt für Denkmalpflege und Archäologie festgestellt, dass die Tribünenanlage kein Kulturdenkmal im Sinne des § 2 Thüringer Denkmalschutzgesetz ist".

Im Juni 2020 brannte ein Umkleideraum unter der Tribüne. Wäre das Feuer auf das Restgebäude übergesprungen, hätte sich die Holztribüne binnen kürzester Zeit in einen Haufen Schutt und Asche verwandelt, ganz ohne Bagger, Abrissbirnen oder Dynamit. Aber die Manfred-von-Brauchitsch-Kampfbahn bleibt weiter standhaft.

Manfred-von-Brauchitsch-Kampfbahn,
Hinterm Stadion, 99310 Arnstadt-Rudisleben

Leipzig

Café Cantona

Das Weihnachtsfest liebt man nicht, weil man beschenkt wird. Ohne Socken, Krawatten oder Schnellkochtöpfe kann der Mensch am Heiligabend leben, aber ohne den Duft von Tannennadeln, den Glanz der schönen Lichter und den Geschmack von Selbstgebackenem sicher nicht.

Auch das Café Cantona in Leipzig besucht man, weil es in jeder Hinsicht ein Festival für die Sinnesorgane ist. So bezeichnete die mittlerweile leider nicht mehr betriebene Seite „Bolzen-Online" die Bar einst als die mit dem „vielleicht besten Namen der Kneipenrepublik", der so schön „lautmalerisch klingt".

Doch nicht nur das Ohr, auch der Gaumen wird hier verzückt. Das Kartoffelgratin wird mit Büffelmozzarella überbacken, das Fingerfood kommt aus Pakistan und die Pommes gibt es nicht mit Ketchup und Mayo, sondern mit Röstzwiebeln, Chiliöl und Berg-

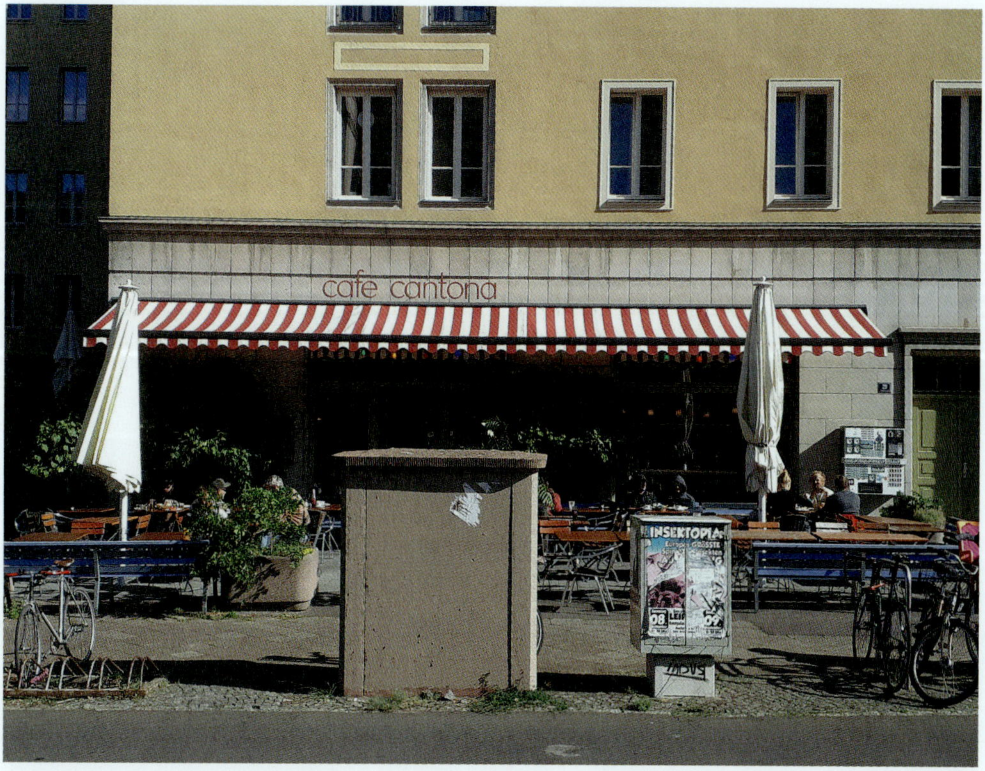

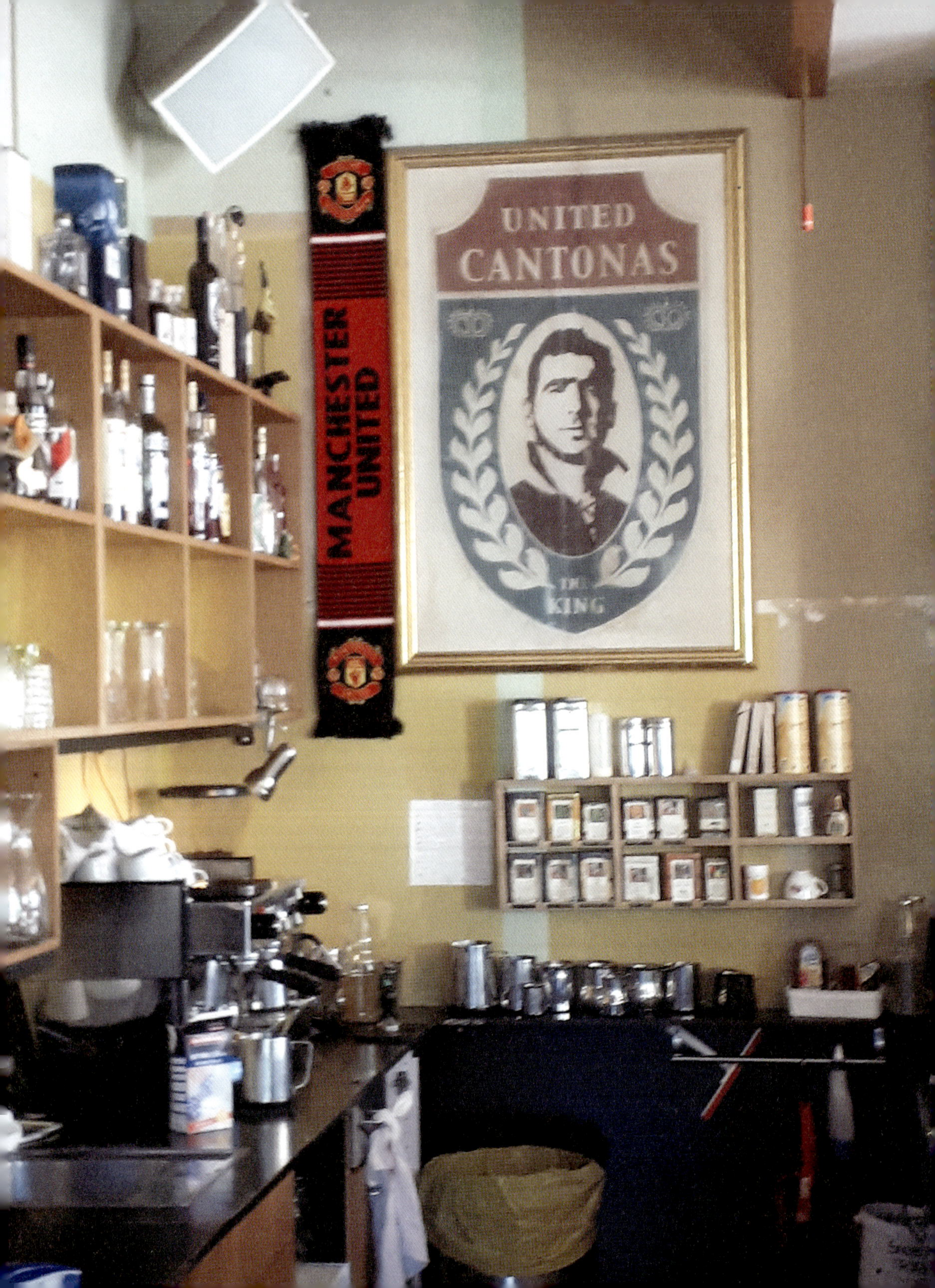
MANCHESTER UNITED
UNITED
CANTONAS
THE
KING

käse. Hier lässt sich über Geschmack nicht streiten, so gut isst man in keiner normalen Fußballkneipe.

Das Café Cantona ist aber weder „normal“ noch eine typische Fußballkneipe. Mit Fußball hat man in der Windmühlenstraße gar nicht so viele Berührungspunkte. Auch wenn diverse Spiele über die Flatscreens laufen, den kompletten Irrsinn geht das Café nicht mit, alle Live-Fußball-Anbieter hat man nicht im Angebot. „Am besten einfach anrufen und vorher nachfragen“, rät man am Telefon.

Devotionalien hängen hier nicht an der Wand, dafür ein riesiges Konterfei von Eric Cantona. Dass er Namensgeber des Cafés ist, „hat mit Kunst zu tun“, wie die Betreiber der Kneipe erklären. Entsprechend kulturell sind die außerfußballerischen Veranstaltungen des Cafés Cantona geprägt, bei Lesungen verwandelt sich „die Sportkneipe in ein literarisches Café“, wie „leipzig.travel“ schreibt.

Café Cantona, Windmühlenstraße 29, 04107 Leipzig

Leipzig

Denkmal „Rest von Leipzig“

Auch ohne sein Alleinstellungsmerkmal hätte es der Alfred-Kunze-Sportpark in Leutzsch verdient, in der Hitliste der deutschen Fußballsehenswürdigkeiten zu landen. 16 Stehstufen weist der imposante Stehblock hinter dem Tor auf, nach einer Bande mit Mauer folgen weitere 20 Stufen. Verhältnisse, wie man sie nur aus England kennt.

Historische Spielstätten gibt es in Leipzig zur Genüge. Das Zentralstadion war das einst größte Stadion in Deutschland, dazu das Bruno-Plache-Stadion mit einer der ältesten Tribünen der Republik. Der Alfred-Kunze-Sportpark glänzt mit einem Denkmal, das sich mitten im Stadion, rechts neben der Haupttribüne befindet.

Ein „Freizeit-Künstler“ („Das große Buch der deutschen Fußballstadien“) hat elf Mannen in Beton gegossen, die 1964 mit Chemie Leipzig überraschend die DDR-Meisterschaft gewannen. Torwart Günther, die Abwehrspieler Herzog, Walter und Hermann, das Mittelfeld mit Krause und Slaby und „die großartigen Fünf“ („11FREUNDE“) Pacholski, Richter, Scherbarth, Bauchspieß und Behla. Dem Trainer kam eine besondere Ehre zu, er gibt dem Stadion seinen Namen: Alfred Kunze, der von den Parteikadern 1962 als zu schlecht befunden wurde. Bis 1992 war der Platz nach dem Widerstandskämpfer Georg Schwarz benannt.

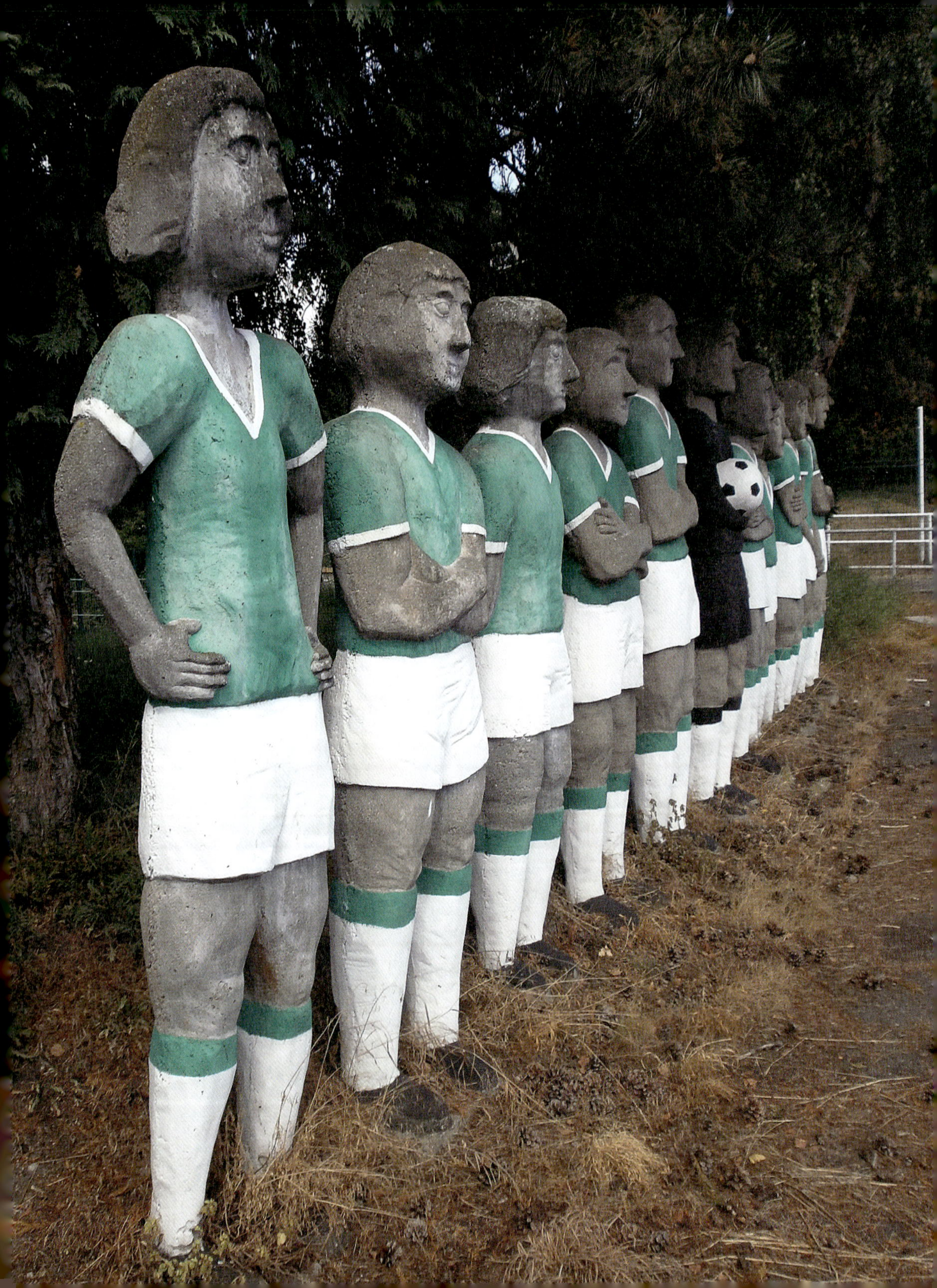

Um die Qualität des Leipziger Fußballs zu heben, fusionierten 1963 Lokomotive und Rotation zum SC Leipzig, die DDR-Sportfunktionäre der Messestadt teilten die vermeintlich besten Spieler dem neuen Verein zu. Der nicht förderungswürdige Rest wurde sich selbst überlassen und nach Leutzsch zur BSG Chemie abgeschoben. Als „Rest von Leipzig“, wie die Mannschaft spöttisch bezeichnet wurde, holte der Außenseiter mit „unerbittlicher Zweikampfhärte und bedingungslos im körperlichen Einsatz“ („Ein Jahrhundert Leipziger Fußball“) den Titel. „Das war für alle eine Sensation, einmalig in der Geschichte der Oberliga“, erinnert sich mit Lisiewicz einer der Helden in einem Interview mit dem MDR. Die Auswahl des SC Leipzig trudelte nur auf Platz drei ein.

Zwei Jahre später feierte die Chemie den Gewinn des FDGB-Pokals, fiel aber dann dem System zum Opfer. Dass die besten Spieler weiter zum SC-Nachfolgeverein Lokomotive Leipzig delegiert wurden, konnte man in Leutzsch nicht über einen längeren Zeitraum kompensieren. „Lok war uns ab den Siebzigerjahren eindeutig überlegen. Wir mussten schon froh sein, wenn wir nicht allzu hoch verloren“, sagt Lisiewicz im obengenannten Interview.

Die BSG Chemie wurde zur Fahrstuhlmannschaft und konnte nie wieder an alte Erfolge anknüpfen. Dafür erinnert das Denkmal an ein Fußballwunder, das in dieser Form in Deutschland einmalig ist.

Denkmal „Rest von Leipzig“, Am Sportpark 2,
04179 Leipzig

Leipzig

Bruno-Plache-Stadion

Im April 2022 erinnerte der 1. FC Lok Leipzig an das größte Spiel der Vereinsgeschichte. Vor 35 Jahren besiegte die Lok den französischen Pokalsieger Girondins Bordeaux und zog ins Finale des Europapokals ein. 120.000 Menschen sahen, wie Torhüter René Müller den letzten Elfmeter der Franzosen hielt, bevor er selbst den Ball in den Winkel knallte. Für die großen Spiele wie das gegen Bordeaux wich die Lok ins Zentralstadion aus, dabei liegt die Heimat rund zehn Kilometer entfernt im Stadtteil Probstheida.

Bereits 1922 wurde der Platz als Probstheidaer Stadion eröffnet, im Volksmund aber nur „VfB-Stadion“ genannt. Der VfB Leipzig hatte nach den Erfolgen Anfang des vergangenen Jahrhunderts – Deutscher Meister 1903, 1906 und 1913 sowie drei Vizetiteln 1904, 1911 und 1914 – Sehnsucht nach einem eigenen Stadion, im Stadtteil Probstheida

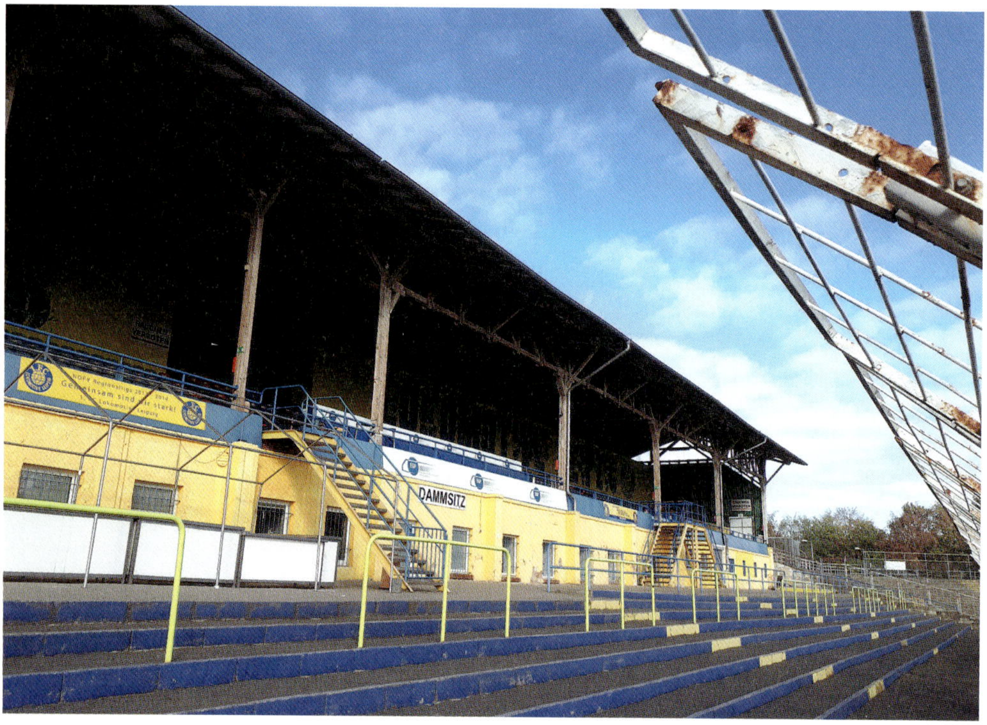

wurde sie gestillt. Noch in der Eröffnungswoche ließ der DFB das zweite Endspiel um die „nie entschiedene Deutsche Meisterschaft“ zwischen dem HSV und dem 1. FC Nürnberg hier austragen, über 50.000 Menschen wohnten der Partie bei. 1932 wurde die heute noch stehende Holztribüne ausgebaut, im selben Jahr feierte man in Probstheida beim 2:0-Sieg Deutschlands über die Schweiz das Länderspieldebüt der Anlage.

Bis der 1. FC Lokomotive Leipzig im Januar 1966 gegründet wurde, lockten fußballfremde Veranstaltungen große Massen ins Bruno-Plache-Stadion, wie es seit 1949 heißt. Die FDJ-Sportschau vor 70.000 Menschen stellt bis heute den Zuschauerrekord dar.

Nicht nur die ganz großen Europapokalspiele blieben dem „Bruno“ verwehrt. Als nach der Wende der 1. FC Lok als VfB Leipzig in der Bundesliga startete, wich man ebenfalls ins Zentralstadion aus. Das Bruno-Plache-Stadion, das nach einem deutschen Arbeitersportler benannt ist, entsprach nicht den Sicherheitsanforderungen des DFB.

In den Neunzigerjahren wurden die Mängel behoben. Seit der Auflösung des VfB Leipzig und der Neugründung der Lok ist die Heimat des Vereins wieder der Südosten der Messestadt, im August 2022 seit einhundert Jahren.

Bruno-Plache-Stadion, Connewitzer Straße 21,
04289 Leipzig

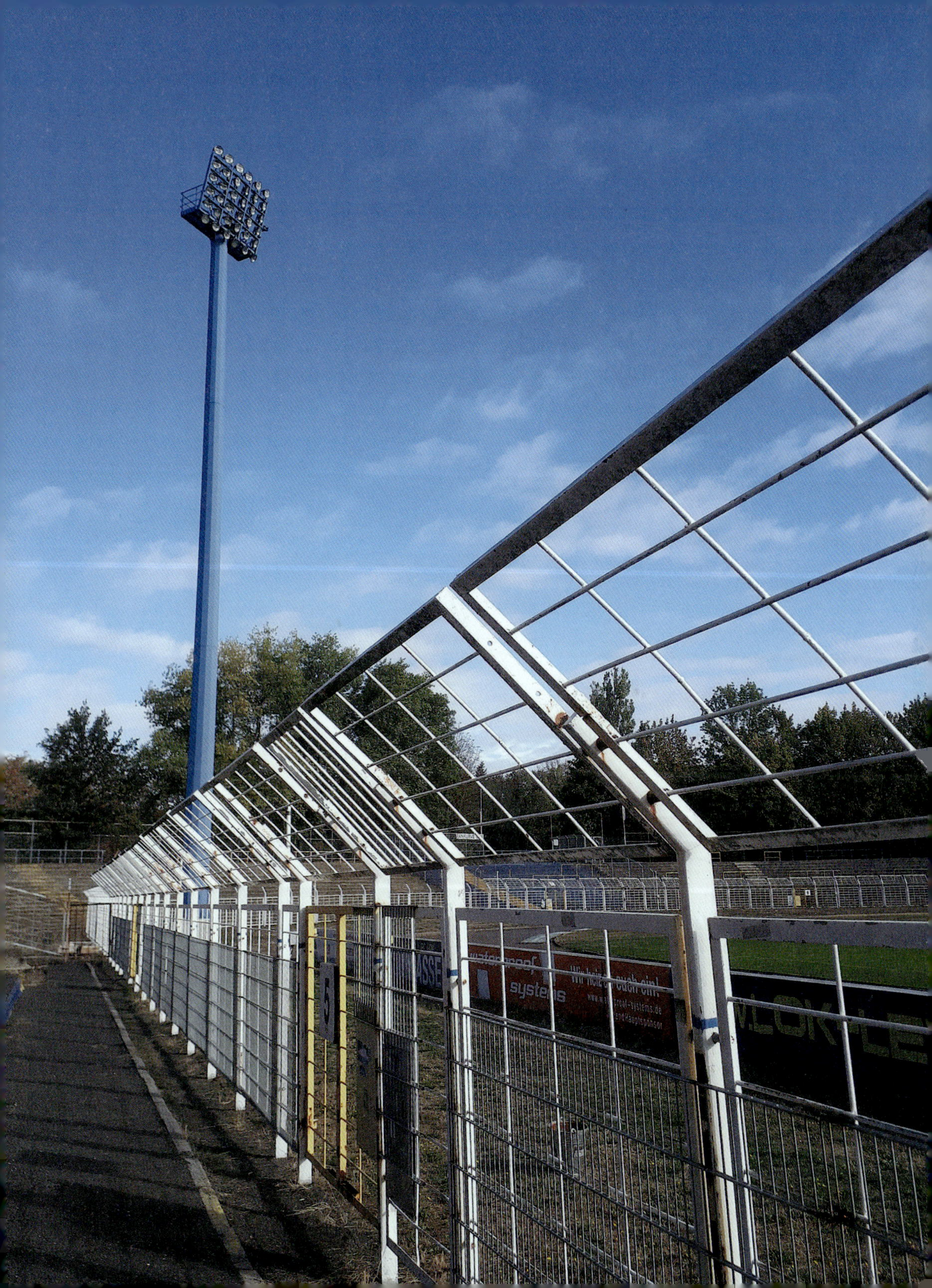
5
systems

Muldestausee

DDR-Fußball-Museum

Im November 1989 fuhren wir mit unserer Schulklasse an die rund dreißig Kilometer entfernte deutsch-deutsche Grenze und verteilten Obst an die DDR-Bürger, die an jenem denkwürdigen Tag die Grenze passierten. Ich werde diese Bilder nie vergessen, auch wenn mir die Tragweite dieses historischen Moments als Neunjähriger nicht bewusst war. Wie im Fernsehen feierten die Menschen mit einer Freude, wie ich sie nie zuvor gesehen hatte, dabei war die DDR ein Land, das ich in den Nachrichten immer als etwas Bedrohliches wahrgenommen hatte.

An diesen Tagen im November 1989 wurde gleichzeitig das langsame Ende des DDR-Fußballs eingeläutet, der für mich nicht bedrohlich, aber zumindest geheimnisvoll war. Die vagen Erzählungen von der Niederlage bei der WM 1974, Trikots, die im Gegensatz zu denen in der Bundesliga keine Werbung auf der Brust hatten, und die Vereine, die nicht Borussia, Eintracht oder Fortuna hießen, sondern Dynamo, Fortschritt oder Schwarze Pumpe.

Wenn man ehrlich ist, dann ist der DDR-Fußball zumindest im Westen heute eine große Unbekannte, in den Medien spielt er so gut wie keine Rolle mehr. Teilweise muss man sich die Frage stellen, ob die deutsche Fußballgeschichte nur im Westen stattfand, denn wer nimmt heute noch von dem Europapokaltriumph des 1. FC Magdeburg oder der DDR-Goldmedaille von Montreal Notiz?

Ein Mann aus Sachsen-Anhalt klärt die Menschen über den Ostfußball auf, so wie es Oswald Kolle, Erika Berger und Dr. Sommer einst mit der Liebe und Rousseau, Kant und Voltaire mit der Menschheit überhaupt taten. Uwe Sturm, von allen nur „Sturmi" genannt, beherbergt in einem kleinen Ort in der Gemeinde Muldestausee das einzige DDR-Fußball-Museum der Welt.

Eigentlich sammelt Sturmi schon immer Fußball-Devotionalien. Bereits als Jugendlicher jagte er dem Ball hinterher, sollte sogar zum Anschlusskader des Halleschen FC gehören. Wenn es bei Turnieren oder Trainingslagern Gläser oder Wimpel gab, wanderten diese ins Regal. Aus der Profikarriere wurde nichts, dafür wurde die Sammelleidenschaft immer größer. Erst stellte er seine Schätzchen in der Gartenhütte aus, später in den Räumlichkeiten der verstorbenen Oma und seit 2019 in einem eigens dafür gebauten Haus im heimischen Garten.

Auf 65 Quadratmetern wird hier die Historie des DDR-Fußballs nacherzählt. Die ganzen Trikots ohne Werbung, die mich als Kind so faszinierten – hier sind sie ausgestellt. Ein gehäkeltes von Chemie Leipzig, das seltene Trikot von Energie Cottbus, das sie auch in der Lausitz so gern hätten, oder – das Highlight – ein Netztrikot von Stahl Riesa, von

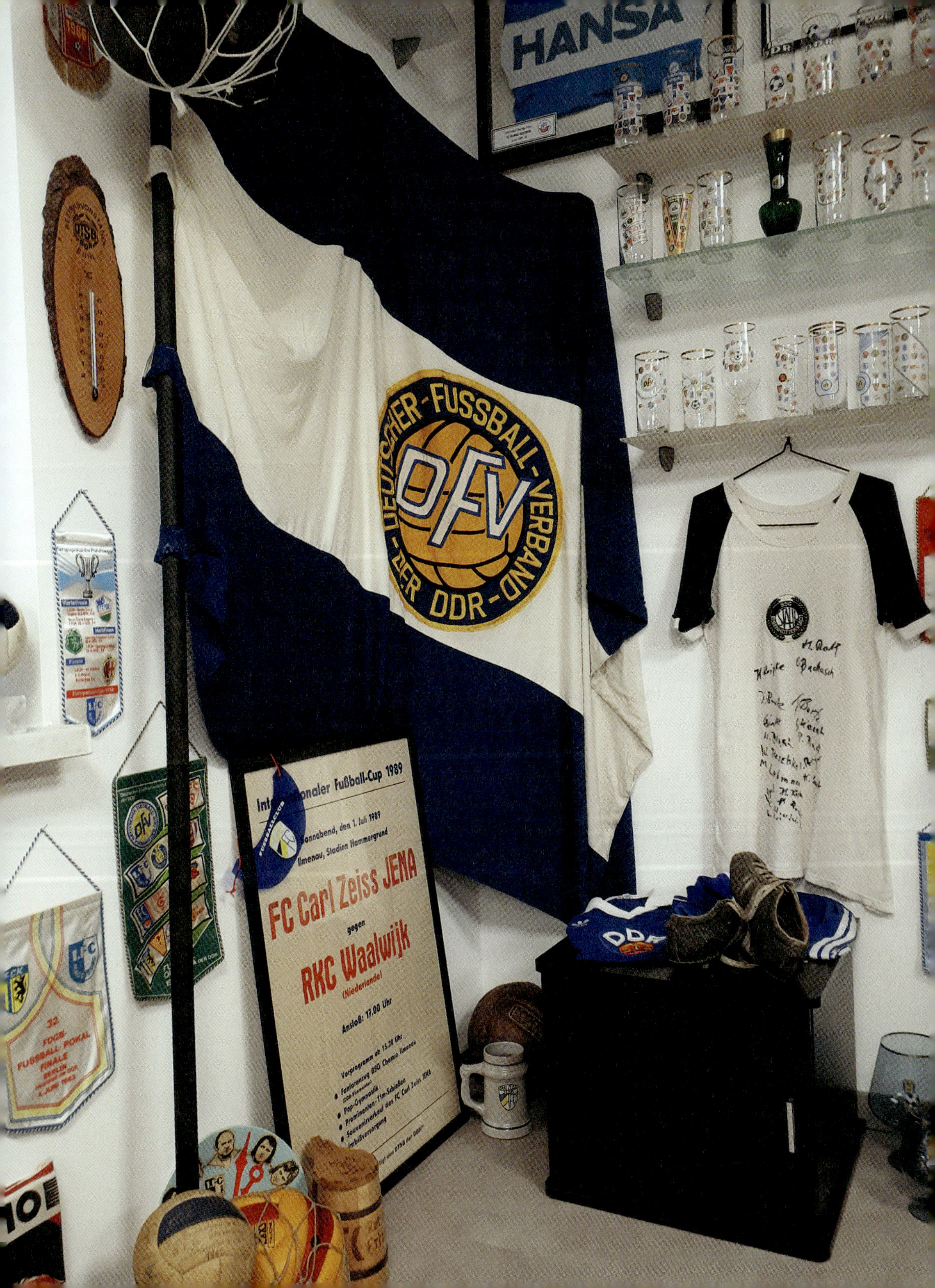
HANSA
DEUTSCHER-FUSSBALL-VERBAND
DFV
DER DDR
Sonnabend, den 1. Juli 1989
Ilmenau, Stadion Hammergrund
FC Carl Zeiss JENA
gegen
RKC Waalwijk
(Niederlande)
Anstoß: 17.00 Uhr
DDR

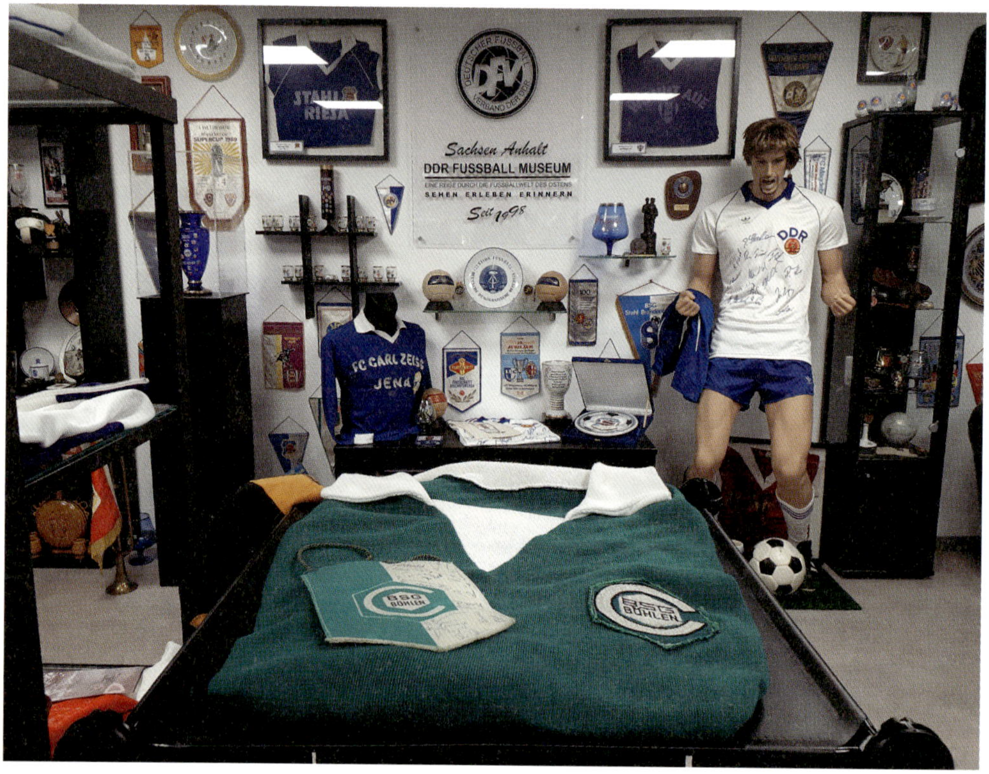

dem es vermutlich nur noch zwei oder drei Stück gibt. Die Vielzahl der Vereine verrät, dass Sturmi den Fokus nicht auf seine Lieblingsklubs aus Jena und Dresden legt, sondern auf den ganzen Ostfußball: „Ein einziger Verein wäre doch langweilig“, sagt er, „ganz Deutschland aber auch zu viel“.

Wie bei den Trikots gibt es auch in seiner Gläsersammlung einzigartige Exponate. Warum das so ist, kann Sturmi erklären: „In jeder Mannschaft war ein Spieler für die Fanartikel zuständig, so wie ein anderer für das Aufpumpen der Bälle zuständig war. Wenn es ein Jubiläum gab, zum Beispiel einen Geburtstag, fuhren die Spieler nach Weißwasser und gaben Gläser in Auftrag, die besonders bedruckt wurden. So kamen die Unikate zustande.“ Dazu zieren seltene Deckelvasen, Wimpel, Plakate und Ehrengaben die Wände. Besonders sind aber auch Fanartikel wie ein Dynamo Berlin-Stadionkissen oder ein Schwimmkissen der BSG Stahl Riesa. Eine Ausnahme in der planwirtschaftlich gelenkten DDR? Ganz im Gegenteil. „Die DDR war der größte Fanartikel-Exporteur der Welt“, weiß Sturmi – und der Westen ein dankbarer Abnehmer: „Die Bundesrepublik (ist) mit einem Zehnprozent-Anteil mittlerweile nach der Sowjet-Union wichtigster Handelspartner der DDR“, schrieb der „SPIEGEL“ im Januar 1973. Wer auf dem Dachboden noch ein Fähnchen von der Schießbude liegen hat, der kann sich recht sicher sein, dass es im Osten der Republik hergestellt wurde.

Sturmi entdeckt seine Schätzchen bei Ebay oder auf dem Flohmarkt (so wie bei einem Paar DDR-Torwarthandschuhen), in erster Linie hilft ihm aber ein jahrelang gepflegtes, weltweites Netzwerk und der gute Draht zu den Legenden – denn Sturmi kennt sie (fast) alle persönlich. Im Jahr 2017 wurde er zu einem Spiel der DDR-Traditionsmannschaft eingeladen, nicht als Zuschauer, sondern als Spieler. „Beinahe hätte ich selbst ein Tor gemacht, aber ich war so nervös, dass ich dem Torwart den Ball mitten in den Bauch geschossen habe", sagt Sturmi und muss lachen. Das verpasste Tor macht den Nationalmannschaftseinsatz nicht minder unvergesslich, an dem Tag ging für Sturmi ein Traum in Erfüllung.

Für viele Fans ist der Besuch in der Gemeinde Muldestausee nichts anderes: ein Traum. Ein Sprichwort sagt: „Liebst du, was du tust, dann wird es auch gut." Genau das sieht man in Sturmis Museumsbau, nicht umsonst gehört Sturmi laut „Spiegel" zu den „Typen mit Leidenschaft 2018". Viele Sammler behalten ihre Exponate für sich, Sturmi macht sie der Öffentlichkeit zugänglich. Vielleicht werden die großen Stars des DDR-Fußballs gerade dadurch ermutigt, ihre Devotionalien in Gossa abzugeben, viel wichtiger ist aber, dass viele Geheimnisse des DDR-Fußballs auf diese Weise gelüftet werden.

DDR-Fußball-Museum, 06774 Muldestausee
(Die Anschrift und einen Besuchstermin erhält man auf Anfrage unter sturmi242@t-online.de)

Aue

Nudeltopfstand

Wenn der Mai kommt und der Glaube an den Klassenerhalt geht, wenn der seidene Faden längst gerissen ist, an dem die Hoffnung zur 1. Liga hängt, dann redet man sich die 2. Liga schön. Es wird dort keinen dominanten FC Bayern geben, keine konstruierten Marketings-Gags aus Leipzig und alles wird im Unterhaus sowieso ehrlicher und bodenständiger sein.

Es gibt aber auch Gründe, die wirklich für die 2. Liga sprechen. Für Freude der Schadenfreude ist das das Dasein des Hamburger SV. Für jeden Fußball-Fan ist das der Nudeltopf in Aue. Denn die beste Bratwurst der 2. Bundesliga „gibt es in Aue, heißt dort aber Nudeltopf", wie das St. Pauli Fanzine „Übersteiger" weiß.

Es wäre ein Fehler, den Besuch im Erzgebirge nur auf die lokale Köstlichkeit zu reduzieren. Das neue Erzgebirgsstadion wurde Ende Juli 2018 offiziell eingeweiht und ist ein kleines Schmuckkästchen. Bereits seit 1928 spielt man in Aue an diesem Ort Fußball. Bis 1950 trug der Sportplatz am Lößnitzbach den Namen „Städtisches Stadion", danach bis 1991 den Namen des DDR-Ministerpräsidenten Otto Grotewohl, seither den Titel Erzgebirgsstadion (von 2011 bis 2017 mit dem Zusatz „Sparkasse"). In einer Zeit, in der Arenen in Industriegebiete verschwinden oder außerstädtisch gebaut werden, hat man sich in Aue für einen Umbau an gleicher Stelle entschieden – glücklicherweise, denn die Lage des Platzes ist einzigartig.

In der ewigen Tabelle der DDR-Oberliga belegt Aue den fünften Rang. Kein Klub hat so viele Spiele in der höchsten Spielklasse der DDR absolviert, der Verein lief während dieser Zeit als BSG Wismut Aue, als FC Wismut Aue und von 1954 bis 1963 als SC Wismut Karl-Marx-Stadt auf. In diese Dekade fallen die größten Erfolge des Vereins, 1956, 1957 und 1959 wurde Wismut DDR-Meister, 1955 FDGB-Pokalsieger.

Nach der Wende konnte man von solchen Erfolgen nur noch träumen. Der Verein landete in der Drittklassigkeit und Kongresse der Zeugen Jehovas lockten mehr Besucher ins Erzgebirgsstadion als der Fußball. Erst 2003 gelang die Rückkehr in die 2. Bundesliga, dort gehört der FC Erzgebirge fest zum Inventar, auch wenn es zwischenzeitlich immer mal wieder eine Liga nach unten ging.

Missen möchte den FC Erzgebirge niemand in Liga 2, denn da gibt es diese Spezialität, den Nudeltopf. „Ich glaube, wir haben den erfunden", sagt Marcel Grimpe vom Veilchen-Catering über die DDR-Spezialität. Die Sauce, ein „Wurstgulasch", wurde gern in den Kindergärten und Schulen der DDR gekocht und ist prädestiniert für eine Massenanfertigung: „Der Gulasch wird einen Tag vorher frisch gekocht und am Spieltag nochmal erwärmt, da man das Zubereiten und Verteilen an die Verkaufsstände von über 300 Liter Wurstgulasch am Spieltag nicht schafft", erklärt Grimpe. Auch die Nudeln werden bereits vorher gekocht und an die insgesamt vierzehn Verkaufsstände verteilt. Die Fußball-Fans erwartet eine Portion Nudeln mit einer wurstigen Tomatensauce, wahlweise gibt es Reibekäse dazu.

Aber natürlich geht es beim Nudeltopf um viel mehr. „Ganz verraten kann ich das Rezept nicht, da es doch ein Geheimnis ist und wir lange daran getüftelt haben", sagt Marcel Grimpe, bis er doch Auszüge des Rezepts verrät: „Tomatenmark, Ketchup, Zwiebeln, Wurststücke, Basilikum, passierte Tomaten, Wasser, sonstige Gewürze."

Dazu muss man wissen, dass Wurstgulasch nicht gleich Wurstgulasch ist und jeder seine eigene Rezeptur verfolgt. Daher ist es nicht ganz leicht, den Code der Auer zu knacken, wie uns Doris Schwabe verrät. Sie war Köchin und Ausbilderin für Köche in der DDR, zusammen mit ihrem Sohn Toni holt sie auf der Seite „Erichserbe.de" Geschmackserinnerungen aus DDR-Tagen zurück. „Eine würzige Jagdwurst" gehört auf alle Fälle in

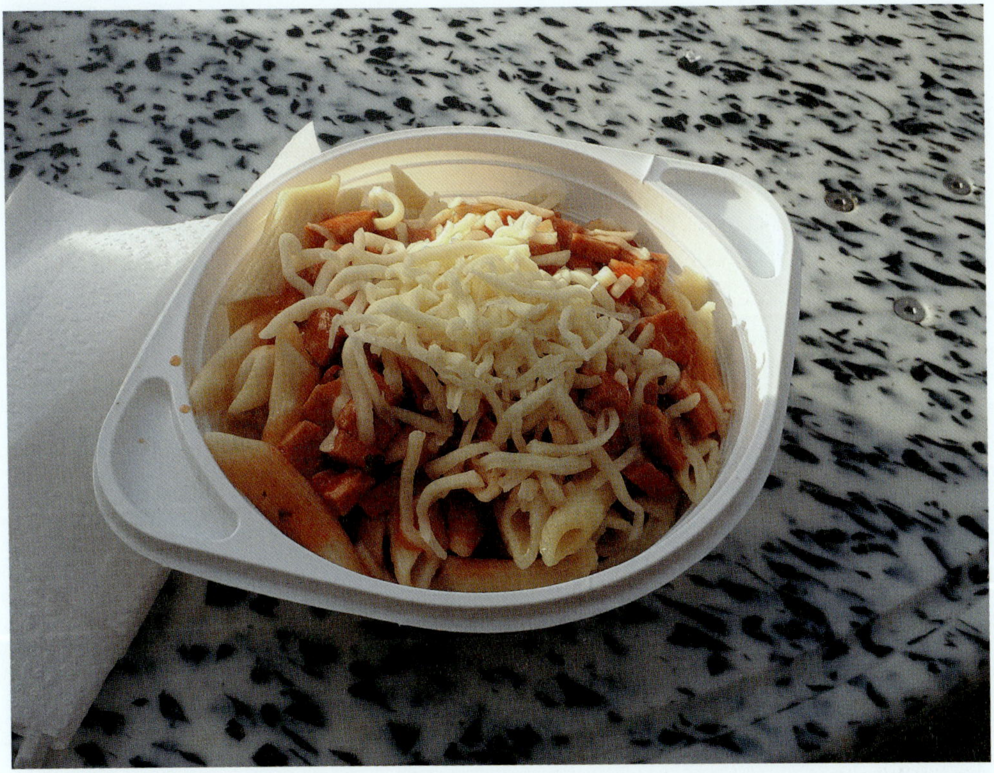

ein gutes Wurstgulasch, das Basilikum des Veilchen Caterings hält sie für eine super Idee – „in der DDR war das halt meist nicht drin".

Wer sich an dem Wurstgulasch versuchen möchte, findet auf Erichs Erbe ein Rezept. Alternativ kann man nach Aue fahren, um dort die beste Bratwurst der 2. Bundesliga zu essen: den Nudeltopf.

Nudeltopfstand im Erzgebirgsstadion,
Lößnitzer Straße 95, 08280 Aue

Lauter

Sportplatz an der Lumbachhöhe

Eigentlich sind wir selbst nicht besser. Der Journalist Erik Kiwitter und ich verbringen an diesem Tag zig Stunden miteinander. Immer wieder echauffieren wir uns über den Vergleich zwischen Ost- und Westfußball, dass ein Joachim Streich kein „ostdeutscher Gerd Müller" und Dixie Dörner kein „Beckenbauer des Ostens" war. Dass das Weiterkommen der Bayern gegen Dresden in den Medien heute noch ein Thema sei, Magdeburgs Gala gegen Schalke – „vermutlich die beiden besten Spiele, die eine DDR-Mannschaft jemals im Europapokal absolvierte", wie Kiwitter sagt –, dagegen nicht.

Und als wir am Ende unserer Verabredung im ehemaligen Glück-Auf-Stadion in Oelsnitz im Erzgebirge stehen, Kiwitter mit einer Zigarette in der Hand, sagt er zu mir: „Das hier war das ostdeutsche Ruhrgebiet. Überall Fördertürme, Qualm, raue Menschen." Also auch hier ein Vergleich zwischen Ost und West.

Nicht umsonst trägt das inzwischen marode Stadion in Oelsnitz den gleichen Namen wie die Kampfbahn auf Schalke: Glück Auf. Der Ballungsraum Chemnitz-Zwickau gehört zu den größten verdichteten Räumen in Deutschland. Von Oelsnitz braucht man keine halbe Stunde, weder nach Zwickau noch nach Aue und schon gar nicht ins „sächsische Manchester" Chemnitz, das wiederum keine 30 Autominuten von Meerane entfernt liegt. Wie im Ruhrgebiet stapeln sich hier die Traditionsvereine, wer zu Beginn der Fünfzigerjahre als Kind in Oelsnitz aufwuchs, hatte die freie Wahl der Herzensmannschaft.

Dafür, dass eine fünfte Mannschaft keine Lieblingsmannschaft werde konnte, sorgte die Politik. 1952 stieg Empor Lauter in die DDR-Oberliga auf, ein kleiner Ort im Erzgebirge, der nur drei Kilometer von Aue entfernt liegt. In ihrer Premierensaison 1952/53 platzierte sich Empor im gesicherten Mittelfeld der Tabelle und wiederholte das Kunststück ein Jahr später. In der Spielzeit 1954/55 war man zwischenzeitlich sogar in der Spitzengruppe zu finden.

Ganz anders stellte sich die Situation im rund 500 Kilometer entfernten Rostock dar, der Stadt, die „für die DDR das Tor zur Welt" war, wie es in einer Dokumentation von „Sport im Osten" heißt. In Rostock entstanden Schiffswerften, ein neuer Hafen und ein neues Stadion, allerdings stand dem wirtschaftlichen Aufschwung eine fußballerische Flaute entgegen. „Rostock hatte ja zu dem Zeitpunkt damals gar nichts da oben", erzählt der inzwischen verstorbene Empor-Spieler Karl Bochmann in der Doku, „das war der Hauptgrund, warum sich die da oben sagten, wir müssen an der Küste mal ein bisschen was veranstalten."

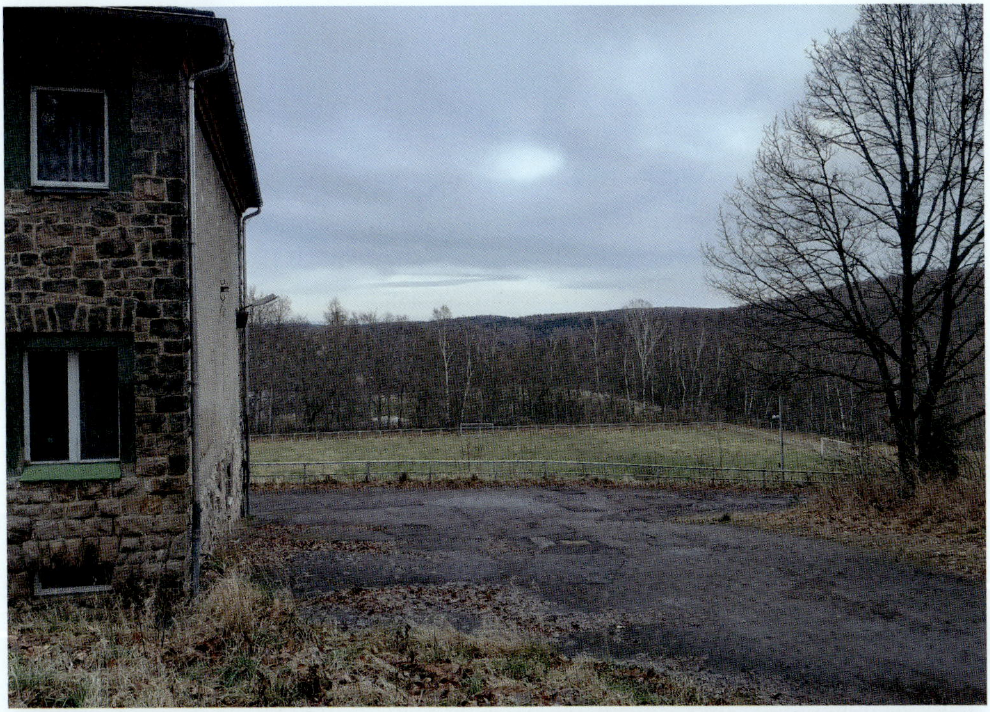

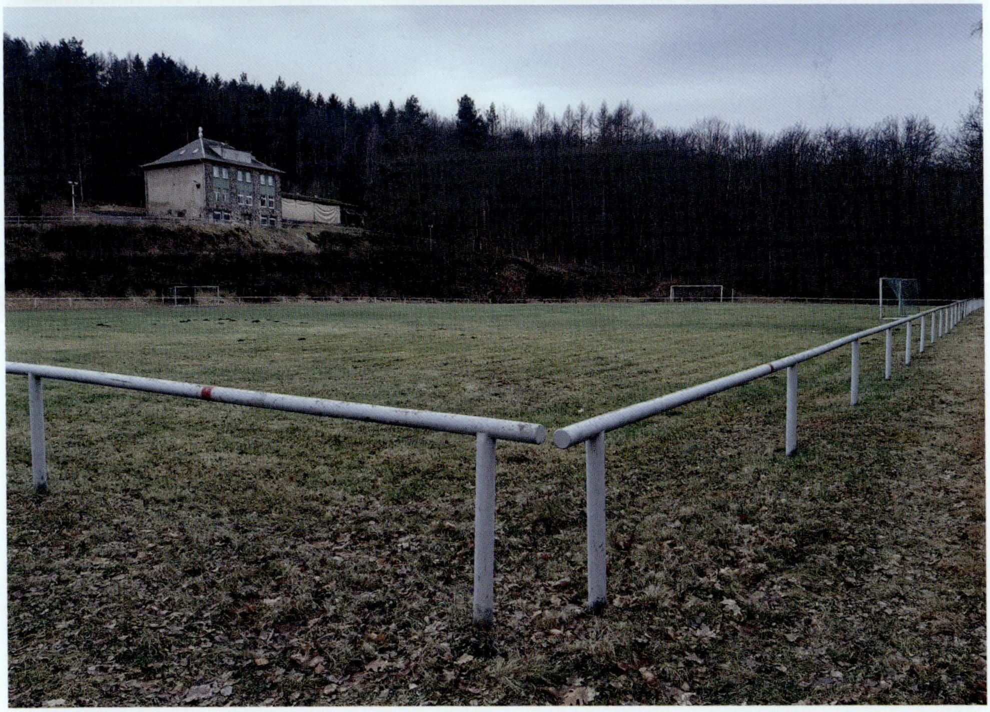

„Die da oben", das war die SED-Bezirksleitung Rostock, die der arbeitenden Bevölkerung Unterhaltung und dem neuen Ostseestadion in Rostock eine leistungsfähige Mannschaft präsentieren wollte.

Die fanden die Politiker im Bezirk Karl-Max-Stadt. Im Trainingslager in Berlin wurde die Spieler Lauters nach ihrer Bereitschaft gefragt, umzusiedeln. „Ein Wechsel an die Ostsee wurde uns mit allen Mitteln und Versprechungen schmackhaft gemacht", wird Kurt Zapf in der Hansa Rostock-Chronik zitiert. Nach dem 1:0-Heimsieg gegen Babelsberg wurden zwölf Akteure früh morgens um halb 5 in einen Omnibus gesetzt und samt ihrer Familien an die Ostsee verfrachtet. Der aus Plauen gekommene Zapf war leicht für das Abenteuer zu begeistern, anderen fiel es schwerer. Sie beendeten ihre Oberliga-Laufbahn oder spielten zukünftig für Zwickau oder Aue.

Empor Lauter verschwand daraufhin aus der Tabelle der DDR-Oberliga, den Platz nahm Empor Rostock ein und belegte am Ende der Saison 1954/55 den neunten Tabellenrang. Kurt Zapf wurde an der Ostsee Nationalspieler und blieb sein ganzes Leben in Rostock.

Auf dem Sportplatz an der Lumbachhöhe, der Sportstätte Otto Auerswald, stieg Empor Lauter zwar in die Oberliga auf, da er den Anforderungen aber nicht genügte, absolvierte Empor die Partien in der höchsten Spielklasse der DDR in Aue, Annaberg-Buchholz oder auf der Kampfbahn des Friedens – der vermutlich schönsten Antithese, die es im deutschen Fußball jemals gab – in Schwarzenberg. Ein geplanter Stadionneubau in Lauter war zu Beginn der Fünfzigerjahre am Baulandtausch gescheitert, am Ende wurde die Lumbachhöhe ausgebaut und 1956 eingeweiht. „Aus einem Stadion mit internationalem Anspruch, das am 10. September 1952 die Oberliga beherbergen sollte, ist ein Platz geworden, auf dem die Kreisklasse spielt", schreibt Burkhard Schulz in seiner Aufarbeitung der Geschehnisse. Es war damals offensichtlich einfacher, eine ganze Mannschaft zu verfrachten, als einer Erstliga-Mannschaft eine angemessene Heimat zu geben.

Die Geschichte von Empor Lauter ist kein Einzelfall. Dresden wurde ebenfalls im November 1954 nach Berlin verlegt und dort dem Sportclub Dynamo angeschlossen. Der heutige 1. FC Frankfurt (Oder) wurde 1951 in Leipzig gegründet, zog zwei Jahre später nach Berlin um und 1971 nach Frankfurt (Oder) weiter. Und nur ein Proteststurm der Bevölkerung verhinderte, dass Wismut Aue nach Karl-Marx-Stadt delegiert wurde. Am Ende trug Wismut den Namen Karl-Marx-Stadt, spielte aber weiter im Auer Otto-Grotewohl-Stadion. In der Saison 1954/55 wurde Wismut Vizemeister und FDGB-Pokalsieger – nach einem 3:2 im Finale über Empor Rostock.

Sportplatz an der Lumbachhöhe, Heinrich-Heine-Straße,
08312 Lauter-Bernsbach

Zwickau

Westsachsenstadion

Die Schotten dürfen heute entscheiden, ob sie unabhängig sein wollen. Es gab schon uninteressantere Tage auf dem Weg zu den Fußball-Sehenswürdigkeiten der Republik und das Radio kennt verständlicherweise nichts anderes als das „independence referendum". Je näher man dem Ausflugsziel, der Autostadt Zwickau, kommt, desto mehr läuft ein anderes Thema den Schotten den Rang ab.

Der Stadionneubau von Zwickau kommt heute wieder aufs Tableau. Es ist der 18. September 2014 und am Ende des Tages besuchten einige hundert Anhänger des Vereins eine Stadtratssitzung, gaben über 14.000 Unterschriften ab und wahrten damit die Hoffnung, dass es doch noch etwas wird mit dem Neubau. Es ist eine Geschichte von kommunalpolitischem Klüngel und natürlich auch von fehlendem Geld.

Im Zentrum steht dabei das Westsachsenstadion, das im Jahre 1942 eröffnet und von Nazi-Häftlingen erbaut wurde. Die NS-Architektur findet sich heute noch im Stadionturm wieder, der aus Granitsteinen gemauert wurde und das Wahrzeichen des Stadions ist. Dort, wo früher Reichsadler und Hakenkreuz hingen, prangt heute das riesige Schild mit der Aufschrift „Westsachsenstadion". Der Balkon ist dagegen erhalten geblieben.

„Es schmiegt sich an eine gewaltige Halde, Nachlass des Steinkohleabbaus in der einstigen Bergbaustadt", schreibt „Das große Buch der deutschen Fußballstadien" über den als Südkampfbahn eröffneten Platz. Aus diesem Grund wird das Westsachsenstadion, das nach dem Zweiten Weltkrieg den Namen „Georgi-Dimitroff-Stadion" erhielt, im Volksmund auch heute noch als „Halde" bezeichnet.

Diese Besonderheit machte auch lange Zeit den Clou des Stadions aus. Dort, wo am Westhang die Stehränge aufhörten, nutzten die Zuschauer den Teil der Bergbau-Halde als zusätzliches Platzangebot. Stehstufen gab es keine, nur vereinzelte Wellenbrecher. Die Besucherrekorde im Pokalsieger-Wettbewerb 1975/76 mit rund 40.000 Menschen (in einem 15.000 bis 20.000 Plätze fassenden Stadion!) kamen so zustande.

Das war die beste Zeit des Vereins, der 1950 als Horch Zwickau erster ostdeutscher Fußballmeister wurde. Nacheinander kegelte man (als Sachsenring Zwickau) Panathinaikos Athen, den AC Florenz und Celtic Glasgow aus dem Wettbewerb, ehe man am späteren Titelträger RSC Anderlecht scheiterte. Unter dem bis heute erhaltenen Namen FSV Zwickau erlebte der Verein in den Neunzigern vier Zweitligajahre, nach dem Abstieg 1998 ging es bis in die Landesliga hinunter. Zwei Insolvenzen hat man hinter sich, gegenwärtig spielt man in der 3. Liga.

Bereits unmittelbar nach der Wende wurden die Tribünen im Westsachsenstadion durch Stahlrohre ersetzt, „Stadionwelt.de" schrieb von einem Zustand „zwischen

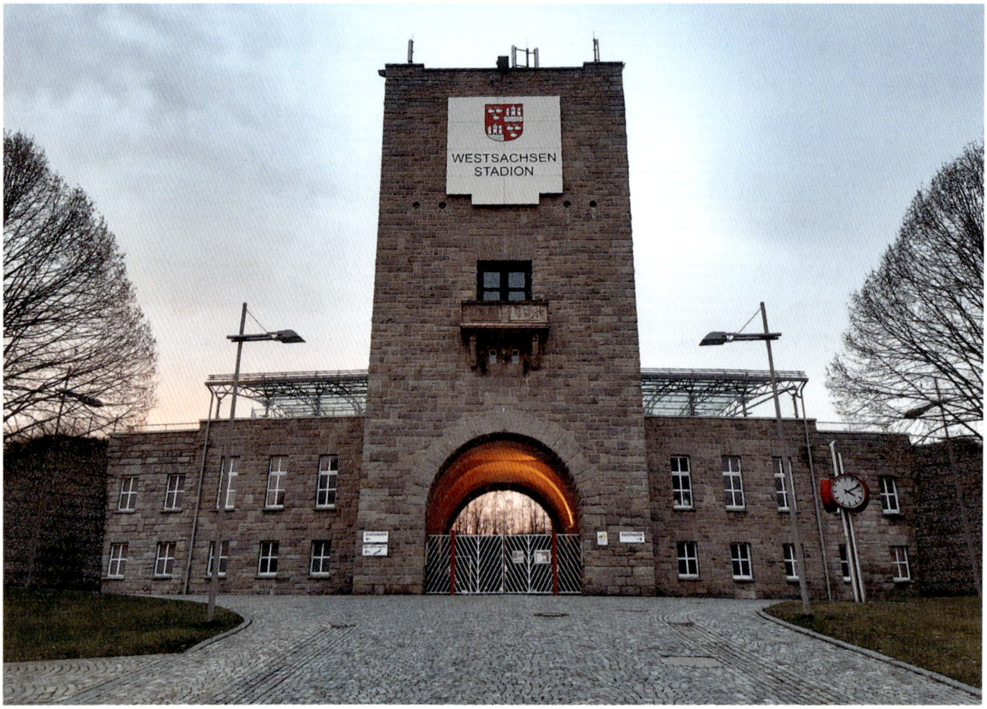
WESTSACHSEN
STADION

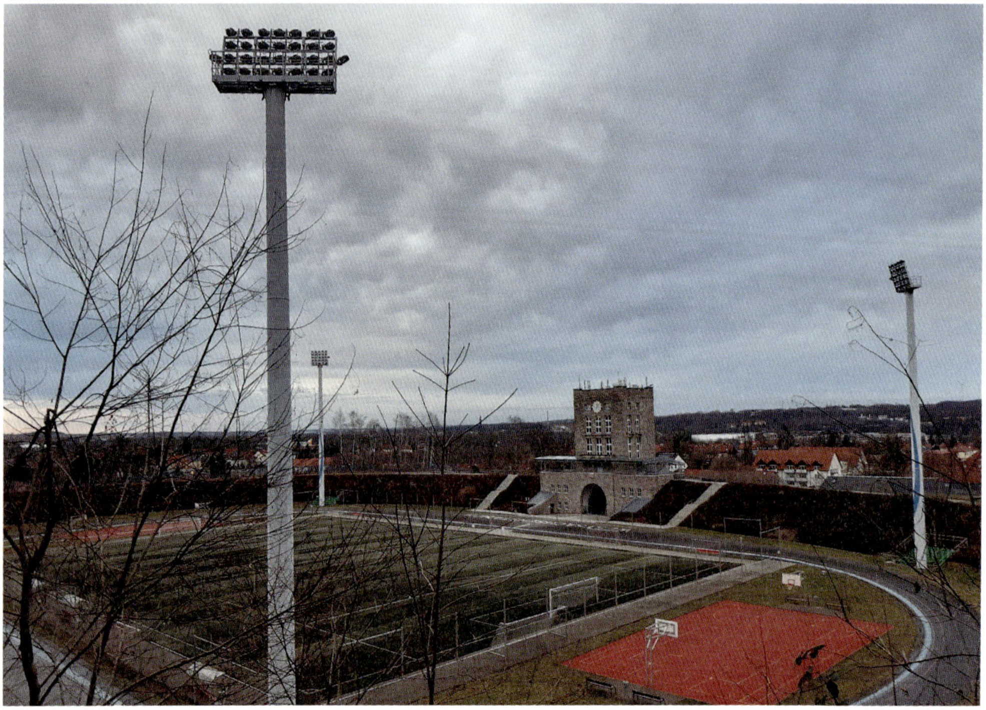

Bruchbude und Provisorium". Erst 2010 wurde mit dem Umbau des Westsachsenstadions begonnen, der ein Jahr später wieder gestoppt wurde. Neue Gutachten hatten ergeben, dass der Umbau doppelt so teuer werden würde. Man änderte die Pläne, machte das Westsachsenstadion für insgesamt 5,5 Millionen Euro breitensporttauglich und wollte das Geld in ein neues Stadion investieren. Für dieses neue Stadion kämpft man in Zwickau bis heute.

Die Schotten entscheiden sich an jedem 18. September 2014 mit einer Mehrheit von 55,3 Prozent gegen die Unabhängigkeit. Keine zwei Jahre später kommt es zum Brexit-Referendum. Der FSV Zwickau läuft im selben Jahr zum ersten Mal in seinem neuen Stadion auf.

Westsachsenstadion, Geinitzstraße 22, 08056 Zwickau

Kleinolbersdorf

Schrägster Sportplatz

Aus dem reichhaltigen Phrasenschatz meines Opas hat sich „(s)chief ist englisch und englisch ist modern" auch als Redewendung in meinem Leben etabliert. Folgt man dieser Formulierung, befindet sich die trendigste Sportstätte der Republik in Sachsen. Als „schrägster Sportplatz" gehört der Platz der SG Kleinolbersdorf-Altenhain zu den „99 Orten, die Fußballfans gesehen haben müssen", die die „11FREUNDE" im Mai 2012 veröffentlichten. Nicht nur das Fußball-Kultur-Magazin, auch andere Medien sind schon auf den Sportplatz im Chemnitzer Stadtteil aufmerksam geworden. RTL war schon hier, der MDR auch und Sport 1, als es noch DSF hieß.

So alt ist der Sportplatz schon, der „nahezu 7 Meter Höhenunterschied" (sg-altenhain.de) aufweist. Von „14 Prozent Gefälle", wie es in der „11FREUNDE" heißt, kann aber nicht die Rede sein. Um beim Sprichwort meines Opas zu bleiben: Der Moderne wurden keine Grenzen gesetzt. Der Platz ist nicht nur in der Länge, sondern auch in der Breite ordentlich verzogen. Er gleicht schon fast einem Wellental, und wer für die Arbeit mal einen gelben Schein benötigt, hat nach 90 Minuten Kleinolbersdorf eine gute Chance, mit Bänderriss einige Wochen auszufallen.

Wäre da nicht der neue Sportplatz des Vereins, auf dem die SG Kleinolbersdorf-Altenhain seit 2005 ihre Spiele austrägt. Gepflegt, kerzengerade und umzäunt und gesichert wie früher die gesamte DDR.

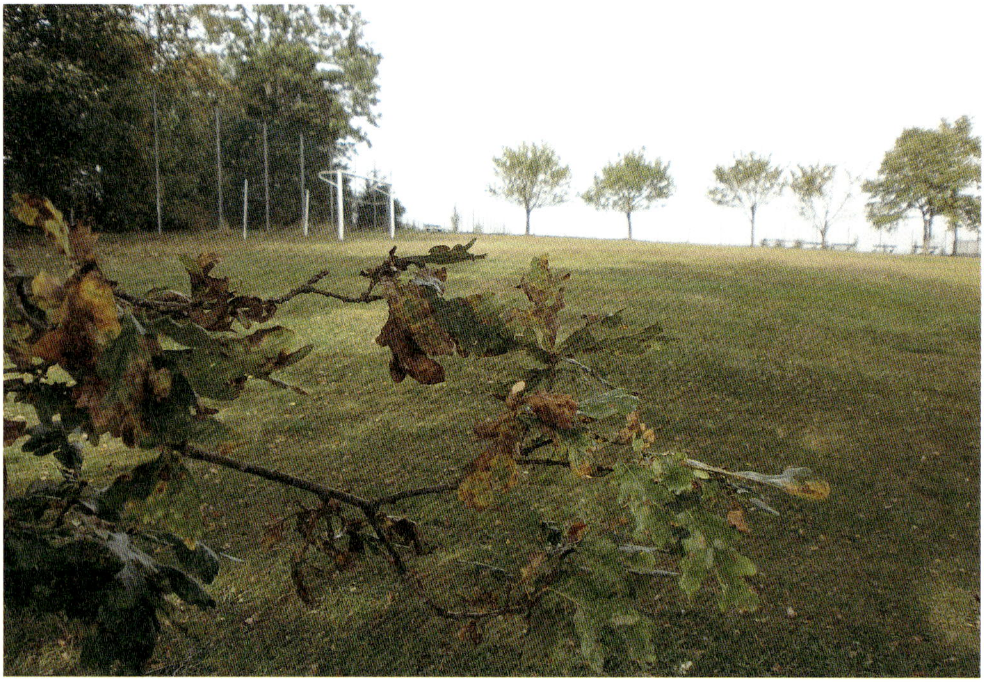

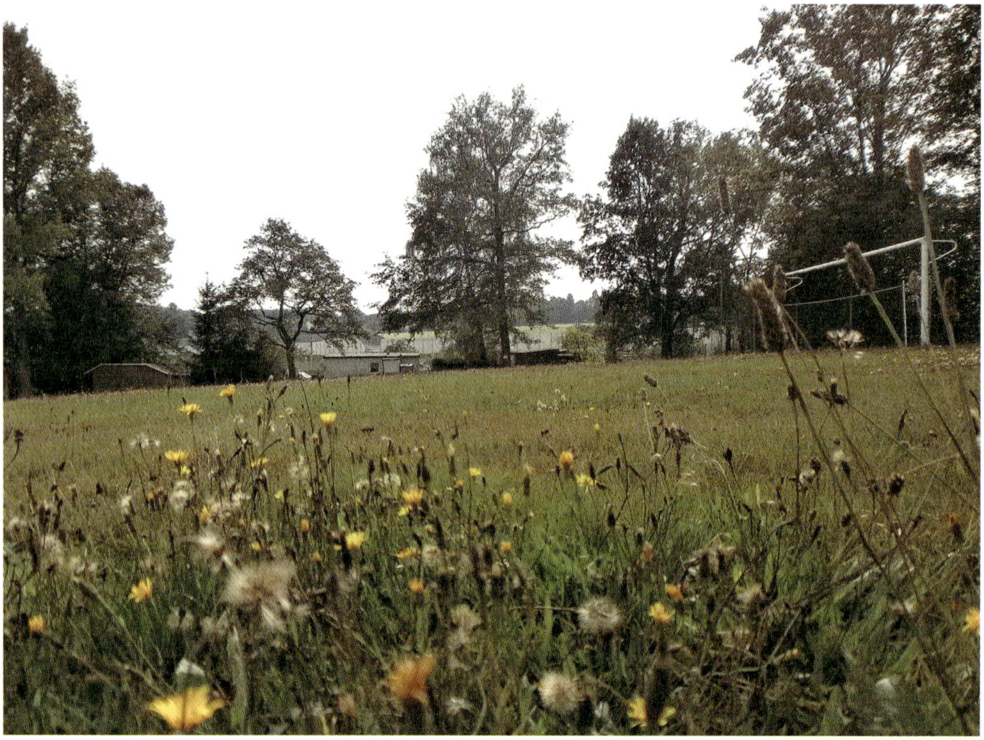

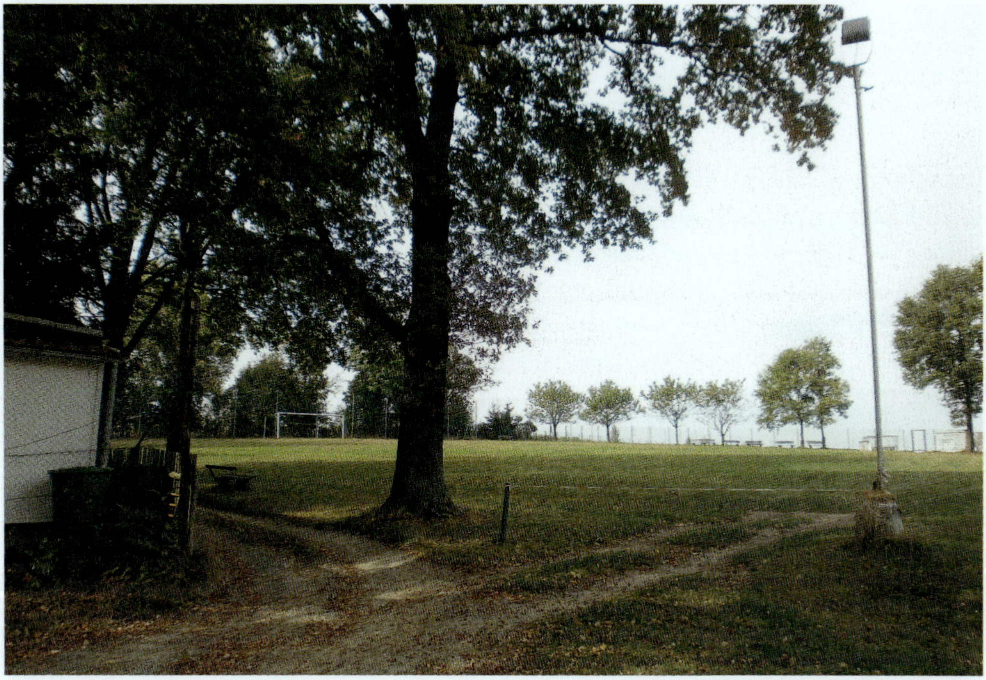

„Wenn es richtig regnet, gehen wir auf den schrägen Platz, der läuft nämlich besser ab", berichtet Sebastian Gechert von der SG Kleinolbersdorf-Altenhain in der „11FREUNDE" und spricht vom Trainingsbetrieb. Das glaubt man gerne, wenn man das schicke, neue Grün mit Blick auf das rund 15 Kilometer entfernte Schloss Augustusburg sieht. Beim alten, schiefen Platz kann man sich dagegen kaum vorstellen, dass hier überhaupt mal gespielt wurde.

Harald Müller ist der lebende Gegenbeweis. Er bewirtete viele Jahre die „Sportlerklause", die an den Platz angrenzt und in der sich die Mannschaften umziehen. 30 Jahre lief er den Platz rauf und runter, wie er der Webseite des DFB erzählt – vorzugsweise in der zweiten Halbzeit nach unten, „sonst haben im zweiten Durchgang die Körner gefehlt", wie Reinald Gerchert erklärt. Sein Sohn ergänzt: „Auch wenn man es vermuten könnte, aber wir waren nie besonders heimstark."

Als der Aufstieg in die Kreisliga 2010 feststand, ging man als Reminiszenz an alte Zeiten noch mal auf den schrägen Platz. Das bisher letzte Spiel dort. Mittlerweile ist das allein deshalb schon nicht mehr möglich, weil in einer Ecke Schutt und Erde abgeladen werden.

Sportplatz Kleinolbersdorf, Altenhainer Dorfstraße 11, 09128 Chemnitz

Berlin

Alte Försterei

Das schönste Geschenk hat sich Union selbst gemacht. Dass der Verein den einhundertsten Geburtstag seines Stadions in der höchsten Spielklasse feiern durfte, ist dem Bundesliga-Aufstieg 2019 zu verdanken.

Denn bereits im März 1920 wurde das Stadion, dessen Name auf die benachbarte „Alte Försterei" in Treptow zurückzuführen ist, beim 1:1 zwischen dem SC Union 06 Oberschöneweide und Viktoria Berlin das erste Mal bespielt. Als der Verein 1923 um die Deutsche Meisterschaft kämpfte und am Ende gegen den HSV den Kürzeren zog, musste man aus Platzgründen ins Deutsche Stadion ausweichen, dem Vorgänger des Olympiastadions.

Die Endrunde um die Deutsche Fußballmeisterschaft war es auch, die den SC Union nach dem Krieg im Jahr 1950 nach Kiel führte. Wieder war der HSV eine Nummer zu groß, mit 0:7 musste man sich geschlagen geben. Die Mannschaft, die aus dem Osten Berlins unerlaubt zur Endrunde gereist war, blieb im Westen und gründete dort den SC Union 06 Berlin. Das hatte zur Folge, dass es den Verein fortan in beiden Teilen Deutschlands gab: Der SC Union 06 Berlin fand im Poststadion ein Zuhause (und kickt dort heute noch als Bezirksligist auf den Nebenplätzen), die SG Union Oberschöneweide spielte weiter in der Alten Försterei.

Die wurde 1970 auf Vordermann gebracht, erhielt einen neuen Rasen, neue Trainingsplätze, neue Traversen und einen neuen Ansageturm. Durch Aus- und Verbesserungen der Tribüne lag das Fassungsvermögen nun bei 23.500 statt vorher 17.000 Plätzen.

Bis zur Wende, die mit einem Verbrüderungsspiel zwischen Hertha und Union im Olympiastadion gefeiert wurde, tat sich danach wenig an der Alten Försterei. Nach einem Bericht des „Berliner Kurier" galt der Zustand des Stadions zu dieser Zeit als „lebensgefährlich", „nicht bundesligatauglich", meinte der DFB.

Pläne gab es danach viele, von einer Multifunktionsarena bis hin zum Abriss zugunsten einer Umgehungsstraße, auf der sich der Verein während dieser Zeit befand. Mehrfach blieb der Aufstieg in die 2. Bundesliga verwehrt, einmal wegen einer gefälschten Bankbürgschaft, ein anderes Mal stand der Schuldenberg in Höhe von fünf Millionen DM im Weg. 1997 drohte sogar die Insolvenz der „Eisernen", die früher wie Schlosser in Blau gekleidet waren und daher diesen Beinamen tragen.

Die Siegesserie im DFB-Pokal in der Spielzeit 2000/2001, die erst im Endspiel gegen Schalke 04 riss, bescherte der Alten Försterei das langersehnte Flutlicht. Im selben Jahr gelang der Aufstieg in die 2. Bundesliga, die Alte Försterei, „ein altes, marodes Stadion, völlig aus der Zeit gefallen" (Union-Legende Torsten Mattuschka) blieb unter Auflagen die Heimat der Köpenicker. 2005 folgte auf das Hoch der Absturz bis in die Oberliga.

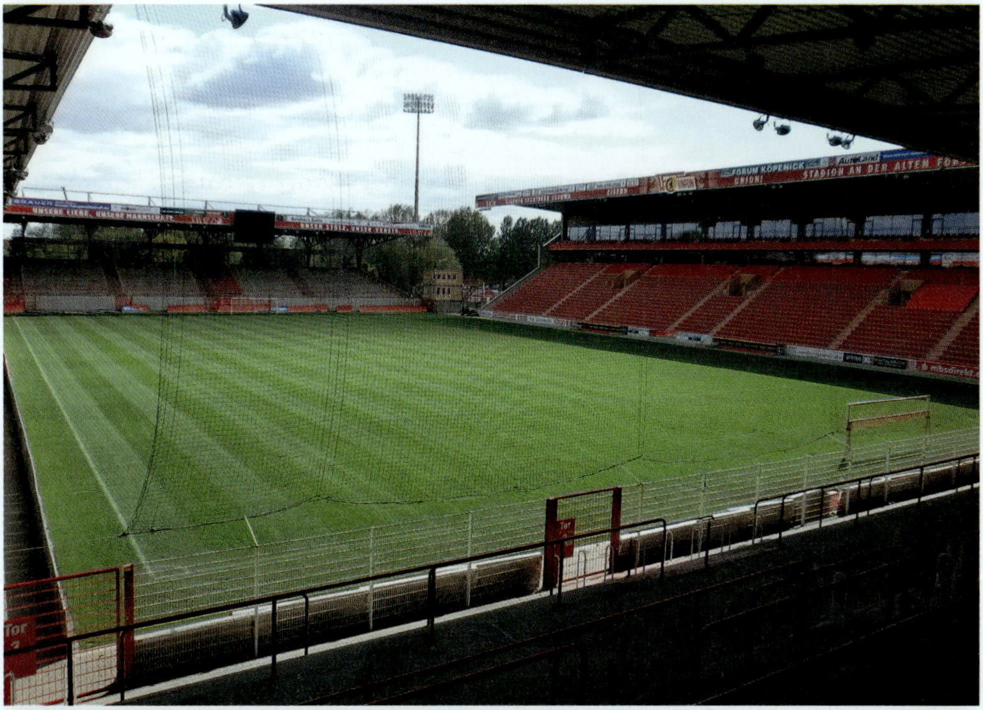
FORUM KÖPENICK
UNION
UNSERE LIEBE. UNSERE MANNSCHAFT.
Tor

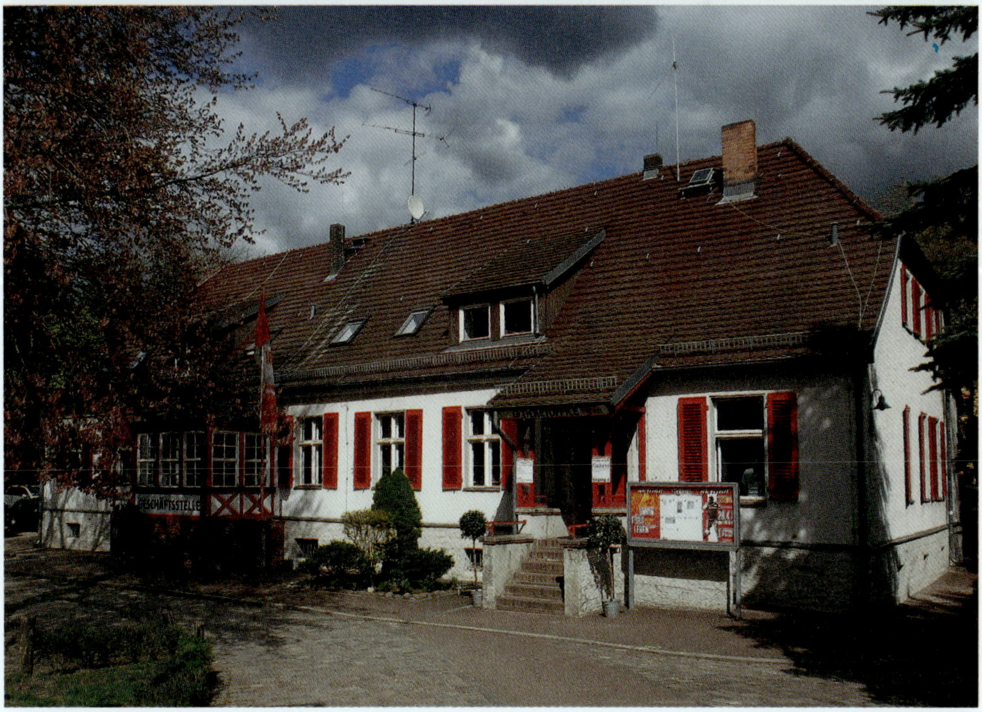
GESCHÄFTSSTELLE

Der erneute sportliche Aufstieg bis in die 2. Bundesliga Ende der Nullerjahre ging Hand in Hand mit dem Umbau des Stadions. Zwar gelang die Rückkehr ins Unterhaus in der Ausweichstätte Jahn-Sportpark, dafür konnte man das erste Heimspiel in der Saison 2009/2010 mit einem 1:0-Sieg über Düsseldorf in der Wuhlheide feiern. Rund 2.000 freiwillige Helfer, die ihren Jahresurlaub für den Verein opferten oder sich krankschreiben ließen, hatten fast 140.000 unentgeltliche Arbeitsstunden geleistet, damit dies möglich war.

Die zweite Bauphase startete im Mai 2012 mit dem Abbau der Haupttribüne, die an den FSV Union Fürstenwalde verkauft wurde. Der Neubau erinnert an britische Verhältnisse und wurde passenderweise mit einem Spiel gegen Celtic Glasgow im Juni 2013 eingeweiht, genau genommen orientiert er sich an den Industriebauten in Berlin-Oberschöneweide. Knapp über 22.000 Menschen finden nun in der Alten Försterei Platz, das Stadion ist laut Mattuschka durch den Umbau der Haupttribüne „noch einen Tick lauter geworden“, die Zuschauer seien „fast physisch zu spüren“.

Weitere Ausbaumaßnahmen wurden durch den Bundesliga-Aufstieg 2019 verschoben. Erstligafußball ist an der Alten Försterei nur durch eine Sondergenehmigung möglich, geplant ist ein Ausbau auf rund 37.000 Plätze. Doch an dieser Stelle gibt es Zweifel, wie ein Beitrag auf dem Blog „textilvergehen.de“ zu bedenken gibt: „Einem möglicherweise in fünf Jahren fertigen 37.000 Zuschauer-Stadion stünden absehbar regelmäßig über 80.000 Kartensuchende gegenüber“. Es scheint, als ginge die Geschichte des Stadions jetzt erst richtig los.

„Alte Försterei“, An der Wuhlheide 263, 12555 Berlin

Berlin

Bierbrunnen an der Plumpe

Wenn ich früher noch einen Koffer in Berlin hatte, dann stand der in der Joachimstaler Straße bei „Holst am Zoo“, einer Fußball-Kneipe, die irgendwann „Hanne am Zoo“ hieß. Es gibt wohl keinen Fußballfan über 40, der Ex-Herthaner und Bayern-Profi „Hanne“ Weiner nicht die Hand geschüttelt und dort einen schönen Leberkäse mit einem Spiegelei gegessen hat. „Hanne am Zoo“ gibt es seit 2010 nicht mehr. Und glaubt man den Berliner Tageszeitungen, dann scheitert das Comeback von Deutschlands kultigster Fußballkneipe an der Suche nach einem neuen Standort. Ersatz findet man in der

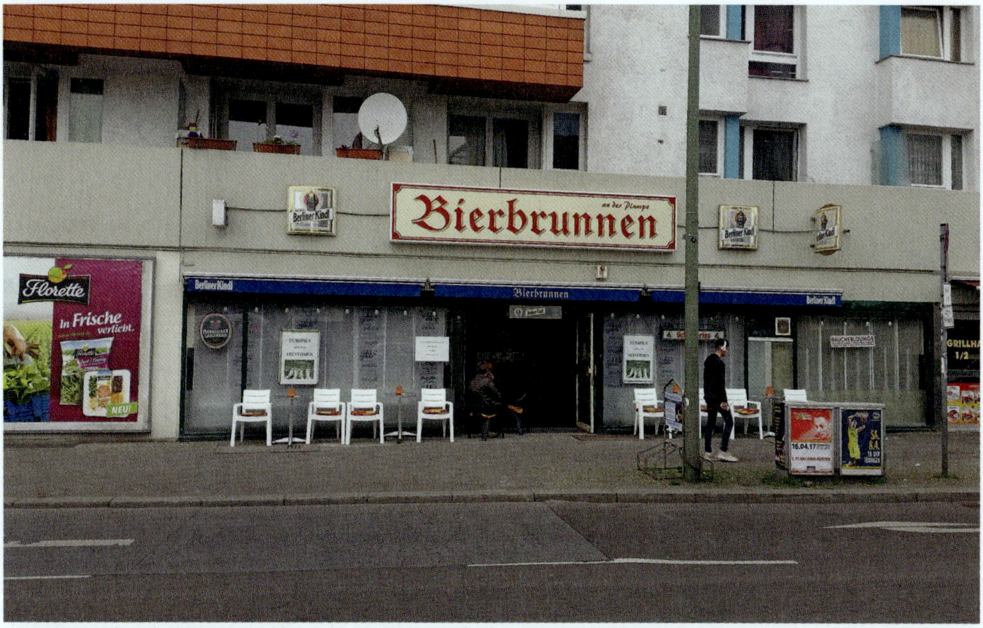

Hauptstadt unter anderem an der Haltestelle Gesundbrunnen, einem Ort mit einer eigenen, großen Fußballtradition.

Im heutigen Berliner Bezirk Mitte trug Hertha BSC einst seine Heimspiele aus. Von 1904 bis 1907 nutzte die Hertha den Sportplatz am Gesundbrunnen, den man von Gastwirt Joseph Schebera gepachtet hatte. Nach Differenzen mit dem Wirt zog der Club nach Reinickendorf um, kehrte aber zwei Jahre später wieder zurück. Zusammen mit dem Berliner Sport-Club erwarb die Hertha Anfang der Zwanzigerjahre ein Gelände auf der Straßenseite gegenüber des Sportplatzes und weihte das Stadion am 9. Januar 1924 mit einem Sieg über den VfB Pankow ein. Die „Plumpe“, wie das Stadion im Volksmund genannt wurde, war fortan die Heimat der aufstrebenden alten, damals noch jungen Dame. Von 1926 bis 1931 stand man sechsmal in Folge im Finale um die Deutsche Meisterschaft, konnte aber nur zwei Titel (1930 und 1931) gewinnen. Das Stadion fasste knapp über 35.000 Besucher (davon über 32.000 Stehplätze), allerdings wird die Zahl angezweifelt und von einem geringeren Fassungsvermögen ausgegangen. Die Besonderheit am Gesundbrunnen waren die gewaltigen, trapezförmig verlaufenden Hintertor-Tribünen, der „Zauberberg“ auf der einen und der „Uhrenberg“ auf der anderen Seite. „Dort war man ganz dicht am Spielfeldrand, roch den Rasen und hörte die Schreie der Spieler“, beschreibt Hertha-Chronist Michael Jahn die Atmosphäre an der Plumpe.

Im August 1936 war der Hertha-Platz neben dem Poststadion, dem Mommsen-Stadion und dem Olympiastadion eine der vier Austragungsstätten des olympischen Fußballturniers. Im Zweiten Weltkrieg wurde eine Seitentribüne zerstört, nach der Kapitulation im Mai 1945 war der Platz durch mehr als 200 Bombentreffer gekennzeichnet und unbespielbar geworden. Mit einem renovierten Spielfeld erhielt die (zwischenzeitlich von den Alliierten aufgelöste) Hertha ihr Stadion am 3. Juni 1950 zurück. Obwohl sich der Verein in den Folgejahren bei den Um- und Ausbaumaßnahmen finanziell übernahm, entsprach das Stadion nicht den DFB-Anforderungen für die Bundesliga. Ab der Saison 1963/64 lief Hertha BSC im Olympiastadion auf, in die Plumpe kehrte man 1965 zurück, weil man Spielern verbotenerweise Handgelder geboten hatte und in die Regionalliga zwangsversetzt wurde. Mit der Rückkehr in die Bundesliga zur Saison 1968/69 zog der Verein wieder ins Olympiastadion um.

Der Bundesliga-Skandal Anfang der Siebzigerjahre rückte die Plumpe wieder in den Mittelpunkt. Die involvierte Hertha geriet infolge des Skandals in finanzielle Schieflage. Das Stadion wurde an die Berliner Wohnungsbaugesellschaft verkauft und 1974 abgerissen.

Mitte der Siebziger öffnete der Bierbrunnen an der Behmstraßen seine Pforten. Natürlich ist es dort nicht wie bei Holst am Zoo, aber auch der Bierbrunnen wurde von Wolfgang Holst eröffnet. Die Hertha-Fankneipe hat ihren eigenen Charme und den Anspruch, „nichts Besonderes zu sein". Wirtin Andrea fing dort 1990 als Bedienung an und ist seit 2012 alleinige Pächterin, kennt die Gäste persönlich und behandelt Neuzugänge wie alte Freunde. Live gibt's die Hertha im Bierbrunnen aber nicht zu sehen, dafür ist die Vielzahl der Anbieter mittlerweile zu teuer geworden. Kostenlos gibt's dagegen Lebensweisheiten der Kundschaft: „Wenn du ohne Ziel durchs Leben saust", sagt ein Gast bei unserem Besuch, „ist wie ne Kuh ohne Milch."

Neben dem Bierbrunnen erinnern noch Skulpturen an die goldenen Zeiten am Gesundbrunnen. Die 1978 von Michael Schoenholtz erstellten Kunstwerke setzen sich kritisch mit dem Abriss des Stadions auseinander. Sie sind in der Bellermannstraße 64–70 und in der Behmstraße 38–42 zu finden.

Bierbrunnen an der Plumpe,
Behmstraße 3, 13357 Berlin

Berlin

Café King

Einer meiner Freunde war mal im Wettfieber. Die Online-Wette war gerade am Aufstreben und er war begeistert von den schier endlosen Möglichkeiten. Wir sahen den HSV, der Laptop stand aufgeklappt vor meinem Freund und bei einem Einsatz von zwei Euro hätte er einen riesigen Batzen Geld erhalten. Die Bedingung: Der HSV darf keinen Einwurf mehr zulassen. Das Problem: Es waren erst zwei Minuten gespielt. Die schwebende

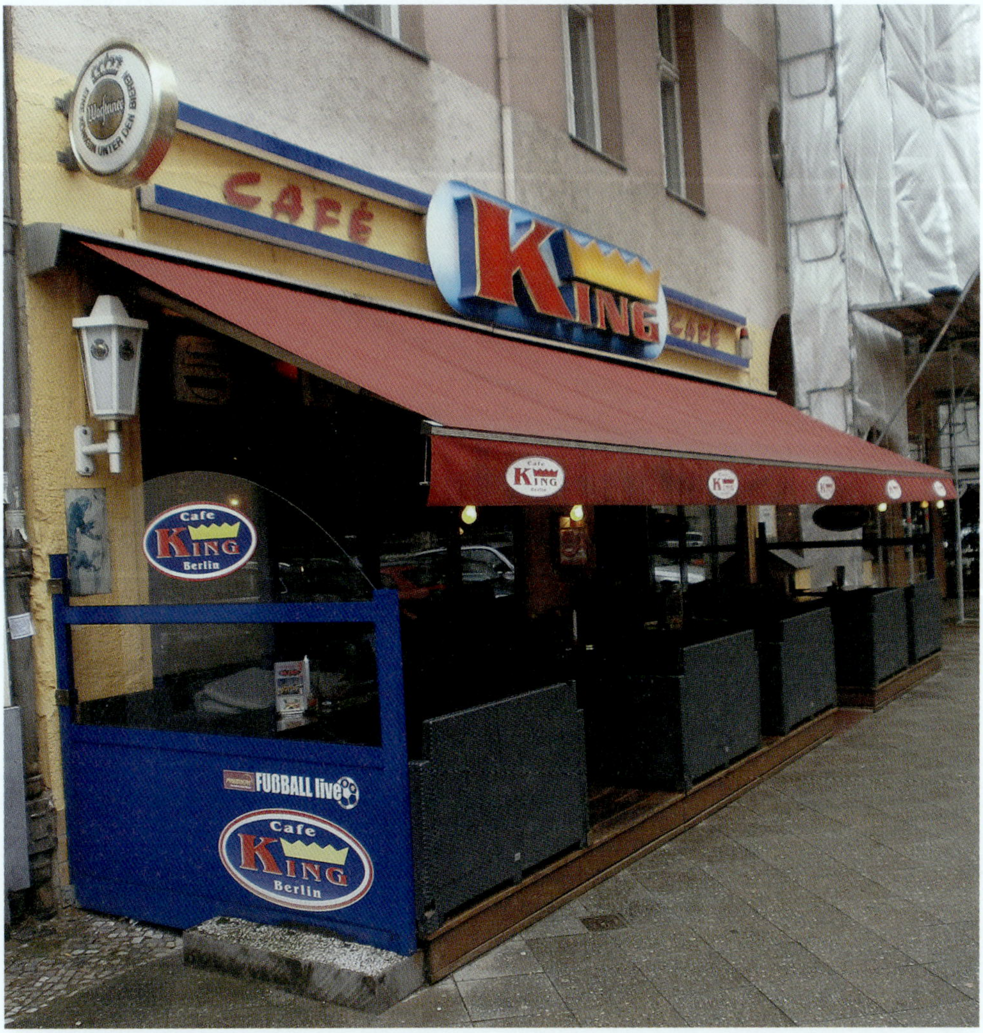

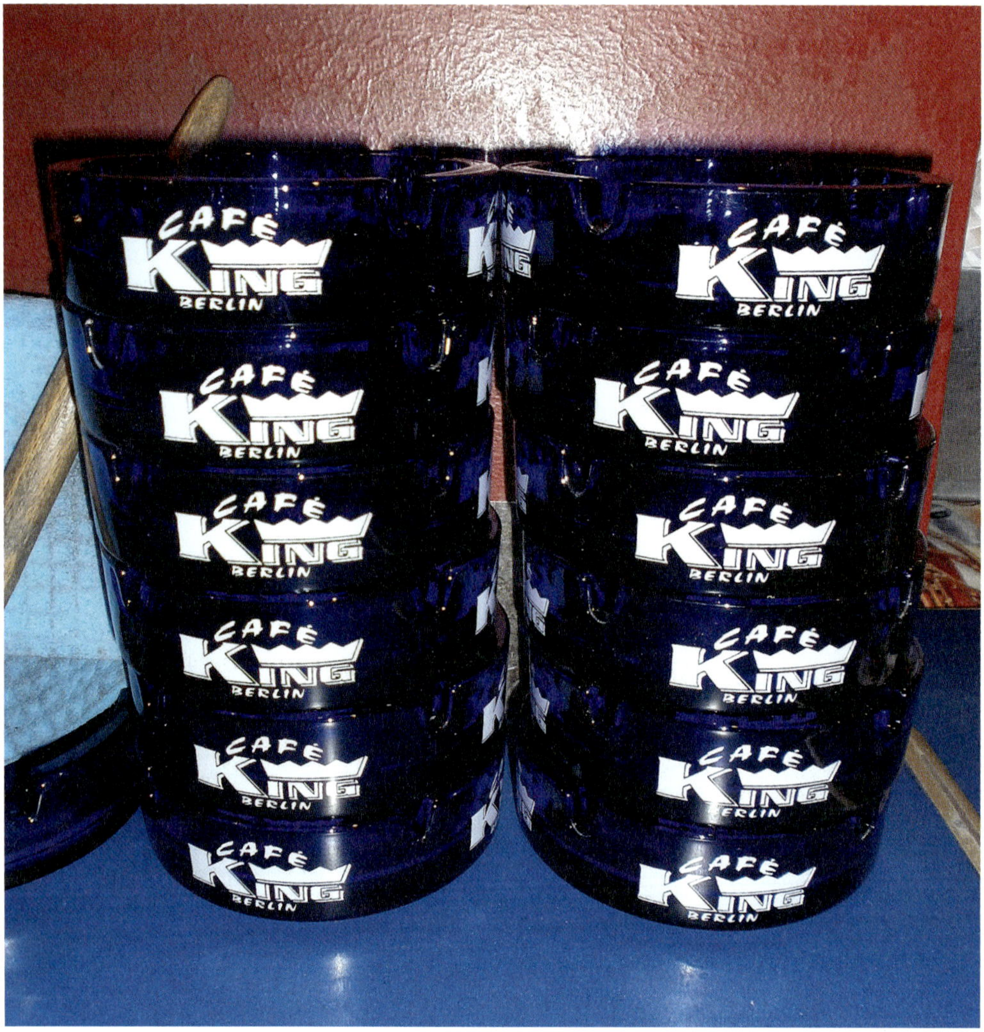

Botschaft: Gier frisst Hirn. Mein Freund setzte das Geld, der Ball flog ins Seitenaus und die zwei Euro aus dem Fenster.

Immerhin aus dem eigenen. Denn trotz der Wohnzimmer-Wette scheinen die Wettcafés zu boomen. Es gibt sie in jeder Stadt, insbesondere in Bahnhofsnähe. Die riesigen Scheiben sind werbewirksam plakatiert und durch die spärlichen freien Stellen erkennt man die großen Bildschirme, auf denen Fußball läuft. Den Wettcafés haftet der gesamte Synonympool von „dubios“ an: verrufen, zwielichtig, anstößig. Und so weiter.

Das Café King war nicht so. Die Einrichtung wirkte zwar ziemlich protzig, aber das überwältigende Rot und die Lederausstattung erinnerten eher an eine „Möbelausstellung bei einem Billig-Hersteller“, wie es die „11FREUNDE“ nannte. Besitzer Milan Sapina betrachtete sein Café auch nicht als Zockerbude: „Wir sind kein Wettcafé, sondern ein ganz normaler Laden, wo man essen, trinken und Videoclips schauen kann“, wie er dem „Tagesspiegel“ einst erzählte. Damit lag er richtig, dennoch hatte das Café King aus gutem Grund einen zweifelhaften Ruf. Als „berühmt berüchtigte Wettzentrale“ („taz“) und „als Synonym für den geplanten Betrug im deutschen Profifußball“ („11FREUNDE“) galt das unweit des Ku’damms gelegene Café.

Was für das Café galt, das galt auch für die Hausherren: „Wettbetrüger hat man sich immer anders vorgestellt“, stellte die „taz“ bei einem Treffen mit den Sapinas fest, „verschlagener, mafiöser, gefährlicher“. Mit Beginn des Jahres 2005 war der Name Sapina im Fußball so bekannt wie der eines Nationalspielers. Ante Sapina, Bruder von Café King-Besitzer Milan Sapina, zog die Fäden in der größten Affäre des deutschen Fußballs nach dem Bundesliga-Skandal. „Don Ante“ galt als Anführer der „Zockerbande“ („Süddeutsche“) und wurde mehrfach verurteilt.

Der andere zentrale Name des Skandals war der von Robert Hoyzer. Das Café King wurde zu seinem zweiten Wohnzimmer. „Ich gehörte zum Inventar“, sagte Hoyzer. Für

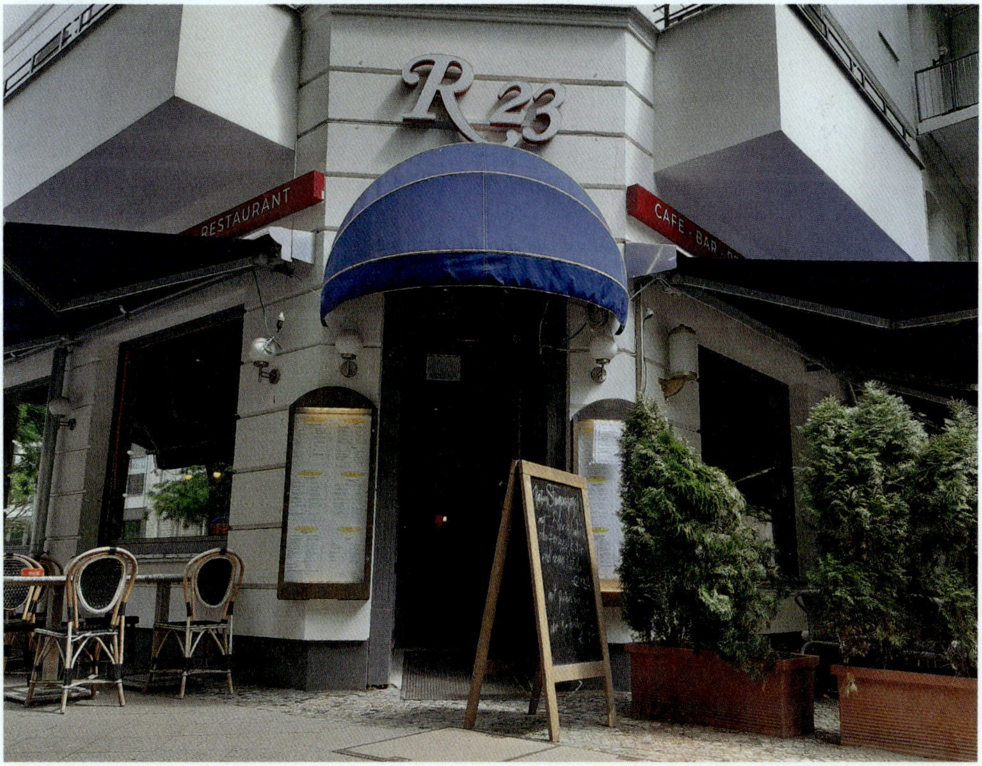

„ein paar Tausend Euro und einen Plasmafernseher“ („Tagesspiegel“) manipulierte Hoyzer Fußballspiele, das bekannteste war das DFB-Pokalspiel zwischen Paderborn und dem Hamburger SV. Hoyzer war zwar nur ein Knotenpunkt im Korruptionsgeflecht, er war in den Augen des „Tagesspiegels“ aber auch ein Opfer: „Robert Hoyzer, groß, eitel und mitteilungsbedürftig, war eine Idealbesetzung als Staatsfeind, den das Land vor seiner Sommermärchen-WM suchte.“ Hoyzer wurde zu zwei Jahren und fünf Monate verurteilt und saß 14 Monate davon hinter Gittern.

Er war schon wieder auf freiem Fuß, als das Café King am 13. Juni 2014 dichtmachte. „Nach fast 16 Jahren müssen wir schließen. Es ist vorbei – ich werde ein paar Jahre pausieren. Das Café wird nicht neu eröffnet“, begründete Milan Sapina gegenüber „Sport Bild Online“ den Entschluss. In der Rankestraße 23 ist inzwischen eine andere Gastronomie zu finden: Das R 23 bietet deftige deutsche Küche. Auf der Webseite begrüßt das Restaurant mit einem Zitat von Thomas Mann: „Sei am Tage mit Lust bei den Geschäften, aber mache nur solche, dass du des Nachts ruhig schlafen kannst.“

R 23, Rankestraße 23,
10789 Berlin

Berlin

11mm Filmfestival im Babylon-Kino

Seit fast zwanzig Jahren findet im Frühling jeden Jahres das „11mm-Fußball-Filmfestival“ statt, das bei seiner Premiere 2004 (auch auf internationaler Bühne) das erste seiner Art war. Die Zielsetzung des Veranstalters Brot und Spiele e. V. lautet, „der Fußballkultur neue Impulse zu verleihen, sei es durch Ausstellungen, Theaterabende, Lesungen und Erzähl-Cafés“.

Zur Heimat der Festspiele hat sich das Babylon-Kino in Berlin entwickelt, gelegen am Rosa-Luxemburg-Platz, unweit vom „Alex“, direkt neben der Volksbühne. In ihrer unmittelbaren Nähe wirkt das 1929 eröffnete Babylon schon fast unscheinbar, blüht aber beim 11mm-Filmfestival wie ein Altstar auf, der seinen zweiten Frühling erlebt.

Es ist bereits der zwölfte des Festivals, der uns zum ersten Mal in Berlins Mitte bringt. Bevor die feierliche Eröffnung stattfindet, begegnen wir einer der Hauptpersonen des heutigen Abends im Café gegenüber: Sky-Reporter Kai Dittmann, der nachher durchs Programm führen wird. In den folgenden Tagen wird das besondere Flair des Festivals daraus bestehen, Fußballkulturschaffende zu treffen und mit ihnen ins Gespräch zu

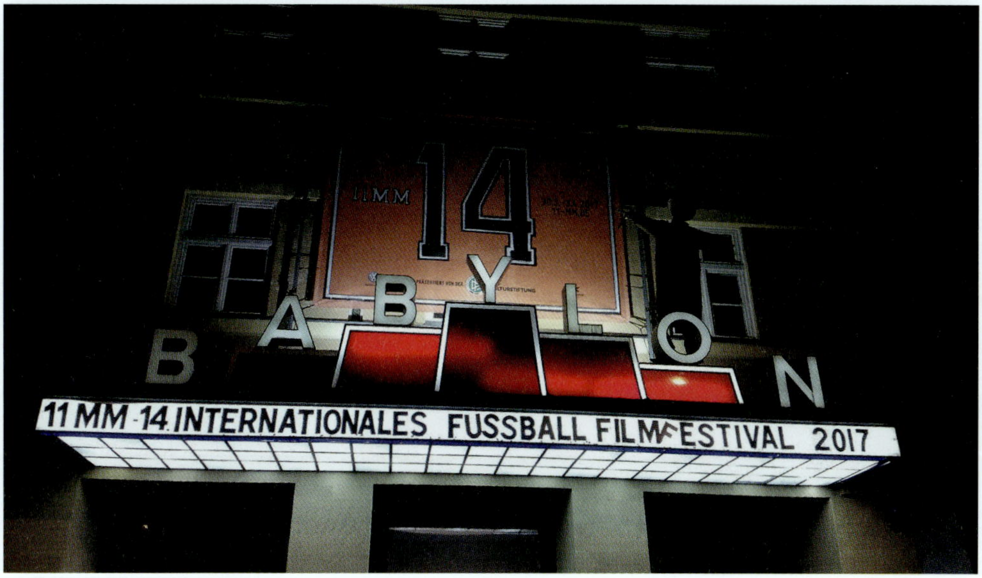

kommen: Aljoscha Pause, der deutsche Filmemacher, der durch die Produktionen „Tom meets Zizou“ und „Trainer“ Bekanntheit erlangte. Seinen Kollegen Frank Steffan, der dem Kölner Fußball mehrere cineastische Denkmäler setzte. Oder Blogger Frank Baade, der als „Trainer Baade“ einen der meistgelesenen Fußball-Blogs Deutschlands betreibt.

Den Rasenfunker Max-Jacob Ost kennt zu diesem Zeitpunkt noch keiner, er wird uns in den kommenden Jahren begegnen, dazu Raphael Honigstein, Uli Hesse von der „11FREUNDE“ oder Union Berlin-Aushängeschild-Anhängerin Stefanie Fiebrig. Keine gehypten Stars, aber Nationalspieler in ihren Bereichen und Menschen mit Meinungen, die sie auch äußern dürfen.

Das Kino, das in der Nachkriegszeit im Osten der Stadt eine exponierte Stellung einnahm, trägt mit seinem eigenen Charme zum Sofagefühl der Veranstaltung bei. Das Übrige tun die Veranstalter, die das Festival ehrenamtlich auf die Beine stellen. Die Filme – wirkliche Meisterwerke – werden allesamt mit einer kleinen Verspätung angepfiffen, auch die Frau an der Kasse hat sich mit der Thematik noch nicht so recht vertraut gemacht. Auf eine Anfrage im Vorfeld muss man schon mal etwas länger warten. Einer der Veranstalter schwingt sich nach einem Film aufs Fahrrad, weil er noch mit der Gitarre irgendwo ein Solo spielen muss.

Auch wenn die Professionalisierung des Festivals von Jahr zu Jahr zunimmt, man lässt hier Elfe gerade sein, das ist auch gut so (wie in Berlin schon Wowereit sagte), und irgendwo ist das auch und gerade Kultur. In dem Filmfestival steckt eine Menge Herzblut, viel Charme und eine herrliche Drolligkeit, die uns gefangen hat. Das 11mm-Filmfestival ist zur Pflichtveranstaltung geworden, seit dem ersten Besuch sind wir immer wiedergekommen. Berlin hat viel zu bieten, aber während des Festivals verbringt man seine Zeit nirgends besser als in den Kinosälen des Babylon-Kinos. Wem die Fußball-Romantik abhandengekommen ist, der findet sie hier wieder.

11mm Filmfestival im Babylon-Kino,
Rosa-Luxemburg-Straße 30, 10178 Berlin

Berlin

Wohnhaus Sepp Herberger

Im Nordwesten Baden-Württembergs reihen sich die Sepp-Herberger-Gedächtnisorte nur so aneinander, vom Sepp-Herberger-Stadion in Weinheim bis zur Spiegelsiedlung mit seinem Wohnhaus in Mannheim. Mehr als 600 Autokilometer entfernt findet man im Berliner Stadtteil Schöneberg eine weitere Fußball-Sehenswürdigkeit, die mit dem „Chef" in Verbindung steht. In der Bülowstraße 89 weist eine Gedenktafel auf Sepp Herberger hin, hier lebte er von 1937 bis 1944 und stieg zum Reichstrainer auf. Zu einem besonderen Ort wird das Wohnhaus für die Verdienste, die Herberger während dieser Zeit außerhalb des Spielfeldes leistete.

Für die Reichssportführung war der Kriegseinsatz austrainierter Sportler ein propagandistisches Mittel. Die Box-Legende Max Schmeling etwa verletzte sich bei seinem Einsatz als Fallschirmjäger bei der Luftlandeschlacht um Kreta. Auch Herberger musste zusehen, wie seine Nationalspieler nicht vom Fronteinsatz verschont blieben oder im Krieg fielen. Hugo Mantel von Eintracht Frankfurt starb 1942 an Fleckfieber, der Schalker Adolf Urban an einem Lungenschuss und einer Kopfverletzung. Der Hannoveraner Johannes Jakobs kam 1944 bei einem Aufklärungsflug ums Leben, August Klingler, nach Aussage von Herberger „eines der hoffnungsvollsten Talente im Fußballsport", fiel 1944 an der Ostfront.

Immer wieder versuchte Herberger, seine Nationalspieler vom Frontdienst zu entziehen, sie an sicherere Einsatzorte zu versetzen oder ihnen zumindest Sonderurlaube zu ermöglichen. So ließ er unter anderem Fritz Walter, Hertha-Legende Hans Appel oder die beiden Schalker Rudolf Gellesch und Hermann Eppenhoff in dem Film „Das große Spiel" mitwirken. Insgesamt 19 Spieler forderte Sepp Herberger für den Propagandafilm rund um den fiktiven Kohlenpottverein FC Gloria Wupperbrück an und verhalf ihnen auf diese Weise zu einem wochenlangen Zusatzurlaub. Als Admira Wien 1942 zu drei

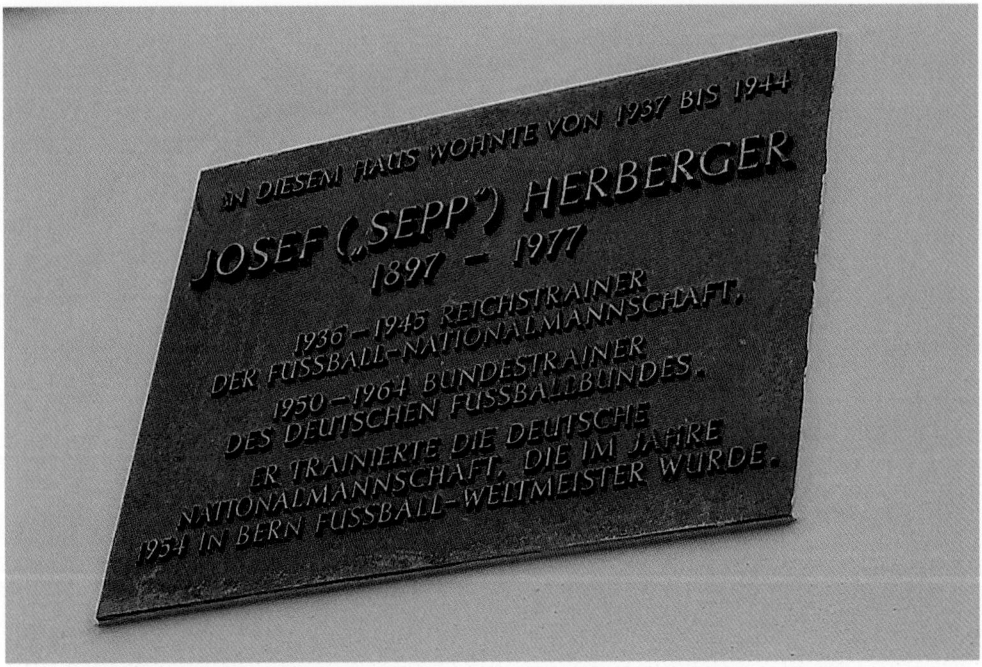

Freundschaftsspielen in die Türkei reiste, drückte Herberger der Admira noch sieben Nationalspieler aufs Auge, um sie vom Militärdienst freizustellen.

Daneben waren es die Länderspiele, die für Privilegien bei den Nationalspielern sorgten, aber nur bis zum November 1942 ausgetragen wurden. Das 5:2 gegen die Slowakei war der letzte Auftritt der Nationalmannschaft für die kommenden acht Jahre. Herberger hatte nun einen anderen Plan, „die Kräfte der Nationalmannschaft zu erfassen und zu sammeln“. Er besuchte Hermann Graf, den hochdekorierten deutschen Jagdflieger. Graf gehörte selbst einmal zum Kreis der Nationalmannschaft und war nach wie vor ein großer Fußballfan.

In Rumänien hatte Hermann Graf eine Jagdgruppenmannschaft aufgebaut, in der er mitkickte. Jetzt sollte er beim Jagdgeschwader in Jever eine neue Mannschaft zusammenstellen und die Spieler auf diese Weise vom Frontdienst abziehen. Ganz einfach war dies nicht, denn die meisten Spieler waren keine Luftwaffensoldaten. So wurde Fritz Walter auf dem Papier kurzerhand zu Grafs Vetter, um eine Versetzung zu ermöglichen. Ende 1943 waren unter anderem mit Fritz Walter, dem Kölner Alfons Moog oder dem bereits erwähnten Hermann Eppenhoff mehrere Nationalspieler in Jever stationiert, die als die „Roten Jäger“ während des Zweiten Weltkrieges 21 Siege in 27 Spielen einfahren und dabei Mannschaften wie Eintracht Frankfurt, den Hamburger SV oder den 1. FC Nürnberg besiegen konnten. (Andere Quellen sprechen von 22 Siegen in 28 Spielen.)

Als die „Roten Jäger“ an die Ostfront versetzt wurden, lebte Sepp Herberger bereits nicht mehr in Berlin, sondern bei seinen Schwiegereltern in Weinheim. Als Herbergers Wohnhaus in der Bülowstraße am 29. Januar 1944 ausgebombt wurde, hielt sich der „Chef“ in Norwegen auf. Seine Frau weilte zu dieser Zeit bereits in Weinheim, da sich die Bombenangriffe auf Berlin im Jahr 1943 zunehmend häuften. Mit einer Militärmaschine flog Herberger von Norwegen nach Berlin, um via Telegramm seine Frau zu informieren: „Mit der Wohnung ist's ein Unglück, aber alles ist zu überstehen, wenn wir nur beide gesund bleiben, stark sind und feste zusammenstehen.“

In Weinheim-Hohensachsen erinnert noch vieles an Sepp Herberger. Hier findet man neben dem eingangs erwähnten Stadion auch noch sein Grab, auch die Grundschule ist nach ihm benannt. In der Sepp-Herberger-Straße gibt es noch das Wohnhaus mit den Initialen HS an der Gartentür. Wer in Berlin eine weitere Station Herbergers aufsuchen will, der kann eine weitere Gedenktafel in der Waldschulallee 34 im Bezirk Charlottenburg-Wilmersdorf entdecken. Die Bronzetafel befindet sich im Inneren des Mommsenstadions zwischen zwei Fenstern unterhalb des linken Endes des Tribünenblocks.

Wohnhaus Sepp Herberger, Bülowstraße 89,
10783 Berlin

Berlin

Olympiastadion

Adolf Hitler soll in seinem Leben nur ein einziges Fußballspiel gesehen haben. Er mochte den Sport nicht und musste sich überreden lassen, im Poststadion der Partie zwischen dem Deutschen Reich und Norwegen beizuwohnen. Die 0:2-Niederlage gegen die Skandinavier und damit das Viertelfinal-Aus gegen den späteren Olympiasieger taten ihr Übriges zur Fußball-Leidenschaft des (Ver-)Führers, der, wie Propagandaminister Goebbels in seinen Tagebüchern verriet, „ganz erregt“ war.

Mit Hitler verbindet man trotz dieser Geschichte nicht das Berliner Poststadion, sondern das zehn Kilometer westlich gelegene Olympiastadion. Bis heute trägt es nicht nur Spuren des Nationalsozialismus mit sich; die „Nazi-Spiele“ von 1936 dominieren Deutschlands (inzwischen nur noch) drittgrößtes Stadion nach wie vor, auch wenn es seit den fünfziger-Jahren nicht mehr den Namen „Reichssportfeld“ trägt.

Der Schritt zurück in die dreißiger-Jahre beginnt bereits vor dem Stadion. Geht man zentral auf das Stadion zu und orientiert sich an den beiden Türmen, dem Bayern- und

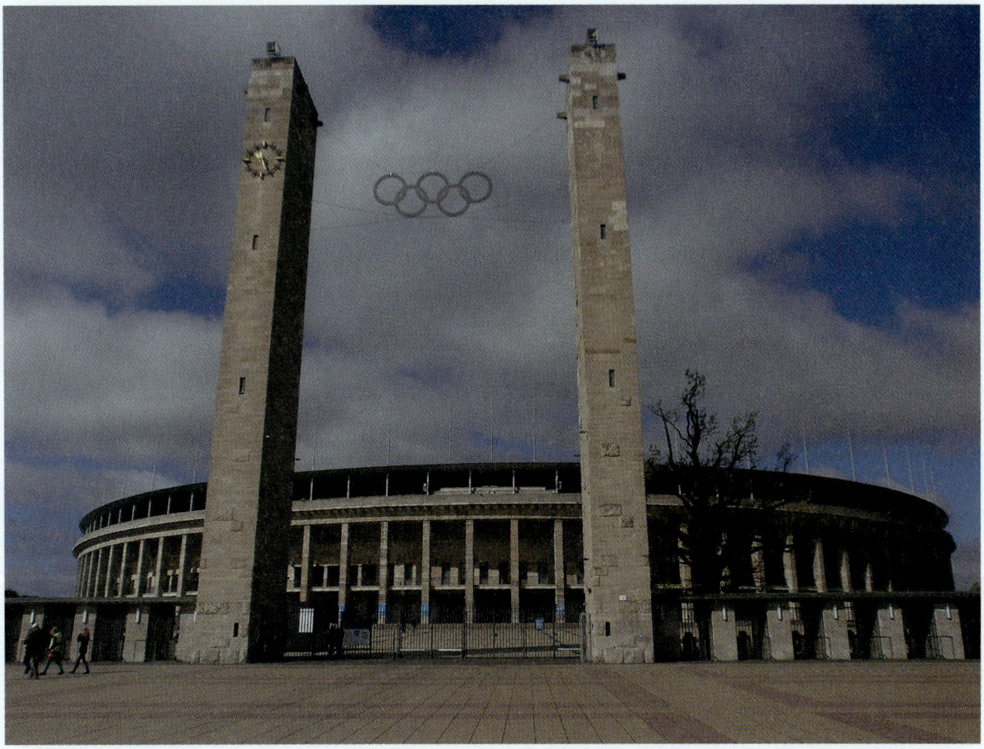

dem Preußenturm, bewegt man sich bereits auf Hitlers Pfaden. Die historische Sichtachse, die sich über das Maifeld bis zum Glockenturm durchzieht, war seine Idee. Die Plastiken „Staffelläufer“ und „Diskuswerfer“ stehen am Osteingang, im Westen die „Rosseführer“, südlich davon die Skulptur „Sportkameraden“, nördlich die „Siegesgöttin“. Sie sind allesamt noch aus den dreißiger-Jahren erhalten geblieben.

Die von Architekt Werner March entworfene Stadionumrandung mit Natursteinplatten gefiel Hitler überhaupt nicht, sein Lieblingsarchitekt Albert Speer traf mit der Idee einer Muschelkalkverkleidung den Nerv des Führers. Der Kalkstein kommt aus dem bayrischen Kirchheim, beim „Umbau, der eher einem Neubau gleichkam“ (Pressemitteilung im Juni 2011), wurde jede einzelne Platte abmontiert, nummeriert und gereinigt. Dieser puzzleartige Aufwand war notwendig, weil jede Platte individuell angefertigt wurde und keinem Normmaß entspricht.

Die kolossalen Zahlen, die der Bau von 1934 bis 1936 damals hervorgebracht hat, kamen demnach nicht von ungefähr. Zeitweise waren täglich 500 Firmen mit 2.600 Arbeitern im Einsatz („Das große Buch der deutschen Fußballstadien“). Über die Kosten gibt es keine genauen Angaben, „es gibt jedoch Hinweise, wonach mindestens 27 Millionen Mark aufgewendet wurden“ („Olympiastadion-Berlin.de“). „1.000 Tips für

Auswärtsspiele“ spricht von „40 Millionen Reichsmark“, die damit „fast das Siebenfache der ursprünglich kalkulierten Summe“ bedeuten.

Hitlers Forderung, „der deutsche Sport“ brauche „etwas Gigantisches“, wurde nachgekommen. Zu den Olympischen Spielen 1936 fanden 96.200 Menschen im Olympiastadion Platz. Das Reichssportfeld war „der erste große Repräsentativbau der Nazizeit“ („Das große Buch der deutschen Fußballstadien“).

Während des Zweiten Weltkrieges diente das Stadion als Produktionsstätte des Elektronikkonzerns Blaupunkt sowie als Ausweichquartier des Großdeutschen Rundfunks. Im Krieg hatte es schwer zu leiden, nach der Kapitulation im Mai 1945 war „das Gelände von Bombentrichtern übersät, Mauerteile waren herabgestürzt, überall lagen leere Munitionskisten, ausgebranntes Gerät, Barrikaden und Leichen“ („Olympiastadion-Berlin.de“).

Erst zur Einführung der Bundesliga 1963 nahm Hertha BSC vom Gesundbrunnen Abschied und zog ins Olympiastadion ein. 1969 stellte man dort mit über 88.000 Zuschauer im Spiel gegen den 1. FC Köln den bis heute gültigen Rekord in der Bundesliga auf.

Für die Weltmeisterschaft 1974 wurde das Stadion umgebaut und Teile überdacht, allerdings wurden dort nur drei Gruppenspiele ausgetragen. Bei der EM 1988 überging man Berlin als „Pfahl im Fleisch der DDR“ (DFB-Präsident Neuberger) gänzlich, als Entschädigung ist das Olympiastadion seit 1985 steter Ausrichter des DFB-Pokal-Finals. Vorher gab es für das Endspiel keinen festen Austragungsort.

Bis zum Juli 2000 tat sich im Olympiastadion wenig. 1995 war aufgrund der baulichen Mängel sogar von einer Schließung die Rede, da sich Bund und Senat nicht über die Finanzierung der Sanierung einigen konnten. Erst die Weltmeisterschaft 2006 brachte wieder Bewegung in die Sache. Für 242 Millionen Euro wurde das Olympiastadion in vier Jahren umgebaut, der Unterring musste komplett erneuert werden, die Spielfläche wurde um knapp drei Meter in den Boden gesenkt. Logen, eine blaue Laufbahn, die größte Stadionkapelle der Welt: Seit der Wiedereröffnung ist das Olympiastadion eine Fünf-Sterne-Arena, die mit dem WM-Endspiel 2006 und dem Champions-League-Finale 2015 ausgezeichnete Referenzen vorweisen kann.

Durch den Umbau unter strenger Einhaltung des Denkmalschutzes ist das Olympiastadion heute eine der größten noch erhaltenen architektonischen Anlagen des Nationalsozialismus. „Das große Buch der deutschen Fußballstadien“ geht so weit und sagt, dass es „dank mancher Manöver gelang, Hinterlassenschaften der Nazi-Zeit in die neue Republik hinüberzuretten.“

**Olympiastadion, Olympischer Platz 3,
14053 Berlin**

Berlin

Mommsenstadion

Das RB Leipzig der neunziger-Jahre hieß Tennis Borussia Berlin. Mit dem Argument der fehlenden Tradition konnte man der 1902 gegründeten Borussia zwar nicht kommen, aber das Invest der Göttinger Gruppe war vielen Fußballfans ein Dorn im Auge. „TeBe" sollte eine profitable Tochterfirma des niedersächsischen Finanzdienstleisters werden und dafür von der Regionalliga bis in das internationale Geschäft emporsteigen. Namhafte Bundesligaspieler wechselten in die dritte Liga, die Bosse der Göttinger Gruppe nahmen leitende Vorstandspositionen ein. „Tennis Borussia wurde damit zunehmend zur Projektionsfläche aller Ängste vor einer Kommerzialisierung des Fußballs", wie die „11FREUNDE" erklärt.

TeBe gelang der Aufstieg in die 2. Bundesliga und fast sogar der Durchmarsch in die erste Liga, aber im Jahr darauf geriet die mit Spitzenspielern gespickte Mannschaft in den Abstiegskampf. Sportlich hielt man die Klasse, scheiterte aber im Lizenzierungsverfahren an den Machenschaften der Göttinger Gruppe, die mit dem Vorwurf des Anlagebetrugs in Verbindung gebracht wurde. Tennis Borussia verschwand aus dem Profifußball und pendelt seither zwischen der vierten und sechsten Liga.

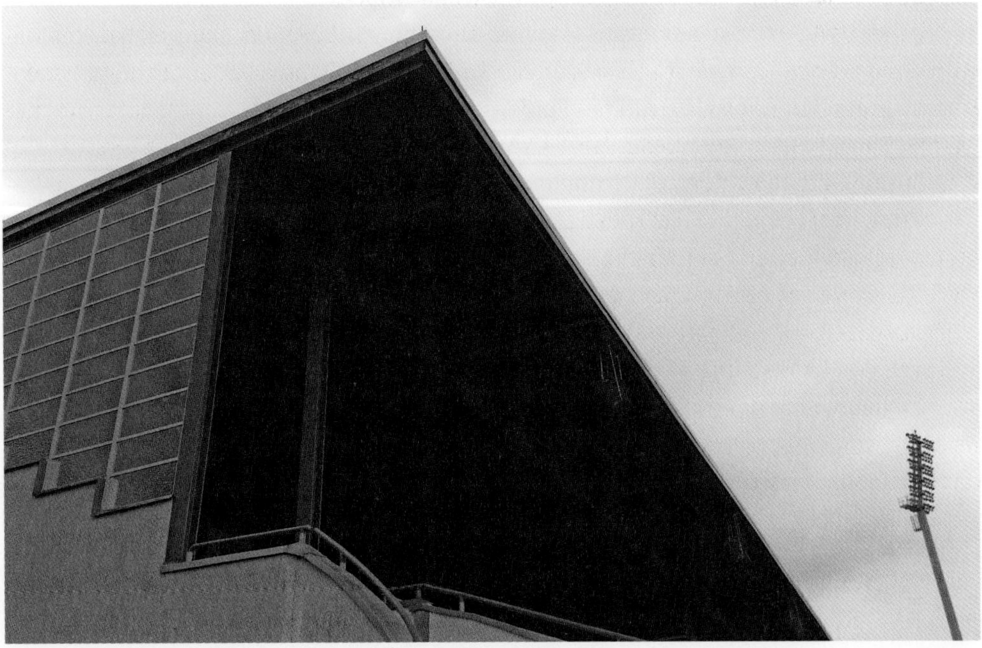

Es ist also nicht der Verein mit den lila-weißen Vereinsfarben, der ins Mommsenstadion einlädt. Es ist auch nicht die Gedenktafel an der Tribüne, die den ehemaligen TeBe-Spieler und -Trainer Sepp Herberger ehrt. Das Mommsenstadion gehört zu den vier Spielstätten des olympischen Fußballturniers von 1936 und hat auf diesem Weg Einzug in diese Liste gefunden.

Als die erste Partie der Propaganda-Spiele im Mommsenstadion angepfiffen wurde, war der 1930 eröffnete Platz gerade einmal sechs Jahre jung. Herzstück war schon damals die Tribüne, die 1934 aus Kostengründen an das Mommsen-Gymnasium vermietet werden musste. In diesem Zuge erhielt das Stadion, das bis dahin SCC-Stadion hieß, seinen heutigen Namen. Etwas weniger als 40.000 Plätze bot das „Mommse" damals, davon 36.000 Stehplätze.

Als TeBe Berlin nach dem Zweiten Weltkrieg ins Mommsenstadion einzog, waren 75 Prozent der Stadionanlage zerstört, wie „Das große Buch der deutschen Fußballstadien" erklärt. Die Kapazität wurde verringert, fortan fanden nur noch 18.000 Zuschauer Platz (heute knapp 12.000). Für die Spiele der Borussia reichte das locker aus, selbst zu der vermeintlich goldenen Zeit unter der Göttinger Gruppe strömten nicht gerade Massen ins „Mommse". Richtig heimisch fühlten sich die TeBe-Fans in der Vergangenheit eh nie an der Waldschulallee, die Anhängerschaft unterstützte Umzugspläne in den Friedrich-Ludwig-Jahn-Sportpark und wünscht sich schon seit Jahren eine Rückkehr ins Poststadion.

Wer auf den Spuren des olympischen Fußballturniers wandeln möchte, der muss neben dem Mommsenstadion das Berliner Olympiastadion und eben jenes Poststadion besuchen. An die vierte Spielstätte, den Hertha-Platz am Gesundbrunnen, erinnern dagegen nur noch Denkmäler und der Bierbrunnen.

Mommsenstadion, Waldschulallee 34–42,
14055 Berlin

Babelsberg

Klappflutlichtmasten

Das Brandenburger Tor, den Reichstag und den Fernsehturm hat schon jeder bei einem Berlin-Urlaub gesehen. Wer seine Sehnsucht nach einer „europaweit wohl einmaligen“ („11FREUNDE“) Sehenswürdigkeit befriedigen möchte, der sollte die Klappflutlichtmasten von Babelsberg besuchen. Die Reise führt mit der S-Bahn vor die Tore der Stadt, zwei Stationen hinter dem Wannsee ist man in der Tarifzone C und in Babelsberg. Als größter Stadtteil Potsdams gehört Babelsberg bereits zum Bundesland Brandenburg.

Vom S-Bahnhof ist es ein knapp ein Kilometer langer Fußweg, der zum fast 11.000 Zuschauer fassenden Karl-Liebknecht-Stadion führt. Das „KarLi“, wie es von den Anhängern genannt wird, wurde 1976 mit einem Spiel zwischen Motor Babelsberg und der DDR-Olympia-Auswahl eingeweiht. Ein herrlich kleines, reines Fußball-Stadion, das nach englischem Vorbild gebaut wurde.

Fußball wird an dieser Stelle bereits seit den Zwanzigerjahren gespielt, anfangs noch auf einem Sportfeld. Zu den bekanntesten Protagonisten des Babelsberger Fußballs gehört Sepp Herberger, der 1928/1929 als Trainer an der Seitenlinie des SV Nowawes, einem der zahlreichen Vorgängervereine des SV Babelsberg 03, stand. In der jüngeren Vergangenheit machte der Verein durch eine preisgekrönte Aktion Schlagzeilen: 2014 gründete man die Mannschaft „Welcome United 03“, ein Team, das ausschließlich aus Flüchtlingen bestand und 2018 aus dem Spielbetrieb zurückgezogen wurde. Aushängeschild im Potsdamer Fußball ist aber der Frauen-Bundesligist 1. FFC Turbine Potsdam, der ebenfalls im KarLi spielt.

Obwohl der Ball ruht und das Saisonende eingeläutet ist, sind die Klappflutlichtmasten bei unserem Besuch ausgeklappt und sehen somit wie normale Leuchter aus, nur eben mit Scharnier. Die Bühnenfigur Heinz Becker hätte wohl gesagt: Deshalb heißt's auch Klappflutlicht: Weil's nicht klappt. Für die Besucherinnen und Besucher des Flatowturms, der im benachbarten und zum Weltkulturerbe gehörenden Babelsberg Park steht, hat das weitreichende Konsequenzen. Die ausgeklappten Fluchtlichtmasten behindern die Aussicht auf die Stadt. Damit das nicht passiert, können die Masten nach dem Spiel wieder eingeklappt werden. Dies bekommt den Flutlichtmasten aber nicht. Mehrfach mussten die Masten, die ursprünglich grün gestrichen werden sollten, um „ein wenig wie Bäume auszusehen“ („Tagesspiegel“), schon repariert werden. Die Kosten trägt der Verein und so werden die Masten regelmäßig zum Politikum zwischen ihm und der Stadt.

Zur Provinzposse wurde bereits ihre Installation. Als der SV Babelsberg 2001 in die 2. Bundesliga aufstieg, machten die Bestimmungen des DFB den Bau einer Flutlicht-

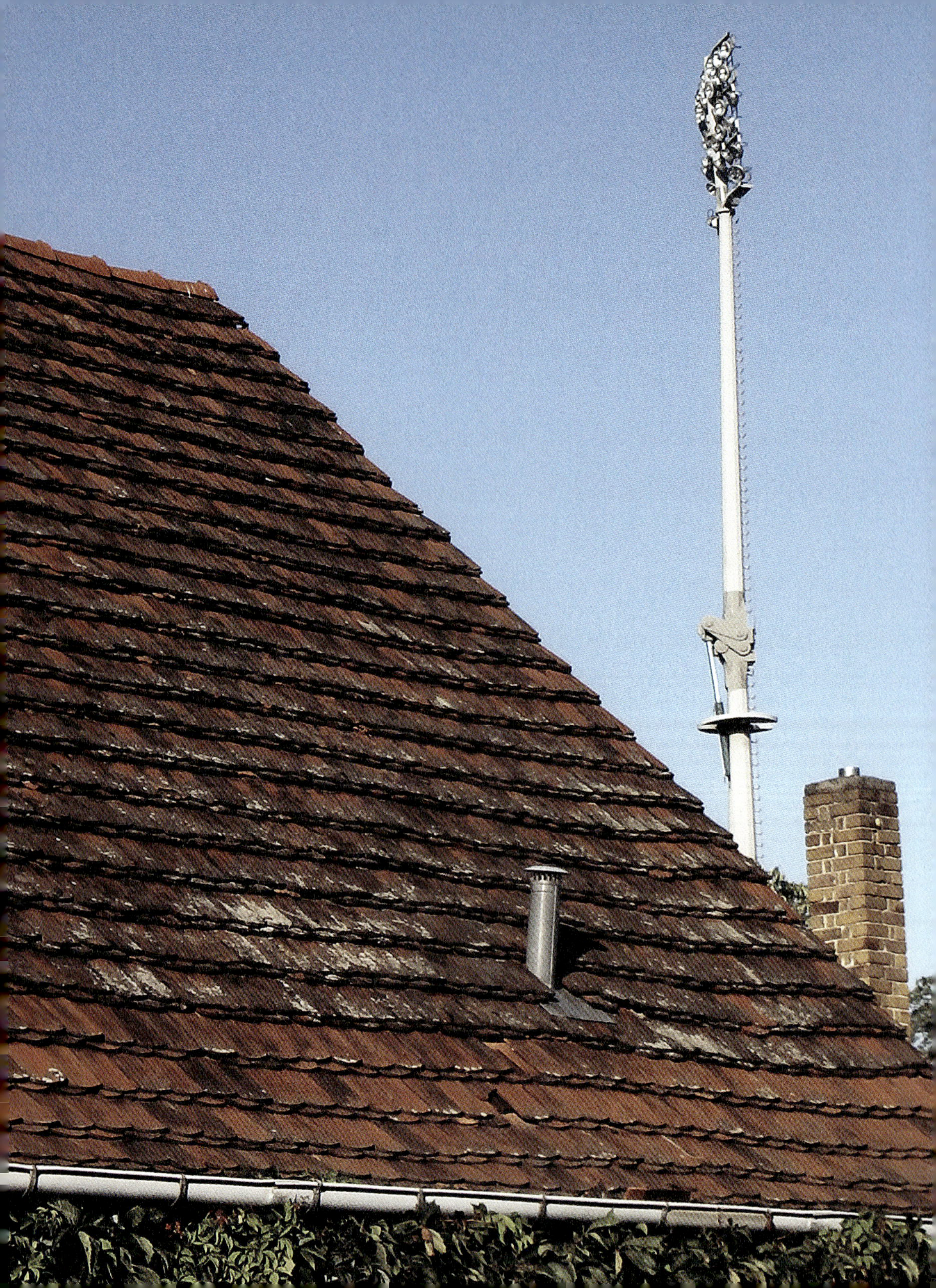

anlage unumgänglich. Die untere Denkmalbehörde, das Landesdenkmalamt und die Schlösserstiftung gingen daraufhin auf die Barrikaden, die Bürgerinitiative „Schönes Babelsberg“ drohte sogar mit einer Klage. Die Baugenehmigung erfolgte unter strengen Auflagen und konnte auch nicht durch den Eilantrag einer Bürgerinitiative gestoppt werden, die unter anderem „gesundheitliche Schäden“ befürchtete.

Die rund zwei Millionen teuren und im April 2002 eingeweihten Klappflutlichtmasten boten in der Folge immer wieder Anlass, vor Gericht zu ziehen. Ob die Masten zwei Meter zu hoch waren, zu nah am Grundstück des Chefs der Bürgerinitiative standen, in der Wohnung eines Professors für eine „optische Aufhellung“ sorgten oder nach Spielende 17 Minuten zu lang strahlten, was für den Verein einen Zwangsmittelbescheid von 255,60 Euro zur Folge hatte. Die Wahrscheinlichkeit, dass es auch in Zukunft wieder Streit um die Masten geht, ist hoch. Mindestens zwei Meter.

Karl-Liebknecht-Stadion, Karl-Liebknecht-Straße 90, 14482 Potsdam

Wismar

Kurt-Bürger-Stadion

Und dann kam während der Recherchephase der Moment, in dem es anfing, in den Fingern zu jucken. Der Moment, in dem es nicht mehr nur um Texte und Bilddokumente ging, sondern um den direkten Kontakt zu einem der Schauspieler. Im Kurt-Bürger-Stadion wurde 1960 der Film „Der neue Fimmel“ gedreht und einer der Hauptdarsteller war Hans-Jürgen Meinshausen. Kein Name, der im Telefonbuch so opulent vorhanden ist wie Peter Müller oder Hans Meier, sondern einer, der dort nur ein einziges Mal auftaucht. Und da ist er, mein Zugang zu Anekdoten, Informationen und Geschichten, die über das normale Maß hinausgehen und die selbst das Internet noch nicht kennt. Der Zugang zu einem Goldtopf, der nicht am Ende des Regenbogens steht, sondern in Wismar.

Der Inhalt des Films ist schnell zusammengefasst: Das Leben der „völlig absorbierten Kinder“ („Fußball im Film – Lexikon des Fußballfilms“) des fiktiven Ortes Hangelin dreht sich nur noch um den „neuen Fimmel“, den Fußball. Sie wandeln den stillgelegten Schuttplatz in ein Spielfeld um und gewinnen den Oberligaspieler „Kuddel“ Moll von der örtlichen Werksmannschaft Motor Schiffswerft als Trainer. Um selbst zur Motor Schiffswerft zu gehören und damit eine richtige Mannschaft zu werden, müssen sie das Spiel gegen die Lessing-Schule gewinnen. Allerdings fehlt ihnen mit Rudi Kallenbach alias Hans-Jürgen Meinshausen der beste Kicker, da schlechte schulische Leistungen zum Ausschluss aus der Mannschaft führen.

Rhetorische Frage: Ob es gelingt, die Begeisterung für den Fußball und die Notwendigkeit guter schulischer Leistungen miteinander zu vereinbaren? Ein Tipp kommt aus dem „Lexikon des Fußballfilms", das ein didaktisches Konzept von Ostblockfilmen erklärt: „Die Fußballleidenschaft der Kinder und Jugendlichen wird durchaus geachtet, sogar gefördert, aber die Kinder müssen zugleich die Lektion lernen, daß ihre schulischen Leistungen (…) nicht darunter leiden dürfen."

„Ob er wirklich kein guter Schüler war?" Wieder einmal ertappe ich mich dabei, wie Hans-Jürgen Meinshausen in meinem Kopf herumschwirrt. Seitdem ich ihn im Telefonbuch gefunden habe, denke ich ständig an ihn. Wenn ich im Auto sitze. Wenn ich durch den Wald laufe. Wenn meine Aufmerksamkeitsspanne im Kino nachlässt. Als wäre ich nochmal 14 und total verknallt, aber nicht in Anja aus der Parallelklasse, sondern in Hans-Jürgen Meinshausen. Im „Lexikon des Fußballfilms" steht, dass die jungen Schauspielerinnen und Schauspieler Laiendarsteller waren, die aus den Jungen Pionieren rekrutiert wurden. Ob Hans-Jürgen Meinshausen danach überhaupt noch mal als Schauspieler aktiv war? Kann ich ihn ja fragen.

Ich werde ihn auch fragen, was er darüber denkt, dass die Schnitte in „Der neue Fimmel" nicht immer Sinn ergeben und er und seine Freunde auch schon mal bei einem gewöhnlichen Pressschlag exaltieren. Oder ob er sich an die überdimensionale Schiffsattrappe auf der Gegengeraden erinnern kann, die heute nicht mehr vorhanden ist. Der Eingangsbereich des Drehorts sieht dagegen heute noch so aus wie vor sechzig Jahren, auch andere Teile des Stadions erkennt man leicht wieder.

Das trägt den Namen des 1951 verstorbenen Politikers Kurt Bürger, der kurzzeitig Ministerpräsident von Mecklenburg-Vorpommern war. Im September 1952 wurde das Kurt-Bürger-Stadion nach der Fertigstellung des letzten von drei Bauabschnitten eingeweiht. Als Chemie Leipzig zu diesem Anlass in Wismar gastierte, sahen 16.000 Menschen in dem 15.000 Zuschauerinnen und Zuschauer fassenden Stadion zu – der nach wie vor gültige Rekord. Die Fußballer der BSG Schiffsreparaturwerft hatten sich die Kulisse redlich verdient, schließlich spielten sie in dem Stadion, an dem sie selbst tatkräftig gewerkelt hatten: An zwei Tagen in der Woche halfen sie nach Feierabend beim Bau des Stadions mit.

„Die Gestaltung ist prägnant einfach, erinnert an klassische Vorbilder und die Heimatschutz-Architektur der Zwischenkriegszeit", heißt es auf der Seite industrie-kultur.de. Seit 2008 steht das Stadion, in dem der für die Hansestadt typische rote Backstein dominiert, unter Denkmalschutz. Die letzte Sanierung fand 2019 statt, eine knappe halbe Million Euro floss in einen neuen Rasen inklusive Bewässerungsanlage und in die Erneuerung der Leichtathletikanlagen. Heute ist das Kurt-Bürger-Stadion noch für

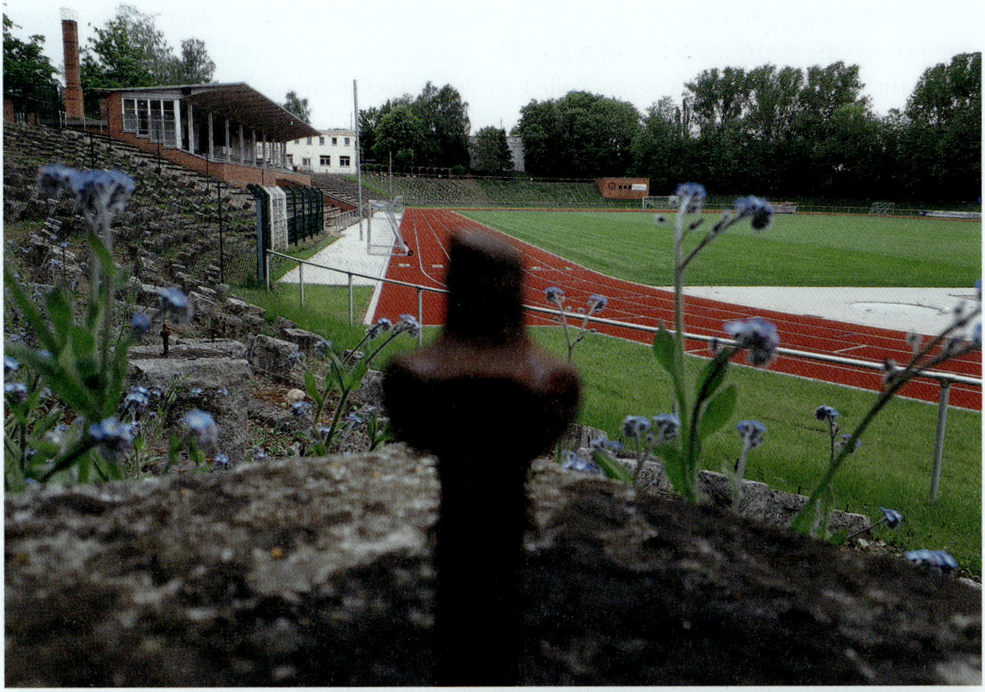

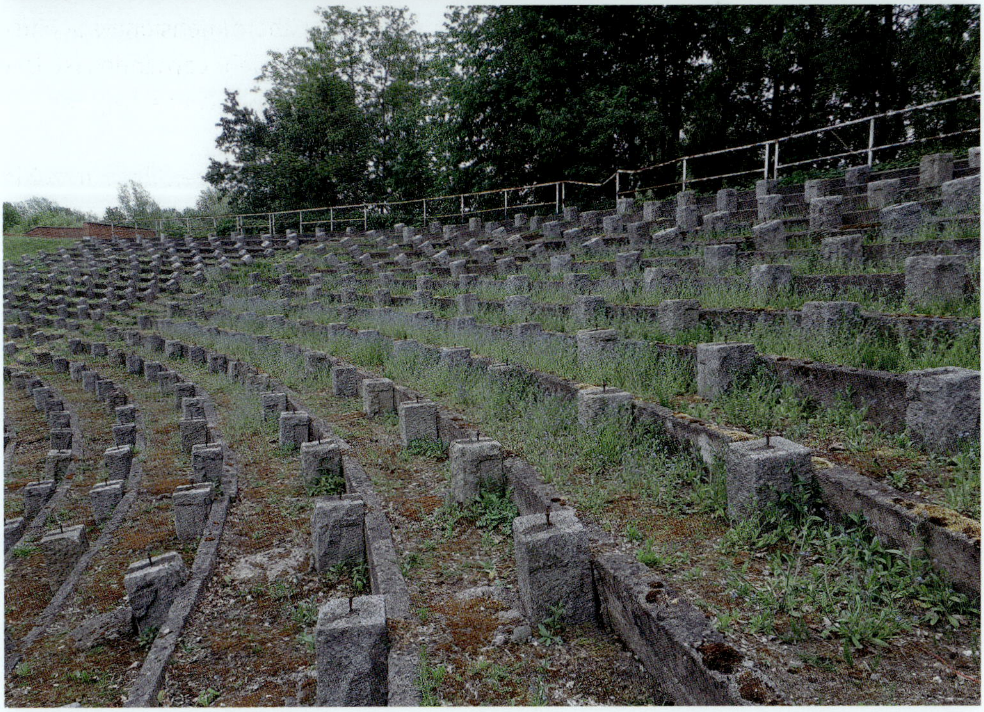

4.000 Personen zugelassen, große Teile der Sitzreihen wurden abgetragen. Was auf der einen Seite erhebliche Auswirkungen auf die Kapazität des Stadions hat, garantiert ihm andererseits eine gewisse Einmaligkeit. Darüber hinaus finden Freunde des (Fußball-) Filmtourismus einen nahezu unveränderten Drehort vor. Was das Museum of Art mit seiner legendären Treppe für „Rocky" ist, ist das Kurt-Bürger-Stadion für „Der neue Fimmel". Und der Filmheld heißt nicht Rocky Balboa, sondern Rudi Kallenbach.

Und den rufe ich jetzt an. Die Fragen sind vorbereitet, der eine Kugelschreiber in der Hand, der andere daneben, nur für den Fall der Fälle. Ich wähle die Nummer. Es klingelt, wenige Sekunden später spreche ich mit Hans-Jürgen Meinshausen. Ich stelle mich vor und schildere mein Anliegen. „Tut mir leid, das bin ich nicht!", sagt er kurz und knapp. Und ich meine an seiner Intonation zu erkennen: Du bist nicht der erste Blödmann, der hier anruft, die Quote derer, die in ihrem Leben einmal mit Rudi Kallenbach sprechen wollen, ist exorbitant hoch. Aber bevor ich fragen kann, ob er sich nicht irrt, ob sein Mitwirken an diesem epochalen Kammerspiel nicht einfach in Vergessenheit geraten ist, hat er aufgelegt. Und dann kam während der Recherchephase der Moment, in dem es meiner Frau in den Fingern juckte und sie mir den Vogel zeigte.

Kurt-Bürger-Stadion, Bürgermeister-Haupt-Straße 46–48, 23966 Wismar

Schwerin

Paulshöhe

Eigentlich könnte man die Geschichte des Sportparks Paulshöhe so erzählen, wie sie von Stadien meistens berichtet wird: Vergangenheitsbezogen. Man könnte davon erzählen, dass der Name der Paulshöhe auf ein Landhaus zurückgeht, das ein Oberst von Elderhorst zu Ehren des verstorbenen Großherzogs Paul Friedrich „Paulshöhe" nannte, wie Matthias Hufmann auf der Internetseite dieschweriner.de erklärt. Dass dieses Landhaus 1872 an eine Brauerei überging, diese Brauerei zehn Jahre später abbrannte und das Areal trotzdem bis 1920 im Zeichen der Bierherstellung stand. Dass zwei Jahre später der Sportplatz auf der Paulshöhe eingeweiht wurde, „mit zwei Spielfeldern, einer 400 Meter langen Aschenbahn, mit sechs Tennisplätzen und 33.000 Quadratmetern", wie Hufmann die Beschaffenheit der damals „größte[n] Sportstätte Mecklenburgs" beschreibt. Dass die Zuschauertribüne 1924 fertiggestellt wurde und damit zu den ältesten Tribünen der Republik gehört. Und dass diese Tribüne auch noch zweckmäßig war,

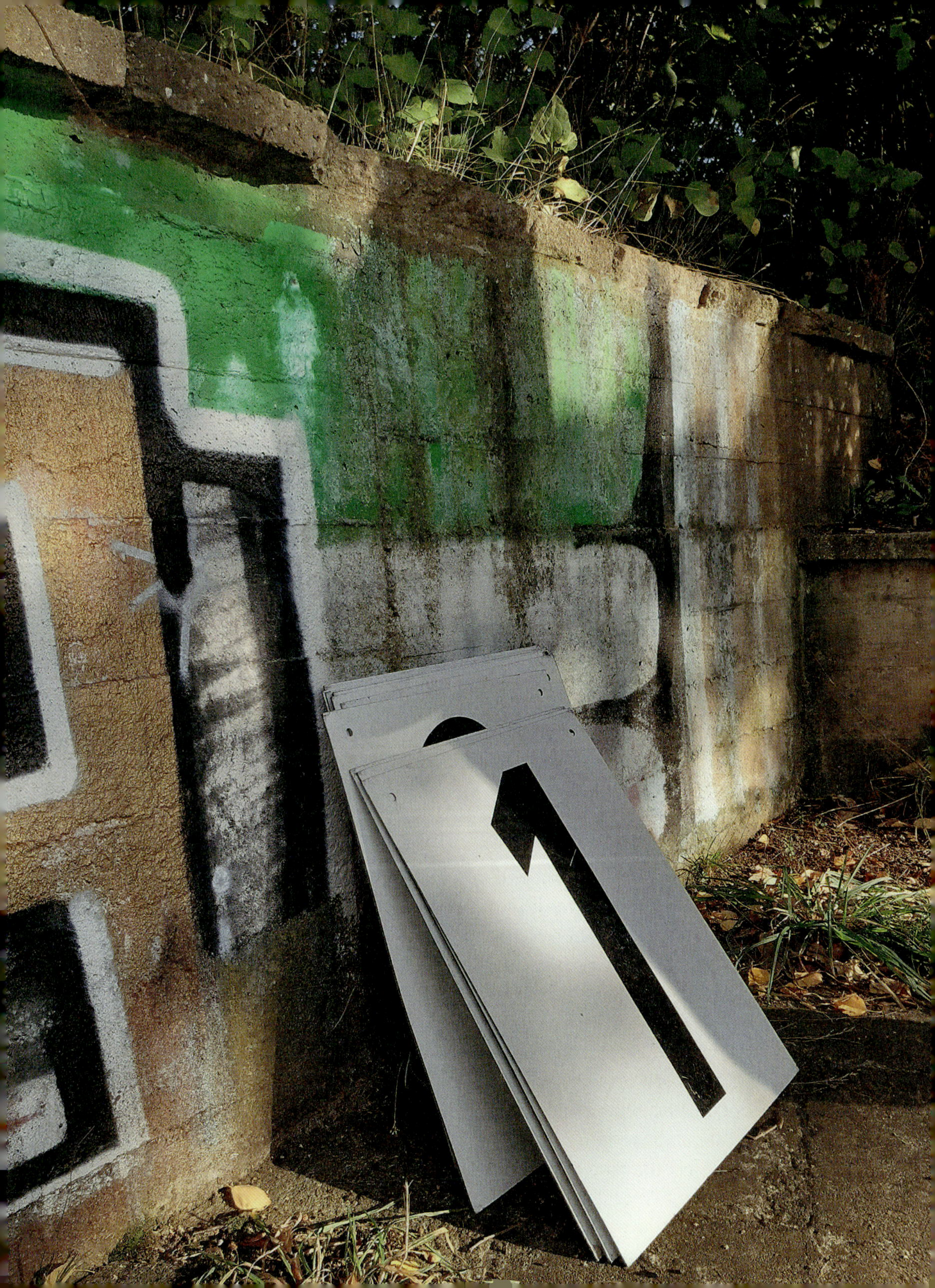

wie Udo Brinker in der „Chronik der Stadt Schwerin: von den Anfängen bis zur Gegenwart“ erklärt: „Im Hohlraum dieser Tribüne hielt der Platzwart neben Sportgeräten auch Schafe“.

Wenn man die Geschichte des Sportparks Paulshöhe vergangenheitsbezogen erzählt, muss man natürlich von den großen Spielen erzählen, die der Sportpark erleben durfte. Von 28 Spielzeiten in der DDR-Liga, der zweithöchsten Spielklasse der DDR, und den Teilnahmen an den Aufstiegsrunden in den Jahren 1975 und 1984. Oder als der Außenseiter aus Schwerin den übermächtigen Gast Lokomotive Leipzig im Halbfinale des FDGB-Pokals ausschaltete. Mit Andreas Reinke (später u. a. beim 1. FC Kaiserslautern und dem SV Werder Bremen) im Tor und dem damals 18-jährigen Steffen Baumgart im Sturm. Als 5.000 Zuschauerinnen und Zuschauer sahen, wie Stammann in der 16. Minute zum 1:0 traf. Wie Herzberg in der 75. Minute vom Platz gestellt wurde. Das Spiel zweimal kurz vor dem Abbruch stand. Und wie der abstiegsbedrohte Zweitligist am Ende doch in das letzte Endspiel des FDGB-Pokals einzog. Und auch wenn Dynamo Dresden das Finale für sich entschied, was wäre das für eine Geschichte gewesen, wenn das Europapokalspiel gegen Austria Wien – Dresden startete als Meister im Landesmeister-Wettbewerb – aufgrund der fehlenden Tauglichkeit des Stadions nicht in Rostock, sondern eben auf der Paulshöhe stattgefunden hätte?

Genauso gut könnte man die Geschichte des Sportparks Paulshöhe gegenwartsbezogen erzählen. Man könnte erzählen, dass das Spiel, das ich bei meinem Besuch sehe, das einzige Spiel ist, das ich im Jahr 2020 live sehe. Dass die Pandemie seit Monaten für leere Stadien in der Bundesliga und für die Einstellung des Spielbetriebs in den Amateurligen sorgt. Dass der Gast aus Pampow die Partie mit 1:0 für sich entscheiden wird und ich nur ins Stadion komme, weil gerade ein Zuschauer den Heimweg antritt – schließlich dürfen nur handgezählte 420 Menschen dieses Spiel sehen, obwohl „bis zu 1000 Zuschauer (…) locker zu der Partie gekommen“ wären, wie der „Sportbuzzer“ später schreiben wird. Es könnte eine Corona-Geschichte über vermeintlich wegweisende Veränderungen im Fußball werden, die letztendlich ausbleiben.

Man muss die Geschichte des Sportparks Paulshöhe aber auch zukunftsbezogen erzählen, denn die Zukunft der Paulshöhe ist völlig offen. Bei dem Spiel, das ich im Herbst 2020 besuche, haben viele Anhänger aus Rostock den Weg in die Landeshauptstadt auf sich genommen, um auf dem „Donnerberg“, der Hintertortribüne, für den Erhalt des Sportparks zu kämpfen. Seit rund 20 Jahren wird mit dem Gedanken gespielt, den Sportpark abzureißen, wie Dynamo-Fan Christian im Podcast „Paulshöhe erhalten!“ von „footballwasmyfirstlove“ berichtet. Die Ausgangssituation ist alles andere als exklusiv: Die Stadt Schwerin möchte sich die fünf Millionen Euro teure Sanierung der Paulshöhe ersparen, um stattdessen das Gebiet für mindestens sechs Millionen Euro zu verkaufen.

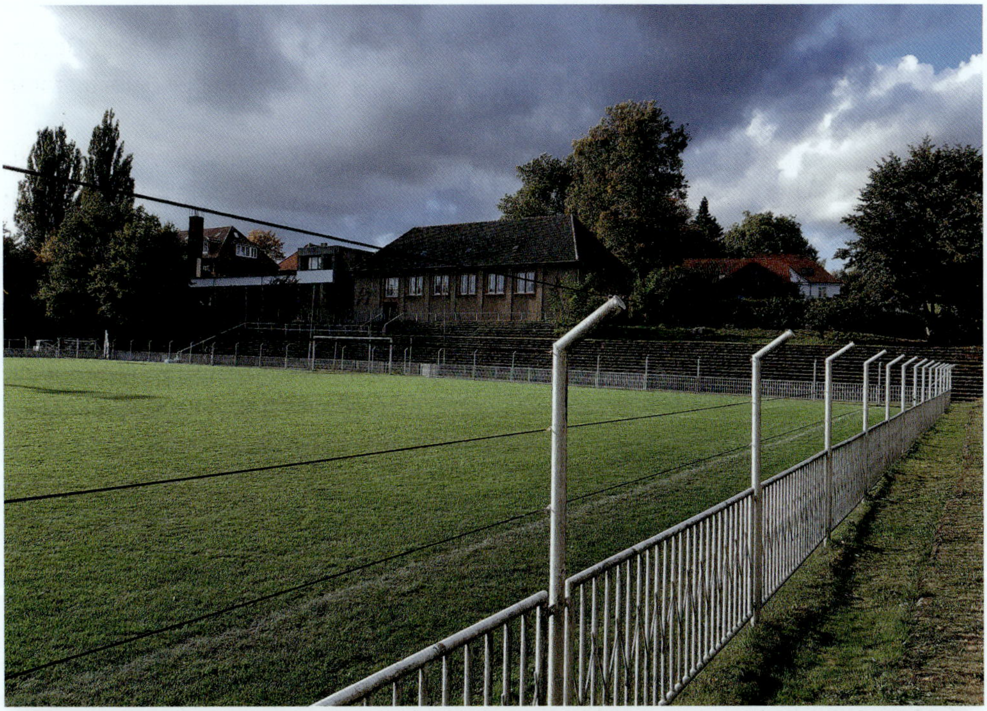

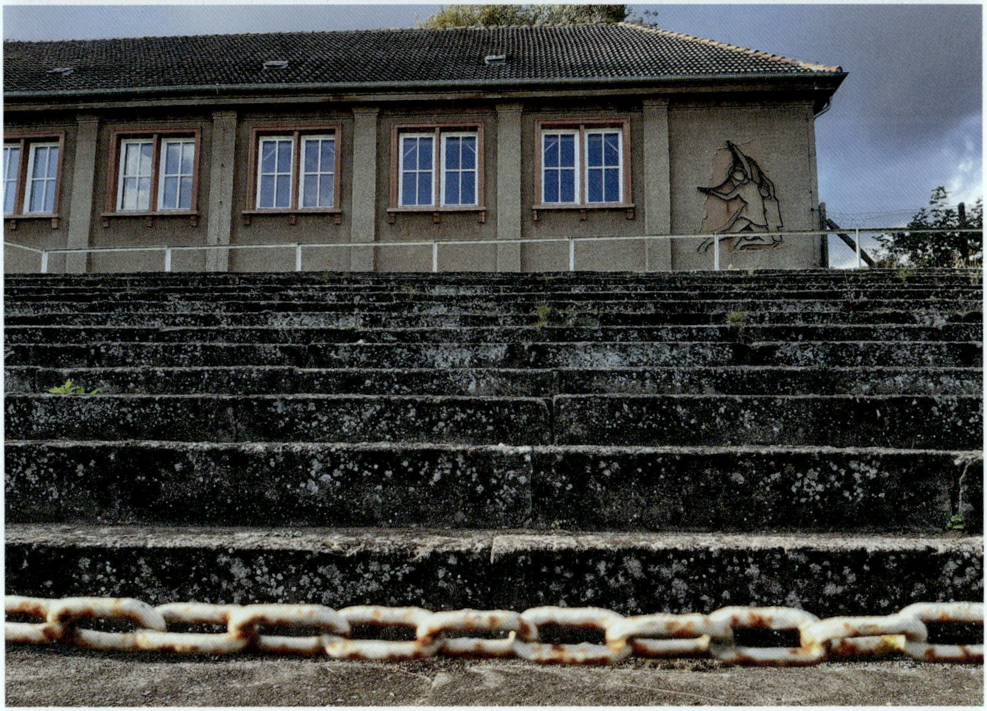

Es gibt viele Ideen, was man mit dem Areal machen könnte: Eine Waldorfschule könnte hier entstehen, auch ein Baugebiet wäre denkbar, schließlich ist die Lage im Villenviertel mit zwei Seen, dem Schweriner Schloss und dem Schlossgarten einzigartig. Es ist eine Geschichte von partiellem Denkmalschutz, von kuriosen Abstimmungen in Parlamenten und Menschen, die auf meine Anfragen nur einsilbig reagieren, wenn sie sich denn überhaupt melden.

Und während ich diesen Bericht immer wieder überarbeite, trifft sich der Hauptausschuss der Schweriner Stadtvertretung an einem Dienstagabend im Oktober 2021. „Mit deutlicher Mehrheit hat das zweithöchste politische Gremium der Stadt Schwerin beschlossen, dem Kompromissvorschlag des Ortsbeirates Gartenstadt, Ostorf zu folgen und eine Mischnutzung des Areals für Schule, Wohnungsbau, Freizeit und Sport zu empfehlen“, berichtet die „Schweriner Volkszeitung“, aber „beschlossen ist damit aber die Art der Bebauung noch lange nicht“. Der Vorschlag muss jetzt noch durch mehrere Gremien, bevor er umgesetzt werden kann, die Vorhaben der AfD (Erhalt des Sportparks) und der CDU (reine Wohnbebauung) werden abgeschmettert.

So, so oder so, die Geschichte der Paulshöhe geht in die nächste Runde.

Sportpark Paulshöhe, Parkweg 7,
19061 Schwerin